高等院校"十四五"精品教材

创新创业与就业指导

主　编　黄碧玉　王劲松
副主编　孙　娟　陈　谨　龚潇潇
编　委
黄碧玉　安徽医学高等专科学校
王劲松　安徽医学高等专科学校
孙　娟　安徽省淮南卫生学校
陈　谨　安徽医学高等专科学校
龚潇潇　安徽医学高等专科学校
刘　灿　安徽农业大学
李宝军　安徽医学高等专科学校
肖苗苗　安徽医学高等专科学校
魏　逍　乐山师范学院
何慧凝　安徽工程职业技术学院
彭鹤翔　华中科技大学
崔怀岱　安徽省淮南卫生学校
陈　佳　安徽医学高等专科学校
周紫薇　安徽医学高等专科学校
方永红　安徽医学高等专科学校
代旭光　安徽医学高等专科学校
李　华　安徽医学高等专科学校
邓　周　安徽医学高等专科学校
沈曼竹　安徽医学高等专科学校

哈尔滨工程大学出版社
Harbin Engineering University Press

内容简介

本书以案例故事为启发，导入学习内容；以实训项目为平台，锻炼学生的实践能力；以知识拓展阅读为扩充，拓展学生的知识面。本书有职业生涯规划篇、创新思维篇、创业指导篇和就业指导篇四个板块。本书内容关系大学生内在需求和全面发展，深入浅出且实用性和操作性强。

本书既可作为应用型本科教材、专科创新创业教育的通用教材，也可作为企业继续教育的培训教材，还可以作为拓宽视野、增长知识的自学用书。

图书在版编目（CIP）数据

创新创业与就业指导 / 黄碧玉，王劲松主编. -- 哈尔滨 ：哈尔滨工程大学出版社，2021.5
ISBN 978-7-5661-2956-7

Ⅰ. ①创… Ⅱ. ①黄… ②王… Ⅲ. ①创业－职业教育－教材②就业－职业教育－教材 Ⅳ. ①G717.38

中国版本图书馆 CIP 数据核字（2021）第 085930 号

创新创业与就业指导
CHUANGXIN CHUANGYE YU JIUYE ZHIDAO

责任编辑 王俊一
封面设计 赵俊红

出版发行 哈尔滨工程大学出版社
社　　址 哈尔滨市南岗区南通大街 145 号
邮政编码 150001
发行电话 0451-82519328
传　　真 0451-82519699
经　　销 新华书店
印　　刷 唐山唐文印刷有限公司
开　　本 787 mm×1 092 mm　1/16
印　　张 19
字　　数 486 千字
版　　次 2021 年 5 月第 1 版
印　　次 2021 年 5 月第 1 次印刷
定　　价 58.00 元
http://www.hrbeupress.com
E-mail：heupress@hrbeu.edu.cn

前　言

职业发展是每个大学生都要面对的人生课题。明确人生发展目标、制订切实可行的取业生涯规划是我们走向职业成功的重要保障。帮助大学生更全面地探索工作世界。找到适合自己的发展目标，科学合理的规划未来职业生涯，自觉提升个人的综合素质和就业竞争力、树立敢闯、敢创、会创的精神，把个人发展融入实现中华民族伟大复兴的中国梦中，这就是我们编写此书的宗台和目标。

本书分为四大篇章，分别为“职业生涯规划篇”“创新思维篇”“创业指导篇”和“就业指导篇”。职业生涯规划主要讲述了职业生涯规划的经典理论、职业生涯规划的方法与步骤和职业规划书的撰写技巧；创新思维篇主要讲述了创新思维的培养、训练以及如何利用创新思维进行发明创造的实践；创业指导篇主要讲述了创业意识启蒙、创业准备、创业技巧和创业计划书的撰写；就业指导篇主要讲述了就业信息收集、求职技巧和职场适应等内容。

本书的知识内容不仅关注了职业发展、创新创业的经典理论，还收集了大量生动的校园案例、职场故事、创新典型来激发大学生职业规划的自主意识和创新精神；同时，在“大众创业、万众创新”的大背景下，为了培育广大学生的创新精神、创新意识和创造能力，本书结合大学生各类创新创业大赛规则要求，以及校园内不断涌现的大学生小发明小制造案例，编写了创新思维与创业基础的相关知识。

本书内容涉及面广、普适性强、实用度高，主要有以下特点：

（1）切合实际。本书从大学生的学业管理、人际交往、能力需求、心理素质、职业规划、创业环境、创业能力、创业大赛规则等方面进行全面阐述，培育大学生生涯管理、职业规划、创新创业等方面的意识与能力。

（2）知识分布合理。本书包括四个篇章，配合大学生成长规律，通过系统且全面的知识讲解来激发大学生职业规划和创新创业的意愿，鼓励大学生积极拓取、自立自强。

（3）案例丰富。本书附有大量案例，包括优秀大学生职业规划案例、大学生就业案例、大学生创业案例、创业故事以及创新创业大赛的优秀案例。这些案例真实有趣具有很强的可读性和参考性。大学生可以从中得到感悟和经验教训。

（4）寓教于乐。本书配有大量拓展阅读，增加阅读和学习的趣味性，使学生在做中学，学中做，保持愉悦的心情，积极投入该课程的学习。

本书由黄碧玉（安徽医学高等专科学校）和王劲松（安徽医学高等专科学校）担任主编，由陈谨（安徽医学高等专科学校）和龚潇潇（安徽医学高等专科学校）担任副主编，参与本书各章节编写以及编写指导的老师有：龚潇潇老师负责编写第一章、第四章，肖苗苗老师负责编写第二章、第三章，编写指导老师刘灿（安徽农业大学）；陈佳老师负责编写第五章、第六章，周紫薇老师负责编写第七章、第八章，编写指导老师魏逍（乐山师范学院）；李宝军老师负责编写第九章、第十章，方永红老师负责编写第十一章，代旭光老师负责编写第十二章，编写指导老师彭鹤翔（科技大学）；李华老师负责编写第十三章，邓周老师负责编写第十四章，沈曼竹老师负责编写第十五章、第十六章，编写指导老师何慧凝（安徽工程职业技术学院）。在本书的编撰过程中，参阅了大量的同类教材与相关图书。借鉴了近年来在大学生就业指导、职业生涯规划、创新创业等方面的最新成果，在本书出版之际，谨向原作者表示衷心的感谢!本书的相关资料和售后服务可通过扫描封底的微信二维码或登录 www.bjzzwh.com 下载获得。

限于编者经历及水平，书中难免有不妥之处，恳请各位专家及读者提出宝贵意见，以便进一步修订更改。

编 者

2021 年 4 月

目　录

第三篇　创业指导篇

第四篇 就业指导篇

第一篇　职业生涯规划篇

第一章　认知职业生涯规划

【学习目标】

- 掌握职业生涯规划概念、意义、经典理论
- 了解职业生涯规划与大学生活的关系
- 结合职业生涯规划的意义设想自我职业目标

【开篇故事】

假如时光可以倒流

在法国有一个著名的牧师兰塞姆，他一生曾听过一万多个人的临终忏悔。兰塞姆在 84 岁的时候，聆听了一位布店老板的临终遗言，布店老板告诉牧师，年轻时他曾和著名音乐家卡拉扬一起学吹小号。布店老板说他非常喜欢音乐，当时他的成绩远在卡拉扬之上，老师也非常看好他的前程。可惜 20 岁时，他迷上了赛马，结果把音乐荒废了，要不然他可能是一位相当不错的音乐家。现在生命快结束了，一生庸碌，他感到非常遗憾。他告诉兰塞姆，到另一个世界里，他决不会再做傻事，他请求上帝宽恕他，再给他一次学习音乐的机会。牧师很体谅他的心情，这种临终感触已经不是第一次听到，很多人离开这个世界前都曾留下过相似的悔恨。牧师兰塞姆的墓志铭上写着他留给世人值得深思的话：假如时光可以倒流，世界上将有一半的人可以成为伟人。

资料来源于 网络

个人感悟：____

____

____

第一节 职业生涯概论

一、职业生涯规划相关概念

最后悔的事

比利时《老人》杂志曾对全国 60 岁以上的老人进行了一次大范围的问卷调查：你最后悔什么?并列出了 10 项人们生活中容易后悔的事情，供被调查者进行选择。调查的对象是 1 000 多名 60 岁以上的老人，在工作人员对收回的有效问卷进行统计分析之后，得出了以下的结果：

第一名：72%的老人后悔年轻时努力不够导致人生一事无成。

第二名：67%的老人后悔在年轻的时候选错了安身立命的职业。

第三名：62%的老人后悔个人对子女教育不成功。

第四名：57%的老人后悔没有好好珍惜自己的人生伴侣。

第五名：45%的老人后悔没有照顾好自己健康的身体。

资料来源于 王劲松．大学生职业发展与导航[M]．南开大学出版社，2012

人的生命只有一次，人生是不可逆的单程旅程。一个人，不应该等到年老的时候回首前半生才领悟到一生中最看重的东西是什么，最希望做好的是什么，最希望得到的是什么。面对不能再重新开启的人生，无法倒流的时光，是不是“后悔晚矣”？诗中有云“花开堪折直须折，莫待无花空折枝”就是这样的道理。

青少年阶段是人生的“拔节孕穗期”，正是世界观、人生观、价值观培养的关键时期，也是增知识长才干的关键阶段。当代大学生要积极树立“凡是预则立，不预则废”的理念，开启人生的职业生涯规划，收获有意义的人生。

（一）职业

职业（occupation），对于很多同学来说并不陌生。职业，“职”为“职责”，“业”为“行业”“业务”。职业生活占据人生漫长的时间，且大部分时间与人一生中的关键时期和黄金时期相融合。每个人的职业历程都不会相同，甚至有些人的一生会从事多种不同的职业。职业是行业与职能的融合，即职业=行业+职能。

职业对劳动的划分分类方式有很多种。在西方商品经济发达的社会，通常以所从事的产业或行业为主要依据，并结合工作特点混合使用。在汉语中，“职业”作为术语，有时指工作（集合名词），其概念与时代、社会经济水平有关，在一定时期有时包含社会地位的成分。在现代社会中，从事某一项职业时，通常要经过一段时间专业性的知识或技能培训。如医生、教师、科学家、运动员等。同时，职业作为一种概念，与个人所处的社会经济发展的水平、社会政治制度均有很大关系。随着大家对职业认知更加科学全面，越来越弱化职业对人身份因素的影响，取而代之的是对职业价值感和成就感的追求。

大学生们在学校学习专业知识和技能，就是为以后从事某项职业做准备。与职业相关的一些概念有职位、工作、事业等。

职业（occupation）：参与社会分工，利用专门的知识和技能，为社会创造物质财富和精神财富，获取合理报酬，作为物质生活来源，并满足精神需求的工作。职业具有专业性、多样性、技术性等特点。

职位（position）：职位是与分配给个人的一系列具体任务直接相关的。职位和参与工作的个人相对应，有多少参与工作的个人，就有多少个具体职位。如在一个公司团队里，有经理、主管、秘书、会计、办事员、保安等，那么承担会计工作的人的职位就是会计。

工作（work/job）：工作翻译为 work 时是指劳动，包括脑力劳动和体力劳动，也泛指机器、工具受人操纵而发挥生产作用；工作翻译为 job 时是指由一系列相类似的职位所组成的一个特定的专业领域。

事业（career）指人们所从事的，具有一定目标、规模和系统的对社会发展有影响的经常活动。有时事业一词也可以指个人的成就。

从以上定义中会发现虽然以上词汇都有一定的关联，但是在概念上却有着本质的不同。事业在马斯洛需求理论中属于更高层次的追求，是一种自我价值的实现。

从一定意义上讲，人的一生都生活在职业所营造的氛围中：从婴幼儿期开始，生活在有父母职业特色的家庭生活中；在儿童时期模仿学习某些职业行为进行最初的职业认知；青少年时期通过学习为将来的职业奠定专业知识基础，为以后的工作做有意识或者无意识的准备；

踏入社会后怀着自己的人生理想正式了解职业、选择职业、开展职业活动，并借助工作获得经济上的回报、社会上的地位，以及成功实现自己的人生事业；最后还将退出职业生活，进入退休期。职业活动能够让人保持旺盛的追求精力，毕竟职业的成功对于个人而言，意味着一定的社会地位、经济回报，以及满意的生活方式和生活质量；同时对于企业而言，意味着企业发展的效率和成功；对社会而言，意味着文化的进步与发展。职业就是人生，职业就是生活，职业就是社会。事业、家庭与个人成长是人生重要的三段交响曲。

（二）生涯

人的一生不仅是一个生命的自然过程，还包含着丰富的社会过程。社会过程包含生产、交往、创造和实现人生的价值。现实生活中经常听到政治生涯、军旅生涯、教师生涯等。生涯包含着丰富的内涵，不仅是生命，也不仅是工作。

生涯是人一生中连续不断的发展过程，具有独特性和目的性，并且是多种角色交叉的综合体。生涯规划不仅限于工作和职业生涯规划，也包含人生各个角色的规划，如家庭生活规划、社会生涯规划、休闲生活规划等等。

（三）职业生涯

职业生涯是指一个人一生中的所有与工作职业相联系的行为与活动，以及相关的态度、价值观、愿望等连续性经历的过程。

职业生涯是生活中各种事态连续发展的方向，以事业角色发展为主轴，与其他角色相关联。对于每一个人来说职业生涯具有独特性，存在个体差异性。每个人在职业规划中都是具有主动权，可以改变自我，改造环境。

通常，职业生涯具有以下含义。

（1）职业生涯是一个人一生中在各种职业岗位上所度过的整个经历，并不包含着成功与失败的含义，也没有进步快慢的含义。

（2）职业生涯由“外在职业生涯”和“内在职业生涯”两方面组成。“外在职业生涯”指一个人在工作时期进行的各种活动和表现的各种举止行为的连续体；“内在职业生涯”则表示职业生涯的主观特征，涉及一个人的价值观、态度、需要、动机、气质、能力、发展取向等。

（3）职业生涯是一个发展过程，是一生中所有的与工作相关的连续经历，而不仅仅是指一个工作阶段。

（4）职业生涯受各方面因素的影响，在一定程度上可以认为是多方面相互作用的结果。

大学里不仅要努力学习，更要学会思考。社会职业不断变化，现有的工作岗位随时都可能消失，新的岗位需求不断产生，因此在设计个人的职业生涯规划时须充分认知职业生涯。

【拓展阅读】

外职业生涯与内职业生涯

根据职业生涯的性质，美国麻省理工学院斯隆管理学院教授施恩将职业生涯分为外职业生涯和内职业生涯。这种划分对于刚刚步入职场或即将步入职场的大学生端正心态，正确定位具有积极的指导价值。

外职业生涯是指从事职业时的工作单位、工作地点、工作内容、工作职务、工作环境、工资待遇等因素的组合及其变化过程。其特点通常是别人给予的，也容易被收回，往往与自己的付出不符。一味追求外职业生涯成功的人往往内心疲惫。

内职业生涯是指从事一项职业时所具备的知识、观意、心理素质、能力、内心感受等因素的组合及其变化过程。其特点是可以通过别人的帮助获得，但主要是由自己努力实现，别人不能测定。内职业生涯是外职业生涯发展的前提，并带动外职业生涯的发展，对个人的发展和生涯更具有成功的价值。在职业生涯的各个阶段，应该更重视内职业生涯的发展。

二、职业生涯规划类型与特点

职业生涯规划，也称为职业生涯设计，起源于1908年的美国，职业指导之父帕森斯成立了世界上第一个职业咨询机构——波士顿地方就业局，并提出了职业咨询概念，以解决大量失业的情况。随着职业指导开始系统化，到二十世纪五六十年代，舒伯等许多学者提出了“生涯”的概念，于是生涯规划不再是局限在职业指导，而是扩展到人生中的各个不同角色方面。

（一）职业生涯规划的类型

职业生涯规划需要结合自身条件和现实环境，确立自己的职业目标，选择职业道路，制订相应的教育、培训和工作计划，并按照生涯发展的阶段实施具体的行动，最终达到目标的过程。通常，职业生涯规划分为短期规划、中期规划、长期规划和人生规划。

（1）短期规划是指2年以内的职业生涯规划，规划的主要目的是确定近期目标，并制订可实施的行动任务计划。

（2）中期规划是指3～5年的职业规划，这是主要介绍的一种规划方法。以现有对社会和职业的认知，明确职业目标，制订大学期间的学习、实践和培训计划。

（3）长期规划是指5～10年的职业规划，一般设定自己的职业理想目标，在对个人能力、社会环境、职业环境有充分的认知和评估后制订的总目标和行动计划。

（4）人生目标是指整个职业生涯的规划，时间上为40年左右，目标是整个人生发展的目标，包含人生中各种角色的规划和实施。

（二）职业生涯规划的特点

通常，一份良好的职业生涯规划具备以下特点。

（1）可行性：职业生涯规划的自我分析与环境分析需要客观，有事实依据，不能凭空假想。

（2）计划性：职业生涯规划何时实施、何时完成，都要有相对的时间和时序上的计划。

（3）评估性：职业生涯规划是一个动态的过程，要有弹性、应留有余地，有利于评估与调整。

（4）持续性：在进行职业生涯规划时，个人的发展阶段应该可以连贯地衔接。

（5）前瞻性：社会环境不断变化，职业生涯规划目标要顺应时代变化、合理且具有发展前景。

对于大学生而言，选择职业就是选择未来，选择自己的人生。作为当代的大学生，每个人都应该成为自己人生事业的规划者和耕耘者，尽早开展自己的职业生涯规划，用高效的行动去实践自己的规划，赢在人生的起跑线上。

算一算：我们的职业人生

假设：一个人的生命时长为80岁，24岁左右大学毕业踏入职场参加工作。根据国家劳动法有关规定，每周工作5日，每日工作8小时，每年工作250日，60岁时退出职场。

解答:（1）一生的职场时间=（60–24）× 250 × 8=72 000 小时

（2）职场时间占据人生的比例:（60–24）／80=0.45

感悟：从 24 岁到 60 岁，是人生中的黄金时期。职业生涯占据生命最重要的时期，值得花费时间和精力好好规划。

三、职业生涯规划的意义

【案例故事】

虫虫生涯

人有自己的人生理想，可爱的动物们也同样有自己的理想。在毛毛虫的世界里曾经发生过这样一个故事：有几只可爱的毛毛虫希望能够过上幸福的生活，于是它们开始勇敢地踏上寻梦之旅。

第一只毛毛虫，它十分努力，每天爬呀爬呀翻山越岭，终于来到一棵苹果树下。它并不知道这是一棵苹果树，也不知树上长满了红红的苹果。当它在树下看到自己的同伴们往上爬时，糊里糊涂地就跟着往上爬。没有目的，不知终点，更不知生为何求、死为何所。它的最后结局呢？也许遇到了一个大苹果，幸福地过了一生；也可能攀爬的时候在树枝中迷了路，什么也没得到，颠沛流离糊涂一生。不过可以确定的是，大部分的虫都是这样生活着的，不去烦恼什么是生命意义，没有目标未达成的失落倒也轻松自在。

有一天，第二只毛毛虫也爬到了苹果树下。它知道这是一棵苹果树，也确定它的“虫生目标”就是找到一个大苹果。问题是它并不知道大苹果会长在什么地方？但它猜想：大苹果应该长在大枝叶上吧！于是它就慢慢地往上爬，遇到分支的时候，就选择较粗的树枝继续爬。当然在这个毛毛虫社会中，也存在考试制度，如果有许多毛毛虫同时选择同一个分支，可是要举行考试来决定谁才有资格通过大树枝。幸运的，这只毛毛虫一路过关斩将，每次都能如愿地选上最好的树枝，最后它从一枝名为“大学”的树枝上，找到了一个大苹果。不过它发现这个大苹果并不是全树上最大的，顶多只能称是局部最大。因为在它的上面还有一个更大的苹果，号称“老板”，是由另一只毛毛虫爬过一个名为“创业”的树枝才找到的。令它泄气的是，这个创业分支是它当年不屑于爬的一棵细小的树枝。

接着，第三只毛毛虫也来到了树下。这只毛毛虫相当难得，小小年纪就自己研制了一副望远镜。在还未开始爬时，就先利用望远镜搜寻一番，找到了一个超大苹果。同时，它发觉当从下往上找路时，会遇到很多分支，有各种不同的爬法；但若从上往下找路时，却只有一种爬法。它很细心地从苹果的位置，由上往下反推至目前所处的位置，记下这条确定的路径。于是，它开始往上爬了，当遇到分支时，它一点也不慌张，因为它知道该往哪条路走，不必跟着一大堆毛毛虫去挤破头。譬如说，如果它的目标是一个名叫“教授”的苹果，那应该爬“升学”这条路；如果目标是“老板”，那应该爬“创业”这个分支；若目标是“政客”，也许早就该爬“厚黑之道”这条路了。最后，这只毛毛虫“应该”会有一个很好的结局，因为它已具备了“先觉”的条件了。但也许会有一些意外的结局出现，因为毛毛虫的爬行相当缓慢，从预定苹果到抵达时，需要一段时间。当它抵达时，也许苹果已被别的虫捷足先登，也许苹果已熟透而烂掉了……

第四只毛毛虫可不是一只普通的虫，同时具有先知先觉的能力。它不仅先觉知道自己要何种苹果，更是一个先知——知道未来苹果将如何成长。因此当它带着那“先觉”的望眼镜时，它的目标并不是一个大苹果，而是一芽含苞待放的苹果花。它计算着自己的时程，并估计当它抵达时，这朵花正好长成一个成熟的大苹果，而且它将是第一个钻入苹果并大快朵颐的毛毛虫。果不其然，它获得所应得的，从此过着幸福快乐的日子。

第四只毛毛虫的虫生经历让人思考颇多，即使是一个普通的虫子，只要勤于学习善于规划，也可以过上理想的美好生活。那么作为新时代的大一新生，是不是也可以尝试规划一下自己的职业生涯呢？

资料来源于 网络

大学阶段职业生涯规划的意义主要有以下几个。

（一）职业生涯规划可以发掘自我潜能，促进自我实现

一份科学的职业生涯规划将会：①引导大学生正确认识自身的个性特质、现有与潜在的资源优势，帮助大学生重新对自己的价值进行定位并使其持续增值；②引导大学生对自己的综合优势与劣势进行对比分析；③使大学生树立明确的职业发展目标与职业理想；④引导大学生评估个人目标与现实之间的差距；⑤引导大学生前瞻与实际相结合的职业定位，搜索或发现新的或有潜力的职业机会；⑥使大学生学会如何运用科学的方法采取可行的步骤与措施，不断增强职业竞争力，实现自己的职业目标与理想。

（二）职业生涯规划可以满足个人需求，提升工作幸福指数

车尔尼雪夫斯基说过：“人的活动如果没有理想的鼓舞，就会变得空虚而渺小”。好的计划是成功的开始，凡事“预则立，不预则废”，职业生涯规划可以帮助解决“我想干什么”和“我能干什么”的问题。通过对内外环境的分析，可以帮助了解自己的性格、能力、兴趣，了解想从事行业的特性、所需要的能力、工作的内容、发展的前景、薪资待遇等。由此可以让自己把理想与现实的努力结合起来，从而获得工作的成功感和幸福感。

（三）职业生涯规划可以提高人生效率，延长个体有效生命

“人生七十古来稀，我今七十不为奇。前十年幼小，后十年衰老，中间只有五十年，一半又在睡中过，算来仅有二十五年……”一首简单的歌词，把人一生计算的简单清楚。

人的一生分为自然生命和有效生命。自然生命是指一个人从出生到死亡之间的时间；有效生命是指一个人通过学习、工作等创造价值的时间。

一个人的职业时间几乎占据人生的一半的时间，如果想在这场激烈的竞争中脱颖而出并保持立于不败之地，就必须规划好自己的有效生命时间。拥有对自己明确的认识与清晰的目标，之后再把求职活动付诸高效率的实践，这样的人生要更精彩，也更经济、更科学。

（四）职业生涯规划可以减少人力资源的浪费，避免频繁跳槽

在现实生活中，很多人因缺乏对自身的深入分析，缺少职业生涯规划，盲目地求职工作，个人优势素质得不到平台发挥，既浪费了自己的才华也没有为社会作出应有的贡献。知识经济时代，人力资源已经成为第一资源，而人们常面对的事实是一方面用武之地找不到英雄，

另一方面是英雄无用武之地。大学生就业难有三大原因，分别是岗位不足、有岗不就、有岗难就。有岗难就是最主要的原因：一方面社会需要大量的高素质人才；另一方面大学生就业难，大量积压浪费。职业生涯规划可以改变这种现象，实现人职匹配、人尽其才、人尽其用，并可以有效避免大学生就业之际的频繁跳槽，尽快找到适合自己的工作。

四、大学生的职业生涯规划

当步入大学校园，职业理想的风帆在这里扬起，意味着已经进入了专业化的学习，要计划为以后的职业生活打下坚实的基础。影响未来职业成功的因素有很多，但是最重要的因素是大学时期的学习。21 世纪是知识经济时代，在国民经济中，知识经济占据主导地位。社会对人才的需求在规格要求和比例上都有着显著的变化，要求信息化、专业化、人才复合化。面对这样的变化，规划自己的未来，正确地认识和把握大学时光，规划好自己的职业生涯显得尤为重要。

从职业生涯规划的角度来看，大学阶段主要是职业的准备期，要完成从学生角色到职业人角色的过渡，完成自我职业的探索。职业生涯规划具体包括大学期间的学习规划、职业规划、爱情规划和生活规划。职业生涯规划的有无及好坏直接影响大学期间的学习、生活的质量，更直接影求职就业甚至未来职业生涯的成败。

【案例故事】

我是这样长大的

成长需要面对许多抉择，从懂事的那一刻起，就要面临人生路上大大小小的分岔口。经过的路总是十字形状的，站在中间，茫然无助，突然感到人置身十字路口，并没有绝对的方向。害怕抉择错误后，要去面对因为自己的错误而带来的伤害。从局外看到的是“交汇点”，局中人却已身陷其中成为“交叉点”。

第一次要面对人生抉择的是中五毕业那年，左手拿着无线艺员训练班的报名表格，右手拿着应届高等程度教育课程的报名表，顿时觉得自己的前途都掌握在自己手中，要继续学业吗？还是去读艺员训练班？再念两年中学毕业后又何去何从？然后学士、硕士、博士这样一路念下去？还是选修艺员训练班有一之长，将来无论什么条件，台前也好，幕后也好，总算有门专业知识傍身。

一连串的问题此起彼伏在我心中响起，魔鬼天使各据一方，展开辩论大会。

反反复复地考虑，我把自己的优点和缺点逐一写在纸上，自己替自己理智地分析利弊；这样念书一直念下去适合我的性格吗？我喜欢艺术工作吗？我可以吃苦头吗？我喜欢什么样的人生？平稳安定？还是多姿多彩，充满挑战？要到哪一天才明白人才是自己生命中最大的主宰，向左还是向右走都是自己决定的路，与天无关。

我的心作了我的指南针，只有它才最明白我要的方向，也是它教我最后选择了左手的那张报名表格。

我把这个决定告诉了父亲，他听后皱了皱眉头，问：“你肯定了？”我用力点头。

父亲沉默了一会儿，最终也点下头。在那一刻，我有种如释重负的感觉：“我大个仔了（我长大了)!”我跟自己说，终于替自己解决了人生的第一个交叉点。

资料来源于 刘德华. 我是这样长大的[M]. 学林出版社，1995

（一）大学生活与规划

当大学生处在刚进入大学的阶段，是不是考虑过上大学的意义？一位社会学家曾经对大学新生进行一次调查：“上大学是为了什么?”同学们的答案有很多，主要有以下几点：“找个好工作”“为了丰富人生”“为了学习自己感兴趣的知识”“别人都上了大学”。面对这样的答案，是不是也应该思考当初填写高考报名志愿的时候，是怎么选择自己的大学和专业的呢？

同学们的回答反映了个人对上大学的不同期望，有人认为大学是为培养职业人的；培养优秀职业工作者；有人认为大学是帮助学生学会生活的；还有就是为塑造健全的人格。北京大学李柏光博士指出，“从一定程度上讲，你选择了什么样的学校和系科，就决定你将变成什么样的人。”

在我国大学生进入大学以前都是在“应试”教育的模式下进行学习和生活的。其特点是高度重视学习这一单一目标，而忽略了生活能力、心理素质、道德品质等方面的培养。学习上又习惯于被动安排、重复记忆、机械化的学习模式，从而导致了学生在进入大学后自理能力差、心理脆弱、道德意识淡薄、自主学习以及创新学习能力不强等问题纷纷暴露。面对这种状况，在大学生中开展生涯规划教育，使大学生能够在大学阶段学会思考，找到自己的人生理想，学会对自己的人生负责具有重要意义。

生涯规划不仅可以让人找到自己的兴趣所在，实现人生价值，获得更高的经济回报。更重要的是在生活和工作，事业和家庭中找到平衡的支点，全面提升生活质量。通过生涯规划释放出一个人的潜能，并在人生的不同阶段都活出自己的精彩。

【身边的榜样】

2019年度安徽××学校优秀大学生事迹案例

周同学是来自2017级××系口医班，现任校学生会主席，是一个积极向上、感恩生活中一切的女生。

她出生在一个普通的工人家庭，可能是因为小时候身体不太好，每逢看见医生就仿佛看见了希望，所以从小就励志要成为一名医生。从进入安徽××学校后认真学习、不断努力，积极参加校内外的各项活动。宣读医学生誓词时都由心呐喊“我决心竭尽全力，除人类之病痛，助健康之完美，维护医术的圣洁和荣誉。救死扶伤，不辞艰辛，执着追求，为祖国医药卫生事业的发展和人类身心健康奋斗终生!”功夫不负有心人，她最终在2017—2018年口腔医学系综合测评中取得了系部第一的成绩，并且在老师、辅导员和同学们的支持与信任下，在2018年6月全票当选校学生会主席。

学习上，她始终严格要求自己，坚持不拖沓、保持连贯的学习作风，拥有明确的学习目标。并深知身为学生的首要目标一定是学习，不相信有那么多的天才，只相信努力不一定会有回报，但不努力一定没有回报。所以她养成了课上认真听讲，课后及时复习的学习习惯，把握自己的学习节奏，利用碎片时间复习功课。

当然，每个人学习过程中都会遇到很多的困难，而她在学习过程中遇到的最大的困难就是大一下半学期，在期末考试前一天脚踝骨折的经历。去年6月，周同学由于一边参与策划毕业生典礼，又为学校承办的省级大型电影推介会彭于晏来校路演做准备；同时她也在为期末考试紧张复习着。然而，计划总是赶不上变化，在期末考试的前一天，她在和电影公司的现场交接工作中不慎摔伤脚踝，右脚骨折。

打了石膏后周同学遇到了生活中的原来没有遇到的困难，比如走路、睡觉。打过石膏后从校门口走到寝室甚至要用将近一个小时。回到寝室后，她发现更糟糕的事情还在等着她，在宿舍里无法上床下铺。但是生活的困难不能阻挡一个真正要前进的人，她毅然租住到学校门口的宾馆，坚持每一门课程的复习任务，每次会提前一两个小时走去考场。那时，她没有过退缩，即使学校老师同意她申请缓考，但内心不断问自己一点小小的挫折，就要改变她的学习规划吗？是不是可以有更合适的方案，是不是可以坚持……幸运的是，在周同学的咬牙坚持下顺利完成了考试，并取得了系部第一的成绩。最终，获得了2017—2018年特等奖学金和国家励志奖学金的荣誉。

同时，周同学前期所做的工作也没有放手不管，学校活动期间她虽然不能赶赴现场，但仍然利用闲暇时间在线帮助新媒体平台做现场直播工作，向外界展示学校风采，展现学校广大学子的青春活力，活动最终也取得了圆满成功。

大一学期，她积极努力，陆续参与策划举办了各项校级活动；并且先后担任了2017年口腔医学系元旦晚会主持人以及第七届校园辩论赛主持人，在“校园主持人大赛”中获得了“十佳主持人”荣誉称号。

努力就会有回报，在当选为校学生会主席之后，她丝毫没有松懈，更加科学合理的安排自己的大学生活，陆续策划了“2018级毕业生典礼”“2018级迎新文艺晚会”“第八届校园辩论赛”等校级大型活动，并参与创作学校自制话剧《春雷》，在省赛中也取得了优异的成绩。在职期间，周同学多次作为学生代表参与校内外座谈会并积极与兄弟院校保持联系。热爱志愿服务，多次前去“金色家园”养老机构看望孤寡老人。

在生活中，周同学具有良好的生活习惯，积极参加体育锻炼。在班级中，不骄不躁，为人谦逊有责任心，获得校级“优秀共青团员”和“三好学生”的荣誉称号。

大二时候的周同学，依旧没有停止学习的步伐，除了在大二综合测评中依旧保持了系部第一的成绩外，在开学就上交了入党申请书并且成为了辅导员助理。利用课余时间与学弟学妹们交流专业知识，关心他们的生活，做他们生活中的知心姐姐，课程上的学习伙伴。

兴趣是最好的老师，为了学习更多的临床知识，为之后的实习做准备，她还利用周末时间去校外口腔医院见习，跟随老师努力打好操作基础，学会如何与患者或同事交流相处，利用碎片时间学习更多的口腔临床知识。

如今的周同学已经顺利进入自己心仪的实习岗位，相信通过她自己的规划和努力，未来的幸福生活已经在向她招手了。

资料来源于 公众号“微语润心”微榜样

（二）大学生职业生涯规划的内容

参照美国职业规划专家舒伯的生涯理论，站在人生职业的起点，大学生的生涯规划是对整个大学生活及未来的规划，包括的内容是非常丰富的，主要有以下几个方面。

1．全方位探索自我

生涯规划与探索自我的关系极为密切，自我观念是生命的核心所在，也是生涯规划的前提和凭借，生涯规划的关键在于学生的自我认知。自我认知即了解自己的兴趣、性格、能力，特长、思维方式，价值观、职业倾向等，个人才能清楚地认清自己需求与目标，即对“我希望自己成为什么样的人？”“我对哪些事比较感兴趣？”“我的能力如何？”这些问题做到清晰的解答，大学生们要根据生涯规划理论与原则作为成功判断的标准，正确的开展生涯设计，准确进行自我定位，合理规划人生，列出具体措施和完成日期。通过具有前瞻性的生涯设计，减少在人生路上的徘徊犹豫，避免浪费时光，提高效率为迎接未来职业生涯发展的挑战做好充分准备。

2．学习生涯规划

学业生涯规划是指一个人对其未来所承担的职务相继历程的预期和计划，在科学认知自我和职业环境后制订的学习计划，包括个人专业知识学习计划、目标实现的计划以及完成时间等方面的计划。

大学可能是大学生步入社会前的最后一个全日制学习阶段，努力学习科学文化知识，锻炼适应将来职业发展的各种专业技能是大学生的基本任务。而目前高校大学生却普遍存在着学习目标不够明确，学习动力不足、学习纪律松散等现象。具体表现在部分大学生上课迟到甚至逃课，玩手机、抄作业，主动学习不足，考试靠临时突击甚至作弊来应对考核。有些大学生对课余时间利用不合理，沉迷于网络、玩游戏、看电影、交友聊天等却不愿主动参与大学校园的文体活动和社会实践活动。这种现象产生的原因：一方面在于互联网时代，大学生缺乏自我设计和自我规划的能力让大学生迷失在互联网信息的海洋，找不到自己的人生目标；另一方面由于大学生没有很快地适应大学的学习和生活方式，失去了老师和家长的监督，自我管理能力不足，以及专业学习动力不足，导致部分学生采取逃避的方式，从而荒废了学业。科学的制订大学的学业生涯规划，可以帮助大学生寻找自我兴趣，发现职业理想，提高自我管理能力，为最终的人生理想做好充分的准备。

3．职业路径规划

大学生毕业后将从校园生活跨入职业生活，因此，在大学期间做好职业规划为以后的职业发展做好知识以及能力等各方面的准备，是大学生生涯规划的重要内容。职业生涯规划是指一个人在准确的认识个人特点和能力特长基础上，确定自己的职业方向和职业目标。包括从事什么样的职业，如何在这个职业领域中得到发展，打算取得什么样的成就等问题，并且制订出相应的详细的书面计划。如毕业后 1～3 年内取得什么样的业绩；3～5 年内达到什么样的层次；5～10 年内取得什么样的成就。为实现这些目标，应采取什么样的措施等等。

合理设计自己的职业生涯规划，是大学生通向成功的第一步。它可以使大学生充分地认识自已，客观分析环境，正确选择职业，采取有效的措施克服职业生涯发展中的各种困扰，从而使自己的事业蒸蒸日上。

曾经美国耶鲁大学进行了一次跨度为 20 年的跟踪调查，这个大学调研人员对参加调查的学生们提了一个问题：“你们有目标吗?”90%的学生回答说：“有。”研究人员又问：“如果你们有了目标，那么是否把它写下来了呢？”这时，只有 4%的学生回答说：“写下来了”。

20 年过后，耶鲁大学的研究人员跟踪当年参加调查的学生们。结果发现，那些有目标并且用白纸黑字记下来的学生，无论是事业发展还是生活水平，都远远超过了那些没有这样做的学生。他们创造的价值超过余下的 96%的学生的总和。

4. 大学生活规划

我国的大学生在高中阶段就把考上大学作为唯一的奋斗目标，家长甚至也忽略了对学生独立生活能力的培养。这导致很多大学生在进入大学后缺少独立的生活能力。进入大学后，学生要逐渐适应独立的生活方式，并养成良好的生活习惯。良好的生活习惯包括：充分的睡眠，按时睡觉、按时起床；适当运动，锻炼健康的体魄；注意饮食健康，避免摄取过多的盐、糖、咖啡因、胆固醇和酒精。独立的生活方式包括：保持乐观的情绪，增强心理调适能力，培养良好的人际关系；建立合理的生活开支计划，正确“理财”；主动接触社会，积极参与各类社会实践活动，在实践中锻炼自己的能力和素质。

大学生职业生涯规划使同学们在进入校园之初即明确自己的奋斗方向。制订恰当的人生目标。志当存高远，只有确立了目标，才能更清楚自己前进的方向，知道自己是为了什么而奋斗，在做每一件事、完成每一个任务时才会更有热情和动力。

第二节　职业生涯经典理论

职业生涯管理理论起源于美国，最早是以“职业指导”的形式出现。对职业生涯经典理论的阐述，将从职业生涯发展理论和职业生涯选择理论两个方面对大家进行介绍，以便同学们对职业生涯规划形成深入、清晰的认知。

一、舒伯的职业生涯发展阶段理论

唐纳德·E·舒伯(Donald E.Super)是世界职业规划与生涯教育领域最具权威性的人物，是全球最有影响力的生涯发展研究者，为世界职业规划与生涯教育领域做出了“无与伦比的不朽贡献”，被誉为“超级思想家”。

舒伯认为，人的每一个年龄阶段都与职业发展有着相互配合的关系。人的生涯发展会随着年龄的成长而呈递进式变化，每个年龄阶段都有其生涯发展的任务。他将人的职业发展划分为成长、探索、建立、维持、衰退五个阶段。

第一阶段为成长阶段（0～14 岁），这一阶段经历从对职业好奇、幻想到兴趣，到有意识培养职业能力的逐步成长过程，舒伯将这一阶段又分为三个成长期：

幻想期（4～10 岁），儿童从外界感知到许多职业，对自己觉得好玩和喜爱的职业充满幻想并进行模仿；

兴趣期（11～12 岁），以兴趣为中心，理解、评价职业，开始进行职业选择；

能力期（13～14 岁），开始考虑自身条件与喜爱的职业相符与否，有意识地进行能力培养。

第二阶段为探索阶段（15～24 岁），这一阶段为择业、初就业阶段，可以分为以下三个时期：

试验期（15～17 岁），综合认识和考虑自己的兴趣、能力与职业社会价值、就业机会开始进行择业尝试；

过渡期（18～21 岁），进入劳动力市场或者进行专门的职业培训；

尝试期（22～24 岁），选定工作领域，开始从事某种职业。

第三阶段为建立阶段（25～44 岁），这个阶段为建立稳定职业阶段，经过早期的探索和尝试后，最终确定稳定职业并谋求发展。本阶段是大多数人职业生涯的核心部分，可以分为以下两个时期：

尝试期（25～30 岁），对最初就业选定的职业不满意，再选择、变换职业。变换次数各人不等，也可能满意初选职业而无变换；

稳定期（31～44 岁），最终职业确定，开始致力于稳定的工作。

第四阶段为维持阶段（45～64 岁），在 45～64 岁这一长时间内，劳动者一般达到“功成名就”状态，已不再考虑变换职业，只力求维持已取得的成就和社会地位。重点是维持家庭和工作间的和谐关系，传承工作经验，寻求接替人选。

第五阶段为衰退阶段（65 岁以上），个体达到 65 岁以上，其健康状况和工作能力逐步衰退，即将退出工作，结束职业生涯。这一阶段会出现权力和责任的相对减少，因而个体要学习接受一种新的角色，适应退休后的生活，以减少身心的衰退。

舒伯的职业发展理论还可以用表 1-1 来直观表述。

表 1-1　舒伯的职业发展理论

阶 段	年龄	生涯阶段	主 要 任 务
成长	0～10 岁 11～12 岁 13～14 岁	幻想 兴趣 能力	受家庭教育、父母保护 适应学校生活和社会生活 了解工作的意义，逐渐认识自己
探索	15～17 岁 18～21 岁 22～24 岁	试探 过渡 尝试	综合各种因素，初步的职业选择 职业目标具体化，进入劳动力市场 选定工作领域，开始从事某种职业，感受到工作的压力
建立	25～30 岁 31～44 岁	尝试 稳定	对已有的职业与目标进行检讨，可能变换工作，结婚，生儿育女， 努力工作，争取实现职业目标
维持	45～64 岁	维持	维持既有的职位与成就，准备退休计划
衰退	65 岁以上	衰退	适应退休生活，发现新的角色

舒伯在这一理论形成的初始阶段，认为人生的五个阶段是可以有严格的界限和区分。但是随着研究的深入，从 1957 年到 1990 年，舒伯拓宽和修改了他的终身职业生涯发展理论，创造性地描绘出一个多重角色生涯发展的综合图形——“生涯彩虹图”。他提出人生中有些阶段可能是有交叉的，并不是存在严格的界限。同时，在人的一生中不同的时期，都可以由这五个阶段构成一个循环。在这些阶段中，人扮演的角色不尽相同，通常可能会同时扮演几

个角色。舒伯的“生涯彩虹图”如图 1-1 所示。

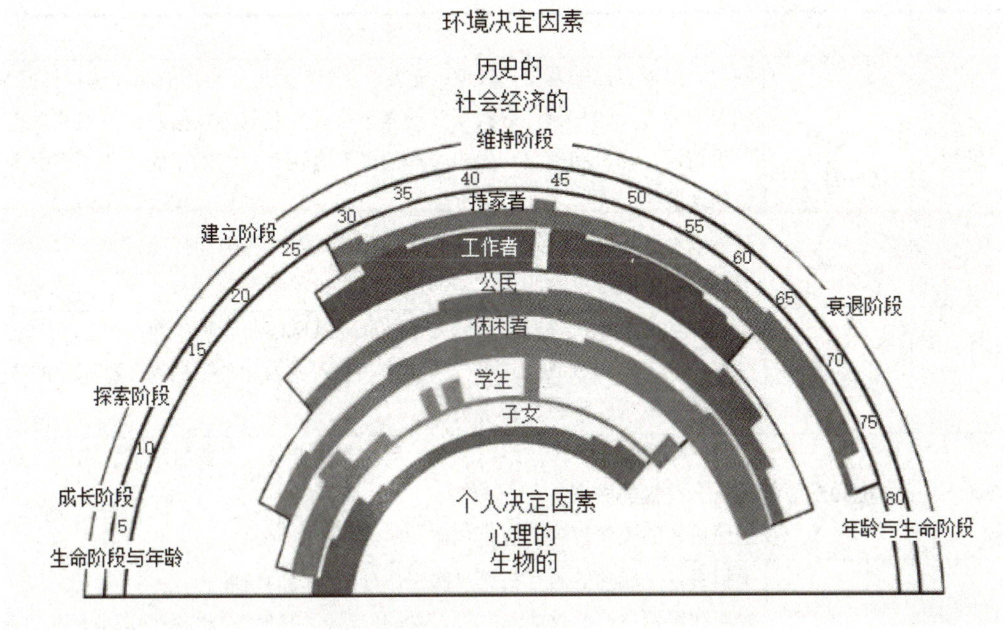

图 1-1　舒伯的“生涯彩虹图”

舒伯的“生涯彩虹图”形象地展现了生涯发展的时空关系，并更好地诠释了生涯的定义。

横贯一生的彩虹——生活广度在个人一生生涯的彩虹图中，横向层面代表的是横跨一生的生活广度。彩虹的外层显示人生主要的发展阶段和大致估算的年龄：成长期（约相当于儿童期）、探索期（约相当于青春期）、建立期（约相当于成人前期）、维持期（约相当于中年期）以及衰退期（约相当于老年期）。在这五个主要的人生发展阶段内，舒伯特别强调各个时期的年龄划分有相当大的弹性，应依据个体的不同情况而定。

纵贯上下的彩虹——生活空间在个人一生生涯的彩虹图中，纵向层面代表的是纵贯上下的生活空间，由一组职位和角色所组成。舒伯认为人在一生当中必须扮演九种主要的角色，依次是：儿童、学生、休闲者、公民、工作者、夫妻、家长、父母和退休者。各种角色之间是相互作用的，一个角色的成功，特别是早期的角色如果发展得比较好，将会为其他角色提供良好的关系基础。但是，如果在一个角色上投入过多的精力，而没有平衡协调各角色的关系，则会导致其他角色的失败。在每一个阶段对每一个角色投入程度可以用颜色来表示，颜色面积越多表示该角色投入的程度越多，空白越多表示该角色投入的程度越少。

二、施恩的职业生涯发展阶段理论

职业是彩色的，生活也是彩色的，除了舒伯之外还有一位美国职业生涯规划领域必须要介绍的伟大人物——施恩。

（一）职业生涯发展阶段理论

美国的施恩教授立足于不同人生年龄段面临的问题和职业生涯主要任务，将职业生涯分为九个阶段，如表 1-2 所示。

表 1-2　施恩九个生涯发展阶段的主要任务

阶段	年龄	主要任务
成长、幻想、探索	0～21 岁	发展和发现自己的需要、兴趣、能力、才干，为进行实际的职业选择打好基础； 学习职业方面的知识，寻找现实的角色模式，获取丰富信息，发展和发现自己的价值观、动机和抱负，做出合理的受教育决策，将幼年的职业幻想变为可操作的现实； 接受教育和培训，开发工作世界中所需要的基本习惯和技能； 充当的角色是学生、职业工作的候选人、申请者
进入工作世界	16～25 岁	查看劳动力市场，谋取可能成为一种职业基础的第一项工作； 个人和雇主之间达成正式可行的契约，个人成为一个组织或一种职业的成员； 充当的角色是应聘者、新学员
基础培训	16～25 岁	了解、熟悉组织，接受组织文化，融入工作群体，尽快取得组织成员资格，成为一名有效的成员； 适应日常的操作程序，应付工作
早期职业的正式成员资格	17～30 岁	承担责任，成功的履行与第一次工作分配有关的任务； 发展和展示自己的技能和专长，为提升或查看其他领域的横向职业成长打基础； 根据自身才干和价值观，重估当初追求的职业，决定是否留在这个组织或职业中；或者在自己的需要、组织、约束和机会之间寻找一种更好的配合
职业中期	25 岁以上	选定一项专业或查看管理部门； 保持技术竞争力，在自己选择的专业或管理领域内继续学习，力争成为一名专家或职业能手； 承担较大责任，确定自己的地位； 开发个人的长期职业计划
职业中期危险阶段	35～45 岁	现实的估价自己的进步、职业抱负及个人前途； 就接受现状或者争取看得见的前途做出具体选择； 建立与他人的良师关系
职业后期	40 岁以后直到退休	成为一名良师，学会发挥影响，指导、指挥别人，对他人承担责任； 扩大、发展、深化技能，或者提高才干，以担负更大范围、更重大的责任； 如果求安稳，就此停滞，则要接受和正视自己影响力和挑战能力的下降。
衰退和离职阶段	40 岁之后到退休期间	学会接受权力、责任、地位的下降； 基于竞争力和进取心下降，要学会接受和发展新的角色； 评估自己的职业生涯，着手退休
离开组织或职业	退休	保持一种认同感，适应角色、生活方式和生活标准的急剧变化； 保持一种自我价值观，运用自己积累的经验和智慧，以各种资源角色，对他人进行传帮带

需要指出的是，施恩虽然基本依照年龄增长的顺序来划分职业发展阶段，但是并没有局

限于具体的年龄，每个阶段的划分更多依据职业状态、任务、职业行为的重要性。正如施恩教授划分职业周期阶段是根据职业状态、职业行为和发展过程的重要性，且尊重每个人经历某一职业阶段的年龄差别。故其只给出大致的年龄范围，认可职业阶段中所示年龄有交叉。

三、弗兰克·帕森斯的人职匹配理论

该理论是在1909年，由美国波士顿大学教授弗兰克·帕森斯（Frank Parsons）教授提出的，这是职业选择较为经典的理论之一。

弗兰克·帕森斯在其《选择一个职业》一书中，明确提出：人与职业相匹配是职业选择的焦点，并阐明职业选择的三大要素和条件。其核心观点包括以下几个。

（1）个人有自己独特的人格模式，每种人格模式都有与其相适应的职业类型。

（2）在选择职业时，首先需要清楚地了解个人的态度、能力、兴趣、局限性等。

（3）要了解职业选择成功的需要和条件，以及在不同岗位上所占有的优缺点、酬劳、机会等。

（4）以个人和职业的互相配合作为职业辅导的最终目标。

弗兰克·帕森斯的理论内涵就是在清楚认识、了解个人主观条件和社会职业要求的基础上，将条件与要求相比照、匹配，从而选择一种职业需求与个人特长匹配最得当的职业。

人职匹配分为两种类型：一是因素匹配，如所需专门知识和技能的职业与掌握该特殊知识技能的择业者相匹配；二是特性匹配，如具有感性、敏感、完美主义等人格特质的人，适合从事创造性、艺术类的职业。

总的来说，人—职匹配理论极易操作。可以根据理论，把职业选择或职业指导分成三个步骤：个人分析、职业分析和人—职匹配。通过这三个步骤，个人就可以选择出一项既符合个人特性又有可能获得的职业。但这种理论又有一定的局限性，如该理论假设每个人只有唯一的生涯目标和生涯决策，这样的观点就缺乏动态性，缩小了个人职业选择的范围，而且也没有关注个人的特质与工作环境都在变化，即忽视了生涯的发展性。

四、金斯伯格生涯发展三阶段理论

金斯伯格是美国著名的职业指导专家和职业生涯发展理论的先驱者，他研究的重点是从童年到青少年阶段的职业心理发展过程。他将职业生涯的发展分为幻想期、尝试期和现实期三个阶段。

（一）幻想期（11岁之前）

处于11岁之前的儿童，对他们所看到或接触到的各类职业工作者（如父母、老师、军人、演员甚至动物园管理员等）都充满了好奇和向往。幻想着长大做他们那样的人，干他们所干的工作，甚至在装扮、语言和行为上进行模仿。该时期职业需求的特点是：单凭自己的兴趣爱好选择职业，不考虑自身的条件能力水平、社会需要与机遇，完全处于幻想之中。

（二）尝试期（11～17岁）

尝试期是接受中等教育，由少年向青年过渡的时期。在这一时期，人的心理和生理均在迅速成长、发育和变化，逐渐出现了独立的意识，产生了基本的价值观，知识逐步累积，能力显著增强，初步获得了社会生活经验。该时期职业需求的特点是：注意自己的职业兴趣，开始客观地审视自身各方面的条件，能力和价值观，开始注意各种职业的社会地位，以及社会对该职业的需要。

3、现实期（17 岁以后）

现实期的人们完成了中等教育，有一部分人即将步入社会劳动，此时他们能够客观地把自己的职业愿望或要求同自己的主观条件、能力，以及社会现实的职业需要密切联系和协调起来，寻找适合自己的职业角色。该时期职业需求的特点是：已有具体的、现实的职业目标，讲求实际。

纵观以上国外经典职业生涯规划理论，可以看出生涯的概念和界限并未与生命或者生活完全画上等号，但是也不是仅仅包含“工作和职业”。在我国对青年人未来职业的关注也是有着悠久的历史的，如婴儿出生后有一种传统“抓周”，其实就是寄托着古人对儿童未来职业的一种推测和良好愿望。职业生涯有着丰富和广阔的内涵，认知它、了解它，通过专业理论，运用科学方法去规划它，协助大学生的成长和改变。学习并掌握职业生涯规划经典理论，这应该是每一位大学生的追求，也必将是追求幸福工作、幸福生活的不二法宝。

课后思考

1. 职业生涯规划的特点有哪些？
2. 舒伯的职业生涯规划理论对你的启发是什么？
3. 人—职匹配理论对你未来职业目标的选定有什么样的启发？
4. 结合本章学习的内容谈一谈你未来的职业发展目标是什么？

第二章　自我认知

【学习目标】

- 了解自我认知的概念和意义
- 熟知自我认知的内容
- 掌握自我认知的方法和途径

【开篇故事】

李某的新机会

李某，旅游管理系毕业生，在一家酒店做大堂接待，起薪微薄，这和她原来期望的大堂经理相差甚远。因为酒店管理专科生的供大于求，大专毕业几乎只能走这条路。李某在这期间也发了不少的简历，可惜酒店管理类的工作没有一个能看上一个刚毕业没有工作经验的女孩子。

李某英文不错，考过 GRE，听说能力都好，在大学里还担任过文艺节目的主持，可如今在职业发展上却遭搁浅。不得已之下，李某找了一个生涯规划咨询师，咨询师详细了解了她的情况后，得出的结论是：李某的错误在于选择范围过于狭窄，作为一个刚毕业的大学生在本专业形势不好的情况下，可以选择既适合自己又更有前途的行业。

咨询师经过对李某的生涯咨询，发现李某个性活跃，表达能力强，适合外向型的工作；个性中感性成分居多，不适合做文秘类枯燥工作。对李某这样的个性来说，与人交往、随机应变的工作比较适合她，而理性偏重、需要大量严密思考的工作却应该回避。根据李某的实际情况，咨询师建议她先从涉外导游这个兼职做起。

幸好在大学时英文不错，使得李某具有这方面实力。酒店管理近年人才饱和，而旅游业方兴未艾，正好可以借这个契机进入一个新的领域。在广泛接触社会的背景下，寻找新的职业机会将变得更加有利。咨询师还建议李某的职业定位为市场拓展主管或者营销经理，最佳行业定在旅游业及其附属产业，这些行业在中国还处在发展阶段，并且有望取得高薪。在咨询师的提醒下，李某考了导游证，很快在一家大型注册公司找到了一份双休日兼职导游，半年后又跳槽去了一家国际商业旅行公司，收入颇丰。

个人感悟：______________________________

____

____

____

第一节　自我认知概述

【案例故事】

认知自我

苏格拉底（公元前469—公元前399年），古希腊著名的思想家、哲学家、教育家、公民陪审员，他和他的学生柏拉图，以及柏拉图的学生亚里士多德被并称为“古希腊三贤”，更被后人广泛地认为是西方哲学的奠基者。苏格拉底说：“人，首先要认识你自己”。对人而言，最重要的知识是“认识自己”。苏格拉底认为，认识自己就是认识心灵的内在原则，即认识德性。这里的“德性”原指事务的特性、品格、特长、功能，具体到人就是“人的本性”。

常言道，人贵有自知之明。自我是一个人最好的朋友，它是你自己手中最熟悉的存在。就如同诗中所说的那样：“不识庐山真面目，只缘身在此山中”。自我往往又是自己最容易忽略和迷失的存在。要想获得事业上的成功，首先要认识自己，明白自己是谁？从哪里来？现在在哪里？将来要往哪里去？并且了解自身的优势和才干、劣势及短板。

资料来源于 网络

一、自我认知的含义

自我认知（self-cognition）也叫自我意识，指的是对自己的洞察和理解，包括自我观察、自我评价，以及对自己身体状况、心理状态和对自己的社会属性的认知。自我观察是指对自己的感知、思维和意向等方面的觉察。自我评价是指对自己的想法、期望、行为及人格特征的判断与评估，这是自我调节的重要条件。人对自己的思想、动机、行为和个性的评价，直接影响学习和参与社会活动的积极性，也影响着与他人的交往关系。

荀子说“自知者不怨人，知命者不怨天，怨人者穷，怨天者无志，失之己，反之人，岂不迂乎哉……故君子道其常，而小人道其怪。”（选自《荀子·荣辱》）一个人只有正确的认识和评价自己，才能正确对待个人与社会、集体及他人的关系，才可以完美的解决生活中的各种问题，才能在生活和职场中克服缺点、发扬优点，寻找到自己恰当的位置，并获得最大化的发展和成功。

二、自我认知的原则

（1）客观性原则：大学生在认识自我时，要以客观事实为依据，尽量避免主观因素的限制和干扰。任何时候，都需要及时客观的去了解自己当下真实的想法。既要防止过度自卑而导致消极、悲观的心态，也要防止由于过度自尊而导致的狂妄傲慢的态度。总之，过高和过低的自我认知都是不利于自身发展的。

（2）全面性原则：人类本身是一个复杂的物种，具有复杂多变的天性，比如性格，人与人之间的性格各有不同，且每个人都有不同面的性格差异，既要看到自身的优点，也要看到自身的缺点。既要对自己做出整体素质进行认知和评价，也要对自己某一方面的特殊才能进行具体评价。任何一个片面的自我认知，都不可能全面且正确地反映自己的整体素质状况。

（3）发展性原则：自我认知不是某一刻的行为，而应该贯穿在一生当中的时时刻刻。具有连续性，如随着年龄和阅历的增长，一个人的能力是不断变化发展的，一个人的性格和价值观在不同时期也是不同的。因此需要时刻关注对自己的认知。不但应当对自己当下的情况做出适当、全面、客观的评价，而且更应当着眼于未来的发展变化，预见性的估计自己的发展潜力和前景。预测的准确性越高，职业选择就越准确，自我发展的空间也就越广阔。

三、自我认知的维度

（1）生理状况：人最容易认知的是自己的生理维度，比如年龄性别、形体长相（五官、身材、皮肤等）、身体健康状况、基因智商等等。生理条件的认知对选择职业有很大的影响，比如近视影响报考飞行员，乙肝携带影响选择进入卫生行业等等。只有清晰自己的生理各方面条件，才能更好地匹配合适的职业。

（2）心理状态：心理特征的主要认知层面包括价值观、能力和技能、性格、气质、兴趣、心理健康状况等。心理认知相对于生理认知显然增加了很大的难度，很多人对自己的认知不清晰主要是因为心理认知不够。

（3）社会属性：社会属性层面包括家庭背景、学校教育背景、社会文化程度、人际与社会关系特征、文化背景习惯、宗教信仰等，社会资源属性对选择职业有指导性作用。

四、自我认知理论——冰山模型

（一）冰山模型的诞生

冰山模型如图2-1所示，是美国著名心理学家麦克利兰于1973年提出的一个著名的模型。“冰山模型”就是将每个人的个体素质的不同表现划分为表面的“冰山以上部分”和深藏的“冰山以下部分”。基于这个理论下，人格就像海面上的冰山一样，露出来的仅仅只是一部分，是有意识的层面；剩下来的大部分，处于无意识状态的，决定着人的发展和行为。

（二）冰山模型的内涵

“冰山以上部分”包括基本知识和基本技能，是外在表现，属于容易了解与测量的部分，相对而言也比较容易通过培训来改变和发展。而“冰山以下部分”包括社会角色、自我概念、个性特征和动机，是人内在的、难以测量的部分。它们不太容易通过外界的影响而得到改变，但却对人的行为与表现起着关键性的作用。

“冰山以上部分”知识代表的是在学习和实践中获得的认知和经验。知识分领域，比如医学知识、人力资源知识、机械知识等。技能是掌握并能运用的某项专门技术，比如制作PPT、学会输液、编程等。通过思考这些问题：你学过什么专业？常读哪些书？会几种语言？能使用什么工具？等问题来梳理并清晰自己的知识和技能。不仅包括在工作、学习中体现的，也包括你擅长的业余爱好。业余爱好和专业结合起来，可能会帮助你发现一些跨领域的新机会。

“冰山以上部分”与工作所要求的资质直接相关，能够在比较短的时间内使用一定的手段进行测量。可以通过考察资质证书、考试、面谈、简历等具体形式来测量，也可以通过培训、锻炼等办法来提高这些素质。对自己拥有的知识和技能，有清晰地了解和把握之后，在职业选择、个人发展上就会有方向。

图 2-1　冰山模型

“冰山以下部分”社会角色指一个人基于态度和价值观的行为方式和风格。自我概念包括态度、价值观和自我印象。其中价值观代表的是“对于我来说，什么是对的，什么是重要的”。每个人的各种价值观是按照一定顺序连接在一起的，当人们根据重要性程度来对自己的价值观进行排序时，就构成了价值观系统。个性特征是对他人的反应方式和交往方式的总和，通常由行为表现出来，代表的是一种行为倾向。当个性特征与工作匹配的时候，会更容易取得成绩。动机是维持并促进人们朝向某个目标前进的内在作用，引起动机的条件是需求。动机是一种个人内在的驱动力，这种驱动力促使采取行动。冰山模型底下的要素很难改变，它们会受到基础教育、家庭教育、童年经历等的影响。

借用冰山模型建立自我认知，这是一个分析自我的有效方式。认识自己的价值观、性格和动机之后，去寻找那些匹配自己价值观、性格以及动机的工作和生活方式，去做那些能充分释放内心能量的事情。每个人必然有其才能所在、兴趣所在，在合适的位置才能绽放光彩。

三、自我认知的意义

很早以前，人类就知道认识自我的重要性。中国有句经典名言：“人贵有自知之明”。道家的创始人老子也曾说过：“知仁者智，自知者明”。东方文明古国印度也有类似的格言：“认识你自己，就能认识整个世界”。通过认知你是谁，你将赋予生命以意义，通过真正地发掘自己的潜能，你将赋予生活以价值。由此可见，东西方的先贤和哲人都说明自我认知对个人发展的重要性。

对大学生而言，正确全面的自我认知意味着你将选择一份你喜欢的专业、从事一份符合你的优势能力和价值观的工作，进而影响了你的整个职业生涯和人生。

（一）明确发展目标，合理规划职业

很多大学生来到大学后，没有目标，不知道自己要做什么，也不知道自己不要做什么，

因此茫然、无趣、得过且过成为很多大学生的生活现状。当大学时光即将逝去的时候，蓦然回首，一无所获，方才开始觉得遗憾和后悔。归根究底是没有对自己有过全面的探索和思考，不清楚自己真正感兴趣和适合的行业到底是什么。

另外，很多学生在选择专业和选择工作岗位的时候觉得迷茫是因为对自己的兴趣、价值观、技能优势、性格特征等认知不足，不知道自己喜欢干什么、能干什么以及适合干什么，放任自己得过且过。因此自我认知在做职业生涯决策中起着至关重要的作用。它会让你清晰自己的方向，合理正确地进行职业规划，提升你的择业能力。

（二）健全完善人格，促进心理健康

每一个成功的人都是自我了解程度比较高的，只有认识和了解自己才知道什么样的事情适合自己，才知道自己要用什么方法方式去面对困境。人一生都在不断的成长，想更多地了解自己需要不断的实践，不断的自我检讨和总结。

对大学生而言，自我认知水平的高低及正确程度是影响心理健康的一个重要的因素。不能对自己有个充分的判断，那么不管是在学习生活中还是在平时的工作中，都在起着微妙的作用。如果一个人不能正确认识自我的优势，觉得处处不如别人，就会产生自卑，丧失信心，做事畏缩不前。相反，如果一个人过高地估计自己，也会骄傲自大、盲目乐观，导致工作的失误。因此，恰当地认识自我，实事求是地评价自己，是自我调节和人格完善的重要前提，也是一个人心理健康的重要保障。

（三）发挥个人特质，促进职场发展

人生是一个不断选择的过程，每一个人都应该选择一个比较适合自己的生活方式，选择职业更是如此。对于大学生来说，选择职业是人生中一个重要的里程碑。很多大学生在毕业时因为家人的期待、因为身边人的介绍、因为自己毕业证上的专业去选择一份工作，而不是因为自己的能力特长，不是因为自己的兴趣爱好，也不是因为对自己理想职业的深刻认识而去选择职业。

因此，对自己的能力、价值观、性格、特长等的深刻认知是每个人正确选择职业必不可少的重要因素。利用自己的热爱和特长，才能在职场发展中一直勇于承担和不断进步。职业成功以认识自我为基础，越了解、理解并接受独特的自我，就越能够恰当地做出人生和职业的选择。在职场发展中充分发挥自己的优势，才能将个人职场价值最大化。

【案例故事】

诺贝尔化学奖得主奥托·瓦拉赫的成才之路

奥托·瓦拉赫，德国化学家，首个成功地用人工合成香料，在脂环族化合物的研究中做出了贡献，于1910年获诺贝尔化学奖。

瓦拉赫在开始读中学时，父母为他选择的是一条文学之路。不料一个学期下来，教师为他写下了这样的评语：“瓦拉赫很用功，但过分拘泥。这样的人即使有着完美的品德，也决不可能在文字上发挥出来。”此后，他改学油画。可瓦拉赫既不善于构图，又不会调色，对艺术的理解力也不强，成绩在班上是倒数第一。学校的评语更是难以令人接受：“你是绘画艺术方

面的不可造就之才。”面对如此“笨拙”的学生，绝大多数老师认为他已成才无望，瓦拉赫并没有因此放弃自己，他一直认为自己只是暂时没有找到适合自己的方向，从没有放弃探索和努力。后来，在学习期间他接触到化学这门学科，化学老师认为他做事一丝不苟，具备做好化学实验应有的品格。建议他深入学习，父母接受了化学老师的建议。这下，瓦拉赫智慧的火花一下被点燃了，文学艺术的“不可造就之才”一下子变成公认的化学方面的“前程远大的高才生”。

这位伟大的科学家终于找到了自己的优势所在，他把自己的一生无私地贡献给了人类社会，而自己并不要求什么回报。1910 年，瓦拉赫荣获诺贝尔化学奖。他一生中潜心钻研化学，未曾结婚，1931 年 2 月 26 日逝世于哥丁根。

资料来源于 网络

【拓展阅读】

彼得·德鲁克（Peter F. Drucker）的自我认知管理

彼得·德鲁克（Peter F. Drucker，1909.11.19 ~ 2005.11.11），现代管理学之父。20 世纪 30 年代中期，彼得·德鲁克还是一个年轻人，在伦敦做投资银行业务，工作非常出色。然而，他不认为自己担任资产管理人是在做贡献。他认为，一生忙于赚钱，死了成为墓地中的最大的富翁也没有任何意义。虽然当时的他并没有钱，也没有任何其他就业前景。在经济大萧条，前景不乐观的情况下，他还是辞去了工作，致力于对人的研究。

1971 年后他长期在美国加州克莱尔蒙特研究生院任教。1999 年发表了著作《21 世纪的管理挑战》。其中《如何进行自我管理》的文章是《哈佛商业评论》创刊以来重印次数最多的文章。德鲁克的思想深远，在人性和人文范畴中，对每个人来说都具有指导意义，他对自己提出的五大问题，值得每一个人去思考。

1. 我的长处是什么？

一个人要有所作为，需要靠发挥自己的优势，而如果从事自己不太擅长不喜欢的工作是很难取得成就的，更不用说那些自己根本干不了的事情。马克思年轻时的梦想是一名诗人，但他很快发现自己的长处其实并不在那，便毅然转为研究社会科学。试想一下，如果他不了解自己的长处，历史上只是多了一位普通的诗人马克思，而不是伟大的思想家。

在忙碌的生活里给自己一些时间，静下来思考：“我的目标是什么?什么时候开始?什么时候产生成果?”当约定期满，拿出当初的构想，与现实对照，会意外的发现很多构想与现实不符。通过反思和总结，会觉察到自己的疏忽，不断成长。

2. 我的做事风格如何？

令人惊讶的是，很少有人知道自己平时是怎样把事情给做成的。每个人的做事风格都是独一无二的，这由人的个性决定。有人喜欢做管理，做决策；有人喜欢自由发挥想象力的空间。了解自己的做事风格，才能找到指引方向的灯塔，不会迷失了自我。

3. 我的学习方式是什么？

学习方式有很多种，有人喜欢看书；有人喜欢在分享中厘清思路；有人喜欢在听课中学习知识……然而很少有人思考：“自己擅长的学习方式是什么?用什么方式学习进步比较快?”

没有意识的学习，自然达不到理想的效果。每个人都应该找到适合自己的学习方式，用自己擅长的方式学习，有目的、有系统地按计划行动。

4. 我的价值观是什么？

20世纪初，德国驻英国大使是当时在伦敦所有大国中最受尊重的一位外交官。1906年，他突然辞职，不愿主持外交使团，出席为英国国王爱德华七世举行的晚宴。因为这位国王是一个臭名昭著的色鬼。并且大使明确表示他想出席什么样的晚宴。据有关报道，这位德国大使曾说："我不想早晨刮脸时在镜子里看到一个皮条客。"这就是德鲁克的镜子测试法。所遵从的价值观要求你问自己：我每天早晨在镜子里想看到一个什么样的人？

5. 我属于何处？

知道自己不适合当公务员，应学会拒绝随大流的公务员考试。知道自己不适合担任决策者，应学会拒绝做管理工作。需要预先规划的不是事业，而是自己，知道自己的长处、工作方式和价值观后，知道自己属于何处。准确把握机遇，可使一个勤奋、有能力但原本表现平平的普通人，变成出类拔萃的成功者。

资料来源于 彼得·德鲁克. 21世纪的管理挑战[M]．机械工业出版社，2019

第二节 自我认知的内容与方法

自我认知是对自己身心状态的观察、认识和评价。但自我认知不是一件容易的事，很多人常常忙于向外看，很少有闲暇来看自身。即使看了，也只是扫视下自己的外表，没有深入地剖析自己的内在。

在自我认识的过程中，首先要对自己的外观、身材、健康状况等进行正确的认识和客观的评价。其次要对自己在社会中的位置、身份、教育背景、与他人的关系等有清楚的认知和评价，如别人是怎么看待我的，我的人品和能力能否得到用人单位的认可和重视。最后要对自己的气质、性格、能力、兴趣、价值观等内在因素进行认知和评价，这也是自我认知的核心内容。认知自己的方法和路径有很多，需要在遵循客观性、全面性、发展性的原则基础上，多路径多方位的客观评价自己。

一、自我认知的主要内容

（一）气质与职业

气质是人的个性心理特征之一，它是指在人的认识、情感、言语、行动中，心理活动发生时力量的强弱、变化的快慢和均衡程度等稳定的动力特征，人的气质差异是先天形成的，比如有的孩子爱哭好动，有的孩子平稳安静。

现代心理学沿用古希腊医生希波克拉底的说法，将气质分为胆汁质、多血质、黏液质和抑郁质四种类型（表2-1）。通常一个人是几种类型混合，只不过某一种类型表现得更为突出。

气质没有好坏之分，也不能决定人的智商高低和成就大小，任何气质的人只要经过自己的努力都能在不同领域取得成就。人的气质类型会影响活动的进展和效率。例如，一份工作要求迅速做出灵活反映，多血质和胆汁质比较适合。大学生应当了解自己的气质类型并正确对待它，在职业选择时，充分考虑自己的气质类型符合哪一类工作要求并做出合适的选择。

表 2-1　人的气质类型分类及相应典型职业

气质类型	特征	外在表现	典型职业
多血质	情绪兴奋性高，外部表现明显，反应速度快而灵活。表现为情感变化迅速，情绪不稳定，心情变换较快，随意反应性强，具有较大的可塑性	这种气质类型的人，感受性高而耐受性低。他们举止敏捷，姿态活泼，有生动的面部表情。言语表达能力和感染能力强，思维敏捷，善于交际，情感外露，但体验不深刻。待人热情亲切，但又显得粗心浮躁。办事多凭兴趣、富于幻想、缺乏忍耐力和毅力，不愿做耐心细致的工作。如《水浒传》里的“浪子燕青”聪明过人，灵活善变，使枪弄刀、弹琴吹箫、结交朋友等无所不会	外交、管理、记者、律师、驾驶员、运动员等
胆汁质	情绪兴奋性高，抑制能力差，反应速度快而不灵活，情绪体验强烈而持久，表现为情绪产生迅速且带有暴发式特点	胆汁质型的人，感受性低而耐受性高，外倾明显。表现为积极热情，易于激动，情感深刻而稳定，性情直率，精力旺盛，坚忍不拔，持久不渝，言语明确，富于表情，处理问题迅速而坚决，但自制力差，性情急躁，办事粗心，有时会刚愎自用、傲慢不恭。如《水浒传》里的黑旋风李逵脾气急躁、气力过人、为人耿直、忠义烈性、思想简单、行为冒失	公共关系人物、导游、推销员、节目主持人等
黏液质	情绪兴奋性和随意反应性较低，内倾明显，外部表现少，反应速度慢但稳定性强	情感不易变化和暴露，心平气和，不易激动。但当情绪一旦被引起，就变得强烈、稳固而深刻。他们行动稳定迟缓，说话慢且言语不多，遇事谨慎，三思而行。善于克制忍让，生活有规律，不为无关的事情分心，埋头苦干，有耐久力，但往往不够灵活，注意力不易转移，容易固执拘谨。如《水浒传》里的“豹子头”林冲，沉着老练，身负深仇大恨，尚能忍耐持久，几经挫折万般无奈，终于被逼上梁山。这种人容易形成勤勉、实事求是的精神，但也可能发展为萎靡、迟钝、消极、怠惰等不良品质	会计、出纳员、话务员、播音员等
抑郁质	情绪兴奋性低但体验深刻，不随意，反应性强，反应速度慢而不灵活，具有刻板性、内倾性特点，感受性高，耐受性低	属于抑郁质类型的人，多是多愁善感的人，情绪体验少而微弱，并多以心境的方式出现。他们沉静、易相处、人缘好、办事稳妥可靠。但遇事缺乏果断和信心，生活常有孤独胆怯的表现。工作易疲劳，疲劳后也不易恢复。如《红楼梦》中的林黛玉，多愁善感，聪颖多疑，孤僻清高。这种气质给人以“秋风落叶”般的无奈、忧愁的感觉。这种人容易形成自制力强，体验深刻、善解人意等积极的心理品质，但也容易形成伤感、沮丧、忧郁、悲观绝望等不良的心理特征	化验员、登记员、保管员、检查员等

（二）性格与职业

1．性格与职业匹配

性格是个人对现实的稳定和习惯化的行为方式，是人在社会活动中通过与环境相互作用而逐步形成的，性格一经形成就具有一定的稳定性。

职业心理学研究表明，不同的职业对从业者的性格要求不同，具有不同职业性格的人在不同的职业领域会有不同的职业适应性。如从事医生职业的人要求耐心细致、责任心强，冷静自信，稳定性好。从事科学研究的人必须认真严谨，敢于批判和有创新意识。而创业者应该有喜欢冒险和创新的精神，且精力充沛，乐观自信等。可以说，一个人的性格对其选择一份适合的职业以及职业的成功都有着巨大的影响。

2．迈尔斯-布里格斯类型指标（MBTI）

MBTI 的全称是迈尔斯-布里斯类型指标。迈尔斯和布里斯是两个人名，她们是一对学心理学的母女。她们在知名瑞士心理学家卡尔·荣格（Carl Jung）的人格理论的基础上，把人的性格进行了四种维度的分类。然后又研发了一个量表，人们通过回答量表中的问题，就能大概测算出自己是哪种性格类型。

MBTI 把人的性格分成了四个维度，每个维度上有两个相互对立的性格倾向，分别是外倾——内倾、感觉——直觉、思维——情感、判断——知觉，如图 2-2 所示。

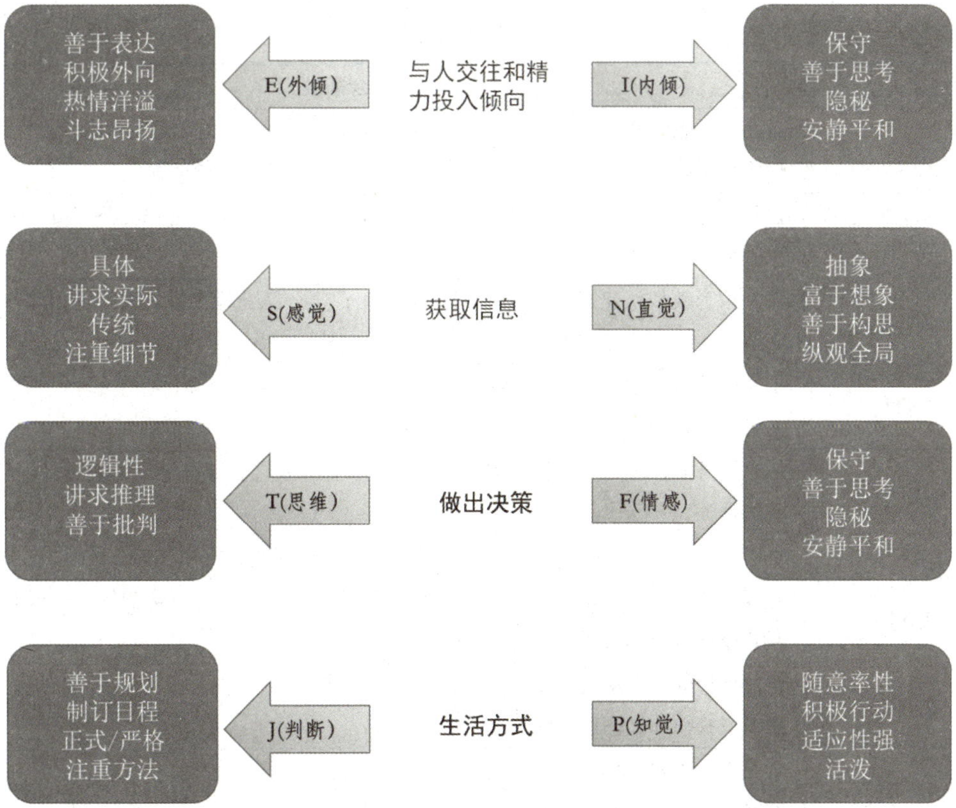

图 2-2　MBTI 中每个字母代表的性格描述

通过测试，会获得代表性格偏向的4个字母，也意识到自己人格中的某些特质，并深入了解哪些类型的人际交流和活动感觉更加舒适和满足。取每个维度上偏好类型的代表字母，即可以由4个字母构成性格类型，如ISFJ，即内倾感觉情感判断型，ENFP，即外倾直觉情感知觉型。4个维度、8个端点可组合成表2-2所示的16种性格类型。

表2-2　MBTI性格类型

类型名称	相对应英文字母简称	类型名称	相对应英文字母简称
内倾感觉思维判断	（ISTJ）	内倾感觉情感判断	（ISFJ）
内倾直觉情感判断	（INFJ）	内倾直觉思维判断	（INTJ）
内倾感觉思维知觉	（ISTP）	内倾感觉情感知觉	（ISFP）
内倾直觉情感知觉	（INFP）	内倾直觉思维知觉	（INTP）
外倾感觉思维判断	（ESTJ）	外倾感觉情感判断	（ESFJ）
外倾直觉情感判断	（ENFJ）	外倾直觉思维判断	（ENTJ）
外倾感觉思维知觉	（ESTP）	外倾感觉情感知觉	（ESFP）
外倾直觉情感知觉	（ENFP）	外倾直觉思维知觉	（ENTP）

每种类型均有自己适合的职业类型（表2-3）

表2-3　每种类型适配职业

性格类型	适合职业
ISTJ	首席信息系统执行官、天文学家、数据库管理、会计、房地产经纪人、侦探、行政管理、信用分析师
ISFJ	内科医生、营养师、图书/档案管理员、室内装潢设计师、客户服务专员、记账员、特殊教育教师、酒店管理
INFJ	特殊教育教师、建筑设计师、培训经理/培训师、职业策划咨询顾问、心理咨询师、网站编辑、作家、仲裁人
INTJ	首席财政执行官、知识产权律师、设计工程师、精神分析师、心脏专家、媒体策划、网络管理员、建筑师
ISTP	信息服务业经理、计算机程序员、警官、软件开发员、律师助理、消防员、私人侦探、药剂师
ISFP	室内装潢设计师、按摩师、客户服务专员服装设计师、厨师、护士、牙医、旅游管理
INFP	心理学家、人力资源管理、翻译、大学教师（人文科学）、社会工作者、图书管理员、服装设计师、编辑/网站设计师
INTP	软件设计师、风险投资家、法律仲裁人、金融分析师、大学教师（经济学）、音乐家、知识产权律师、网站设计师
ESTP	企业家、股票经纪人、保险经纪人、土木工程师、旅游管理、职业运动员/教练、电子游戏开发员、房产开发商

（续表）

性格类型	适合职业
ESFP	幼教老师、公关专员、职业策划咨询师、旅游管理/导游、促销员、演员、海洋生物学家、销售
ENFP	广告客户经理、管理咨询顾问、演员、平面设计师、艺术指导、公司团队培训师、心理学家、人力资源管理
ENTP	企业家、投资银行家、广告创意总监、市场管理咨询顾问、文案、广播/电视主持人、演员、大学校长
ESTJ	公司首席执行官、军官、预算分析师、药剂师、房地产经纪人、保险经纪人、教师（贸易/工商类）、物业管理
ESFJ	房地产经纪人、零售商、护士、理货员/采购、按摩师、运动教练、饮食业管理、旅游管理
ENFJ	广告客户管理、杂志编辑、公司培训师、电视制片人、市场专员、作家、社会工作者、人力资源管理
ENTJ	公司首席执行官、管理咨询顾问、政治家、房地产开发商、教育咨询顾问、投资顾问、法官

选择一个和自己性格偏向不相匹配的专业或职业通常比两者吻合时要投入更多的精力和专注力。理解性格类型与课程专业的联系的目的不是阻止追求某个特定职业，而是更好地了解自己为什么能比别人更轻松地掌握某些科目、为什么更喜欢某些职业，从而在任何工作或生活状况下都能发挥自己的优势。

（三）兴趣与职业

兴趣是人们力求认识、掌握某种事物，并经常参与该事物有关活动的心理倾向。职业兴趣是劳动者对某种类型的工作或活动，由关注或被吸引，从而对此类型的职业活动具有的比较稳定而持久的心理倾向。人们对某种职业感兴趣，就会对该种职业活动表现出肯定的态度，并积极思考、探索和追求。

爱因斯坦说过："兴趣是最好的老师"。一个人如果能够从事自己感兴趣的工作，工作对他来说就是一种乐趣，而不是一种负担。有关资料表明，一个人如果从事自己感兴趣的职业，则能发挥全部才能的 80%～90%。相反，从事自己不感兴趣的职业，只能发挥全部才能的 20%～30%。职业兴趣对人的职业活动有着重要的影响，从事自己感兴趣的职业活动，可以使人们在良好的体能、智力、情绪状态下完成工作，并且可以使人们以更加坚定地意志追求职业目标。因此，大学生应当培养自己多方面的兴趣爱好，努力发展自己的专长，在选择职业时，既有明确的发展方向，又有较宽的选择范围。

1. 霍兰德职业兴趣理论

霍兰德职业兴趣理论是由美国约翰·霍普金斯大学心理学教授约翰·霍兰德提出，他是美国著名的职业指导专家。1959 年，霍兰德教授根据自己实务经验上的观察研究，提出了六角形的理论，即现代霍兰德类型论的原型。

该理论将职业环境归纳成六大类型，如图 2-3 所示，相对应的，也有这六种类型的人去从事和自己类型相同的职业。霍兰德认为，同一类型的劳动者与职业互相结合，便是达到了适应状态，因此劳动者找到适宜的职业岗位，其才能与积极性才会得以很好的发挥。

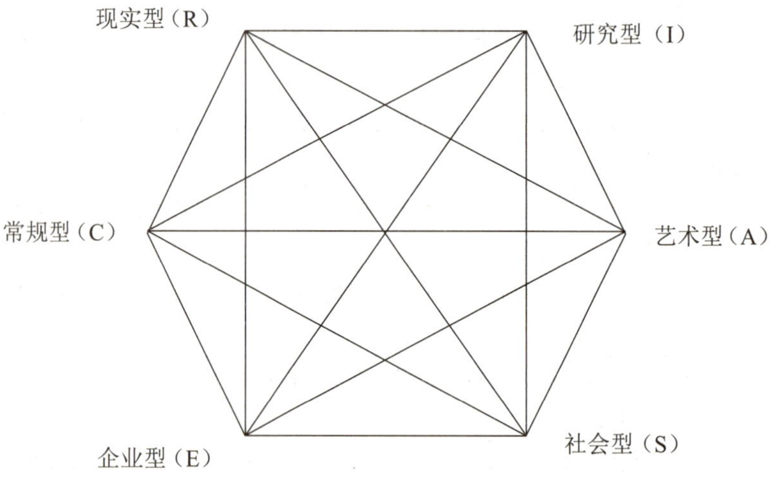

图 2-3　霍兰德六种类型

现实型（realistic）：也称实际型，这种类型的人比较喜欢具体明确，可操作的工作。他们情绪一般稳定，以任务的完成为工作核心。工作中对人际交往的需求并不强烈，会避免需要过多言语交流的任务。对机械、工具具有强烈的兴趣，往往在处理与物有关的问题比跟人沟通更加舒适。偏爱具体而非抽象的问题。典型职业有工程师、驾驶员、技工、运动员等。

研究型（investigative）：他们对钻研特定问题有常人难以想象的热情。他们喜欢抽象的数理的问题，在观察、学习、分析和处理方面有着浓厚的兴趣，个性独立，内敛冷静，理性而有逻辑。面对问题，总是能够提出合理的解决方案，不太会处理复杂的人际关系，更多依靠个人力量完成工作。典型职业有研究员、数学家、程序员等。

艺术型（artistic）：“天马行空”是对该类型一个不错的注释。艺术型的人崇尚自由，冲动且理想化，讨厌约束，对“美”有着自己独特的理解。他们的生活中充满惊喜，规律性的事件往往不多。相比于程序化的工作，他们更喜欢思想的激情碰撞，不追求逻辑的合理性，最主要的是能够充分表达自己，形式多样不拘泥。典型职业有画家、音乐家、小说家等。

社会型（social）：早期称为支持型，这类人喜欢与人接触的活动，乐于助人而非竞争。他们在团体中时常扮演黏合剂的角色，能够敏锐察觉到别人的情感变化。这种类型的人在情感联接方面会有更多的需求，关注亲密关系的建立和维持。不喜欢体力型的活动，难以接受长期面对事务的工作环境。典型职业有医护人员、社工、宗教人士、教师等。

企业型（enterprising）：企业型的人热爱冒险享受竞争，自信且善于交际，对影响力的追求很少停息。他们喜欢和人接触的工作，但是影响控制的意愿往往大于合作。他们精力充沛，工作有组织有计划，会立刻开始行动，领导人们达成工作目标。在工作中他们经常处于管理、鼓舞的角色，对疑难问题并没有那么多的兴趣进行潜心钻研。典型职业有律师、企业家、政治家、一些单位领导等。

常规型（conventional）：又叫传统型，对传统型的人来说，有规律的事情就是最好的。他们个性谨慎、注重细节，处理事务性的工作得心应手。工作中认真负责，不愿意过多地改变，在别人的领导下维持现状可能是最愉悦的工作环境。他们对权力和地位相当重视，但是本身却并不会追求，更加喜欢配合与服从。具有良好的自我控制力，能够压制自己的需求。典型职业有秘书、会计、银行职员、图书管理员等。

除了直观感受这六种类型的描述，来判断自己所属的类型之外，依据霍兰德理论编制而成的《职业自我探索量表》（SDS）能够更加准确地测量一个人的职业兴趣。

2．霍兰德职业兴趣理论的分析

首先，人可分为不同类型是心理学中常见的观点。研究者有时根据友善性、竞争性、创造性及其他特性，更确切地说是对人格进行分类。20 世纪 50 年代末以来的大量研究表明，霍兰德的六种类型是一种实用而有效的人格分类方法。

霍兰德提出，就职业选择而言，兴趣是人格中最重要的部分，是将人与职业进行匹配的依据。一个人的兴趣和人格很大程度上从 21 岁开始变得稳定、不太可能变化。将人格视为一个分为六份的圆饼，也许有助于理解这一问题，它们中的某些部分可能比其他部分大。每个人的圆饼图都是这六种兴趣的独特组合，通常六种类型中的某一个占据最大的部分。

霍兰德类型理论将人和环境划分为了六个维度，但是这六个维度并不是相互独立的，反而相互之间没有十分明确的分界线。如相邻关系 RI，两维度之间共同点较多，如现实型和研究型都不太喜欢和人接触，传统型和企业型都对权力和地位有别样的重视。随着两种维度之间距离的增大，类型之间的共同点会逐渐减少，相对时相似性最弱。如 CA，传统型热爱程序化的工作不喜变化，而艺术型则追逐自由讨厌约束，所以同一个人对处于相对关系的两种职业环境都兴趣浓厚的情况较为少见。

【课堂活动】

职业兴趣岛测试

假设现在你获得了一次免费度假游的机会，有机会去下列六个岛屿中的一个。唯一的要求是你必须要在这个岛上和岛上的居民一起生活至少半年的时间。请不要考虑其他因素，仅凭自己的兴趣挑出你最想前往的岛屿。

最想去：________________

其次是：________________

最后是：________________

A 岛：美丽浪漫岛

岛上充满了美术馆、音乐厅，弥漫着浓厚的艺术文化气息。同时，当地的原住民还保留了传统的舞蹈、音乐与绘画，许多文艺界的朋友都喜欢来这里找寻灵感。

I 岛：深思冥想岛

岛上人迹较少，建筑物多僻处一隅，平畴绿野，适合夜观星象。岛上有多处天文馆、科博馆以及科学图书馆等。岛上居民喜好沉思、追求真知，喜欢和来自各地的哲学家、科学家、心理学家等交换心得。

C 岛：现代井然岛

岛上建筑十分现代化，是进步的都市形态，以完善的户政管理、地政管理、金融管理见长。岛民个性冷静保守，处事有条不紊，善于组织规划。

R 岛：自然原始岛

岛上保留有热带的原始植物，自然生态保持得很好，也有相当规模的动物园、植物园、水族馆。岛上居民以手工见长，自己种植花果蔬菜、修缮房屋、打造器物、制作工具。

S 岛：温暖友善岛

岛上居民个性温和、十分友善、乐于助人，社区均自成一个密切互动的服务网络，人们多互助合作，重视教育，弦歌不辍，充满人文气息。

E 岛：显赫富庶岛

岛上的居民热情豪爽，善于企业经营和贸易。岛上的经济高度发展，处处是高级饭店、俱乐部、高尔夫球场。来往者多是企业家、经理人、政治家、律师等，衣香鬓影，夜夜笙歌。

（四）价值观与职业

是什么原因使一些人坚持学习多年，最终进入如医学或法律行业？而另一些人却寻求最快、最容易的方式挣钱？是什么原因使一些人花费多年光阴钻研某一领域并在该领域享有声誉却又中途转行？上述问题的答案就是价值观。价值观是一股无形的力量，指引并左右着人们在人生中的决定。它是一种深植于内心的信念体系。如果重视身体健康，就会挤出时间锻炼，进行积极的自我肯定，并摄入适当的营养。如果重视职业满足感，就会花时间审视个人价值观并做出与之相吻合的职业选择。

1. 价值观的含义

价值观是指个人对客观事物（人、物、事）以及对自己的行为结果的意义、作用、效果和重要性的总体评价。是推动并指引一个人采取决定和行动的原则、标准，是个性心理结构的核心因素之一，它使人的行为带有稳定的倾向性。

价值观是一套自我激励机制，它指向人生中最重要的东西。价值观可以通过如何使用时间和如何生活反映出来。许多人发现他们之所以对目前的工作不满意，常常是因为这项工作与他们的价值观不够吻合。有时为了生存，不得不凑合做份工作以支付各种生活费用。在这种情形下，会感觉空虚、沮丧、没有成就感。

一旦学会认清自己的价值观，就会自然地将它们融入择业过程中去，从而做出有意义的、令人满意的工作抉择。通过在工作和生活中找到缺失的价值并加以弥补，是有可能改善一个不太理想的状况的。职业选择是建立在最有价值的事物的基础上的。如果决心沿着自己选择的职业道路走下去，坚守自己的价值观。那么终会发现即使在最困难的时刻，也能紧紧咬住长远目标不放松并且全力以赴。

2. 职业价值观

职业价值观，就是人们希望通过工作来实现的人生价值，是人们选择职业的重要因素。职业价值观是指不同人生发展阶段所表现出的阶段性的人生价值追求。美国的生涯辅导大师舒伯（Donald E.Super）总结了人们在工作中追求的 13 种价值。

利他主义：工作的目的和价值，在于直接为大众的幸福和利益尽一份力。

美感：工作的目的和价值，在于能不断地追求美的东西，得到美感的享受。

智力刺激：工作的目的和价值，在于不断进行智力的操作，动脑思考，学习以及探索新事物，解决新问题。

成就感：工作的目的和价值，在于不断创新，不断取得成就，不断得到领导与同事的赞扬，或不断实现自己想要做的事。

独立性：工作的目的和价值，在于能充分发挥自己的独立性和主动性，按自己的方式、步调或想法去做，不受他人的干扰。

声望地位：工作的目的和价值，在于所从事的工作在人们的心目中有较高的社会地位，从而使自己得到了人们的重视与尊敬。

管理：工作的目的和价值，在于获得对他人或某事物的管理支配权，能指挥和调遣一定范围内的人或事物。

经济报酬：工作的目的和价值，在于获得优厚的报酬，使自己有足够的财力去获得自己想要的东西，使生活过得较为富足。

社会交往：工作的目的和价值，在于能和各种人交往，建立比较广泛的社会联系和关系。

舒适（环境）：希望能将工作作为一种消遣、休息或享受的形式，追求比较舒适，轻松、自由、优越的工作条件和环境。

安全感：不管自己能力怎样，希望在工作中有一个安稳的局面，不会因为奖金、涨工资、调动工作或领导训斥等经常提心吊胆、心烦意乱。

人际关系：希望一起工作的大多数同事和领导人品较好，一起相处感到愉快、自然，认为这就是很有价值的事情，是一种极大的满足。

追求新意：希望工作的内容经常变换，使工作和生活显得丰富多彩、不单调枯燥。

职业价值观决定了人们的职业期望，影响着人们对职业方向和职业目标的选择，决定着人们就业后的工作态度和积极性，从而决定了一个人的职业发展情况。通过清晰自己的职业价值观，以此来指引自己平时的学习生活中将作何努力和改变，以及面临择业时自己会作何取舍来匹配自己的价值观，在未来的工作中愿意付出更多的时间精力。

（五）能力与职业

自我认知至关重要的一环是对自我能力方面的认知，正如肌肉塑造了身体，职业能力塑造了职业生涯。一个图书管理员能迅速而准确地找到读者想要的图书，这就是一种能力。一个医务工作者，能准确判断出病人所患疾病，这也是一种能力。对自身素质能力和技能的掌握是生涯成功的关键环节，也是组织非常关注的一点。生涯大师鲍利斯（Bolles，2012）在他的书中畅销书《你的降落伞是什么颜色？》中也提出：那些想要进行生涯决策的人，需要辨识他们在诸如学校教育、休闲活动、志愿工作和早先工作经验等各种日常活动中发展出的技能和素质。许多人低估或忽视了自己的技能，从而限制了解决生涯问题的能力。

1. 能力的定义和维度

能力是个体将所学的知识、技能和态度，在特定的活动或情境中，进行内化迁移与整合所形成的的，能完成一定任务的素质。

任何能力都可以拆分为知识、技能和才干三部分，知识就是所懂得的东西，需要有意识的、专门的学习和记忆才能获得，常常与专业学习或工作内容相关。知识不可迁移，需要专门学习才能掌握。广度和深度是它的评价标准，它的重要性常常被求职者夸大。比如，在大学学的专业知识，课外学的计算机知识等。技能是能操作和完成的技术，这种技术可以从生活中的方方面面，特别是工作之外得以发展，却可以被迁移运用到工作中。熟练程度是它的评价标准。比如一个人的写作能力、PPT 制作能力，器械使用能力等。才干是“自动化”地使用的技能、品质和特质，有的是天赋也有的是长期学得的。才干对职业达到最优秀有很大的贡献，但单一的才干无法被识别，需要与知识技能组合。一般用形容词或副词表示，没有评价标准。比如幽默感、钻研精神、洞察力等。

按照这个划分维度，能力的发展又可分为三个阶段：学习知识，对某一领域知识毫不了解的情况下，通过学习获得此领域知识；固化技能，在获得相关领域的知识后，通过练习实践可以固化该领域技能；内化才干，掌握此领域技能后，通过反复实践将此领域技能内化为才干。

在对技能的划分上，大体上可分为三类：功能型技能、工作型技能和适应型技能或自我管理技能。功能型技能是指那些不专门针对某些工作的技能，如制订计划、收集数据、诊断及处理问题。它们之所以被称为功能型技能是因为人们需要用它们完成常规的任务或工作职责。工作型技能指专门针对某一种工作，如会计员记账、教师打分、专业医生解释心电图结果等。适应型技能或自我管理技能是个人的特质，也可称作个性品质或软技能，如快速学习、关注细节、任务导向、自我引导、与人相处以及合作能力等。

大学生正确认识自己的能力，是进行职业生涯规划的重要前提。一个人的能力必须与他所从事的职业相匹配。比如，想当教师，必须有较强的语言表达能力；想从事营销，必须有较强的人际沟通能力；想从事医疗，必须会诊断治疗等医学护理知识。大学生在进行职业选择时，要注意能力类型与职业类型的吻合。

2．能力的探索和识别

常常会觉得做一件事并不需要运用任何技巧就能很好地完成，这本身就是被忽略的天赋。还会认为目前没有运用某种技能，所以自然认为自己不具备这种能力。又或者，如果没有因运用某种技能而获得报酬，似乎看不到它的价值。

所有这些错误的看法很难真实而准确地认识到自己的技能，作为一名求职者必须尽可能地认识到那些让人保持职场竞争力的技能。一旦识别了自身技能，就会摆脱之前狭隘的自我认知，并逐渐认识到自己的特别之处。例如，对于“你是谁”这个问题，通常的回答可能是“我是一名医学毕业生”“我是一个保守的人”或“我是一名家庭主妇”。这些标记或表述所带来的答案就让人们带着定势的眼光看待自己，而这在求职时显得尤为突出。

假如答案是拥有公共演讲、参与组织活动、协调日程、管理预算、调查需求、解决问题、跟进细节、动员他人、处理因士气低落和缺乏合作产生的问题以及安排时间、资源、资金的分配等经验时，那么不仅会给他人留下深刻印象，而且能够展示出能胜任公司不同职位的能力。向组织介绍自己的最佳方式就是从自身所具有的技能及如何将技能应用到工作中谈起。

通过对自己的技能的梳理和评估，以此来获得自己的技能列表，也可以借助职业能力测评的方式更深入了解自己的能力维度。或者回顾和反思让自己最为得意的成就来发现自己的技能，因为正是这些技能使自己取得了这些成就。

【拓展阅读】

职场的迁移技能策略

罗纳德·威尔逊·里根（Ronald Wilson Reagan，1911—2004）于1911年2月6日生于美国伊利诺伊州坦皮科城。美国杰出的右翼政治家，曾担任第33任加利福尼亚州州长，第40任(第49—50届)美国总统(1981—1989年)，他也是一名伟大的演讲家。在踏入政坛前，里根也担任过运动广播员、救生员、报社专栏作家、电影演员、电视节目演员、励志讲师，并且是美国影视演员协会（screen actors guild）的领导人。他的演说风格高明而极具说服力，被媒体誉为“伟大的沟通者”(the great communicator)。历任总统之中，他就职年龄最大。也是历任总统中唯一一位演员出身的总统。

16岁时，为了15美元的周薪，他成为罗克河畔的救生队队员。在能胜任更好的工作之前，他出色地完成了救生员工作，一干就是7年，还受到了当地报纸的表扬。救生员的收入让里根在17岁时就自费进入了大学主修了经济学和社会学，在大学的四年时间里，里根回忆说，他花了很少时间在课业上，却担任了大量俱乐部和运动队的领导人角色，救生员的身材让他顺利进入运动员俱乐部，那时候他最崇拜的是罗斯福总统的演讲能力。因此，他开始在运动员俱乐部平台上锻炼自己的演讲能力，他希望自己毕业后能成为一名电台播音员。

如他所愿，“运动员+演讲”的经历，他自大学毕业后成为了广播电台的体育解说员，负责芝加哥棒球赛，在体育解说员的位置上一干就是4年，当时的电视尚未流行，所谓的体育直播是从现场把比分用电报发到播音室，播音员按照自己的想象力来解说具体细节。这并不是一件简单的事，需要播音员自编自演自导一场比赛。也因此里根惊喜地发现了自己具有表演天赋。

表演天赋、清晰稳定的嗓音，加上运动员锻炼出来的体格，26岁的里根辞去了播音员的工作，与电影公司签约成为了一名演员。在演艺圈混了三年，成绩一直平平，主演了几部不温不火的电影。1939年二战爆发，里根作为预备役军官入伍，但由于视力不达标，没有奔赴前线，被调回到好莱坞从事军方教学影片录制。因为是电影人中的军人，又是军人中最懂得电影的人，里根把演员技能迁移到了军队生涯中，他成为了美国电影协会的备选主席。6年后，他正式成为电影协会的主席。

里根意识到自己在电影行业没有走上顶峰的能力，他决定换条路试试。44岁的他开始把目标转向传媒，因为演员的背景和外形，以及演讲力，他被美国通用电气公司聘用为主持人。在通用电气下属公司，他每天平均多达14场的演讲，这段经历不仅为他带来不菲的收入，同时也接触到了虚度商界、政界人物，更重要的是，他获得了公众认知度。

接下来就是里根的政治之路，55岁被选为美国加州州长，连任两届。69岁第三次竞选共和党候选人并成功提名，70岁里根就任美国总统，成为美国年龄最大的总统。

担任总统后，他依然用自己的技能迁移策略，演技、演讲力、煽动力、奋斗史都成为了他有力的政治武器，并为他赢得了声望。

大学的学习和职业的经历需要不断练就可迁移技能，找到自己的兴趣领域和最有可能进入的职业领域。在其中不断积累自己新的能力，在恰当的时候迁移到“更适合”的新的领域中，并且通过不断修炼、迁移和组合，找到你在最适合的领域。

资料来源于 高新涛. 里根传[M] . 吉林出版集团股份有限公司，2011

二、自我认知的主要方法

（一）自我反省

春秋时期，曾子就曾说过“吾日三省吾身”，意思是“我每天多次反省自己的言行”。古希腊哲学家苏格拉底也曾说过“未经审视的人生是毫无价值的”。可以说，自我反省对于加强自我了解是非常必要的。

可以找个安静的地方，静下心来认真回顾自己过去的经历。在过去的岁月里，是哪些事件和经历造就了今天的你？哪些人影响了你？比如高考的成败、专业与学校的选择等，将这些学习生活中已经发生过的关键事件一一进行分析，找出原因，这将有助于自己进行更深入的自我了解。了解和分析自己的兴趣气质性格和能力等，然后思考一下自己的未来，挖掘自己内心的需要。

（二）360 度评估法

360 度评估法又称多渠道评估法，是指通过收集与自己有密切关系的不同层面人员（如老师、家人、朋友、同学、社会人士等）的评估信息来全方位地评估自己。通过评估反馈，可以获得多层面人员对自己素质、能力等方面的不同意见，比较全面、客观地了解有关受评者的个人特质、优缺点等信息，作为自己进行职业生涯规划及能力发展的参考。360 度评估表如表 2-4 所示。

表 2-4　360 度评估表

评估人员	优点	缺点
自己评估		
辅导员评估		
专业课老师评估		
家人评估		
同学评估		
朋友评估		
社团学长或老师评估		
兼职店老板评估		
其他人员评估		

（三）乔-哈里视窗分析法

乔-哈里视窗是一种关于沟通的技巧和理论，也被称为“自我意识的发现——反馈模型”，中国管理学实务中通常称之为沟通视窗。这个理论最初是由乔瑟夫（Joseph）和哈里（Harry）两位心理学家在 20 世纪 50 年代提出的。

两位心理学家从自我概念的角度对人际沟通进行了深入的研究，并根据："自己知道——自己不知"和"他人知道——他人不知"这两个维度，将自我概念划分为四个区：公开区、隐藏区（又称隐秘区）、盲目区和未知区（也称封闭区），如图 2-4 所示。

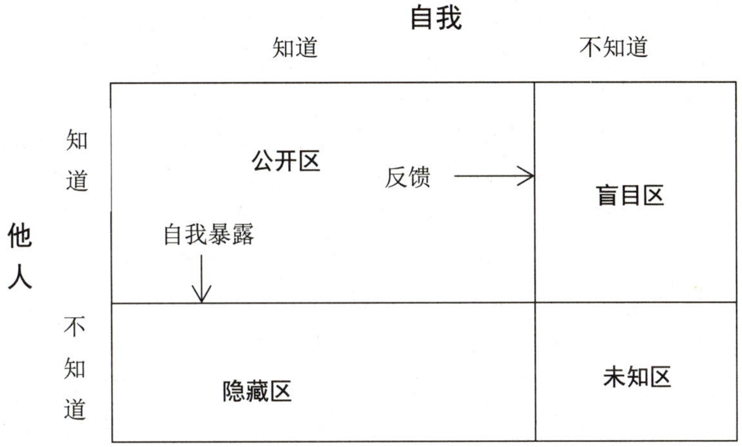

图 2-4 乔-哈里视窗分析法

公开区：自己知道，别人也知道的部分，比如名字、身高、年龄、专业、生源地等，简历里写的过去的经验等。

隐藏区：自己知道，别人不知道的部分，属于个人的秘密部分，比如一些独特的经历，不愿暴露的缺点，或不敢告诉别人的自己的一些想法等。

盲目区：自己不知道，别人知道的部分，比如很好的朋友指出的自己的一些缺点，自己都没有注意到的自身的优势部分等等。

未知区：自己不知道，别人也不知道的部分，也可称为潜能区，因为谁都不知道到底有什么，这也是可能性所在。

自我探索最主要的是探索公开区以外的三个部分：隐藏区、盲目区、未知区，通过不断的梳理反思，公开分享，提问并获得反馈等方式，可以实现全方位、立体的自我认知。

（四）职业测评法

职业测评法是运用科学的方法，对被测者的职业兴趣、职业能力、职业性格、职业价值观等方面进行测量和评价。目的是达到充分全面的自我认知和最佳的人职匹配，前文中提到的霍兰德职业兴趣测评，MBTI、SDS 等都属于此类。

认识自我是一个漫长的过程，需要经历时间、空间的发现和多种方式、途径的结合。切不可通过一种方式或者单纯他人的评价就对自己下定义和贴标签，给自己不合理的暗示，错过最佳的发展机会，后悔莫及。

【拓展阅读】

素质能力：什么更能决定你的职业成功？

决定某个职业是否能做得很好很成功，往往是你的职业能力。但又如何知道和理解在职业里的能力呢？又怎么知道凭自己的能力我到底适合怎么样的工作呢？

这个问题不仅困扰你，还困扰着上世纪50年代的美国人。上世纪50年代，美国向全世界增派外交官，美国外交部发现，通过学业成绩和智商筛选出来的外交官，工作表现并不突出。通过性格筛选发现也不对，很多内向的外交官，思维很缜密。比如美国的基辛格博士，就是一位很典型的内向型的非常优秀的外交官代表。那通过智力呢？很多公认的智商超高的外交官，也会犯大量低级的外交错误。更不是专业技术，美国选拔了很多外交学院前10%的毕业生，他们学了四年的外交技术，但是表现却很平庸。

后来，他们找到了哈佛大学的社会心理学家、人才发展学教授戴维·麦克利兰（D.C. McClelland）来解决这个问题。麦克利兰教授认为不要去关注一些抽象的概念，比如智力、天赋等，要发现真理，就要到真理的第一线去。因此他去访谈了50名非常优秀的外交官，他发现这些外交官身上有三个典型的特征高度一致：第一，这些人都有很好地跨文化的人际敏感性；第二，这些外交官都对他人有很积极的期待。第三，他们都很善于快速切入当地的政治网络，后来，美国外交部就凭着这三项素质来找外交官，开始在全球的新一轮布局。

在这之后，戴维·麦克利兰教授就正式提出了素质能力，也叫胜任力（competency）的理论。该理论是指能将某一工作中有卓越成就者与普通者区分开来的个人的深层次特征，它可以是动机、特质、自我形象、态度或价值观，某领域知识、认知或行为技能等任何可以被可靠测量或计数的，并且能显著区分优秀与一般绩效的个体特征。但有的学者从更广泛的角度定义胜任力，认为胜任力包括职业、行为和战略综合三个维度。职业维度是指处理具体的、日常任务的技能；行为维度是指处理非具体的、任意的任务的技能；战略综合维度是指结合组织情境的管理技能。

从系统性、相关性和可操作性的原则来看，胜任力的特征结构包括个体特征、行为特征和工作的情景条件。

1. 个体特征

人可以（可能）做什么，即胜任力中的“力”。它们表明人所拥有的特质属性，是一个人个性中的深层和持久的部分，决定了个体的行为和思维方式，能够预测多种情景或工作中的行为。

个体特征分为五个层次：知识是指个体所拥有的特定领域的信息、发现信息的能力、能否用知识指导自己的行为；技能是指完成特定生理或心理任务的能力；自我概念是指个体的态度、价值观或自我形象；特质是指个体的生理特征和对情景或信息的一致性反应；动机/需要是指个体行为的内在动力。

这五个方面的胜任特征组成一个整体的胜任力结构。其中，知识和技能是可见的，相对表面的人的外显特征。动机和特质是更隐藏的，位于人格结构的更深层。自我概念位于二者之间。表面的知识和技能是相对容易改变的，可以通过培训实现其发展。自我概念，如态度、价值观和自信也可通过培训实现改变，但这种培训比对知识和技能的培训要困难。核心的动机和特质处于人格结构的最深处，难以对它进行培训和发展。

2. 行为特征

人会做什么。可以看作是在特定情景下对知识、技能、态度、动机等的具体运用。在相似的情景下这种行为特征有可能反复出现，与胜任力关联的行为特征即指在相似情景下能实现绩优的关键行为。

3. 情景条件

胜任力是在一定的工作情景中体现出来。研究发现，在不同的职位、不同行业、不同文化环境中的胜任特征模型是不同的，这就要求我们应该将胜任力概念置于人——职位——组织三者相匹配的框架中。

资料来源于 网络

课后思考

1. 通过本章的学习，谈一谈自我认知在职业生涯发展中的的重要性。
2. 结合本章的内容，简单总结下自己的气质、兴趣、性格、能力和价值观。
3. 你理想的工作是什么？需要具备哪些能力？还欠缺的能力有哪些？准备如何弥补？

第三章　职业认知

【学习目标】

- 理解职业认知对职业生涯发展的意义
- 了解专业与职业的关系
- 掌握职业生涯决策的方法

【开篇故事】

莎莎是一名会计专业毕业的大学生，毕业后进入一家著名的会计师事务所。三年的事务所生活让她有了一定的经济基础，但同时她也觉得倍感压力，加上近期身体出了一些问题，给莎莎本来就疲惫不堪的内心压上最后一根稻草，内心崩溃的莎莎，向公司请了一个月的假在家里休息。

朋友建议她去做一个心理咨询，第一次咨询的莎莎有些抗拒，觉得自己没有精神问题看什么心理医生。经过朋友的劝说，莎莎抱着试试看的心态去了。几次咨询下来，莎莎对心理咨询的印象完全改观，她也慢慢从心理阴影中走了出来。她觉得心理咨询师太伟大了，就是从心灵黑暗中拯救人类的天使！

一个月后上班的第一天，重新面对压力和无聊的旧工作，她突然萌生一个想法，我应该去做一个心理咨询师！每天有自己的可控时间，帮助别人解决困难和问题，那才是我喜欢的专业！多年的外企经验让莎莎成为一个说干就干的人。她辞了职，报了一个北师大心理学的在职研究生班，开始了学习。等到第二年的时候，她又报考了三级心理咨询师，开始进入实习咨询。

等实习咨询开始，莎莎才发现自己原来的想法完全错了，心理咨询师是一个压力更大的行业。每天要经受很多病人的负面情绪，而且结束后还要写案例总结，几乎没有自己的时间。最糟糕的是，心理咨询这一行在国内还没有发展起来，心理咨询师很难单凭咨询赚到维持生存的钱。两年过去了，积蓄也快花光了，莎莎又困惑于到底应不应该继续这个工作？

莎莎的困惑源于她的一个逻辑错误：我喜欢心理咨询，是不是就等于我喜欢做心理咨询师？我爱听演唱会，是不是意味我就要当歌手？莎莎在没有了解职业的真实面目下做出抉择，很可能会进入一个两难的境地。

资料来源于 古典．拆掉思维里的墙[M]．中国书店出版社，2010

个人感悟：____

____

____

第一节　职业认知的概述

很多大学毕业生因为自己所学专业对口岗位有限，或者过于看重工资待遇等原因。在没有考虑清楚自己的职业兴趣，没有调查清楚所学专业的可选择岗位有哪些，自己的能力擅长在哪个方面，更谈不上正确认知一份职业的真实面貌的情况下，就一头扎进社会的大熔炉。结果可想而知，不是觉得不适合就是没前途，继而对工作产生倦怠消极情绪。

有时候，职业选择最难的地方在于了解到底有哪些可供自己选择的工作？这个职业的真实情况是什么样的？如果是第一次找工作，或者无法确定自己所受教育能否足够顺利进入职场，了解职业的内涵和分类对顺利找到自己心仪的职业至关重要。

一、职业的内涵及分类

（一）职业的定义

“职”为“职责”，“业”为“行业”“业务”。职业是指从业人员所从事有偿工作的种类，是人们在社会中从事的有稳定、合法收入的活动。同时职业也代表了不同行业和组织中存在的一组类似职位的统称。不论是一门手艺还是某种专业，职业都独立于个人而存在于某个行业或机构中。例如，会计是一种职业，它在医药行业或教育、旅游等行业都存在。

（二）职业与行业、企业、职位的关系

某种意义上，行业、企业和职位这三者共同决定了一个职业的定位。

首先，行业是为了满足大众社会生活的需求而形成的，具有提供相同性质产品或服务的单位构成的群体总和。比如，教育行业满足了人们对知识的学习与传播的需求；旅游行业满足了人们体验和娱乐的需求。个人的职业发展与行业发展是紧密联系的，行业的发展能促进个人的职业发展。比如，随着前些年智能手机行业的兴起，也带动了软件设计者和硬件工程师的职业发展。

其次，企业一般是指从事生产、流通、服务等经济活动，并以产品或服务来满足社会需要，实行自主经营、自负盈亏、独立核算、依法设立的一种营利性的经济组织。从另一个角度来说，企业就是指能够提供社会成员就业的机会并获得收入，以赢利为目的、追求利润最大化的市场经济运行体。企业一般分为四类基本组织形式：国有企业、民营企业、外资企业和事业单位等。

国有企业是指由国家或地方政府投资或参与控制的企业。它具有全民所有制性质，作为一种生产经营组织形式同时具有营利法人和公益法人的特点。即国有企业在追求国有资产的保值和增值的同时，还要兼顾国家调节国民经济的目标。

民营企业简称“民企”，除“国有独资”“国有控股”外，其他类型的企业只要没有国有资本，均属民营企业。民营企业属于自主经营、自负盈亏、自担风险的营利性经济组织。

外资企业是指外国的企业、其他经济组织和个人作为投资者，依中国法律在中国境内设立的企业或机构。

事业单位一般指以增进社会福利，满足社会文化、教育、科学、卫生等方面的需要，提

供各种社会服务为直接目的的社会组织。事业单位是相对于企业单位而言的，包括一些有公务员工作的单位，是国家机构的分支。

最后，职能指的是一组知识、技能，行为与态度的组合。包括人、事物、机构所应有的职责与功能，能够帮助提升个人的工作成效，进而带动企业对经济的影响力与竞争力。在企业中会划分不同的职能模块，有些企业对这些职能模块的称呼可能是职位。职位是指组织中所从事的一组任务，它是由重复发生或持续进行的任务构成的一个工作单元。一般来说，企业按照职能来分类一般有以下八个基础职能：销售、市场、研发、生产和服务、客服、财务、人力资源和行政。另外还有一些专业职能、核心职能、管理职能等。

认识一个职业需要从认识这个职业所在的行业、企业和特定职位开始。

（三）职业的要素

职业由以下几个要素构成。

（1）职业名称：是指职业的符号特征，一般由社会通用称谓来命名。

（2）职业主体：从事一定社会分工活动的劳动者，必须具有承担该职业活动所需要的资格和能力。

（3）职业客体：是指职业活动的工作对象、内容、劳动方式和场所等。

（4）职业报酬：是指劳动者通过职业活动所取得的各种劳动报酬。

（5）职业技术：是指劳动者在从事职业活动中所运用的自然技术、社会技术与思维技术的总和。

（四）职业的分类

所谓的职业分类，是指采用一定的标准和方法。依据一定的分类原则，对从业人员所从事的各种专业化的社会职业所进行的全面、系统划分与归类。一个国家职业体系结构的形成，为人们了解社会职业领域的总体状况提供了基础，同时职业分类的形成也增强了人们的职业意识，促使从业者不断提高职业素质。

1. 美国标准职业分类系统

1977 年，美国联邦政府开始考虑建立国家的标准职业分类系统（standard occupational classification system，SOC）并在 1980 年对该系统进行了重新修订。其后美国成立了标准职业分类修订政策委员（standard occupational classification revision policy committee，SOC committee）来推进这项工作。

美国现行国家职业分类系统是 2010 年修订的标准职业分类系统（2010 SOC）。该系统根据职业工作活动以及技能要求的相似性将类似的工作进行归类，将美国的职业分为 23 个大类如表 3-1、97 个中类、461 个小类、840 个细类（职业），对具有相近工作职责、技能训练水平、教育水平的具体职业归属于一个细类中。

表 3-1　SOC 主要职业群

1	管理类职业
2	商业和金融操作类职业
3	计算机和数学类职业
4	建筑和工程类职业
5	生命、物理和社会科学类职业
6	社区、社会服务类职业
7	法律相关职业
8	教育、培训和图书馆相关职业
9	艺术、设计、娱乐、运动和媒体相关职业
10	健康保健实践性和技术类职业
11	健康保健支持性职业
12	相关服务类职业
13	建筑和地面清理与养护类职业
14	个人护理和服务类职业
15	销售及相关职业
16	办公室和管理支持类职业
17	农业、渔业和林业类职业
18	建设和提炼类职业
19	保护性服务职业
20	装备、维修类职业
21	生产性职业
22	交通和运输类职业
23	军队特定职业

2．我国职业分类

改革开放以后，我国先后制订了国家标准《职业分类和代码》和《工种分类目录》，并根据社会经济发展的需要，修订了国家标准《职业代码》。在此基础上，又组织制订了《职业分类大典》。以国家标准《职业分类和代码》《工种分类目录》《职业分类大典》以及我国台湾地区修订的《台湾职业分类典》为标志，全面反映了我国现代职业分类的实践发展。

进入 20 世纪 90 年代以后，社会主义市场经济的建立促使我国的社会经济和科学技术发展迅猛，经济领域发生的重大变革，对人力资源的管理提出了新的要求。对此，国家提出要制订各种职业的资格标准和录用标准，实行学历文凭和职业资格两种证书制度。为了适应我国社会发展的需要，自 1995 原劳动部、国家统计局、国家技术监督局联合成立了“国家职业分类大典和职业资格工作委员会”。组织国家有关部门开始编制新中国第一部国家职业分类大典《中华人民共和国职业分类大典》，以此作为劳动力管理的社会化、科学化和规范化的重要依据。

《中华人民共和国职业分类大典》的基本内容是通过八个大类简明、统一的格式来表述的。每一大类的内容包括大类编码、大类名称、大类概述、所含中类的编码和名称；每一中类的内容包括中类编码、中类名称、中类简述、所含小类的编码和名称；每一小类的内容包括小类编码，小类名称和小类描述；每一细类（职业）的内容包括职业编码、职业名称、职业定义、职业描述及归入本职业的工种名称与编码等。

大类、中类、小类和细类（职业）四个层次，依次体现由粗到细的职业类别。细类作为我国职业分类结构中最基本类别，即职业。《中华人民共和国职业分类大典》所确定的八个大类中包含 66 个中类，413 个小关和 1 838 个职业。其中八个大类分别为：

第一大类为“党的机关、国家机关、群团和社会组织、企事业单位负责人”。

第二大类为“专业技术人员”。

第三大类为“办事人员和有关人员”。

第四大类为“社会生产服务和生活服务人品”。

第五大类为“农、林、牧、渔业生产及辅助人员”。

第六大类为“生产制造及有关人员”。

第七大类为“军人”。

第八大类为“不便分类的其他人员”。

从 2004 年起，国家根据社会经济发展需要，建立新职业定期发布制度，并不断补充与修订国家职业分类体系。

【拓展阅读】

美国 O*NET 职业信息网络

O*NET 职业信息网络，是由美国劳工部组织开发的一种新的计算机化的职业信息数据库，又被称为 O*NET 字典，如图 3-1 O*NET 内容模型说明图。于 1998 年年初首次亮相，并替代 1991 年做了最后修订的《职业名称字典》。它是一个带有每一种职业许多细节内容的数据库，除了叙述性的职业描述外，O*NET 中的每一个职业都包含 445 项数据要素描述的资料。用户可以详尽地了解到工作任务、必备的知识、主要的技术和能力，工作行为、工作条件、必需的教育和培训、相关的职业和符合自己状况的薪金等信息。人们无论是选择和调换工作，还是进行全面的职业规划，都能从中获取必要的信息。

二、职业与专业

大学教育是在学生基本掌握了较全面的科学文化基础知识的基础上，进行某个方面的专业知识和技能的教育，为社会培养高素质人才。经过大学专业的学习，高等院校的大学生将来会从事热爱的擅长的职业，将所学贡献给社会和国家。因此，大学生应充分了解所学专业和将来从事职业间的联系，为了更好地服务社会打下坚实的基础。

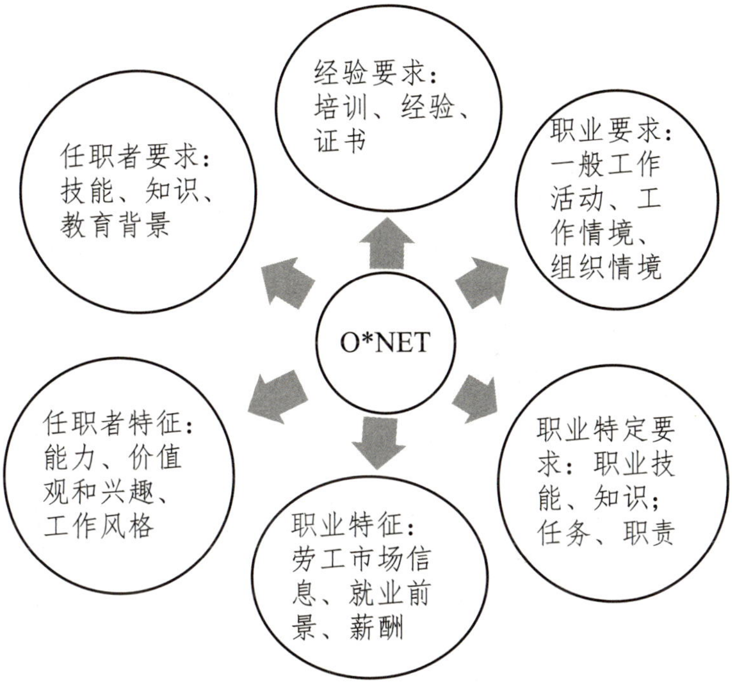

图 3-1 O*NET 内容模型说明图

（一）了解专业

专业，一般指高校或中等专业学校根据社会分工需要而划分的学业门类。随着社会的变迁和快速发展，科学技术的进步，职业的科技含量越来越高，对劳动者的综合素质也提出了越来越高的要求。职业活动的内涵有所改变，即职业活动中体力劳动的比重减少，脑力劳动的比重日益增加。职业的新陈代谢加快，旧职业不断衰退，新职业不断产生。而应对这些改变和加快的基础环节是专业的设置要适应市场需求。

大学专业的设置实行现实性与前瞻性相结合，既要适应我国当前的经济发展和劳动力的市场需要，又要适应未来的经济发展和职业变化的需要。大学生在了解职业之前，先要对自己所学专业进行全面了解，了解所读的专业开设的课程有哪些？学习了本专业后，可以做哪些工作？这些工作哪些是感兴趣的？自己对哪些专业感兴趣？如何丰富自己的专业理论和专业实践知识？

专业学习的过程中，大学生应掌握所学专业的专业结构和学科结构、发展历史、当前的理论动态和科研前沿，加强与学校教师和专业从业人员的交流，深入全面地了解自己所学的专业，在了解的基础上熟悉和热爱自己的专业。

（二）专业学习的重要性

在现代社会里，一个人没有经过专业学习，不掌握一定的专业知识和技能，就很难就业，更谈不上实现职业理想。抓住在校学习的机会，完成专业学习任务，积极完成学业，对每个同学实现职业生涯理想都具有至关重要的意义。

1．学好专业是顺利就业的必备条件

无论在什么岗位上，没有一定的专业知识和专业技能，都无法履行岗位职责、完成工作任务。如医学专业的毕业生不会看病或者护理病人，不会使用专业的仪器，又怎么能胜任相应的工作呢？

扎实的专业知识和技能，是就业从业的必备条件。尤其是在当今就业竞争日趋激烈的形势下，唯有具备扎实的专业知识和过硬的专业技能，才能在就业竞争中占有优势，为顺利就业创造有利条件。

2．学好专业是实现职业生涯目标的基础

学好所学专业是找到理想职业的前提，而在职业舞台上灵活运用专业知识，充分发挥专业特长，出色完成工作任务。这些正是一个人职业生涯发展的基础，也是实现职业生涯目标的基础。

专业是职业选择的重要因素，但大家也要警惕对专业的刻板印象。据有关部门统计，大学毕业生中所谓的“专业对口”的比例是很低的。经验数据表明，在未来的发展中综合素质是最重要的。因此大学生既要意识到自身专业的重要性，也要记住，在学习专业的同时，积累自己的基本素质和能力，探索自己对其他专业的兴趣，掌握对不同专业知识的学习能力。

（三）职业与专业的关系

1．职业岗位群

由于社会分工不同，人们从事着不同的职业。在不同的产业、行业领域中，也存在着千万种不同的职业。

学校所设置的专业是学业分类，它是从学科与技术的角度进行划分的。一个具体的专业与职业的对应关系，可以是一个专业对应一个职业岗位，但更多的情况是一个专业对应的是一个职业岗位群。

职业岗位群一般由工作内容、社会作用、基本技能要求相近，与从业者所应该具备的素质接近的若干个职业岗位构成。如工科专业毕业生所对应的职业领域有：机械设计，数控编程，工艺装备设计，CAD/CAM 等工程软件应用，技术管理等；计算机机应用技术专业毕业生就业岗位群有：企业、事业、党政团体等单位从事计算机维护修理，数据库编程，网络安装与使用，多媒体制作，计算机经营等工作；医学毕业生可以从事的领域有：临床就业，行政就业，基础医学就业，医疗公司，大健康产业，自由就业等。所以，专业和职业既有区别，又密切相连。

2．职业意识

职业意识是人们对职业劳动的认识、评价、情感和态度等心理成分的综合反映，是支配和调控全部职业行为和职业活动的调节器，职业意识由就业意识和择业意识构成。所谓职业意识是指人们对职业的认识、意向以及对职业所持的主要观点。职业意识的形成不是突然的而是经历了一个由幻想到现实、由模糊到清晰、由摇摆到稳定、由远至近的产生和发展过程。

高等院校是培养与社会主义现代化建设要求相适应的高素质人才的摇篮。大学生进入高

等院校，经过专业学习和训练，完成学业后，就会走向各种岗位。在校学习期间，就应该增强职业素质，熟悉与自己所学专业相对应的职业群，关心这些职业或职业群的变化情况，了解与自己所学专业相关的职业资格考试。培养自己的诚信意识、创新意识、竞争意识、团队意识和奉献意识等各个方面与职业相关的素质。

大学阶段是一个人一生中的又一个新起点，从来到大学的那一刻起，大致的职业方向和职业选择就摆到了面前。整个大学所从事的学习和活动都应该围绕着这一方向来安排，时刻为进入职场做好充分的准备。

三、职业认知的方法和路径

明确了职业探索的内容以及职业与专业的关系后，接下来一起来学习关于职业认知的方法和路径。

（一）搜集信息，确定想要研究的职业

列出一份可能从事的职业清单，并按优先顺序排列，可以参考书中前面内容。职业的分类，也可以从自己的专业领域、感兴趣的方向、一些单位招聘启事中寻找想研究的职业。如果所列职业太多，可以根据行业或职能分类。例如，你已经列出 5 种与教师相关的工作，你可以将其归为“教育类职业”，然后再从中选出几个切实可行的职业或岗位进行深入研究。

（二）了解职业路径，研究具体行业及其相关职能部门

一旦确定了要研究的职业，接下来就是要对该行业和领域进行广泛深入的研究。将求职目标锁定在这些具体行业，便可进一步筛选自己可能感兴趣的职能部门，并对其所包含的具体岗位进行研究。

通过研究某一特定行业的职业路径或职业层级，可以对该行业的就业市场有更深入的了解。可以咨询意愿单位的人力资源部门，也可以多访问已经在该领域工作的人，或者参加相关在职培训、参加单位实习实践等。从而了解组织为内部员工设计的自我认知、成长和晋升的管理方案等职业路径的相关内容。

（三）多种途径，了解感兴趣领域的最新动态

互联网信息求职网站、企业或公司的官网、行业研讨会、专题讲座、行业期刊、行业论坛、报纸杂志、行业协会等，通过多种途径均可找到行业发展的最新动向。

比如大多数行业都有自己的专业组织，这些组织通常会聚集某行业的专业人士，以便大家发展人际关系和开展继续教育，它们存在的目的是发布本行业的信息。此外，专业协会及行业协会还会定期出版期刊或网络版行业报告，比如麦肯锡季刊（McKinsey Auarterly）公布的研究报告，可以进一步了解本行业的热点问题、发展动向、主要公司和机构的运营状况以及就业增长率等，把握这个行业的脉搏和未来发展趋势。

另外，互联网几乎把关于不同行业、职业等各类信息送到了每个人的手中。以行业名称为关键词输入到任何搜索引擎上，都能发现很多有用的链接，并获得最新的信息。例如，“36氪”是一个综合性的科技咨询和创业服务网站，是中国领先的科技新媒体。有最新的国内外互联网科技新闻以及最具潜力的互联网创业企业，通过关注该网站，可以为那些互联网读者

提供一个最佳的了解互联网行业和科技媒体信息的途径。

通过专业实践、社会调查、志愿者活动或者阅读综合性书籍来搜集自己所感兴趣行业的信息，都是不错的选择。

（四）找准关键雇主，进行职业访谈

列出一份可能想去的单位名单，将各类雇主分类标记（如非营利机构、政府部门、商业机构），并写下具体机构的名称。

接下来就可以针对地进行职业生涯人物访谈，职业生涯人物访谈是通过对目标职业的从业者进行访问、面谈。获取对该目标职业的准入条件、核心知识结构、必备职业技能、职务升迁路线、薪资情况等全面的信息，这些信息是通过大众传媒和一般出版物得不到的。而通过生涯人物访谈能够帮助精准了解这一职业，获取足够的信息进行参考。通过人物访谈，在校大学生还能正确认识自己的优势和不足，从而制订出更加合理的大学学习、生活和实习计划。

开展职业访谈有以下三个关键问题。

1．who：找谁做职业访谈？

为了获取具体鲜活的、真实的职场信息，在做职业访谈的时候访谈目标应该集中在如下人群：在目标行业目标职业中工作3～5年的从业者、中小企业主、资深HR或猎头、职业顾问等。

2．why：为什么要做职业访谈？

为找工作或选专业获得有价值的信息，对从书上看到、道听途说和自己想象的进行一次实践的检验，是非常有用的。了解某个特定领域或行业，将如何适应它，它目前存在哪些问题（或机会）。如果要申请某个特定职位，这些信息将帮助自己调整努力方向，让自己更符合工作的要求。提高面试技能，通过和专业人士聊天，谈论自己的职业兴趣，扩展自己在某个领域的专家人脉。例如，可以在会谈结束时说：“我还想跟其他人聊聊这个领域的工作，您能向我推荐一些合适的人吗？”

3．how：怎样做访谈？

在做访谈之前需要准备好问题，并且准备1分钟左右的自我介绍，然后说明找到他的途径、自己的访谈目的、确定具体的访谈时间和地点。

一次访谈的问题以5～10个为宜，不宜太多，按约定的时间开始访谈，一般30分钟左右，不要延误时间。结束后，可以向访谈人物赠送小礼物表示感谢。

如果真想了解一个职业，不要只依赖一个人的观点，可以访谈三个及以上的生涯人物。对照自己之前对该职业的了解和认识进行比较更新，确定自己是否适合和想要从事这份职业，是否具备所需能力、知识与品质，进而制订详细的职业生涯路径。

【课堂活动】

10 种具有吸引力的职业

与你所学的专业相对应的职业有哪些？你对这些职业感兴趣吗？

找一个你感兴趣的行业，如医疗、管理、艺术或教育等。在下面空白处填写与该行业相关的 10 种不同职业。填完后，按照喜好程度排序。你也可以将范围扩展至多个行业，并在不同学习阶段重复该练习。

1.______________________ 2.______________________

3.______________________ 4.______________________

5.______________________ 6.______________________

7.______________________ 8.______________________

9.______________________ 10.______________________

【知识点链接】

生涯人物访谈需要准备的问题

1. 您的目标岗位的工作职责是什么？
2. 这个领域的学位、技能、工作经验方面的具体要求是什么？
3. 这一领域典型的职业发展路径是什么？
4. 该行业的就业前景如何？
5. 该领域的工作环境如何？需要经常出差吗？
6. 刚进入这一领域的员工的平均薪水是多少？这一领域员工的最高薪水是多少？
7. 谁是这一领域典型的雇主？
8. 这份工作需要我搬至一个特定的地理位置吗？
9. 您在做这份工作时，什么是最成功的，什么最具有挑战性？
10. 您认为什么样的个人品质、性格和能力对做好这份工作来讲是最重要的？

第二节 职业决策的制定与方法

【案例故事】

王同学：我现在需要选择一个大学的专业，但是我还没有做出决定。

咨询师：那你都考虑了哪些选择和因素呢？

王同学：我不知道，我曾经考虑过护理，或者其他工科类。

咨询师：你了解这些领域具体都是做什么的吗？

王同学：了解一点，护理就是照顾病人，并且在这个领域有许多工作选择，工科更是到处都是，我想我能够在这些领域找到工作机会。

咨询师：看来，找到工作对你而言是非常重要的事情。

王同学：是的。

咨询师：那关于这些领域你还知道些什么。

王同学：也就是这些了，我觉得我应该选择护理专业，将来做一个护士。或者可以选择计算机专业，将来从事工科相关的工作？

咨询师：我们可以去了解这两个领域的更多信息，但首先，请告诉我你平时是怎么做出一些重要决定？例如，为什么会选择进入这所大学呢？

王同学：嗯，好像也没有特别仔细考虑和计划过，当我真正开始享受高中学习氛围时，却已经临近毕业，我竟然没有留意这个问题，我身边的同学也没有谁认真探讨过将来学什么做什么，我到这里来，也是一个巧合。

咨询师：好的，回头看看自己的决策过程，你有何评价？

王同学：我没有非常清晰的目标，比较缺乏前瞻性吧，过去的决定有一点像是赌博，或是随遇而安。

咨询师：那么，你期望现在的这个决策会有什么样的不同？

王同学：我想让自己在未来重大选择上变得更有思想性和计划性，我想主动做出决策，而不是被动决策，我只是不知道该从什么地方开始。我是否应该做一个职业测评。或者我应该接触一下护理工作人员或者计算机系的人？我需要向他们询问些什么呢？我是否应该做做这两个领域的一些相关志愿工作？

咨询师：我看到，你已经做好了改变的准备，但是让我们一起做一个计划，而不是仅仅朝着许多个方向奔去。

个人感悟：____

____

____

____

一、生涯决策制定

决定即存在，“我们的决定，决定了我们”，这是存在主义大师萨特的名言；另外一个类似的说法是“一个人是其所有决定的综合”。在生涯过程中，因为是自己选择和决策而读了某一所大学、学了某一个专业，成为了某一个行业的工作人员。因为是自己的决定而决定了自己的一切，包括随着决定而来的荣辱苦乐。也因为自己的决定，不仅能感受到自己的存在，体验存在的价值，也同时承担了做决定的责任。

决策制定是根据决策人的喜好而对多种选项的甄别的过程。人总会面临各种抉择，而最终的选择往往是最符合自己的目标、生活方式、价值观和人生经历的那一个。生涯问题的解决和决策制订同样需要考虑自身的价值观、技能和兴趣等多方面的信息，以及有关职业、教育和休闲方面选择的信息。但是，很多时候不太清楚如何做出决策，尤其是在面对有很多未知的职业选择中，因此有必要学习和改进自己的决策认知和能力。

（一）信息加工金字塔模型

心理学家认为，保持在长期记忆中的不同种类的知识，对一个人做出职业的决策是极为重要的。为解释这个问题，彼得森等人建构了“信息加工金字塔模型”（图 3-2）且该模型是认知信息加工理论的基本框架。

认知信息加工理论（cognitive information process，CIP）是生涯选择和发展理论体系中迅速扩展的新的重要理论，重点研究个体如何进行信息的处理。早在 1991 年，以盖瑞•彼得森（Gary Peterson）为首的研究团队提出了从认知信息加工的角度，对生涯进行新的思考的理念。这个团队相信，一个人如果能够“认知”到生涯选择的内涵，就能够增进其生涯选择的能力。CIP 理论重点关注在生涯问题解决和决策中，大脑如何接收、编码、储存和利用信息与知识，强调生涯问题的解决是一个认知的过程。

作为 CIP 理论的基本框架，信息加工金字塔模型主要分为知识层面、决策层面以及执行层面，如图 3-2 所示。

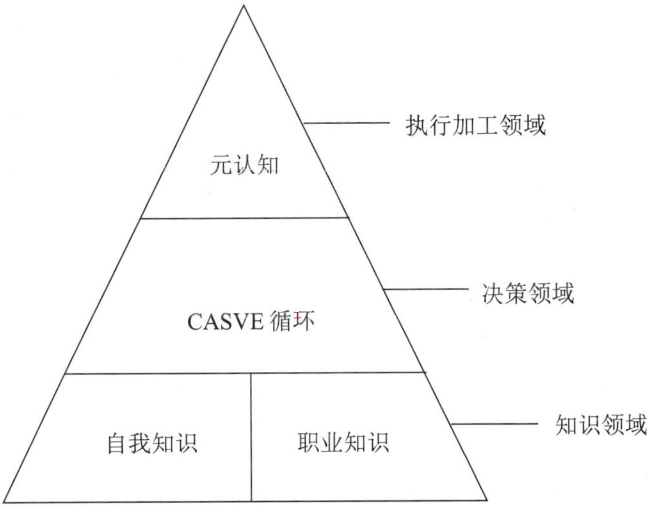

图 3-2　CIP 理论信息加工金字塔模型

知识层面主要包括两部分：职业知识和自我知识。“职业知识区”储存了和职业世界相关的知识，理解特定的职业的知识和不同职业之间的组织方式和结构关系。比如程序员需要何种编程能力、待遇如何、程序员和项目经理之间有何异同等。“自我知识区”包含了与个人经验、兴趣、能力和价值观相关的信息。比如自己擅长的事情、喜欢的事物、觉得十分重要的事件等。这些信息的统合形成了一个人对自我的认知推论，大多能借助标准化的心理测量工具了解其内涵。

知识层面的信息以图式的形式储存在长期记忆之中，当需要进行生涯决策的时候，便从长期记忆中提取，内容的丰富性与可靠性为之后的决策提供了基础。

“信息加工金字塔”的中间层是做决策层面，决策层面类似于计算机的程序软件，是个体处理信息的一种方式，用来处理储存在记忆区中的数据。针对这个问题，许多人做出了相关的研究，最后发现基本的决定能力有以下五个步骤：沟通（communication）、分析（analysis）、综合（synthesis）、评估（evaluation）和执行（execution），简称 CASVE 循环。

“信息加工金字塔”的最上层是执行层面，如果用计算机类比就是程序运行的监控系统，相当于计算机中的工作控制功能，操纵计算机按指令的顺序执行程序文件。在人类大脑中，执行层面也有类似的功能，主宰着对认知策略的选择与排序，主要成分为元认知。所谓元认知，是“对认知的认知，也是一种对认知历程的觉察，具体地说是关于自己认知过程的认识和调节这些过程的能力”。比如，构思文章写作大纲是一个认知的过程，而元认知的过程，就是自己对构思过程的评价，构思是否符合逻辑，构思写完的文章是否能让别人看得懂。执行领域也会监控解决策略的执行，看看是否达成预定的行为目标。

知识的积累需要时间的投入，短时间的突击难以取得足够的改变。元认知的过程内隐且个性化，不同的人会有不同的元认知过程，难以做出改变。而提升职业决策能力最好的方式，也是最具操作性的方式，就是通过理解 CASVE 模型，在职业决策的过程中进行充分利用。

（二）决策过程的 CASVE 模型

1. 沟通（communication）

沟通的主要任务是识别问题的存在，这是“意识到我要做一个选择”的阶段。在这个阶段从认知和情感上充分接触问题。识别到问题信号，当不能再置之不理的时候，开始理解并接纳问题的存在，探究问题的成因。通常，问题之所以会出现，表明理想状态与实际状态中间有了落差，落差越大，所伴随的情绪状态如焦虑、失望、不满、忧郁等也越强，解决问题的关键步骤是“与问题沟通”，看清楚问题的真正所在。

按信息加工论的术语，所谓“沟通”，是指个体“接收”到问题的信息，经过“编码”的过程，传输出“这个落差是必须解决的问题”的信息。

2. 分析（analysis）

分析的主要任务是考虑各种可能性，这是一个“了解自我和我的选择”的阶段。在生涯问题的解决过程中，首先要分析自己对自己了解的程度如何，对于将来的去向（选择专业或职业）所了解的程度如何。其次是分析选项，识别问题的源头，剖析问题成因。将二者进行联系比较，发掘各种解决问题的方案。这一阶段可以尝试问自己以下问题：

“要解决这个问题，我需要了解自己和环境的哪些方面？”

“我需要做些什么来解决这个问题？”

“我为什么有这样的感受？”

“他人如何看待我的选择过程？”

“选择的压力来自哪里?如何化解？”

3. 综合（synthesis）

综合的主要任务是形成方案，这是“扩大及缩小我的选择”的阶段。综合的阶段是用来运筹帷幄，将前两步的所有信息进行整合，通过发散思维拓展已知信息，创造出若干的解决方案，以量取胜。再进行聚合思维，通过缜密的思考删除或者修剪不合适的方案，以质取胜。这两种思考方式的目的在于初步形成几套相对可靠的解决方案，然后进行全面细致的评价。综合阶段的基本问题是“我能够做些什么来解决问题？”

4．评估（evaluation）

评估的主要任务是方案的排序，这是一个“选择职业、工作或研究领域”的阶段。就评估过程来看，至少包括两个步骤：第一步，评估方案的利弊得失，评估各种选择对自身及他人的影响，比如选择职业 A，那么这个选择对自己和自己的家庭及孩子有什么影响？每种选择的影响都要从对自己和对他人的代价和收益两方面考虑。第二步，对分析阶段产生的选择按优先级排序，操作过程中，当事人会面临价值取舍的冲突阶段，对认知、情绪及行为都会产生冲击，比如焦虑不安、心浮气躁、犹豫、逃避退缩等情况。通常情况下，首选方案最能够解决沟通阶段出现的理想状况和现实之间的落差，在方案失效时才会考虑备选方案。当事人应不断合理化自己的选择，做出最终选择。

5．执行（execution）

执行的主要任务是采取行动，解决问题，本阶段就是将确定的方案付诸行动。这是“实施我的选择”的阶段，在这一阶段，需要确定一系列的计划，盘点一下自己的资源来达到自己设定的目标，做到及时调整。然后聚焦那些能够让目标达成的具体行动，同时也要控制一下做出这一选择的风险。行动之前有目标，目标之后有具体行动步骤，进而能够解决理想状况与现实状况之间的落差。CASVE 循环的步骤如图 3-3 所示。

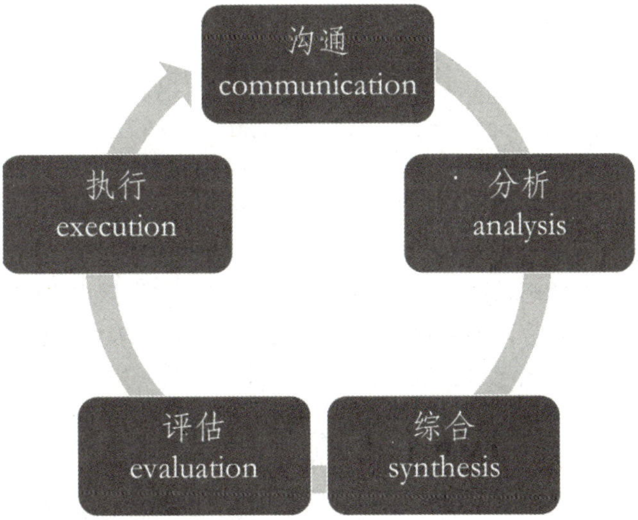

图 3-3　CASVE 循环的步骤

【案例故事】

小×大学毕业后，应聘了 A 单位和 B 单位和 C 单位，同时拿到了的通知书。他不知道自己该去哪家单位，好在三家单位的人力资源都给了他一周的时间考虑。他会想，时间还久，等两天再说吧。

直到五天后，B 单位的人力资源开始给他打电话，问他的考虑情况（第一步，沟通）。他才意识到，必须要做个选择了，可是该去哪家呢？

先分析下情况（第二步，分析）。自己的兴趣确实是在于产品，而且比较喜欢轻松愉快的环境氛围，对挑战也有不小的兴趣。这三家单位，A单位的职位是市场助理，是一个外企，B单位和C单位都是产品助理的岗位，B单位是私企，C单位是国企。

根据了解的这些情况，考虑B单位和C单位符合他的兴趣（第三步，综合）。可是B和C哪个更适合我呢？

B单位发展及成长会很快，可是C单位会很稳定。选这个的话，家人会很放心，各有各的好处，先选C吧。不行，去了国企就基本进入“养老”模式了。选B吧，B公司也是个大公司，而且对其自身发展也有好处（第四步，评估）。

选择后，需要考虑一下，后面如何去做会更好地适应这个职位，并且快速发展。第一步计划是在暑假的时候，先去参加一个产品经理的培训。嗯，就这么决定了。好，给B单位的人力资源经理回电话，确认去B单位，同时回绝A和C单位（第五步，执行）。

（案例来源与 古典. 生涯规划师. 江苏凤凰科学技术出版社. 2016）

CASVE 循环是一个不断重复的持续过程，在执行阶段之后，个体又回到沟通阶段，以确认所做的选择是否解决了现实与理想之间的差距。如果在循环中的问题解决和决策过程是成功的，那么在沟通阶段所体验到的消极情绪则被积极情绪所替代。

二、职业决策方法

（一）SWOT 分析法

SWOT 分析法，即态势分析，SWOT 分别是四个英文单词的第一个字母，即优势（strength）、劣势（weakness）、机会（opportunity）、威胁（threat）。SWOT 分析，指的是在四个维度上进行分析，优势和劣势主要用来分析个人特质，机会和威胁主要用来分析外部环境，包括社会、行业和组织内部的环境因素的分析，从而选出最可行方案的一种职业评估和选择方法。

运用这种方法，可以对研究对象所处的情景进行全面、系统、准确的研究，从而根据研究结果制订相应的发展战略、计划以及对策等。将与研究对象密切相关的各种主要内部优势、劣势和外部的机会和威胁等，通过调查列举出来，并依照矩阵形式排列。然后用系统分析的思想，把各种因素相互匹配起来加以分析，从中得出一系列相应的结论，而结论通常带有一定的决策性。

SWOT 分析法常常被用于制订集团发展战略和分析竞争对手情况，在战略分析中，它是常用的方法之一。在个人职业生涯决策中，它也是一种能够客观而准确地分析自我以及做出决策的方法。

1. 构建 SWOT 矩阵

（1）优势分析。主要分析自己出色的地方，特别是与竞争对手相比处于优势的地方。职业生涯设计的前提是知道自己的优势是什么，应该根据自己的特长顺势而为，将自己的优势发挥的淋漓尽致，让自己的事业和生活都建立在优势的基础上，就会如鱼得水，事半功倍。

例如：

①你曾经做过什么？即你已有的人生经历和体验，如在学校期间担任的职务，曾经参与或组织的实践活动，获得过的奖励等。这些可以从侧面反映出一个人的素质状况，在自我分析时，要善于利用过去的经验选择，推断未来的工作方向与机会。

②你学习了什么？在学校期间，你从学习的专业课程中获得过什么？接受过什么培训？自学过什么？有什么独到的想法和专长？专业也许在未来的工作中并不起多大作用，但却在一定程度上决定了你的职业方向。

③最成功的是什么？你可能做过很多事情，但最成功的是什么？为何成功，是偶然还是必然？通过分析，可以发现自我性格优越的一面。

（2）劣势分析。主要指出最不喜欢或最不擅长做的事，与竞争对手相比处于落后的方面。找到自己的短处，可以努力改正从而增强自己的综合素质。

例如：

①性格弱点有多个方面如不善交际、感情用事等。一个独立性强的人会很难与他人默契合作，而一个优柔寡断的人则很难担当企业管理者的重任。卡耐基曾说：人性的弱点并不可怕，关键要有正确的认识，认真对待，尽量寻找弥补、克服的方法，使自我趋于完善。

②经验或经历中所欠缺的方面，也许曾多次失败，就是找不到成功的捷径。需要做某项工作，而之前从未接触过，这都说明经历的欠缺。欠缺并不可怕，怕的是自己还没有认识到，而一味地不懂装懂。

（3）机会分析。主要是有利于职业选择和职业发展的一些机会，环境为发展提供的活动的空间、发展机遇和条件等。特别是近年来，社会发展速度很快，社会竞争压力很大，个人应该善于借助环境优势，发展自己。否则就会处处碰壁、寸步难行。

例如：

①对社会大环境的认识与分析，当前社会政治、经济、科技、文化发展趋势中有利于所选择的职业发展吗？具体在哪方面有利？

②对自己所选组织或单位的外部环境分析，组织在本行业中的地位与发展趋势如何？面对的市场怎样？有无职位空缺？需要具备哪些条件？

（4）威胁分析。除了机遇，在这个社会上还看到很多的威胁和挑战。这些外部环境的因素无法改变它，但是可以弱化或者避开它的影响。比如所学专业是个冷门？单位要重组？走向衰落？新来的上司对自己有敌意？新同事或竞争对手实力增强？领导层发生变化？单位的效益上升还是下降？

面对挑战和威胁，不能一味采取回避态度，或者自怨自艾。只有不断改造自己，趋利避害，才能脱颖而出，寻求发展与成功。通过这样步步追问，一幅清晰的职业生涯机会全景图就呈现出来了。要注意的是运用 SWOT 法（如表 3-2 所示）进行职业生涯机会评估时，要尽可能全面考虑，权衡各种发展机会，然后从中选出最佳的发展路径。

表 3-2　个体职业决策中的 SWOT 矩阵

内部环境分析	优势：指个体可控并可利用的内在积极因素 ①教育背景 ②工作经验 ③优秀的人格特质 ④丰富的专业知识和技能 ⑤突出的能力及特长 ⑥广泛的可用的人际资源	劣势：指个体可控并努力改善的内在消极因素 ①学业不精，专业不对口 ②工作经验的缺乏 ③能力的欠缺 ④负面的人格特质 ⑤目标的缺乏

（续表）

外部环境分析	机遇：指个体不可控但可利用的外部积极因素 ①专业领域急需人才 ②地理位置的优势 ③行业发展有广阔的前景 ④有良好的再教育机会	威胁：指个体不可控但可以使其弱化的外部消极因素 ①行业发展暂不完善 ②同专业毕业生的增多带来的就业竞争 ③名校毕业或高学历的竞争者增多 ④专业领域发展有限 ⑤再教育机会的缺少带来的职业发展障碍

2. 策略制定

在完成个人的 SWOT 矩阵后，便可以制订相应的策略，以发挥优势因素，克服劣势因素，利用机遇因素，化解威胁因素。运用系统分析的方法，分析出一套适用自己的可实际操作的解决对策，制订的策略包括：

so（strength opportunities）策略，即优势机遇策略，目的在于使这两个因素发挥最大作用。比如专业领域急需人才，自己专业对口且专业知识和技能过硬，在参与竞争和实现规划的过程中突出这个优势。

st（strength threats）即优势威胁策略，分析自身优势，以及外部环境中有威胁和冲突的地方，目的是努力发挥优势因素，以弱化威胁因素。

wo（weaknesses opportunities）策略，即劣势机遇策略，寻找外部机遇，同时清晰自身劣势对机会的不可把控点，目的是努力使劣势因素趋于最小化，使机遇趋于最大化。如自己的管理能力不佳，现有机会担任班级班干，利用这个机会多组织班级活动，多参加班级活动，提高自己的管理能力。

wt（weaknesses threats）策略，即劣势威胁策略，外部威胁和自身劣势并存时，需要让这两个因素都能趋于最小，比如学习成绩不佳，利用在校的课余时间努力提高学习成绩，与人交际能力欠缺，通过参加社团、社会实践活动来提高。

【课堂阅读】

以下是安徽某高校 2017 级学生王同学为规划自己的职业——计算机、电子信息技术相关领域做出的 SWOT 分析，如表 3-3 所示。

表 3-3　SWOT 分析

内部环境分析	内部优势：strengths （1）做事比较认真、踏实，有浓厚的学习兴趣和一定的实力，尤其在计算机方面有着浓厚的兴趣。 （2）乐观积极的生活态度，　善于发现事物和环境乐观积极的一面。 （3）富有极强的责任心、爱心，并且喜欢做专业相关的工作。	内部劣势：weaknesses （1）性格较内向，并不善于与人交往和沟通。 （2）做事不够果断，尤其事前做决定的时候总是犹豫不决。 （3）工作、学习有些保守，冒险精神不够，没有结合长远目标，并并且创新能力有待提高

（续表）

内部环境分析	内部优势：strengths （4）对一切问题有寻根究底的兴趣，一定要将事情想清楚，并喜欢思考问题，有一定的分析能力。 （5）有较强的竞争意识，能充分、主动的利用环境资源，即与环境的交互能力强。 （6）做事情雷厉风行，不喜欢拖拉，讲求效率，并且考虑问题较全面	内部劣势：weaknesses （4）组织能力和管理人员的能力和经验欠缺
外部环境分析	外部机遇：opportunities （1）改革开放以来，我国的经济飞速发展，国家发展的同时对人才的需求也大为增长。 （2）中国面临的国际化形势给个人也提供了更多的机会，可以在更宽广的舞台展现个人优势，比如英语作为国际交流的工具发挥的作用就很大。 （3）在学校还有很多的学习机会，身边很多优秀的同学和朋友，有很多向他们学习的机会，并且有构建良好的人际关系的条件。 （4）就所学专业来说，全球电子商务高速增长，网上交易迅猛发展，电子商务的发展前景不可限量	外部挑战：threats （1）目前，大学生的人数迅速增长，就业压力比较大，竞争相当激烈。 （2）国际化的环境同时也意味着国际范围的竞争和挑战，对个人素质要求也就更高了，对于英语来说，就不能只满足与听、写，表达能力也至关重要。 （3）公司及用人单位对毕业生的要求提高，更需要有经验人才。而对于刚毕业的大学生没有任何工作和实践的经验
策略分析	优势机遇策略：strength opportunities （1）多参加各企业的招聘活动，为自己的就要创造更多的机会，积累更多的经验。 （2）在学校的现阶段继续努力学习，掌握更多的知识，努力提高自己的竞争力	优势威胁策略：strength threats （1）现阶段多学习专业知识，特别是自己感兴趣的计算机方面的专业知识，将来可以在此方面有所发展。。 （2）努力提高英语表达能力，争取进入国际公司，更好地学习国外的先进运作方式和管理经验

在完成一系列分析和 SWOT 矩阵的构造后，便可以制订出相应的行动计划。制订计划的基本思路是：发挥优势因素，克服弱点因素，利用机会因素，化解威胁因素；考虑过去，立足当前，着眼未来。运用系统分析的综合分析方法，将排列与考虑的各种环境因素相互匹配起来加以组合，得出一系列有利于自身职业发展的可选择对策。

SWOT 分析是一种比较全面的分析工具，每个人都可以通过自身优势、劣势以及周围的机会和威胁，建立自己的 SWOT 的矩阵。但进行 SWOT 分析的时候必须对自身的优势与劣势有客观的认识。必须区分外部职业环境的现状与前景，且要充分考虑全面。另外进行 SWOT 分析的时候必须与竞争对手进行比较，比如哪些方面优于或是劣于你的竞争对手。最后切记保持 SWOT 分析法的简洁化，避免复杂化与过度分析。

SWOT 分析法因人而异，个体在使用 SWOT 分析法时要重视动态信息的及时反馈以对自己的 SWOT 矩阵进行及时的修正和调整，从而做出更加准确的职业抉择。

（二）生涯决策平衡单

1．平衡单的介绍

平衡单的设计是用来协助当事人做好重大决定。它可以帮助当事人具体分析每一个可能的选择方案，分析各方案实施后的利弊得失，最后排定优先级，择一而行。平衡单可以将重大事件的思考方向聚焦在以下四个方面：①自我物质方面的得失；②他人物质方面的得失；③自我精神方面的得失；④他人精神方面的得失。

2．平衡单的使用步骤

以下是实施平衡单的具体步骤。

步骤一：觉察当下对自己最重要的几个选择，以及这些选择可能导致的不同结果。尝试问自己以下问题：

（1）最近几个月认真考虑过的不同职业或岗位是什么？

（2）能不能将自认为最合适的职业按先后顺序列出来？

（3）将注意力放在最优先的两个选择上面，这两个选择各有什么优缺点？

（4）假设现在必须下定决心选择一个，会做什么样的选择？

步骤二：在经过深思熟虑写下第一和第二优先考虑的职业后，用比较系统的方式把脑海中可能的考虑因素整理出来。当然，各项考虑因素对当事人的意义是不全然等值的，需要将每项因素赋予权重，用 1～5 倍来表示（如最重要×5，较重要×4，一般重要×3，较不重要×2，最不重要×1），如表 3-4 所示。

表 3-4　各因素赋予权重表

选择项目及考虑因素	考虑项目	权重 1～5 倍	职业选择 1			职业选择 2		
			得（+）	失（–）	小计	得（+）	失（–）	小计
自我物质方面的得失	1.经济收入							
	2.职业难易程度							
	3.休闲时间							
	4.其他							
他人物质方面的得失	1.家庭经济负担							
	2.家庭社会地位							
	3.与家人相聚时间							
自我精神方面的得失	1.自我实现程度							
	2.兴趣的满足							
	3.社会地位							
	4.其他							

（续表）

他人精神方面的得失	1.家人的态度							
	2.亲人的支持							
	3.他人的期望							
合计								

步骤三：将每个选择的得失分按照考虑因素的优点、缺点来计算回答，计分范围 1-10 分，按照每项分数×加权分数的小计总和，将选择 1 和选择 2 最终得分求出。

步骤四：将总分进行一个优先级的排序，分数最高者可能就是目前的最优选择。

【课堂阅读】

小文是某大学应届生，今年就要毕业，几个月前她到一家自己很喜欢的公司实习。因表现突出提前获得了公司的通知书，但是自己的家人希望她能接着考研，她自己也一直有一个学术梦。两个选择对自己来说都是不错的选择，这让小文特别纠结，因此她利用决策平衡单帮助自己做选择，以此看清自己内心真实的想法。

通过梳理自己的内心想法及价值观，根据个人物质——他人物质，个人精神——他人精神在表格中列出考虑因素。接着小文写出每项考虑因素对于自己目前来说重要性的权重，再对两个选项的得失分分别打分，最后乘以权重后进行加减法运算得出总数，如表 3-5 所示。

表 3-5 决策平衡单

选择项目		重要性的权重（1～5 倍）	心仪公司通知书		考研	
个人物质方面的得失	1.符合自己的理想生活方式	5	8		8	
	2.适合自己的处境	4	5		7	
	3.有较高的社会地位	3	3		9	
	4.工作比较稳定	5	6			2
	5.					
他人物质方面的得失	1.家庭经济负担	4		8	9	
	2.足够的社会资源	5	7			3
	3.与家人相处的时间	3		8		5
	4.					
	5.					
个人精神方面的得失	1.适合自己的能力	4	7		7	
	2.适合自己的兴趣	5	9		8	
	3.适合自己的价值观	5	8		9	
	4.适合自己的个性	4	8		7	

（续表）

个人精神方面的得失	5.未来发展空间	5	6		9	
	6.就业机会	4	8		9	
他人精神方面的得失	1.符合家人的期望	2	5		9	
	2.					
	3.					
	4.					
	5.					
合计			351	56	371	40
加权后得失差数			295		331	

通过梳理内心想法和计算结果，小文坚定的选择了考研这条路，这也是更符合自己长远的发展计划以及目前的价值观和愿景的选择。

3．平衡单使用注意事项

（1）决策者可以同时对好几个选择进行排序，或者有其他选择时，在计分过程中重新添加进表格中，按照上述步骤进行加权计分。

（2）为了使决策者能综合地对平衡单的各种选择方案做最后的评估，决策者可以自己再审查一下平衡单上面的项目。同样的，也可以对平衡单上的加权计分再做适当修改，完成最后一步。决策者还应该明白，这不一定是永久的决定，也许只是暂时的决定。因为它是根据“目前”所搜集到的资料，对自己了解程度所做的决定。

（3）平衡单只是工具，生涯决定是手段，借着工具和手段的学习，帮助人们在人生旅途中，勇敢自信地解决生涯决定的难关。

课后思考

1．通过本章的学习，谈一谈职业认知在职业生涯发展中的重要意义。
2．结合自我认知内容，做一份职业规划 SWOT 分析。
3．通过本章的内容学习，思考你的目标职业访谈人物对象并写下你准备访谈的问题。
4．利用 CASVE 模型思考你的决策过程以及接下来你的行动计划。

第四章　职业生涯规划的制订与实施

【学习目标】

- 了解职业生涯规划目标确立意义
- 掌握职业目标确立的方法及职业规划书的撰写
- 熟悉职业生涯规划中的学习管理、时间管理、情绪管理

【开篇故事】

目标指引成功

曾有一个实验：某研究中心组织了三队人马，设定的任务是让他们分别步行到 10 公里以外的三个村子。

第一组没有被告知目的地村庄的名字，也不知道路程有多长，只告诉他们跟着向导走就可以。于是队伍刚走了两三公里就有人牢骚抱怨路程太远了，走到一半时有人几乎愤怒了，拒绝继续前行，越往后走他们的情绪越低落。

第二组知道目的地村庄的名字和路程，但路边没有设置里程碑，他们只能凭经验估计行程时间和距离。走到一半的时候，大多数人就想了解还有多远的距离可以到达目的地。比较有经验的人解释："大概走了一半的路程"。于是大家又打起精神向前走，当走到全程四分之三时，大家情绪又开始低落，觉得疲惫不堪，路程太长。当有人说了句"快到了！"大家就燃起希望加快了行动的步伐。

第三组不仅知道村子的名字、路程，而且每走一公里就有一块里程碑。告诉行人还有多远到达目的地，人们边走边看里程碑，每缩短一公里大家便有一小阵的快乐。行程中他们的情绪一直很高涨，很快就到达了目的地。

资料来源于 网络

个人感悟：____

____

第一节　职业生涯规划的设计

通过自我探索、工作世界探索的学习，对自我和环境有了一个相对清晰的认识。通过学习决策和行动计划，帮助成为一个有理性的决策者和有效行动者。但这些并不能成为职业成功的保证，必须认识到人生的成功是和时代大环境的机遇分不开的。能够做的就是定下目标，做好计划，当机遇来临时，有足够的能力去把握。海伦凯勒曾经说过一句话："人一旦有了高飞的冲动，将不再满足于在地面上行走。"说明目标对于人生具有激励作用，职业生涯规

划中，树立职业目标是关键的一步。

【案例故事】

两颗种子

春天到了，轻柔的风在吹拂着这个睡眼惺忪的大地，万物开始复苏。这个时候，两颗种子也醒了，它俩正躺在一片肥沃的地壤里憧憬着各自的未来。

一颗种子说："我一定要努力生长！我要向下扎根，让生命在土壤里变得坚强！我要'出人头地'，让茎叶随风摇摆，歌颂春天的到来！我还要开出美丽的花朵，结出丰硕的果实，给这个大地增添沁人的花香，为人们提供醉人的果实。这样我既可以感受春晖照耀脸庞的温暖，也可以体会晨露滴落花瓣的喜悦和生命成熟的欢乐！"

第二颗种子听后皱着眉头颤抖地说："我可没有你那么勇敢！我若向下扎根，也许会碰到坚硬的石块；我若用力往上钻，可能会伤到我脆弱的茎；我若长出幼芽，难保不会被蜗牛吃掉；我若开出美丽的花，只怕小孩看了会将我连根拔起；我若结出果实，只怕还会被不劳而获的家伙偷偷摘去。我还是等情况安全些再做打算吧！"于是它继续瑟缩在那一片它自认为十分安全的土壤里。几天后，一只母鸡在庭院里觅食，它就这样不声不响地进了母鸡的肚子。而第一颗种子一直在努力生长着，这期间它受过伤，挨过冻，哭过，笑过，被人踩踏过，被蜗牛啃啮过，但是它始终没有忘记自己的梦想。每当寒夜侵袭，一切都沉寂下来的时候，它也会不时地感到一种难以抑制的孤独和凄凉。但它总是一遍一遍地对自己说："我不能放弃，也不会放弃！因为我有梦想啊！"终于有一天，它长大了，开出了娇艳的花，结出了硕果累累的果实。它笑了，很开心！

资料来源于 网络

一、职业生涯目标的确定

（一）职业生涯目标的概念

职业生涯目标是指人生的发展目标。比如：想要成为什么样的人？该如何度过一生？怎样才能使人生有意义、有价值？怎样才能取得成功，拥有幸福的生活？生涯目标是指引人成长和发展的导航标，职业生涯目标则是指个人在选定的职业领域内，未来将要达到的具体目标，促使个人去规划自己的学习和实践，为实现职业生涯目标进行积极准备并付诸实际行动。

【案例故事】

凭智慧战胜对手

1984年，在东京国际马拉松邀请赛中，名不见经传的日本选手山田本一出人意外地夺得了第一名成为世界冠军。当记者赛后问他凭什么取得如此惊人的成绩时，他说了一句话："凭智慧战胜对手。"

当时许多人都认为这个偶然跑到前面的矮个子选手是在故弄玄虚。马拉松赛是比拼体力和耐力的运动，只要身体素质好又有耐性就有望夺冠，说用智慧取胜确实有点勉强。

两年后，意大利国际马拉松邀请赛在意大利北部城市米兰举行，山田本一代表日本参加比赛。这一次，他又获得了世界冠军。赛后记者又采访他询问成功的经验，山田本一回答的仍是上次那句话："用智慧战胜对手。"

他的这一回答成功引起世人的好奇。10 年后，这个谜底终于在他的自传中被揭开。每次比赛之前，我都要乘车把比赛的线路仔细地看一遍，并把沿途比较醒目的标志描画下来。比如第一个标志是银行；第二个标志是一棵大树；第三个标志是一座红房子……这样一直画到赛程的终点。比赛开始后，我就以百米冲刺的速度奋力地向第一个目标冲去，等到达第一个目标后，我又以同样的速度向第二个目标冲去。40 多公里的赛程，就被我分解成几个小目标轻松地跑完了。起初，我并不懂这样的道理，我把我的目标定在 40 多公里外终点线上的那面旗帜上。结果我跑到十几公里时就疲惫不堪了，我被前面那段遥远的路程给吓倒了。

在现实学习生活中，做事之所以不愿意接受挑战，或者有拖延症。这其中的原因往往不是因为任务目标难度较大，而是觉得成功离自己较远，目标的遥不可及让人缺乏动力。所以，制订个人职业目标的时候，应该学会把职业生涯的最终目标，分解成一个个的阶段性的目标，然后再去分别实施。这样的话，只要坚持去完成一个又一个小目标，职业生涯的总目标也一定能够最终顺利实现。

资料来源于 王劲松. 大学生职业发展与导航[M]. 南开大学出版社，2012

（二）职业生涯目标设置的意义

正如前面的案例故事，设置了目标的种子，最终开出了美丽的花朵。设置了目标的马拉松选手山田本一，多次夺得世界冠军。在认知职业生涯规划意义的时候，有大约三分之一时间用于工作，职业人角色占据了人生中大部分的黄金时间。职业成功与否，将影响个人职业生涯中其他角色的成功与获得感。

1. 设定职业发展目标可以为个人指明努力的方向

有明确的目标是成功的一半，目标明确，让心有所属。主动了解自己的综合优势与劣势，及时梳理职业理想，评估个人目标与现状之间的差距。不断努力，最终成为生涯规划赢家。在这个追求的过程中，还可以养成生活和工作中的良好习惯，保持身心健康。

2. 设定职业发展目标可以激发个人向上的动力

拥有目标的人，会激发个人奋斗的源动力更加积极主动的去实践人生。职业生涯规划目标可以引导个人发展个人兴趣，挖掘能力潜质。

3. 设定职业发展目标可以提高个人学习与工作的效率

设立职业生涯发展目标，有助于大学生集中精力，激励自我努力学习、工作的主观能动性，达到学习，工作效率的最优化。学习生活中很多同学都会有这样的体会，当专注做一件事情的时候，不仅事半功倍，而且时间也过得飞快。

【案例故事】

从自身能力出发

曾经不可一世的法国皇帝拿破仑最终失败，原因竟然是在一场战斗中错误的确定了目标。

1812 年法俄战争爆发之前，拿破仑的军队所向披靡，横扫欧洲大陆。拿破仑更是被人们称为“战神”。被胜利冲昏了头脑的拿破仑，想重新划定欧洲政治地图，于是把征服俄国作为成功的最后目标。1812 年，拿破仑的军队开启了前往俄国的征程。但是，在幅员辽阔的俄罗斯大地上，拿破仑的战线拉得过长，兵力不足且分散，再加上补给不足和暴风雪无情袭击，导致兵员大量减少。拿破仑军队的处境十分艰难，最终难以维持，兵败俄国。拿破仑由于对自己的实际情况评估不充分，仓促间制订了作战目标，可以说是他自己为失败埋下了种子。撤出俄国荒原时，拿破仑曾经的 60 万威武之师，最终只剩下 2.7 万残兵败将。此后，法军一蹶不振，欧洲各国也乘机建立起反法同盟。三年后，在滑铁卢会战中，拿破仑军队被欧洲联军彻底击败。

对自己的实力缺乏正确的评估，也缺乏对对方实力的正确了解。拿破仑的失败可以说是在他制订远征俄国为目标时就埋下了伏笔。

评估自身的能力是设计职业生涯目标最为重要的一步。在确定目标的时候，必须从自己的实际能力出发。

资料来源于 网络

（二）职业生涯目标设计的“SMART”原则

生涯目标对一个人的成功具有指导意义，但是如何设置一个合理的目标，让职业生涯规划更清晰明了，更有实际意义却是一个难题。“SMART”原则可以从以下五个方面分析，帮助同学们解决这个问题，学会如何合理设置自己的职业目标。

1．S：specific 具体的，明确的，不含糊的

指目标必须是清晰的，可产生行为导向的，有具体的内容，不模糊。例如，“我想要成为一个合格的大学生”不是一个具体的目标，“学期末平均成绩在 80 分以上”才算得上是一个具体的目标。

2．M：measurable 可以衡量的

指目标必须用指标量化表达，这个目标是否可以达到？达到的标准与尺度是什么？例如，这个“学期末平均成绩在 80 分以上”，就对应着量化的指标“分数”。

3．A：attainable 可实现的，且具有一定挑战性

这里“可达到的”有两层意思：一是目标应该在能力范围内，不能过高，也不能过低；二是目标应该有一定难度。一般在这点上往往只注意前者，其实后者也相当重要，目标经常达不到的确会让人沮丧。但同时要注意，太容易达到的目标也会让人失去斗志。

4．R：relevant 目标必须和其他目标相关

这里的“相关性”是指与现实生活相关，与职业生涯规划的目标一致，或者可以协助完成某一个大目标。而不是简单的“白日梦”，随意制订的一个目标。

5．T：time based 目标必须具有明确的上限

这里的“上限”是指完成目标的必须有明确的时间点，不但要确定最终目标的完成时间，还要设立多个小时间段上的“时间里程碑”，以方便随时监督计划完成的情况。

任何一个人都不可能一下子实现自己的职业发展目标，都需要根据自己现有的观念、知识与技能上的差异，将大目标分解为小目标，将长期目标分解为短期目标。当确定了实现自身价值的总目标之后，要如登山一样将自己的总目标分成若干份目标， 使目标更加清晰化、具体化。

【知识点链接】

大学生常见短期目标分类方法

（1）按照时间确定目标，如大一、大二、大三、大四分别完成何种任务。如生活成长目标、社会实践目标等。

（2）按照功能组合确立目标，如学业成绩、身心健康、社会活动能力等。

（3）按照全方位发展确立目标，如个人发展、职业生涯、家庭生活等方面。

大学生职业生涯规划是一个动态变化的过程，当出现一些因素阻止目标实现时，或是出现短期、中期目标不适应总目标时，要及时适当进行修改。如果在向目标努力的途中发现总目标出现错误的时候，也要及时停止实施并进行修改。

二、职业生涯规划书的设计

职业生涯发展规划书是指运用职业生涯发展规划的相关理论，在全方位自我认识和职业环境认知的基础上，通过对未来的职业生涯展望的描述，而制订出关于职业发展的目标和实施的具体规划。泰德曼美国职业生涯学家说，生涯是一种过程，它像一只在海面上航行的船，在一望无际的海面上，各种情况变幻莫测，为了使船不沉没，并保持正确航向，船长会运用地图、指南针、风向标以及自己的经验来做出判断，以保持正确的航向。在漫漫的职业生涯中，一份详实的职业生涯规划书可以帮助保持航向、督促航行，时时提醒并帮助自己不迷失方向，同时也是一个实现个人价值的行动指南。

（一）职业生涯规划书的撰写原则

1．现实性与挑战性相统一

职业理想必须和社会发展，工作岗位需要相结合。要从个人实际需要出发，目标定的既具有挑战性，又符合实际发展，充分发挥自己的才能。

2．个人需要与职业需要相结合

参加工作既然作为一种社会活动，职业的选择必定会接受社会的约束。职业选择应当将个人利益与祖国、集体利益相统一。所以大学生在设计职业生涯的时候，应积极了解国家人才需求的情况和动向，把祖国和社会的需要作为出发点和归宿。

3．目标的阶段性与协调性相结合

职业规划的目标由短期目标、中期目标和长期目标组成，人生的目标不可能一次性实现，总目标的实现来自时间性、阶段性、承接性和协调性的小目标。因此，职业生涯规划需要各目标的阶段性协调发展。

（二）职业生涯规划书的主要内容

职业生涯发展规划书是书面化的发展规划，其不仅能呈现大学生发展的初期设定的宏观职业发展规划设计，还能对具体的学习和工作起到指导和鞭策作用。一份完整的职业生涯发展规划书基本内容有封面、目录和正文。

1. 封面

封面包括职业发展规划书的名称和规划日期、姓名、性别、所在学校和学院、班级、专业和学号等个人资料。可以在封面插入图片、格言和指导教师。

2. 目录

目录包括前言、自我认知、职业探索、职业生涯抉择、职业规划路径与设计、规划备选方案、结束语及参考文献。

3. 正文

（1）前言。前言是总体论述自己写职业生涯发展规划书的目的、意义和作用。

（2）自我认知。自我认知是关于自我认知的途径、方法和相关测验量表、人才测评报告等。对自己个人基本情况、职业兴趣、职业能力及个人特质、职业价值观、胜任能力等进行自我分析小结。

①个人基本情况。包括姓名、性别、出生地、出生年月、学历、身份、体貌特征等有关自己个人的基本信息。

②职业兴趣。指自己喜欢的职业，结合自己的职业兴趣测评的结果总结和点评自己感兴趣的工作有哪些。

③职业能力。职业能力指通过学习，掌握了知识和技能，未来自己能够做什么，以及个人有什么特长。通过对自身的职业能力给出总结和点评，自己适合从事什么类型的工作。

④个人特质。通过自评、他评和心理测试结果等了解个人的性格和气质。然后对个人自身的个人特质给出总结和点评，自己的性格特质适合从事什么类型的工作。

⑤职业价值观。通过职业价值观自评、他评和心理测试结果，筛选出前三项职业价值观。然后对个人职业价值观给出总结和点评，自己的职业价值观从事什么类型的工作幸福感最强。

⑥自我分析小结。通过以上四个方面的分析总结，得出自我认知分析小结。

（3）职业探索。职业探索包括社会环境分析、行业环境分析、组织（企业）环境分析、具体职业分析和学校环境分析、家庭环境分析等其他环境因素分析。

①社会环境分析包括对所处的社会政治环境、经济环境、法治环境、文化环境、区域环境等宏观因素进行的分析。

②行业环境分析包括对行业的发展现状，国际、国内重大事件对该行业的影响，行业目前的优势与问题和发展趋势等的分析。

③组织（企业）环境分析包括对企业实力、企业领导人、管理制度和企业文化等方面的分析。

④具体职业分析包括对具体职业的评估和对具体岗位的分析。

⑤学校环境分析指教育背景（专业）分析，在所在的学习环境下有哪些学习优势和不足。

⑥家庭环境分析，是规划者本人所在的家庭文化和经济情况分析，以及对其职业规划给予的态度和支持情况等。

⑦分析小结。通过以上六个方面分析总结，得出职业探索分析小结。

（4）职业生涯抉择。

①职业目标的确定。将自我认知和职业探索的主要内容进行综合，通过 SWOT 分析法做出判断并遵循 SMART 法则抉择出个人职业定位。

结论：职业目标。未来从事什么行业的职位；职业发展策略，进入什么类型的组织，到什么地区发展；职业发展路径，走专家路线还是管理路线等。

②职业目标的分解与组合。目标分解是指将确定的职业目标分成几个阶段规划期。目标组合是将若干阶段性目标按照培育发展的相互关系组合起来，达到操作性更强，效率更高的目标。目标分解如图 4-1 所示，目标组合如图 4-2 所示。

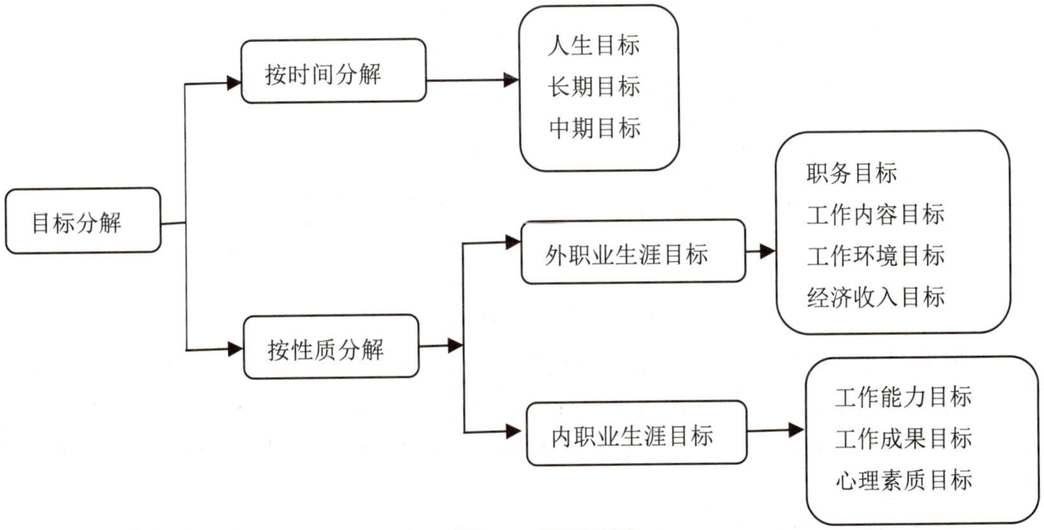

图 4-1　目标分解

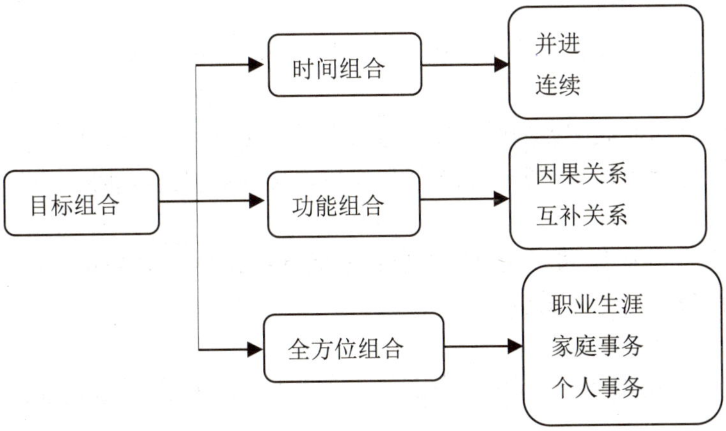

图 4-2　目标组合

（5）职业规划路径与设计。职业生涯目标确定以后，如何行动便成了关键的环节。所谓行动是指具体措施，主要包括工作、培训、教育、实践等方面具体操作。例如，为达到目标，在工作方面，应采取什么措施来提高工作效率；学习哪些知识、掌握哪些技能才能提高业务能力和业务素质；通过哪些途径来开发自身的潜能，都应制订具体的计划与明确的实施措施。

典型的职业生涯发展路线图是一个“V”形图。以一个22岁毕业生参加工作为例，V形图的起点为22岁。以起点向上发展，V形图的左侧为行政管理发展路线，右侧为专业技术发展路线。“V” 形职业路线如图4-3所示。

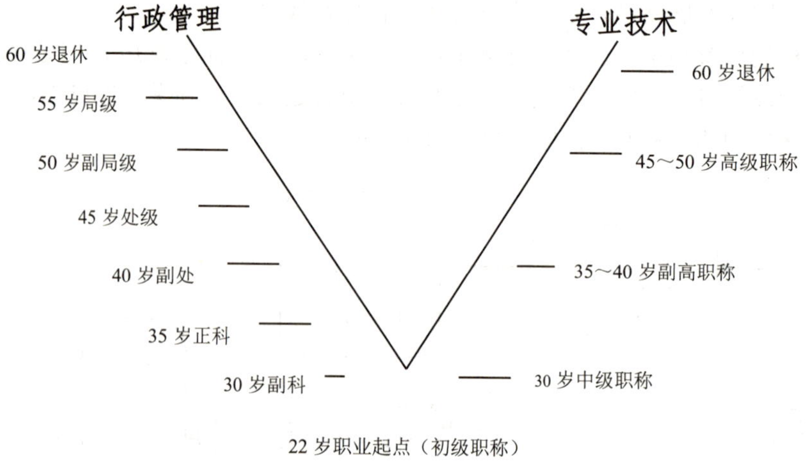

图4-3 “V”形职业路线

（6）评估与反馈。职业生涯发展规划书是对未来某一职业的预期计划和安排，在实施过程中需要根据实际情况和不可预测的因素进行评估、修订和调整。如职业的重新选择、职业生涯路线的改变、人生目标的修正，实施措施与计划等都要因时、因势、因地、因人做出相应的调整。

（7）结束语。规划书的最后，书写个人座右铭或者鼓励性话语，督促个人不断成长进步。

4．职业生涯规划书撰写注意要点

（1）自我评估部分。

①自我认知应客观理性，不能忽视自己的缺点和不足。归纳小结应清晰明了，突出自己各方面典型特点。

②科学看待分析结果，特别是职业测评的结果仅供参考，不要过度依赖。测评只是一种辅助工具概率测试，测评结果是为了能够帮助规划者拓展思路，接受更多的可能性，而不是限制规划者的选择。

③如果认为测评报告的描述不准确，可以通过回顾自我成就事件等方法，重新审视自己，澄清测评报告中与自我认知结果不相符的疑惑。

（2）环境分析部分。

①应突出对企业环境和具体职业的认知分析。由于社会经验不足，大学生经常在这一点上有不足。

②应确保收集的职业信息的时效性和可靠性。职业环境随着社会环境而不断变化，要确

保自己掌握的职业信息是最新的、有价值的。互联网虽然方便快捷，但大量的过期和失真职业信息无法反映真实的职场状态。建议多采用生涯人物访谈或社会实践等较为直接、可信度高的信息渠道。

（3）职业生涯抉择。

①人职匹配是确定职业目标的重要依据。在进行职业目标定位时，不能只关注高收入、高福利、高地位 、大城市、大企业、大机关这样的单位，一定要与自我认知情况相匹配。

②职业发展方向因人而异。每个人的职业发展路径应该各具特色。

③个人职业发展路径不是唯一的。如果为了实现职业目标选择了两种或者两种以上的发展路径，这些路径之间应存在内在联系和相互支持。否则，易导致职业发展方向和路径的重点不突出，不利于核心职业目标的实现。

（4）目标设定部分。

①目标设定过程中要遵循 SMART 原则。

②大学生职业生涯目标的确定，重点应放在分解的短期目标和中期目标。高年级学生可以侧重于毕业 5 年内的职业规划；低年级学生可以侧重于大学生涯规划，但必须突出职业准备工作。

（5）实施计划部分。

①实施计划的制订要具体，要有时间性、可行性，便于定时、定量评估。

②制订计划时要注意区分轻重缓急，学会时间管理和风险评估调整。

（6）评估调整部分。

①评估调整的重点是目标计划的完成情况，要将标准放在结果是否达标上。

②评估调整不是职业规划的最后环节，而应贯穿整个职业规划。

③注意备选方案与主目标之间的关联度，备选方案要和主目标之间具有一定的差异梯度，能够保证备选方案的可行性。

三、职业生涯规划评估与调整

“前途是光明的，道路是曲折的”，职业生涯规划是一项长期的实践活动，可以影响职业生涯规划实施的变数很多。有些变数因素可以预测，而有些变数因素则难以预测。学会定期适时评估、修正规划目标并调整行动方案，使职业生涯规划评估更准确。

（一）生涯规划评估的意义

职业生涯发展规划中的最后一个步骤是评估反馈。个人的职业生涯规划设计方案中，在每一个规划阶段都应进行一次全面系统的评估，如每半年或每年进行一次。如在学习工作努力一段时间之后，有意识地检查计划实施，验证前期的行动策略措施执行的效果。通常，任何形式的评估都可以归结为，对自我素质和行为，现实社会环境的适应性的判断。

（二）生涯规划评估的内容

（1）对职业生涯目标的评估。如果一直无法适应或胜任自己所设计的职业生涯目标，在学习工作中得不到预期的发展，还导致自己心理长期压抑、焦虑，那么也有必要对职业生涯目标进行重新设计。如果生涯角色变化后，当前的职业对生涯角色造成极大的不便，或者受到家人的强烈反对，也有必要对职业生涯目标进行修正、调整甚至重置。

（2）对职业生涯发展路径的评估。当前或原定的职业生涯发展方向前景不明，社会环境不支持，应及时选择更适合自身以及职业生涯发展的机会，此时及时调整职业生涯发展方向。

（3）对职业生涯发展规划实施策略的评估。如果对于个人设计目标的落实有实际困难，可以换个策略实施相似的目标。例如，在其他城市可以找到一份令自己和家人都感到满意的工作；如果短期内工作压力过大或工作过于疲劳，可以考虑休假或是跳槽离开当前的公司。

（4）对其他因素的评估。在实施职业生涯规划目标的时候，家庭的支持非常重要，如果家庭需要更多的照顾，可以考虑将更多的精力放在家庭，甚至辞职。例如，如果身体条件不允许继续去实施原定职业规划目标，可以考虑放低对自己的职业要求；如果家庭经济状况不佳，可以一方面缩减开支，另一方面寻找薪酬更高的职业。

（三）生涯规划评估的方法

1．反馈法

通过对程序化有组织的进行过程反馈，大学时期的阶段目标反馈通常使用大学生的综合素质考核登记表。从教育学的角度来界定，从教育学的角度来划分，有以下方面：思想道德素质智育素质、体育素质、文化素质和心理素质五个部分。

2．分析、调查、总结法

每个月或每个学期结束后，都应该认真总结一下自己这段时间的收获是什么，这些收获对实现最高目标有无帮助。有的大学生把毕业后深造作为自己近期最主要的目标；有的大学生想节省时间，学习第二专业；还有的大学生准备毕业后踏入社会，因此给自己积累资本，各种职业证书就成了他们要攻克的难关；有的大学生选择加入学生会，并把学生会锻炼作为大学阶段必不可少的一门实践课。

大学生生涯规划要在每一个近期目标实现后，对下一步的主（客）观环境和条件要重新进行调查、分析，看看条件是否变化。然后，根据有变化的情况，适当地修改下一步计划。

3．对比法

每个人都有自己实现目标的方法，所以在进行职业生涯与发展规划时应多比、多思、多学，吸取别人科学的方法。对别人职业生涯与发展规划进行分析，往往有助于对自己的职业生涯与发展规划进行修正。

4．交流法

大学生在日常学习、工作交流中应互相提供反馈信息。大学生要把自己的职业生涯发展规划告诉周围的人，让他们关注自己，由老师或同学（朋友）对自己的缺点或不足提出意见。虚心、主动、积极、经常征求别人对自己计划的看法和意见，扩充自己的视野使职业生涯发展规划更完美。

5．反思法

对职业生涯发展规划进行回顾，规划的目标达到了没有？效率如何？有什么收获？还有哪些问题？有何体会等。

职业生涯规划的调整一定要和职业生涯目标制订时一样要思虑周全，SMART 原则依然适用。尤其体现在调整时要考虑到生涯规划各阶段的路线划分与安排，必须具体可行。目标与措施要具有挑战性，不能仅保持其原来状况。规划的设计应有明确的时间限制或标准，易评估、检查，使自己随时掌握执行状况，并为重新规划提供参考依据。

（四）调整职业生涯规划的注意事项

（1）环境因素。包括社会环境、政治环境、经济环境、科技环境、自然环境、法律环境等。从宏观层面认识到职业生涯发展的局限与可能，个人只能适应而不可改变。

（2）组织环境。包括组织规模、组织结构、组织文化、组织发展状况、人力资源规划、人力资源管理系统类型、晋升政策、人际关系等一切与职业生涯发展有关的组织因素。要改变组织因素非常困难，所以选择适合自己发展的组织环境中去工作。

（3）个人因素。包括年龄、性别、学历、工作经历、家庭背景、人格等。一方面，要正确认识自己；另一方面，要不断完善自己。

第二节 职业生涯规划的管理

每个职业人在职场都需要具备快速学习的能力，从而有利于自己快速适应职场的环境变化、岗位调整。时间对于每一个人都是公平的，只有对目标有清晰的把握，才能高效地去实施，科学地制订学习计划。用科学的方法践行学习，并具有不怕吃苦的良好心态，不断去践行人生规划，最后才能得到最好的回报。

【案例故事】

自我管理的幸福之路

小丽，是一家外资企业的大区经理，从一个普通的专科毕业生到名牌大学的硕士毕业生，现在拥有着一个幸福的三口之家。小丽可以说是人生赢家，爱情事业双丰收。但是在她个人奋斗历程中，却写满了高效的自我管理。

在刚进入大学专科的校园，小丽就意识到自己的学历，可能对要进入梦想中的医院上班有一定的压力。于是她经常与学姐和学校合作的企业进行交流，最终确定了自己专升本的第一步理想。大学期间她苦学专业知识，苦练英语口语和计算机能力。在顺利升本之后，考虑实习和兼职时接触到的工作，她认识到医疗行业市场中，懂技术的不懂管理，懂管理的不擅长营销，她又把自己继续深造的目标确定为工商管理类研究生。于是，在本科学习的时间里，她同时自考取得了市场营销的本科学历。升本毕业考研之际，她以双学士身份毕业，成功考取一所名牌大学的工商管理硕士研究生。

研究生毕业之后，由于小丽优秀的履历和扎实认真的工作态度，她成功应聘了别人梦寐以求的外资企业。虽然与当初做医生的职业梦想不一致，但是她却在职业规划中认知到社会的变化和新的职业环境变化，主动调整自己的职业目标和实施路径。所以才能够在新的工作领域收获了更多的个人成就感和幸福感，实现了个人价值。

小丽的个人成长经历，得出了一个技能的重要性就是学习管理，通过科学的学习管理可以提高学习效率和学习效果，有利于个人的快速成长。

一、职业生涯中的学习管理

（一）学习管理的概述

1. 学习管理的概念

学习管理（knowledge management）指利用管理学的方法，通过计划、组织、领导、控制等手段，把学习程序化、流程化、规范化，创建更新最佳方案，从而达到高效学习的目的。

2. 学习管理的意义

学习是人类认识自然和社会、不断完善和发展自我的必由之路。但是并不是人人都擅长学习。曾有人将世人分为三类：不愿学习的人，愿意学习但不善学习的人，愿意学习且掌握科学学习方法的人。

（1）学习是个人生存和发展的需要。现代社会中，每个人都必须不断学习新的知识来提高自己的社会竞争力。

（2）学习是人生取得可持续成功的必需品。现在社会提倡终身学习，职业的半衰期越来越短，克服工作中的困难，解决工作中不断出现的新问题，才能不断提高个人发展的空间实现个人价值。如果骄傲、不思进取那么学习的动力将消失，就会离成功越来越远。

【案例故事】

清华厨师张立勇

1993 年，张立勇辍学到广州打工挣钱为家里还债。1996 年他来到北京，并直接到清华食堂做了一名卖馒头的工人。在清华，张立勇每天晚上都会去听一些大师和名人的演讲，有的时候下班比较晚，只能站在后面听一些结尾，在听这些巨匠和名人报告的时候，让张立勇得到了快速成长。为了学好英语，每天早上 6 点多起床学习，同时还参加清华大学一些英语俱乐部和英语角活动。最后通过自己努力学习通过了大学英语四六级考试，参加托福考试居然考了 630 分，这个分数比许多清华在校学生考得还高。一时间，在清华大学引起了轰动，在水木清华的网络论坛上，张立勇的话题霎时成为了热门。有人在网络论坛上留言：要说仍是清华卧虎藏龙，少林有“扫地僧”，清华有“馒头神”。2004 年 10 月，共青团中央向张立勇颁发了“中国青年学习成才奖”，他被誉为全国十大出色学习青年之一。

张立勇的故事，说明自我学习管理就是让自己成为主动学习且具有科学学习方法的人，并最终可以取得个人和事业的成功。

资料来源于 网络

（二）学习管理的特点

学习管理以学习者个人为中心，体现了“我要学”“我想这样学”的思维方式，具有以下特征。

（1）主客体统一性。在自我学习管理中，自己既是学习中管理行为的实施者（主体），又是管理行为的承受者(客体),这种双重的角色有利于激发个人自我学习的积极性和自觉性。

（2）自主选择性。作为学习中的管理者，个体对学习的内容有更多的选择权，可根据自己的兴趣、特点，选择不同难度的学习内容和自己的学习方法，把控自己的学习过程。

（3）自我独特性。在自我学习管理中，学习不再是被动地接受现成的知识，而是独立的主动探索。个体根据自身特点积极反思，发现并解决其中的问题

（4）广泛多元性。自我学习管理突破传统学习的狭窄范围，从课堂学习到课外学习、网络学习，从日常学习习惯到学习行为的养成，从独立学习到与他人合作学习，都是自我学习管理的表现。

（5）灵活时效性。自我学习管理的课程结构设置灵活，学习的管理过程灵活，学习内容的时效性强。

（6）学习终身性。终身学习是指人的可持续发展，即每个人不仅在学校教育阶段学习，走出校门之后也要继续学习，把学习作为自己生活习惯并贯穿个人的一生。

【案例故事】

一年和一天

一位画匠在拜访他国著名画家时诉苦说道:“为什么我画一张画只要一天时间，而卖掉它却需要整整一年?”著名画家认真地对他说:“倒过来试试吧，如果你用一年的时间去画它，那么也许只需一天就能够把它卖掉。”

用认真的态度专心做事，去做好每一件事。看起来花费了很长的时间，但是厚积薄发的成功比敷衍了事做事来得更快一点。

资料来源于 网络

（三）学习管理的方法

要达到较好的自我学习管理，还需要掌握一定的方法。

1．创造性思维方法

创造性思维方法就是打破常规，改变思维模式，以非常规的方法来提升学习能力的思考方法。创造性思维方法可以突破现有学习困境，找到意想不到的途径解决问题，可以帮助转换角度迅速地加深对知识的理解和掌握，提升学习效率。创造性思维的训练方法很多，最常用的方法主要有头脑风暴法、系统探索法、发散思维法、联想类比法、逆向思维法等。

2．锥形进军学习法

学习像锥子一样往前进步。锥子有钻劲，有挤劲。专一的学习某一知识好比锥子尖，精力的集中好比锥子的挤劲，学习时间的持续性好比是锥子向前的钻劲。这种学习方法呈现出一种勇往直前、连续不断的态势。

3．螺旋上升式学习法

所谓螺旋上升式学习法，就是用一系列的循环知识单元来代替平铺直叙的知识积累。每

一循环都比上一个循环高一层、更进一步。

螺旋上升式学习法以学习者感兴趣或想研究的内容为目标。起点可以是某个基本概念、某个试验现象、甚至可以是自己的假设等。围绕这个起点出发，学习、掌握与中心内容有直接关系的基本知识。这种学习螺旋式上升前进，不断地开拓研究新的领城，即使在“知识爆炸”的今天，也能够在较短的时间内获得较多的相关性知识或技能。

4. 快速学习法

快速学习法产生于日本，它能使人们以 5 倍的速度灵活、迅速地掌握新的知识。快速学习法开始时不强求完全的理解，也不听别人的讲述，而是拿到所要学习的信息目录后，动员自己所有的潜在知识，进行一次“自我讲授”。对第一次自我讲授的不足之处、错误都进行记录，然后用自己的语言对所学信息进行更加精确的整理，并对照整理的资料进行第二次自我讲授。这次的自我讲授比第一次更加完善、更加丰富，许多模糊之处也会渐渐清晰起来，印象更深刻。这样经过 4～5 次的自我讲授，学习者就能得心应手地掌握信息。

5. 求异质疑学习法

质疑是思维的开端、创新的基础，可以激发个人探索未知的兴趣和热情，是增强自主探索未知领域的动力。在学习过程中，善于用质疑求异的态度对现有的结论、现状和步骤勇敢地提出问题、解决问题，可有效地提升学习能力。

6. 提高注意力法

面对日新月异的信息，要学会分析和剔除信息，对信息进行甄别。在学习过程中，要提高注意力，把目光盯在值得注意的信息上，并对这些信息进行筛选和归类，增强记忆和理解，在不断积累经验的过程中发挥这些信息的价值。

（四）对学习效果进行正确的反馈和评估

学习如果没有评估和反馈，学习效率肯定大打折扣，因此，必须采取科学合理的方法对学习效果进行全面系统的反馈和评估。

1. 正确进行自我评估

在学习过程中，需要每天、每周、每月来检测自己的学习目标的实现程度，了解达到目标的途径是否合理正确，方法是否科学有效。正确的自我评估需要对学习的过程和学习的结果进行科学合理的评价。学习过程的评估主要包括学习内容的评估、学习进度的评估、学习方法的评估、目标实现途径的评估、学习行为的评估等。只有不断进行自我评估，查找问题，修改不足，才能取得真正的进步。学习效果的评估主要侧重于目标的实现程度和学习的效率。

2. 查找原因，改进学习

自我评估不能仅停留在了解结果上，还需要根据评估的结果进行改进和补救。

3. 运用学习成果，举一反三

举一反三，意思是掌握某种知识后，对相似的东西可以联系自己已学的知识，触类旁通，实现学习技能的迁移。善于学习的学习者能够有效地运用学习成果，主动迁移，达到事半功倍的效果，最大限度地激发潜能，提升学习效率和效果。

二、职业生涯中的时间管理

“人生天地之间，若白驹之过隙，忽然而已。”（庄周·知北游）时间是最公平的，每个人每天都拥有完整的24小时，有效地管理好时间，使人的生命更有意义。

【案例故事】

忙碌的生活

小黄是个热情且学习努力的学生，他刚入校就制定了详细的职业生涯规划，并希望按照现阶段目标让自己成为一名优秀的大学生。因为自己兴趣的原因，他加入了英语口语协会、篮球社团、系学生会期待自己的综合素质得到提升。

慢慢他发现由于每次都不想放弃不同部门安排的特色活动，以致自己经常要连续赶场参加活动。又由于不善于拒绝同学的邀约偶尔外出聚餐或者一起联网打游戏，经常错失了一些宝贵的晚自习时间。很快他就发现，自己的学习计划，几乎都没有按时完成过，同样学习成绩也不尽如人意。此时的小黄苦恼不已。

小黄因为不具备时间管理能力，而让自己陷入了忙碌却无成绩收获的困境，时间管理能力体现出人对事件本质的判断能力、统筹规划能力和对事物发展趋势的预测能力等综合素质。时间管理能力的高低，对一个人的职业生涯发展具有决定性影响。

资料来源于 网络

（一）时间管理概述

1. 时间管理的概念

时间是物质运动的顺序性和持续性，其特点是唯一性，是一种特殊的重要资源。时间无法被储存，无法被取代也无法失而复得。学会时间管理对于职场人来说，是一项可持续发展所必需的基本能力。

时间管理的定义是：通过事先规划和运用一定的技巧、方法与工具，对时间的消耗进行计划、实施、检查、评价、反馈等程序的一系列控制活动，从而实现个人或组织的既定目标。优秀的时间管理者能够科学安排自己和其他人迅速适应工作上的任何重大变动，并能迅速重新确定工作内容的优先次序。

2. 时间管理的意义

时间管理的意义就是“做正确的事”，并且“正确的做事”。其中“做正确的事”是把时间用在正确的方向上，尽量减少浪费时间；“正确地做事”是指在实施过程中力求“多、快、好、省”尽量提高效率。在职场上，经常会出现这样的情况，每天早上从踏进办公室的大门开始，直到傍晚走出办公室，甚至回到家中，感觉忙得连喘气上厕所的机会都没有，但每每打开工作计划表时却发现，上面密密麻麻的计划实际没有完成几项。

时间管理的意义在于要求人们主动看清事物背后的价值，学会由主到次解决问题的思路，掌握在短时间内处理多个问题的方法，最终达到在有限时间内创造价值最大化。职场人学习时间管理一方面可以优化工作流程，提高工作效率，加速达成工作目标；另一方面良好的时间管理可以缓解工作压力，平衡自身创造出有利于身心发展的良好工作与生活节奏。

【案例故事】

时间就是效率就是金钱

日本太阳工业公司在每次召开企业经管会议时，总要把一个醒目的“会议成本分析”张贴在黑板上。“会议成本分析”算法如下：假设每个员工每小时创造的劳动总值约为其时薪的3倍，而会议导致工作停领所造成的损失是劳动总值的2倍。将“平均时薪×3”设为A，将参会人数设为B，将会议时间设为T时，会议成本 = 2 $A \times B \times T$。

如果全公司有员工2 000人，平均月薪30万日元，那么开大会2小时，则：

会议成本 = 2×3×1 250×2 000×2=3 000万日元。

这样的会议成本分析，使管理者与员工对开会的态度更加严谨，大大提高了会议效率，节约了时间，同时也节约了公司成本。

通过以上案例，可以发现时间作为一种唯一性稀缺资源，不可避免地成为职场人的一种成本。且不论是管理者还是普通职员，这种成本都同样存在，如果缺乏合理化的时间分配与规划，这种成本的浪费将是惊人的。

资料来源于 晓坪. 如何计算会计成本（J）企业研究，1997（08）:38

（二）时间管理的原则

帕累托原则是由19世纪意大利经济学家帕累托提出的。其核心内容是生活中80%的结果几乎源于20%的活动。比如，20%的客户带来了80%的业绩，可能创造了80%的利润；世界上80%的财富是被20%的人掌握着；世界上80%的人只分享了20%的财富。根据这一原则，应当对要做的事情分清轻重缓急。时间管理四象限矩阵如表4-1所示。

表4-1　时间管理四象限矩阵

	紧急	不紧急
重要	第一象限 1.危机 2.紧急的问题 3.有期限的任务、会议 4.准备事项	第二象限 1.计划性工作事项 2.预防工作 3.价值观的澄清 4.关系的建立 5.休闲、兴趣培养
不重要	第三象限 1.干扰，突发事件 2.一些邮件、报告 3.许多紧急事件 4.凑热闹的关注	第四象限 1.细琐、忙碌的工作 2.一些电话 3.发呆 4.看综艺、电视剧

在学习生活中所花的时间，如果偏于第一象限，其结果是：压力大、筋疲力尽、忙于危机处理、忙于收拾残局。如果偏于第二象限，其结果是：有远见、有理想、工作生活平衡、自制、人际关系良好少有危机。如果偏于第三象限，其结果是：短视、忙于危机处理、轻视目标与计划、缺乏自制力易于推卸责任与他人、人际关系不良。如果偏于第四象限，其结果是：完全无责任感、工作不保、将会依赖他人或社会机构为生。

在时间管理四象限矩阵中，优秀的人会采纳以下建议，如表 4-2 所示。

表 4-2　时间管理采纳建议

	紧急	不紧急
重要	立即做	稍后做
不重要	授权	不做

（三）提高时间管理能力的方法

职场人成功的关键之一就是可以高效地支配时间做好时间管理。事实上，时间管理不仅是一种职业素质与能力，更是一门需要用一生去钻研和感悟的学问。对于即将要走上社会的大学生来说，需要在学校期间开始培养自己的时间管理能力，以利于将来更好地适应职场。

1．端正态度树立时间观念

时间观念的核心内容是严守时间和充分有效地利用时间，正确的时间做正确的事。对于职场人来说，上班打卡只是一种外在约束形式。

2．学会制订与贯彻计划

成功的时间管理者首先强调工作的效率，这要求职场人必须在工作的准备阶段就有个明确的工作大纲。大纲里需要为各项任务制订目标，并按照优先次序制订时间预算和时间分配方案，避免浪费时间。当一个完整的工作计划敲定完成后，并按照计划贯彻实施同样至关重要。

（1）制订工作计划，同时也是制订一个时间管理计划。制订计划要遵循“越紧要的事情越先处理”的原则，按照工作的轻重缓急合理分配时间。

（2）执行计划时需要保证“当日事当日毕”，克服惰性和拖拉，计划实施要充分考虑实际工作进展情况，优秀的时间管理者通常都具有很强的执行能力。

3．学会时间管理的“开源”与“节流”

除了合理地分配有限的时间外，职场人还要学会自己“创造”时间。“创造”时间首先可以通过“开源”的方式，时间“开源”的方法有以下几种。

（1）尽量利用零碎时间，见缝插针。例如用等车、坐车的时间看书，用睡觉前的空闲读报，散步时与友人讨论一些问题等。

（2）充分利用现代化、社会化的工具或服务节省时间。例如家用电器代替家务劳动，通过社会化服务取代需要自己动手的一些工作，将自己的时间用于创造更有价值的工作。“创造”时间还可以通过“节流”的方式。

记录时间是怎么花掉的，是时间管理的开始，但它绝不是一次性的任务。在整个时间管理过程中，人们需要不断地重新记录，以便了解最新的时间使用情况。“节流”时间，需要列出一张“时间收支表”，将每天的时间开销记录下来。对于那些发展特长、高价值的活动可以多花费一些时间，对于那些无益身心的低价值活动会消耗精力与精神的活动学会“节流”。

现代社会信息爆炸，知识更新迭代迅速，而唯一的时间在不断流逝。时间是给人类的一份神秘礼物，可以改变人的一生。高效率的学习和工作是每个人的追求，那么掌握科学的时间管理方法就显得尤为重要。尤其是大学生处在职业生涯规划的初期和中期阶段，在规划实施中做到科学的时间管理，不仅有利于为未来职业目标的达成做好充足准备，还会有利于掌控自己的人生。

【知识点链接】

常用时间管理工具及特点

1. 笔记本和便签

优点：清晰、便捷、易用、价格低。

缺点：信息存储展示形式单一，提醒不够灵活。

2. 日程表

优点：轻便、灵活、展示能力强。

缺点：不适宜快速记录和大量信息输入。

3. 手机、笔记本电脑和其他电子产品

优点：功能强大，及时修正，互动性强，团队沟通较容易，易于分享。

缺点：价格昂贵，对设备和技术的依赖性强，操作复杂耗时。

三、职业生涯中的情绪管理

在所处的职场中，除了体力劳动和脑力劳动之外，还有一项劳动，容易被忽视，这就是情绪劳动。情绪是一种主观体验，是以个体需要为中介的一种心理活动，是使得心智活动达到生动和鲜活并向高水平发展的心理迹象。如果不懂得调节职场中的情绪，那么他们带来的危害并不比职场能力欠缺所带来的危害少一些。所以在职场中拥有良好的情绪管理能力，是一个人职业成功的重要技能。

（一）情绪管理的概述

1. 情绪的概念

每个人都有喜怒哀乐，还伴随着相应的表情和心理体验，这就是人的情绪，也称为情感活动。这些情感活动是人对外界事物的一种态度的反应。人类具有四种基本的情绪：快乐、愤怒、恐惧和悲哀。在这四种基本的情绪之上，可以衍生出众多的情感，如厌恶、喜欢、悔恨、嫉妒、内疚、羞耻、同情等。这些情绪综合起来体现了两种不同的类型：消极情绪和积极情绪。

2. 情绪管理的意义

生活离不开情绪，它是人们对外在世界正常的心理反应，积极的情绪可以激发工作热情、增强生活乐趣，产生积极的效应。消极的情绪对健康十分有害，科学家们发现，经常发怒和充满敌意的人有可能患有心脏病。哈佛大学曾调查 1 600 名心脏病患者，发现他们焦虑、抑郁和脾气暴躁的概率比普通人高 3 倍。因此，做好个人的情绪管理是一件生死攸关的事情。人生中拥有积极健康的情绪，有利于学习生活的顺利进行，幸福感提升。

在事业发展的道路上，每个人都渴求成功，但成功最大的障碍不是缺少机会或是资历浅薄，而是缺乏对自己情绪的管理。愤怒时，若不能控制，将使周围的合作者望而却步；消沉时，若放纵自己的萎靡，许多机会将再难把握。

【案例故事】

压力的效应

有一位经验丰富的老船长，当他的货轮卸货后在浩瀚的大海上返航时，突然遇到了可怕的风暴。水手们惊慌失措，老船长果断地命令水手们立刻打开货舱，往里面灌水。“船长是不是疯了，往船舱里灌水只会增加船的压力，使船下沉，这不是自寻死路吗?”一个年轻的水手嘟囔着。看着船长严厉的脸色，水手们还是照做了。随着货舱里的水位越升越高，船一寸一寸地下沉，依旧猛烈的狂风巨浪对船的威胁却一点一点地减少，货轮渐渐平稳了。

船长松了一口气对水手们说:“百万吨的巨轮很少有被打翻的，被打翻的常常是根基轻的小船。船在负重的时候是最安全的，空船时则是最危险的。”

这就是“压力效应”。那些得过且过、没有一点压力、做一天和尚撞一天钟的人，像风暴中没有载货的船，往往一场人生的狂风巨浪便会把他们打翻。

资料来源于 360 百科

（二）自我情绪识别

了解自身情绪的变化，判断情绪对工作生活的影响。主动调整自己的情绪，做出合适的反应，可以帮助迅速消解不良情绪，这是进行情绪管理的前提。情绪的自我识别的方法有以下几种。

1. 情绪记录法

有意识地留意自己的情绪变化过程，并详细记录下来，然后自我反思。总结发现情绪变化的规律，这对自我情绪识别有很大的作用。

2. 情绪反思法

当自我感受到情绪变化后，都应反思一下自己当时的情绪反应是否得当。思考这样的情绪为什么会发生？这种情绪反应带来了哪些影响？良好的反馈应该如何保持？而消极的影响以后应该如何消除？并学会控制不良情绪的爆发。

3. 情绪恳谈法

如果对自己的情绪觉察能力不足够，可以求助与自己相熟的人，如家人、上司、下属、朋友、同学等，采取恳谈的方式询问他们对自己情绪变化的看法和意见，从他人的眼光中客观真实地了解自己情绪变化的过程。

4. 情绪测试法

借助专业的工具或咨询专业人士获取相关自我情绪认知和管理的方法建议。

（三）情绪管理的方法

情绪控制能力的培养需要借助一定的方法和技巧，下面介绍三种掌控自我情绪的方法。

1. 转移注意力

一般情况下，引起情绪强烈变化的事情，通常都是与自己的利益密切相关的，要很快将它遗忘是很困难的。需采取一些转移注意力的方法改善情绪，如找知心朋友聊天、阅读书籍、旅游、娱乐、吃大餐等。

2. 适当地释放情绪

不良情绪累积，一味地压抑自己，很可能会造成心理压力，甚至会引起疾病。因此，采取适当的形式宣泄自己的情绪也是很重要的，如在适当的场合大哭一场、找人倾诉都可以。

3. 理智控制法

（1）换位思考。现实生活中，情绪失控有很多原因，其中最常见的是认为生活不如意、大事小事与自己过不去。其实这种情况下大可不必钻牛角尖，换个角度看问题或许有意想不到的收获。同样，换个角度看人，说不定能更多地发现别人的优点。总之，把人生的是非荣辱看淡一点，就能很好地控制自己的情绪。

（2）学会升华。在生活中各种冲突、摩擦时有发生，如果心胸狭窄，遇到问题想不开，则心中的不悦会越来越大，最终只能消极落寞、郁郁寡欢。若看待事物宽宏大量一些，则迎接的是海阔天空。

（3）自我激励。能屈能伸是高情商者的过人之处。在面对强手，有敌意的人群时要主动避其锋芒。在面临失败时要学会容忍，放下面子，接受现实，化阻力为动力，化悲愤为力量，化消极为积极。在得志时要有雄心壮志，但也切忌骄傲自满、妄自称大。战国时期孙膑被砍去双脚后，发奋写出《孙子兵法》；歌德在失恋时写出《少年维特的烦恼》；司马迁在受宫刑后完成《史记》；贝多芬在双耳失聪的情况下创作出《命运交响曲》。这些都是在逆境中完成自我激励，并最终取得成功的伟大案例。

（4）转变角度。一些外界的刺激和干扰可能会使人们产生不良的情绪，但如果能从这些干扰因素中找寻到对自己有借鉴作用的信息，这个坏因素就转变为好的因素了。歌唱家帕瓦罗蒂年轻的时候住在旅馆里，隔壁的婴儿整夜啼哭影响他的休息，帕瓦罗蒂很担心第二天的演出，非常焦灼。就在这个时候，他发现婴儿哭了一两个小时声音还是很洪亮，于是就开始琢磨发声的技巧并大获成功。中国古语中的“塞翁失马，焉知非福”更是对这种方法给出了最好的诠释。当然，情绪控制还有很多方法，如自我暗示、自我解嘲等方法，可以结合实际情况灵活使用各种方法。

（四）识别他人情绪

除了认知和管理自己的情绪外，还要善于观察他人的情绪并尽可能地尊重他人的情绪，有利于建立良好和谐的人际关系。

1. 他人需要尊重

被人尊重是一种权利，尊重他人是一种美德。人人都有自尊心，每个人都希望被肯定和尊重。人的自尊心一旦得到满足，他的情绪就会变得愉悦，那么做起事情来也比较顺心。

2. 他人需要关怀

关怀他人会使自己的存在更有价值，会使自己的生命更有意义。关怀他人并不需要轰轰烈烈的举动。在生活中，一个微笑、一声赞许、一句问候、一个拥抱都会给人带来温暖。当别人孤寂无助、彷徨痛苦时给别人一点关心，会让别人感觉到诚意，将会使他的情绪得到释放和缓解，也会获得情感满足。

3. 他人需要理解

理解他人就是超越狭隘的个人经验，以开放的胸怀去体察他人的处境、感受和想法。在感同身受的情况下，双方能进一步加深理解，并能在信任、轻松愉悦的气氛中达到双赢。

4. 他人需要帮助

任何人在人生旅途上都会遇到各种各样的困难，有些困难凭借一己之力很难克服。当人束手无策时，及时的帮助会让他重新燃起克服困难的信心和勇气，并且体会互助友爱的力量，并且借助大家的力量克服困难、完成目标

5. 他人需要激励

激励不仅给人一种永远向上的力量，激起人实现理想和抱负的冲动，还能改变一个人的命运。当别人需要激励的时候，给予别人适当的激励，会使人意气风发、充满激情迎接挑战。

6. 他人需要赞美

学会赏识、赞美他人，努力去挖掘他人的闪光点，则会让他人心情愉悦、舒适。懂得赏识和赞美别人，不仅能收获友谊，还能得到别人的尊重和赏识。

情绪渗透在生活中，反映在学习和生活的每个角落。每个渴望成功、渴望掌握自己人生的大学生都应该学会情绪管理，做好情绪管理是为了创造更好的自己。不论什么样的人生，都要让自己拥有掌握个人情绪的能力，从而走出职业焦虑的陷阱，改善职场人际关系，提高学习和工作效率。做好情绪管理，让自己成为幸福人生的主人。

课后思考

1. 大学生做职业生涯规划的意义是什么？
2. 撰写一份合格的职业生涯规划书。
3. 职场中情绪管理的意义是什么？

第二篇　创新思维篇

第五章　创新思维开启人生

【学习目标】

- 了解双创的时代背景
- 掌握创新思维的概念
- 掌握思维定势的类型，打破思维定势

【开篇故事】

大英图书馆的故事

《哈佛家训》有这么一个故事：某日，大英图书馆准备搬迁了。搬新馆的支出预算只有150万元，如果按照市场上通常的方法去搬运，预算远远不够。怎样才能在不超出预算经费的情况下完成搬迁任务呢？这时有人提出来能够完成搬迁并且不超出预算的办法，他只用了一个小办法就把任务完成了，还获得了报酬。这个方法其实很简单，就是换个思路，在报纸上登出一条消息："从今天起，新华图书馆免费，无限量向市民借阅图书。要求只有一个，就是请市民从旧馆借书，阅读完后还到新馆。"

资料来源于 网络

个人感悟：____

____

____

第一节　开启创新思维

一、走进创新

（一）创新的概念

创新是指以现有的思维模式提出有别于常规或常人思路的见解为导向，利用现有的知识和物质，在特定的环境中，本着理想化需要或为满足社会需求，而改进或创造新的事物、方法、元素、路径、环境，并能获得一定有益效果的行为。（百度百科）

创新一词在我国很早就出现过，如《魏书》有"革弊创新"，《周书》中有"创新改旧"。《礼记·大学》也有相同意思的句子"苟日新，日日新，又日新"，意思是及时反省和不断革新。在英文中，创新起源于拉丁语 innovation。它原有三层含义，一是更新，对原有的东西进行替换；二是创造新的东西，创造出原来没有的东西；三是改变，对原有的东西进行发展和改造。

创新理论的形成，源自美国经济学与管理学教授熊彼特，他把创新引入了经济学领域，指导人们将创新应用到企业发展中去。他认为创新的关键是对生产要素进行重新组合，并给企业带来超额利润。

人类社会的进步发展，就是不断地进行创新。我国一直高度重视创新发展，重视创新型人才的培养。习近平总书记在多次讲话和论述中反复强调“创新”，内容涵盖了科技、人才、文艺等方面的创新，在理论、制度、实践上如何创新。

【案例故事】

发明显微镜的列文虎克

列文虎克是是一位没有受到高等教育的英国皇家学会成员。年轻的列文虎克是一位看门人。看门的工作相对轻松，时间充裕，并且能够经常遇到形形色色的人。有一天，列文虎克从一个朋友口中听说，在欧洲重阿姆斯特丹的眼镜店里，出售一种名为放大镜的东西，可以让原本看不清楚的小东西变大，变得可以看清楚。

列文虎克觉得非常有意思，充满好奇心的他也想体验一下这种神秘的装置。于是他跑到眼镜店想去购买一个放大镜，可是，这种新装置的价格实在太贵了，列文虎克根本就承担不起。在要离开眼镜店时，他却看到店里的师傅正在磨制镜片。

列文虎克仔细观察了一番，他发现镜片的磨制实际并不复杂和神秘，关键点在于磨制的熟练度和耐心。于是列文虎克决定，自己也尝试磨制自己的放大镜。这样不但可以满足好奇心，也不会有多大的经济负担。

列文虎克因此成为了一名“磨镜片爱好者”。经过不懈的努力，终于磨制出了自己的放大镜。随后为了方便使用，他还将镜片固定在一个支架上，并在镜片的下端放置了一个金属片，并在金属片上打孔。这就是世界上第一款显微镜。

列文虎克经常把自己关在一间密室里，用各种材料磨制镜片，组装各式各样的显微镜，并用显微镜观察各种事物。在这个微世界里，他发现了微生物，发现了人血红细胞。

列文虎克一生磨制了超过500个镜片，组装了大小各异的400款显微镜。并通过细致观察，成为很多微生物和细胞的第一个发现者。

列文虎克在朋友的劝说下，将自己的发现记录下来，并邮寄给英国皇家学会。通过英国皇家学会刊登出来，和全世界科学家分享他的发现。列文虎克也因此成为皇家学会的会员。虽然他从未受到高等教育，并且根本不会拉丁语(此前的很多科学资料，都是拉丁文书写的。)

这就是列文虎克和显微镜的故事。关于显微镜的故事，还有一个小小的插曲。在列文虎克发明显微镜前，其实早有别人发明了显微镜。很多人都已经知道凸透镜和凹透镜的作用。在列文虎克制作出显微镜前90多年，一个叫詹森的眼镜匠就用凹透镜和凸透镜制作出了显微镜。但是他的工艺比较粗糙，观察的倍数不大，也没有继续将这一设备用于科学研究，发挥价值。因此，显微镜的发明人最终被历史公认为列文虎克，而且列文虎克还因此成为了“微生物之父”。

资料来源于 网络

（二）创新的特点

创新是运用知识和理论，在科学、艺术、技术和各种实践活动中不断提供具有经济价值、社会价值、生态价值的新思想、新理论、新方法和新发明。很多非凡创新的思路往往源自凡人、凡事、凡物，创新具有以下几个特点。

（1）目的性。创新是一种有目的的实践活动。

（2）新颖性。创新是革除过时的内容，确立新事物。

（3）价值性。创新有明显、具体的价值，对经济社会具有一定的效益。

（4）实践性。创新活动是一项实践活动，在整个过程中，产品的构思阶段和制造阶段都显示出含有大量实践性经验的因素。

（5）超前性。创新以求新为灵魂，具有超前性。这要从实际出发、实事求是的超前。

（6）社会历史性。创新是以提高物质生活和精神生活水平为出发点，很大程度上受社会历史条件制约，人们的创新激起的创造活动和产生的创造成果，应该为人类进步和社会发展服务。

【拓展阅读】

人类最伟大的十大科学发现

著名网络科普作家塔米姆·安萨利在著作中，提出了对社会有重大影响的十大科学发现。

1. 勾股定理

在每个直角三角形中，斜边的平方都等于两直角边平方之和。第一个证明这一定理的是公元前 6 世纪的希腊哲学家毕达哥拉斯。毕达哥拉斯认为，物理世界的核心是数学，将物理学与数学相结合，是最富有成果的结合。甚至到现在，如果一项科学理论能够从数学上加以证明，人们才会认为这项科学理论是真正可靠的。

2. 微生物的存在

17 世纪末，荷兰透镜制造商列文虎克从自己的牙齿上刮下一些污物，并通过显微镜观察，他认为这里有“小微生物”在动。事实上，人的肉眼是看不见这种“小微生物”的。约两个世纪后，对这种“不可见”微生物的了解，使巴斯德提出了疾病的微生物理论，这一理论又使医生攻克了多种疾病，如伤寒、小儿麻痹症及白喉等。人类因此对从传染病、心脏病到癌症等死亡主要原因的认识也发生了变化。

3. 三大运动定律

牛顿提出了运动的三大定律，解释了宇宙中所有物体的运动，牛顿还发明了微积分解释了引力。

4. 物质的结构

1789 年，法国化学家拉瓦锡推翻燃素说，提出“元素”说。他说，这种“元素”物质不能被任何化学过程再分解。他提出的元素表是不完整且有一些错误的，但是他对完整元素表的提出起到了重要作用。基于他的工作，科学家们提出了近代的看法。所有物质都能被分解为 109 种元素，所有元素由原子构成，所有原子由质子、中子和电子构成等。

5. 血液循环

每一个人都拥有固定量血液，并以固定方向绕其身体循环。这个事实在12世纪，首先由阿拉伯医生Ibnal-Nafis发现。17世纪，又被英国医生哈维再次发现。哈维的成就为人们充分了解人和动物的生理学开辟了新的途径。

6. 电流

19世纪，伏打等科学家们让“电”流动。使人们了解到电流是一种性质截然不同的力。发现电流要比其实际应用意义重大得多，科学家发现电、磁、无线电波和光是各种不同形式的电磁力。

7. 物种进化

人们习惯认为，目前在地球上的每一种生命从一开始就是这样的，既没有新的物种诞生，迄今也未发生什么变化。19世纪达尔文提出进化论，解释出地球上生命的动态性质。尽管进化论本身在科学家们之间仍有争议，但事实上，没有一位主流科学家怀疑下列事实：老的物种在死亡、新的物种在生成。

8. 基因

孟德尔从未描述过基因，也没有观测到基因以及使用基因这个词。但这位奥地利传教士发现了遗传定律，仅仅通过繁育豌豆，画出其结果图，得出了卓越的结论。孟德尔发现，在预先可测知规律下控制的组合，父母可将其独特的特性传给子女。科学家随后判定必然是某些实际的物质携带这种特性，于是创立了基因这个词。1953年，克里克和沃森发现了DNA的双螺旋结构。

9. 热力学四大定律

18世纪，卡诺等科学家发现在机车、人体、太阳系和宇宙等系统中，从能量转变成“功”的四大定律。没有这四大定律的知识，很多工程技术和发明就不会诞生。热力学四大定律对宇宙有重大意义，总的无序量一直在增加。

10. 光的波粒二象性

牛顿认为光的行为像波，后来其他科学家认为，光的行为像粒子流。光是波还是粒子呢？20世纪初，波尔、普朗克和爱因斯坦发现，光是波也是粒子，这种似是而非的观点促成了量子力学的诞生。量子力学是20世纪物理学的重大成就，是对“宇宙实际由什么构成”的最深刻描述。

资料来源于 网络

（三）创新应具备的素质

创新是为了解决实际问题，突破现有的思想、理论、观点、理念、方法等，做别人没有做过的事情。想要创新，就要具备相应的素质。其中包含了好奇心、质疑精神、创新欲望、思辨能力、冒险精神、实践精神。

1. 好奇心

牛顿少年时期就有很强的好奇心，他常常在夜晚仰望天上的星星和月亮。星星和月亮为什么挂在天上？星星和月亮都在天空运转着，它们为什么不相撞呢？这些疑问激发着他的探索欲望。后来，经过专心研究，他终于发现了万有引力定律。能提出问题，说明在思考问题。

在学习过程中，自己如果提不出问题，那才是最大的问题。好奇心是包含着强烈的求知欲和追根究底的探索精神，想在茫茫学海中获取成功，就必须有强烈的好奇心。正像爱因斯坦说的那样：“我没有特别的天赋，只有强烈的好奇心。”

2. 质疑精神

不要认为被人验证过的都是真理。许多科学家对旧知识的摒弃，对谬误的否定，无不自怀疑开始的。伽利略始于对亚里士多德“物体依本身的轻重而下落有快有慢”结论的怀疑，发现了自由落体规律。怀疑是发自内在的创造潜能，它激发人们去钻研、去探索。对待所学习或研究的事物应做到：不要迷信任何权威，应大胆地怀疑。这是创新的出发点。

3. 创新欲望

如果没有强烈的追求创新欲望，那么无论怎样谦虚和好学，最终都是模仿或抄袭。要创新就要坚持不懈地努力，勇敢面对困难，要有克服困难的决心，不要怕失败。

4. 思辨能力

学习和生活中不要“人云亦云”。创新不是简单地模仿，要有创新精神和创新成果，必须有思辨的能力。思辨实质上就是换个角度思考，从多个角度思考，并将结果进行比较。善于思辨者往往要比常人看问题更深刻、更全面。

5. 冒险精神

创新实质上是一种冒险，因为否定人们习惯了的旧思想可能会遭到公众的反对。冒险不是危及生命和肢体安全的冒险，而是一种合理性冒险。大多数人都不会成为伟人，但至少要最大限度地挖掘自己的冒险精神。

6. 实践精神

创新必须具备实践精神，空有想法不能付出实践的人是不可能创新的。为了证实镭的存在，居里夫妇在一间破旧的棚屋内从事繁重艰辛的劳作。从 1898 年到 1902 年，他们不畏严寒酷暑，终于从几十吨铀沥青矿废渣中提炼出十分之一克纯镭盐。创新是通过实践来检验和探索的。

二、“双创”的概述

（一）“双创”的时代背景

“双创”暨大众创业，万众创新。这个概念是 2016 年李克强总理提出的，他强调，“要在 960 万平方公里土地上掀起‘大众创业’‘草根创业’的新浪潮，形成‘万众创新’‘人人创新’的新态势。”

21 世纪以来，整个世界处于大变革大调整的时代背景之下，互联网给人们带来便利的同时也加剧了时代的变化，这就是创变时代，是创新者和创业者的时代。创变时代具有易变性、不确定性、复杂性和模糊性的特点。正是因为这些时代特点，人们开始进行跨界学习，创新和创业在这个时代迸发出强大的召唤力，大众创业、万众创新的理念正随着时代的发展深入人心。

自2012年以来，国家相继出台了多项政策支持创新创业的发展，尤其是2018年国务院印发《关于推动创新创业高质量发展打造“双创”升级版的实施意见》要求全面升级创新创业服务，强化大学生创新创业教育培训。

教育部也出台了相应的政策，2019年教育部印发《国家级大学生创新创业训练计划管理办法》，提出了国创计划，注重兴趣驱动、自主实践。并特别强调重在过程，以促进高等学校转变教育思想观念，改革人才培养模式，强化创新创业能力训练，增强高校学生的创新能力和在创新基础上的创业能力，培养适应创新型国家建设需要的高水平创新人才。

（二）“双创”的意义

“双创”为我国经济发展带来了机遇也带来了挑战。

从宏观上看，“双创”有助于推动我国经济结构调整、打造发展新引擎、增强发展新动力、走创新驱动发展道路。无论是大众创业，还是万众创新，都少不了一个“众”字。推进“双创”，既可以在最大范围内推动人、财、物等各种市场要素自由流动，还可以在不合理的体制机制实现改革突破，最终提升整个经济的运行效率。实施双创以来，我国的制度环境明显改善，营商环境、税收结构等方面有较大进步。创新能力不断增强，中国已涌现多个位于世界前列的创新企业；多层次、多元化的创新主体结构已基本形成，创新生态的建立有明显进展。中国创新与国际创新已进入一体化发展格局，中国企业整合全球创新资源能力不断增强。近年来，我国大众创业万众创新热潮不断兴起，呈现出聚焦生产领域、技术要素深度融合、成果转化更为活跃、与产业升级结合紧密、创新创业生态更加完善等趋势特征。

从微观上看，“双创”可以促使众人的奇思妙想变为现实，每个人的发展成长也能够实现“蝴蝶效应”，带动整个社会的变革和发展。大众创业、万众创新从无到有、从小到大，是人创造社会的实践过程。各种新兴技术尤其是“互联网+”的快速发展，已经让普通人有了更多的创新创业机会。“双创”可以促使大学生拓展思维，把奇思妙想投入到社会实践中，激发科学技术及学术创新能力。高校是培养社会人才的重要场所，允许和鼓励大学生勇于创新创造，有助于提升大学生综合素质和能力，有助于培养更能适应社会进步发展的各类人才。将人力资源转化人力资本并发挥人力资源的优势，有助于推动社会创新发展。

（三）“双创”的发展

“双创”衍生了的数以万计的创新型企业，也是高质量发展和“双创”升级发展的重要依托。“双创”既可以有效激发全社会的创新创业热情，也可以为大企业拓展内部创业新模式、构筑完善产业生态链提供契机。

推动“双创”升级发展，建立部门之间、部门与地方之间的高效协同机制，促进科技、金融、财税、人才等方面支持创新创业政策措施有效衔接。

三、创新思维

创新来源于生活，只要用心观察，生活中处处充满着创新。现代社会，想要在市场上占有一席之地，就要不断地创新。新技术的层出不穷，新产品的不断更新，从未出现过的商业模式开始占据市场竞争的制高点，新的艺术作品与理论成果不断涌现，这些都得益于人类的创新思维。

（一）创新思维的概念

创新思维是对现有的认识和实践的升华，突破现有的常规思路，以新颖独特的思路或方法探索未知领域。从而创造新的有价值的物质或精神产物的思维过程。创新思维包括灵活运用多种思维方式，如发散思维、聚合思维、迎向思维、灵感思维、直觉思维、逻辑思维等。创新思维作为思维的高级形式，是具有开创意义的思维活动，是人类探索事物本质，获得新成果，促进个人发展和社会发展的有效手段。

【案例故事】

咖啡是如何被发现的

一千多年前，在非洲埃塞俄比亚一个叫作“凯夫”的小镇上有个聪明的牧童。一天，他把羊赶到了一大片灌木丛中吃草。到了晚上，发生了奇怪的事儿，羊兴奋得不愿进围栏，费劲地把羊赶进栏后羊还是很兴奋。小牧童感觉很奇怪，羊是不是吃了灌木叶引起的变化？为了探个究竟，第二天，他又把羊赶到那里，羊吃了灌木上的小白花、小浆果和叶子。到了晚上，羊还是和前一天一样不听指挥。

为了证明羊是不是吃了灌木叶和果实才出现兴奋现象，第三天，他把羊赶到另一块草地上，只让羊吃青草。当晚，羊恢复了常态。

问题就出现在灌木上，于是小牧童拔了几棵灌木回家。他尝了灌木的叶子，有点苦，又尝了果实，又苦又涩。他把果实放在火里烧一烧，发出了浓郁的香味，再把烧过的果实放在水里泡着喝，味道好极了。

小牧童反复试了几次，每次都得到同样的结果。于是，他就把这种香喷喷的东西当成饮料，招待镇子里的人。从此，一种新的饮料就诞生了。

这就是我们现在都喜欢喝的咖啡，它的名字还是那个非洲小镇“凯夫”的谐音。

牧童和咖啡是一个创造的故事。小牧童发现咖啡的过程，都体现了哪些创造力呢？你能找到答案吗？

好奇心——羊怎么变得兴奋的？

敏感性——羊是不是吃了灌木叶引起的变化？

观察力——羊不仅吃了灌木叶，还吃了花和果实。

联想能力——叶子和果实中有特殊的成分，人能不能吃？

探究性——拔一些灌木回家看个究竟。

冒险性——我来尝尝。

进取心——有点苦，烧一烧怎么样？泡水喝是不是更好？

小牧童的思维方式就是一种创新思维的方式，咖啡豆的发现就是小牧童基于自己对现有的事物的认知和实践。在放羊的时候仔细观察羊群的变化，他具备发现问题、解决问题的能力。从一个不同于以往的现象中展开思考和联想，把想到的结果通过实践的方式进行验证，并通过实验创新了食用方法，最终使得咖啡豆的特殊味道被人们所熟知。

资料来源于 赵锦元. 世界风俗大观[M]．上海文艺出版社，1989

（二）创新思维的特征

作为一种高级的思维形式，创新思维具有以下特征。

1. 创新思维的普遍性

创新思维并不是个别天才人物所独有的神秘之物，而是每个正常人都具备的能力。不管是学习、工作、生产、经商、经营家庭，还是政府决策，都在使用创新思维解决问题。穆勒曾说过："现在的一切美好事物，无一不是创新的结果。"著名教育家陶行知 1943 年在《新华日报》上发表《创造宣言》倡言："处处是创造之地，天天是创造之时，人人是创造之人。"因此，不要把自己排除在创新之外，而要提高创新意识，努力从创新思维中受益，开发这座人类大脑的宝藏。

2. 创新思维的灵活性

创新思维不是按照常规思维的思路来看问题，而是打破常规，不拘泥于某种思维方式，灵活运用、转换各种思维方式。既有抽象思维又有形象思维，既有发散思维也有聚合思维，既有逻辑思维也依靠直觉和灾感等非逻辑思维。

3. 创新思维的实践性

创新思维需要人们付出艰苦的脑力劳动，不是漫无边际、轻轻松松就能提出一个好的创意。创新思维建立在大量的实践之上，一项创新思维成果往往要经过长期的探索甚至多次的挫折才能取得。而培养创新思维能力也要经过长期的知识积累、实践磨砺，充分发挥主观能动性。创新思维需要跳出事物内部，大量、广泛地吸收外界各种信息，如观察、收集资料，思想的交流碰撞等。因此要开放思维空间，多角度、宽领域地吸取各种信息，创造出新的成果。

4. 创新思维的价值性

创新思维成果是独创、新颖的，能转化为知识、信息、技术、产品等。创造巨大的价值和社会意义，甚至对生产力产生推动和变革。但是，通过创新思维创造价值不是一劳永逸的。新成果不断推陈出新，如果不继续创新，价值就会贬值，甚至会被更有价值的创新成果替代。如大家熟悉的电子产品领域。

（三）创新思维的应用

1. 知识创新

知识的创新是一种最重要的创新，学术上往往偏重于此类创新。知识创新泛指对知识的创造性、新颖性变革。知识创新是指通过科学研究，包括基础研究和应用研究，获得新的基础科学和技术科学知识的过程。科学研究是知识创新的主要活动和手段。知识创新包括科学知识创新、技术知识特别是高技术创新和科技知识系统集成创新等。知识创新的目的是追求新发现、探索新规律、创立新学说、创造新方法、积累新知识。在现代社会通常可以包括四个方面：一是关于事物状态的知识，回答"是什么"的问题；二是关于自然过程的原理和运行规律的知识，回答"为什么这样"的问题；三是如何面对客观事物，解决问题的能力、技巧、方法、策略和路径，回答"怎么做"的问题；四是谁具有某种知识的知识，回答"属于谁”的问题。

伟大的天文学家哥白尼在中学时代，听说可以用太阳的影子来确定时间，这个仪器的名字叫日晷。他很好奇，就找老师问了日晷的原理，回家找了些废旧材料，很快就做出来了。他利用自己做出来的日晷，研究太阳和地球的运动规律。哥白尼长大后，提出了著名的“日新说”，推翻了过去一直认为是太阳绕地球转“地心说”的错误说法。

2. 技术创新

技术创新包括开发新技术，或者将已有的技术进行应用创新。应用性技术上多偏重于此类创新，如申请专利、难题的解决等。技术创新主要应用于经济和市场当中，是技术创造成果在经济上的创造性实现。技术革新和技术发明是技术创新的构成要素或核心，因此技术创新包含着技术本身的创造和技术在生产、商业应用上（主要指新市场的开拓）的创新两个方面。同技术发明相比，它还具有经济性、竞争性、时效性、商业性等新特性。

袁隆平的杂交水稻技术是一种典型的技术创新，西方世界称，杂交稻是“东方魔稻”。他的成果不仅在很大程度上解决了中国人吃饭问题，而且也被认为是解决21世纪世界性饥饿问题的法宝。国际上甚至把杂交稻当作中国继四大发明之后的第五大发明，誉为“第二次绿色革命”。

3. 制度创新

制度创新是在人们现有的生产和生活环境条件下，通过创设新的、更能有效激励人们行为的制度来实现社会的持续发展和变革的创新。所有创新活动都有赖于制度创新的积淀和持续激励，通过制度创新得以固化，并以制度化的方式持续发挥着自己的作用，这是制度创新的积极意义所在。单位和机构多会涉及此类创新，制度的改良让管理更有效化，如通过信息化系统改善传统的人为管理模式。

制度创新的核心内容是社会政治、经济和管理等制度的革新，是支配人们行为和相互关系的规则的变更，是组织与其外部环境相互关系的变更，其直接结果是激发人们的创造性和积极性，促使不断创造新的知识和社会资源。

例如，中国创造和中国制造的差别就在这种产权制度之中。中国创造不能在中国制造的基础上产生，因为中国创造最核心的是制度创造。要把简单的资本制度，变成成功的、知识型的制度，才可以让传统产业变得非常强大。中国互联网企业不怕美国公司，就是因为中国公司取得了比美国公司还大的成功，中国互联网公司已经创造了一千个以上的百万富翁，这就是制度的魅力。

4. 管理创新

管理创新是指在特定的时空条件下，通过计划、组织、指挥、协调、控制、反馈等手段，对系统所拥有的生物、非生物、资本、信息、能量等资源要素进行再优化配置。并实现人们新目标的活动。此类创新涉及的领域较多，包括每个同学的身边。

【案例故事】

自主创新——华为

华为于1987年在中国深圳正式注册成立，它是一家生产销售通信设备的民营通信科技公司。2017年成功登顶《财富》全球500强第83位，华为成功的秘诀就是创新。创新无疑是提升企业竞争力的法宝，同时它也是一条充满了风险和挑战的成长之路。尤其在高新技术产业领域，创新被称为一个企业的生存之本和一个品牌的价值核心。

“不创新才是华为最大的风险。”华为总裁任正非的这句话道出了华为骨子里的创新精神。“回顾华为30多年的发展历程，我们体会到，没有创新，要在高科技行业中生存下去几乎是不可能的。在这个领域，没有喘息的机会，哪怕只落后一点点，就意味着逐渐死亡。”正是这种强烈的紧迫感驱使着华为持续创新。任正非用30多年时间，把一家小小的电子公司打造成全球最大的电信设备集团，是了不起的成就。

华为从一个民营企业发展至今天，始终秉承着创新的理念。不论是人才、管理、制度还是技术，他都做到了不断地创新发展。而华为正是因为不断创新，不断发展，才成为一代国民品牌。

资料来源于 杨阔，史财鸣．互联网+工匠精神[M]．企业管理出版社，2016

第二节 打破思维定势

一、思维定势

（一）思维定势的概念

思维定势也称“惯性思维”，是由先前的活动而造成的一种对活动的特殊的心理准备状态，或活动的倾向性。按照积累的思维活动经验教训和已有的思维规律，在反复使用中所形成比较稳定的、定型化了的思维路线、方式、程序、模式。在环境不变的条件下，思维定势使人能够应用已掌握的方法迅速解决问题。而在环境发生变化时，它则会妨碍人采用新的方法，消极的思维定势是束缚创造性思维的枷锁。

经常按这种行为方式进行思考问题，就会逐渐形成牢固的思维定势，深入潜意识中并反过来支配自己的言行。习惯思维定势一般与个人的世界观的形成存在着内在的必然联系。由于它具有社会性、阶段性以及知识经验的局限性，在一定时期成为指导人们个人行为方式的固有模式。

（二）思维定势的作用

思维定势有时有助于问题的解决，有时会妨碍问题的解决。心理学家迈尔在1930年研究过思维定势在解决问题中的作用。在他的思维定势实验中，对部分参加实验者给予指向性的暗示，对另一些参加者则不给予指向性暗示。结果，前者绝大多数都能解决问题，而后者则几乎没有一个能解决问题。这就是思维定势对解决问题的帮助和作用。但是，思维定势对问题解决也有消极作用。

1．积极作用

思维定势是一种按常规处理问题的思维方式。它可以省去摸索和试探的步骤，缩短思考时间，提高效率。在日常生活中，思维定势可以帮助人们解决每天碰到的 90%以上的问题。定势效应能使人在客观事物、客观环境不变的情况下，对人和事物知觉的更迅速、更有效。个体在认识新的事物时，头脑里并不是一张白纸，而是已经积累了一定的知识和经验，正是凭借这些知识和经验，才使个体对新事物认识的迅速、有效，而不至于需要长时期的摸索。特别是人们对事物规律性的认识所产生的定势效应，其积极作用更是明显。见月晕而知风、见础润而知雨，就是例证。刑侦警察能一眼辨认出小偷、逃犯、走私分子，能从蛛丝马迹中察觉作案人员的多方面的具体情况，也是定势效应的积极作用。

2．消极作用

思维定势对问题解决既有积极的一面，也有消极的一面，它不利于创新思考，不利于创造，容易使人产生思想上的惰性，养成一种呆板、机械、千篇一律的解题习惯。

思维定势所强调的是事物间的相似性和不变性。在问题解决中，它是一种“以不变应万变”的思维策略。

【案例故事】

孩子心中的公安局长

一位公安局长在路边同一位老人谈话，这时跑过来一位小孩，急促地对公安局长说：“你爸爸和我爸爸吵起来了！”老人问：“这孩子是你什么人？”公安局长说：“是我儿子。”请你回答：这两个吵架的人和公安局长是什么关系?

这一问题，在 100 名被试中只有两人答对。后来对一个三口之家问这个问题，父母没答对，孩子却很快答出来了：“局长是个女的，吵架的一个是局长的丈夫，即孩子的爸爸；另一个是局长的爸爸，即孩子的外公。”

为什么那么多成年人对如此简单的问题解答反而不如孩子呢？这就是“定势效应”。按照成人的经验，公安局长应该是男的，从男局长这个心理定势去推想，自然找不到答案。而小孩子没有这方面的经验，也就没有心理定势的限制，因而一下子就找到了正确答案。

资料来源于　网络

二、思维定势的类型

（一）习惯性思维定势

习惯性思维定势是指人们不自觉地用某种习惯思维方式或依赖过去的经验去思考已经变化的问题。

对于日常生活中的小事，按照习惯性思维去行事可能会节省很多时间，还可以较快地完成。如早上起床是先洗脸还是先刷牙，走路是先迈左脚还是右脚，各人有自己习惯。如果完全依照过去的习惯和经验，固守不变就会约束人的思维，使人发现不了新问题，想不到新的解决方法。从而造成学习和创造的思维定势，所以人们常说过去的经验既是财富又是包袱。

【案例故事】

蜜蜂的习惯

有这样一个著名的试验，把六只蜜蜂和同样数量的苍蝇装进一个玻璃瓶中，然后将瓶子平放，让瓶底朝着窗户。结果发生了什么情况，你会看到，蜜蜂不停地想在瓶底上找到出口，一直到它们力竭倒毙或饿死；而苍蝇则在两分钟之内，穿过另一端的瓶颈逃逸一空。

由于蜜蜂对光亮的喜爱，它们以为，“囚室”的出口必然在光线最明亮的地方，所以它们不停地重复着这种合乎逻辑的行动。然而，正是由于它们的智力和经验，蜜蜂灭亡了。

那些“愚蠢”的苍蝇则对事物的逻辑毫不留意，全然不顾亮光的吸引，四下乱飞，结果误打误撞碰上了好“运气”。这些头脑简单的“愚蠢者”在“智者”消亡的地方反而顺利得救，获得了新生。

蜜蜂按照自己的经验和习惯去找出口，最终只能死亡。而苍蝇没有这样的习惯，反而获得了新生。其实每个人都在不同程度地被自己的习惯和惯性思维所左右，例如人们上班时总是习惯走一条固定的路线或是乘坐固定的某路公共汽车；出差时喜欢住在自己熟悉的宾馆。因为人们相信经验，害怕改变，担心这种改变会为自己带来不必要的麻烦。但遗憾的是，人们的这种习惯实际上并非最佳的选择。在职场当中，很多人换了一家公司总是觉得难以适应，原因就在于他们总是将以前公司的文化和处事方式，拿到新公司里来套用，结果一再碰壁。事实上不是你现在的公司文化不好，而是你不能突破和改变旧有的思维习惯和行事的方式。

资料来源于 网络

（二）权威型思维定势

权威型思维定势也叫权威定势，是指在思维过程中盲目相信权威，缺乏独立思考能力，不敢怀疑权威的理论或观点，一切按照权威的意见行事。

权威定式对人类的发展与进步有着一定的积极意义，因为有了权威的存在，节省了人们无数重复探索的时间和精力。但是如果一切按照权威的意见办事，盲目崇拜和服从权威，不敢逾越权威半步，就会严重扼杀人们的创造性思维的发挥。事实上，权威的意见只是在某个阶段、某个领域、某个范围是正确的，并非适用于所有问题，只有实践才是检验真理的唯一标准。

权威型思维定势体现在很多方面，包括领导权威、学术权威、明星权威、书本权威、 媒介权威等。

【案例故事】

打破权威

德国著名物理学家普朗克就深陷权威型思维定势之中，直至去世也一直无法突破。1900年普朗克提出了量子力学假设及普朗克公式，但是他很快发现这一理论破坏了他一直崇拜并奉为权威的牛顿完美理论。他感到非常沮丧并一度怀疑自己是否正确，之后他一直致力于推翻自己的假设并最终宣布取消自己的假设。物理学理论因此停滞了几十年，权威本应用来造福人类，可普朗克竟深陷权威。

几十年后，25岁的爱因斯坦发现了这一假设，他赞赏普朗克假说，敢于冲破权威大胆突破。在普朗克假说的基础上引申提出了光量子理论，奠定了量子力学的基础。随后又打破了牛顿的绝对时间和空间的理论，这一理论震惊了世界，一举成名，成了一个更伟大的新权威。

普朗克和爱因斯坦的区别就在于对待权威型思维定势的态度。普朗克屈服于权威型思维定势，不敢挑战权威，不相信自己；而爱因斯坦敢于挑战权威，打破权威型思维定势，最终在物理学领域成就了自己新的权威。

资料来源于 网络

（三）从众型思维定势

从众心理就是一切都随大流的心理状态。从众型思维定势是指人们不假思索地有从众的认知与行为。当个体的信念与大众的信念发生冲突时，虽然清楚地知道自己的信念是正确的，但由于缺乏信心，或不敢违反大众的信念，主动采取与大众相同的观念。

羊群效应就是从众型思维定势的一个例证。羊群是一种很散乱的组织，平时在一起也是盲目地左冲右撞，但一旦有一只头羊动起来，其他的羊也会不假思索地一哄而上，全然不顾旁边可能有狼和不远处更好的草。羊群效应比喻人都有一种从众心理，从众心理很容易导致盲从，而盲从往往会令自己陷进骗局或遭到失败。

【案例故事】

福尔顿与固体氦的热导率

有一位叫福尔顿的物理学家，由于研究工作的需要，测量出固体氦的热导率。他运用的是新的测量方法，测出的结果比过去计算的数字高500倍，他感到这个差距太大，如果公布出来会被人看作是哗众取宠。因此他没有公布自己的测量结果，也没有进一步进行研究。没过多久，美国的一个年轻科学家，在实验过程中也测出了同样的结果并将结果公布出来，很快在科技界引起了广泛关注，赢得了人们的肯定和赞誉。

福尔顿就是从众型思维定势，使用新方法得出新的成果却因与众不同而没有继续研究下去，从而错失良机。从众型思维定势禁锢了富尔顿的思想，阻碍了富尔顿的突破和创新，并推迟了一项新的研究成果的问世。

资料来源于 网络

（四）自我中心思维定势

自我中心思维定势是指人想问题、做事情完全从自己的利益出发，主观武断地不顾他人的存在和感觉。

在日常的思维活动中，人们自觉或不自觉地按照自己的观念、用自己的眼光、站在自己的角度上去思考别人乃至整个世界，由此产生了以我为中心的思维定势。

【案例故事】

美军命令的传递

据说，美军 1910 年有一次部队的命令传递是这样的。营长对值班军官说：“明晚大约 8 点钟左右，哈雷彗星在这个地区可能看到，这种彗星每隔 76 年才能看见一次。命令所有士兵身着野战服在操场上集合，我将向他们解释这一罕见的现象。如果下雨的话，就在礼堂集合，我为他们放一部有关彗星的影片。”

值班军官对连长说：“根据营长的命令，明晚 8 点哈雷彗星将在操场上空出现。如果下雨的话，就让士兵穿着野战服列队前往礼堂，这一罕见现象将在那里出现。”

连长对排长：“根据营长的命令，明晚 8 点，非凡的哈雷彗星将身穿野战服在礼堂中出现。如果操场上下雨，营长将下达另一命令，这种命令每隔 76 年才会出现一次。”

排长对班长：“明晚 8 点，营长将带着哈雷彗星在礼堂中出现，这是每隔 76 年才有的事。如果下雨的话，营长将命令彗星穿上野战服到操场上去。”

班长对士兵：“在明晚 8 点下雨的时候，著名的 76 岁哈雷将军在营长的陪同下身着野战服，开着他那“慧星”牌汽车，经过操场前往礼堂。”

这道命令在传达中，每个人都是自我中心型思维定势。他们按照自己理解的意思传达命令，拓展了这个命令具体要求，从而完全曲解了原来的本意，让简单的事情变得复杂。

资料来源于吕丽，流海平，顾永静. 创新思维：原理 · 技法 · 实训[M] . 北京理工大学出版社，2014

（五）直线型思维定势

直线型思维是指一种单一的、定向的、视野局限、思路狭窄、缺乏辩证性的思维方式。但同时也被认为，是以最简洁的思维历程和最短的思维距离，直达事物内核的最深层次的一种思维方式。在解决简单问题时，人们只需用一就是一、二就是二。或 A=B，B=C，推出结论 A=C。如果面对复杂多变的事物，仍用简单的非此即彼或者顺序排列的方式去思考，就是直线型思维定势。

【案例故事】

解决流民问题的直线思维

“铁齿铜牙”纪晓岚被贬新疆后，写下了《阅微草堂笔记》，其中记载了他在新疆的一个真实的事件。新疆北部阿勒泰地区当时有许多金矿，很多关内的流民去那里淘金。这件事被清政府驻乌鲁木齐的大臣知道了，就找谋士来商量。有个谋士出了个馊主意：“很简单，通往阿勒泰产金区只有这条路，派兵把守关口，不准粮食进去，里面的人没粮食，只能乖乖地出来。”

驻乌鲁木齐的大臣接受了这个建议，派兵把守路口，不准粮食往里运。果然，粮食一短缺，里面的几万人就翻山越岭跑了出来，但不少人却变成了土匪，到处抢掠。清政府只好派兵去围剿，打了好几年，花费的军饷不知道有多少。纪晓岚总结说：“由此看来，天下的事情，不能只看到它的一面，而忽视它的另一面，有的事目前可以收到效果，却留下了后患。”

直线型思维定势只考虑一种结果，看起来是一种更有效率地解决问题的办法。因此很多人在面临问题时，首先考虑的就是如何直截了当一击即中，但结果却常常是事与愿违。

资料来源于 网路

课后思考

1．什么是创新思维？

2．创新的特征是什么？

3．思维定势的类型有哪些？

第六章　创新思维训练

【学习目标】

- 熟悉创新思维训练的理论知识
- 掌握创新思维训练的具体方法
- 掌握发散思维和逆向思维的使用方法

【开篇故事】

曲别针的用途有多少种？

1987年，我国在广西省南宁市召开了“创造学会”第一次学术研讨会。这次会议集中了全国在科学、技术、艺术等方面的众多杰出人才。为扩大参会者的创造视野，也聘请了国外某些著名的专家和学者。

其中有日本的村上幸雄先生，在会议中请村上幸雄先生为参会者讲学。他讲了三个半天，讲得很新奇，很有魅力，也深受大家的欢迎。期间，村上幸雄先生拿出一把曲别针，请大家动动脑筋，打破框框，想想曲别针都有什么用途？比一比看谁的发散性思维好。会议上一片哗然，七嘴八舌，议论纷纷。有的说可以别胸卡、挂日历、别文件，有的说可以挂窗帘、钉书本，大约说出了二十余种。大家问村上幸雄“你能说出多少种？”村上幸雄轻轻地伸出三个指头。

有人问：“是三十种吗？”他摇摇头，“是三百种吗？”他仍然摇头。他说：“是三千种”，大家都异常惊讶，心里说：“这日本人果真聪明。”然而就在此时，坐在台下的一位先生，他是中国魔球理论的创始人，著名的许国泰先生。他心里一阵紧缩，他心想，中华民族在历史上就是以高智力著称世界的民族，我们的发散性思维绝不会比日本人差。于是他给村上幸雄写了个纸条说：“幸雄先生，对于曲别针的用途我可以说出三万种。”幸雄十分震惊，大家也都不太相信。

许先生说：“幸雄所说曲别针的用途我可以简单地用四个字加以概括，即钩、挂、别、联。我认为远远不止这些。接着他把曲别针分解为铁质、重量、长度、截面、弹性、韧性、硬度、银白色等十个要素。用一条直线连起来形成信息的横轴，然后把要用的曲别针的各种要素用直线连成信息的竖轴。再把两条轴相交垂直延伸，形成一个信息反应场，将两条轴上的信息依次“相乘”，达到信息交合。

于是曲别针的用途就无穷无尽了。例如可加硫酸可制氢气，可加工成弹簧、做成外文字母、可做成数学符号进行四则运算等等，这为“创造学会”的研讨会创出了奇迹，使许多外国人十分惊讶！

资料来源于 网路

个人感悟：____

第一节　发散思维的训练

一、发散思维

（一）发散思维的概念

发散思维，又称辐射思维、放射思维、扩散思维或求异思维，是指大脑在思维时呈现的一种扩散状态的思维模式。它表现为思维视野广阔，思维呈现出多维发散状，如“一题多解”“一事多写”“一物多用”等方式，培养发散思维能力。不少心理学家认为，发散思维是创造性思维的最主要的特点，是测定创造力的主要标志之一。

（二）发散思维的特点

（1）流畅性。流畅性就是观念的自由发挥，指在尽可能短的时间内，生成并表达出尽可能多的思维观念以及较快地适应、消化新的思想概念。机智与流畅性密切相关。流畅性反映的是发散思维的速度和数量特征。

（2）变通性。变通性就是克服人们头脑中某种僵化的思维框架，按照某一新的方向来思索问题的过程。变通性需要借助横向类比、跨域转化，使发散思维沿着不同的方面和方向扩散，表现出极其丰富的多样性和多面性。

（3）独特性。独特性指人们在发散思维中做出不同寻常异于他人的反应能力。独特性是发散思维的最高目标。

二、发散思维的分类

这种思维方式可以拥有更大的思维空间，它是以客观对象的某一方面或者某一点为中心，调动自己的知识储备。在这个基础上进行想象，从而产生多条思路，促使多条思路向外扩展，称为爆炸式的立体思维空间。

（一）辐射发散

辐射发散是美国心理学家吉尔福特提出来的，是指从不同触角、不同思路去思考，探索解决问题的思维方式。基本程序为，面对一个已经确定的问题，在一定时间内以该问题为中心，向各个方向做辐射状的积极思考，不拘一格地探寻各种各样的答案和解决问题的方法。

辐射发散要求在寻求解决问题的答案时，要像太阳那样由问题点向外做全方位辐射。如北京奥运会吉祥物向全世界征集作品，从 2004 年 8 月 5 日开始，到 12 月 1 日止。北京奥组委从上万件作品中收到有效参赛作品 662 件，其中中国内地作品 611 件，占总数的 92.3%；港澳台作品 12 件，占总数的 1.8%；国外作品 39 件，占总数的 5.9%。

（二）关系发散

关系发散是指在观察解释某一事物时，应避开单一僵化的解释方法。所谓关系发散，一方面，是指要充分分析某一特定事件所处的复杂关系，并从中寻找出相应的思路;另一方面，则是用想象重新理解和解释事物和它们之间的关系。

如崇祯测字。据说明末年间，有一天崇祯皇帝出宫私访，见到一位测字先生，便上前测字。他写了一个“友”字。测字先生惊讶地叫道：“哎呀呀，不得了。‘反’字出头，情况不妙。如今李自成攻陷洛阳，杀了皇叔，正是应了这‘反’字出头哇！”崇祯急忙开口说：“刚才写错了，应为‘有’字。”测字先生仍作恐慌状：“哎哟，那更不妙了！‘有’字拆开为不和月，分明是讲大明去了一半！”崇祯又急忙改测“酉”字。测字先生脸色一变，大惊之状，故作神秘地凑近崇祯说：‘酉’字是‘尊’字砍头去足，要祸及‘至尊’呢。”很显然，这位号称“活神仙”的测字先生早已看出崇祯的身份，并了解当时的险恶局势，才运用关系发散的方法对崇祯提出警谏的。

在关系发散思维面前，事物不存在唯一的解释，所有确切的事件和关系都有可能做另一种解释。

（三）因果发散

因果发散是指以事情的既成的“果”为辐射源，以“因”为半径，全面进行思维发散以“果”溯因推断出产生某一结果的可能原因，找出解决问题的突破口。事物是普遍联系的，联系是多方面的，多方式的。其中，因果联系是一种典型的联系方式。任何一个事物都有它产生的原因，包括直接原因、间接原因，主要原因、次要原因，深层原因、浅层原因，历史原因、现实原因等等。同样的道理，任何一个事物又都会作为原因，产生出其他事物，成为其他事物这样或那样的原因。也就是说，在事物的因果联系中，每一个事物都既是原因，又是结果。一种结果可以由多种原因引起，一种原因也可以引起多种结果的产生。

因果发散就是要培养锻炼大家善于从一种原因预测多种结果，从一种结果回溯多种原因，并进而发现解决问题新办法的思维习惯、思维能力和品质。

例如，20 世纪 70 年代中期的某一天，美国一公司老板菲利普·亚默尔坐在沙发上翻阅报纸，无意中发现这样一则短讯，墨西哥发生了疑是瘟疫的病例。他脑中马上浮现了这种病的种种信息，进而又联想到与该地相连的美国加利福尼亚州与德克萨斯州。这两个州有特别的商业意义，是美国肉食供应的主要基地。如果瘟疫传染到该地，那么其肉食一定禁运，全国的肉类供应因此会变得甚为紧张，价格因此一定猛涨！

亚默尔产生了大胆的新创意并付诸行动，马上调集全部资金购买加利福尼亚州和得克萨斯州的牛肉和生猪，并及时运到美国东部。

果然不出所料，瘟疫很快蔓延到美国西部的几个州。政府发文“严禁包括所有肉类的一切食品”从那两个州运出，美国肉食价格因此暴涨，亚默尔在短时间内盈利 900 万美元。

（四）特性发散

特性发散是指事物每一个现象，每一种形态，每一种性质，都可能引发各种不同的新用途。引发出种种不同的用途的方法，称为特性发散。例如，液晶可以随温度变色，利用此特性进行发散思考。人们发明了，液晶角——红色小金鱼，用手一摸，它立刻变成了翠绿色；温度报警器——电机机壳发热自动报警；变色玩具——布娃娃的脸用手一摸就羞红了；彩色图像——一幅图案的不同部分隐藏着不同阻值的电阻丝，外面是液晶层，通电后图像就会变成彩色。

应用特性发散思维思考一个对象，就要看这个对象和那些别的因素有什么必然的联系，以寻找创新突破口。这要求在发散思维思考过程中，排除各种障碍，增加视角，从而才有可能发现它的更多属性。

比如，单一的气象学放在市场经济的大背景下，就能挖掘出很多用途，就出现了气象经济。气象预测已被许多大企业在经营中巧加应用，日本经营电冰箱和空调器的厂家都有预测气象的专门机构。研究气温变化与产品销售之间的浮动关系。在盛夏30℃的天气，每延续一天，空调的销售量就能增加四万台。北京的一家小衬衫厂也在市场调查中发现：20℃左右的气温最适合穿长袖衬衫，一旦超过 25℃，短袖村衫和 T 恤就开始热销。

三、发散思维训练

发散思维是通过类推和分析，探索一个事物的多种属性，事物发展的多种可能和解决问题的多种方案的思维过程。比如，农民在秋天收获地瓜之后，用地瓜干什么，就需要进行发散思维。可以把地瓜直接卖给别人，也可以进城卖烤地瓜，还可以就地加工地瓜干、粉条。发散思维可以通过训练来培养，尝试着思考以下题目并反复训练，以提升发散思维的能力。

（一）辐射发散训练

（1）尽可能多地写出砖头的各种用途。
（2）尽可能多地写出玻璃杯的各种用途。
（3）尽可能多地写出火柴盒的各种用途。
（4）尽可能多地写出废旧牙膏管的各种用途。
（5）尽可能多地写出玻璃瓶的各种用途。
（6）尽可能多地写出塑料薄膜的各种用途。
（7）尽可能多地写出旧食品罐头盒的各种用途。
（8）尽可能多地写出书的各种用途。
（9）尽可能多地写出报纸的各种用途。
（10）尽可能多地写出电熨斗的各种可能的用途。

（二）关系发散训练

（1）怎样才能达到照明的目的?
（2）怎样才能达到取暖的目的?
（3）怎样才能达到降温的目的?
（4）怎样才能达到休息的目的?
（5）怎样才能使别人听到话响一点?
（6）怎样使一个物品看起来更清楚?
（7）张、王两家仅一板之隔，两家人的声响相互干扰很大，怎样才能提高隔音的效果?
（8）怎样才能达到锻炼身体的目的?
（9）怎样才能使两样东西粘接起来?
（10）怎样才能使两样东西裂开?

（三）因果发散训练

（1）尽可能多地写出用“敲”的方法可以办成哪些事情或解决哪些问题。
（2）尽可能多地写出用“提”的方法可以办成哪些事情或解决哪些问题。
（3）尽可能多地写出用“压”的方法可以办成哪些事情或解决哪些问题。
（4）尽可能多地写出用“踩”的方法可以办成哪些事情或解决哪些问题。
（5）尽可能多地写出用“拉”的方法可以办成哪些事情或解决哪些问题。
（6）尽可能多地写出用“拔”的方法可以办成哪些事情或解决哪些问题。
（7）尽可能多地写出用“翻”的方法可以办成哪些事情或解决哪些问题。
（8）尽可能多地写出用“摇”的方法可以办成哪些事情或解决哪些问题。
（9）尽可能多地写出用“摩擦”的方法可以办成哪些事情或解决哪此问题。
（10）尽可能多地写出用“爆炸”的方法可以办成哪些事情或解决哪些问题。

（四）特性发散训练

（1）尽可能多地写出圆珠笔可同哪些东西组合。
（2）尽可能多地写出伞可同哪些东西组合。
（3）尽可能多地写出小刀可同哪些东西组合。
（4）尽可能多地写出电话可同哪些东西组合。
（5）尽可能多地写出书可同哪些东西组合。
（6）尽可能多地写出图画可同哪些东西组合。
（7）尽可能多地写出钟表可同哪些东西组合。
（8）尽可能多地写出诗词可同哪些东西组合。
（9）尽可能多地写出音乐可同哪些东西组合。
（10）尽可能多地写出（或说出）钥匙圈可以同哪些东西组合。

发散思维是由问题的中心指向四面八方，通过思考和冥想的训练，能够探索解决问题的多种途径。发散思维的重点在于从一个问题或信息出发，突破原有的圈，充分发挥想象力。经不同的途径、方向，以新的视角去探索，重组记忆中的信息，产生出多种设想、答案，使问题得到圆满解决。

当使用发散思维寻求答案之后，还需要结合收敛思维来进行思维集中，运用收敛思维对提出来的这些设想进行审查筛选和提炼加工，选出最佳方案。收敛思维是通过比较和综合，从偶然性中确定必然性，从多种方案中确定最佳方案的思维过程。比如农民在春天里决定在一块地里种什么，就需要收敛思维。发散思维和收敛思维的结合运用，使人既能寻求解决问题的多种方法，又能在这些方法中找到最适合的方式。前期进行思维发散，后期进行思维集中，是人们应用创新思维解决问题必要的两个阶段。

第二节 逆向思维的训练

一、逆向思维

（一）逆向思维的概念

逆向思维，也称求异思维。它是已成定论的事物或观点反过来思考的一种思维方式。敢于“反其道而思之”，让思维向对立面的方向发展，从问题的相反面深入地进行探索，树立新思想，创立新形象。

当大家都朝着一个固定的思维方向思考问题时，而自己却朝相反的方向思索，这样的思维方式就叫逆向思维。人们习惯于沿着事物发展的正方向去思考问题并寻求解决办法。其实，对于某些问题，尤其是一些特殊问题，从结论往回推，倒过来思考，反而使问题简单化。

【案例故事】

吃亏还是占便宜?

某自助餐厅，因顾客浪费严重，导致成本高，餐厅效益不好，没办法餐厅规定：凡是浪费食物者罚款十元，结果生意一落千丈。后经人提点将售价提高十元，规定改为：凡没有浪费食物者奖励十元，结果生意火爆且杜绝了浪费行为。

使用正向思维，制止顾客的方法并不能改善顾客浪费粮食的做法，反而让顾客反感从而为饭店带来了不良影响。而逆向思维的方法，提高十元，不浪费者奖励十元的做法，让顾客觉得只要不浪费就可以得到十元，不仅有效地解决了浪费食物的问题，还起到了促销的效果。

资料来源于 网络

（二）逆向思维的特征

1．反向性

面临新事物、新问题的时候，逆向思维让思维向对立面的方向发展，从问题的相反面深入地进行探索，树立新思想，创立新形象。

【案例故事】

警察的反向思维

在国外某地的警察局，有一次警察抓到了一个专门偷汽车的大盗。据说，此人在很早的时候就开始偷车，其手段相当卑劣，一般的高级轿车，最多只需一分钟就能偷走。他偷过的汽车总价值在五亿元以上，他也因盗窃汽车坐过十一年牢。对于这么一个人，警察局长觉得，与其让他周而复始继续成为公害，不如发挥其特长，聘请他担任该局的汽车防盗技术指导。并且成立了一个技术小组，专门研制汽车的防盗设备。果然，经过该“大盗”指导而研制出的汽车防盗设备，质量特别高，效能特别好。

案例中的大盗本是无可救药的小偷，但警察局长却利用反向思维，将其盗窃的本领改造成防盗技术，避免了小偷再对社会造成危害，使其在另一个领域实现自己的价值。比如古时候的大禹治水，用疏通的方式引导水的走向，从而避免了水的危害。

资料来源于 网络

2. 普遍性

由于对立统一规律是普遍适用的，而对立统一的形式又是多种多样的，有一种对立统一的形式，相应地就有一种思维的角度。所以逆向性思维在各种领域，各种活动中，都有适用性，逆向思维也有无限多种形式。

例如，性质上对立两极的转换，软与硬、高与低等；结构、位置上的互换，颠倒上与下、左与右等；过程上的逆转，气态变液态或液态变气态、电转为磁或磁转为电等。不论哪种方式，只要从一个方面想到与之对立的另一方面，都是逆向思维。

3. 批判性

逆向是与正向比较而言的，正向是常规的、常识的、公认的或习惯的想与做法。逆向思维则恰恰相反，是对传统、惯例、常识的反叛，是对常规的挑战。它能够克服思维定势，破除由经验和习惯造成的僵化的认识模式。

【案例故事】

奇妙的广告

做钟表广告，大家都说自己的产品走时如何准确。而有一个厂家却强调自己生产的表“不很准确”每天会有零点几秒的误差，这反倒得到了顾客的信任。做洗衣机的电视宣传，大家都选漂亮的妙龄女郎作操作表演。而有一个厂家却让一位八十岁老妇来操作，让人感到使用这种洗衣机，实在是十分简易、方便。

案例中的钟表商使用小误差迎合了顾客的心理，虽是暴露了自己家钟表的缺点，却赢得了顾客的信任。洗衣机广告宣传中八十岁的老妇操作洗衣机，虽不够美观，却胜在体现了洗衣机的易操作性。

资料来源于 网络

4. 新颖性

循规蹈矩的思维方式解决问题很简单，但是容易使思路僵化、刻板，摆脱不掉习惯的束缚，得到的往往是一些司空见惯的答案。任何事物都具有多方面属性，由于受过去经验的影响，人们容易看到熟悉的一面，而对另一面却视而不见。逆向思维能克服这一障碍，往往是出人意料，给人耳目一新的感觉。

【案例故事】

机智的剧院老板

从前欧洲有一家剧院，在一次演出时，许多文人和小姐们都戴着一顶时髦的高帽子。坐在后面的观众向剧院老板提出意见后，老板只能到台前对大家说：“请戴帽子的女士们都把头上的帽子取下来!”尽管他很有礼貌地重复了两三遍，但谁也没有照办。后来，老板想了一下。就不再说请求“脱帽”，而“倒过来”说道：“女士们！为了照顾大家的困难，年纪大的女士可以不用脱帽!”他的话音刚落，场内所有戴帽子的女观众一下子全都把帽子摘了下来了。

案例中的剧院老板正话反说，利用女士们不愿暴露年龄的心理，用不要求年龄大的女士们脱帽的新说辞，让每位女士心甘情愿的脱下了帽子。

资料来源于 网络

二、逆向思维的分类

（一）原理逆向

客观世界的许多事物之间，甲能产生乙，乙也能产生甲。原理逆向是指从事物原理的相反方向进行的思考。例如，说话声音的高低变化，在一定条件下，能引起金属片产生相应的颤动。反过来，金属薄片的颤动，在一定条件下，也能引起说话声音发生相应的高低变化。美国发明家爱迪生正是以此做依据，在对话加以改进的实验过程中，发明了世界上第一台留声机。

【案例故事】

发明创造中原理逆向

1819 年，丹麦的物理学家奥斯特，发现了通电导体可使磁针转动的磁效应，1820 年法国的安培发现通电的螺线管具有与磁石相同的作用。英国物理学家法拉第想：“为什么不能用磁产生电呢？”于是，法拉第开始做各种各样的试验，经过多年艰辛探索于 1831 年获得了成功，发现了电磁感应现象，由此制造了世界上第一台发电机，为人类进入电气化时代开辟了道路。

现代生活用的吸尘器，其原理也是与常规方式相反的创造成果。通常桌子集满了灰尘，都是用“吹”的方式将其清除。但是地面上的灰尘垃圾，如果也“吹”法清除，势必弄得满屋子尘土飞扬。于是就反过来，吸尘器便得以诞生。

资料来源于 网络

（二）功能逆向

功能逆向是按照事物或产品的现有功能进行相反的考虑，从而设计出新产品来的思路。成语说煽风点火，意即为风是助燃生火的。但是，在某种条件下，风却又能灭火。1987 年，我国大兴安岭森林大火造成了巨大损失，怎样的灭火器材才更好呢？伊春林区有位郭师傅从吹灭蜡烛这一现象突发灵感，为什么不以风来灭火呢？经过研制，发明了轻便有效的风力灭火机。

【案例故事】

反向电视的发明

日本索尼公司名誉董事长井深大去理发，一边理发一边从镜子里看电视消遣。由于镜子中的图像是相反的，看起来觉得有点儿别扭。这位喜欢动脑的董事长便萌发了个新想法，如果制造个反画面的电视机，那么就能在镜子里看到正常图像了。于是，他让公司技术部进行开发，研制出新颖的反画面电视。这种画面形象反向的电视，不仅可供消遣用，还可为乒乓球、羽毛球等运动员做特殊训练。据说，有些惧怕电视射线有害的人还专门喜欢用反画面电视，以便让射线去冲着镜子，自己则躲在一边欣赏节目。

大千世界每一种事物都有着不同的作用，并通过改变还能引出新的作用。功能逆向是指通过对事物某些作用进行逆反思考，可以将正作用变为反作用，不利作用变为有利作用，从此方面入手，找到创新途径。

资料来源于 网络

（三）条件逆向

事物的存在和发展，问题的产生和解决，都必须有一定的条件。条件是引起事物和问题改变的关键因素。如果针对某一事物，采取改变条件即“条件颠倒”的方法，必然会引发出新的事物，或更深刻认识事物的新方法。

条件逆向是通过将事物与问题有关条件进行反方向思考，可能会获取对事物的新认识，同时，也可能会发现新的解决问题的办法。

【案例故事】

出售贫穷

日本有一个小村子叫丹波村，是一个贫穷落后的地方。当日本全国普遍富裕起来的时候，这里依然很贫困，交通十分不便，既不通公路，更不通铁路。村子里的人看见其他地方都先富起来了，大家不甘心，也决心要富起来。但这里什么都没有，怎么富呢？

想来想去，谁也想不出办法。后来他们派人去东京请来一位名叫井坂弘毅的专家。井坂弘毅了解了这个村子的情况以后，也感到很棘手。要想富起来，总得卖一些什么去同别人交换才行，只有卖得多，才可能赚得多。怎么可能什么都不出售而富起来呢？井坂弘毅顺着这思路就是想不出一个办法来。后来他倒过来想，既然只有“贫穷落后”，那就出售“贫穷落后”。既然这个村子“一无所有”那就出售它的“一无所有”。

井坂弘毅向村民们建议：唯一的一条致富之路就是出售“贫穷落后”，出售“一无所有”。大家都莫名其妙。井坂弘毅又进一步解释：要出售贫穷落后，那么就还得再贫穷落后一些。从现在起，大家不再住在房子里了，要住到树上去。不要再穿布做的衣服了，要披树叶、兽皮。要像几千年前老祖宗那样生活，这样城里的人就会来参观、旅游，你们不就可以富起来了吗？村民们最初听了觉得太荒唐，甚至觉得是对他们的侮辱。可是后来一想，既然一无所有，又想富起来，也就只好采取这个办法试试了。村民们照办以后，消息传到各个城市，很快就吸引来了大批的旅游者。这些旅游者们住在大树上，披树叶、穿兽皮、吃野菜、喝泉水，在小溪边洗脸洗脚，晚上不但能听到风声、雨声，还能听到各种野兽的怪叫声。旅游者们感到太新奇了！太有趣了！来这里旅游的人越来越多。

案例中的专家井坂弘毅发现村民们实在是贫穷到一无所有的地步了，无法利用其他资源脱贫致富。就利用现有的贫穷来制造不常见的景观，引得别人来游览，使得村庄成为新的旅游胜地，从而让村民们实现了发家致富。

资料来源于 网络

（四）位置逆向

位置逆向是指从原有事物的相反位置去设想寻求解决问题的新途径的思维方法。例如，在传统的动物园里，动物是关在笼子里的。动物在狭小的天地里，渐渐失去了野性。人们看到的是笼子里异化了的无精打采的动物，而不是自然界里活生生的充满野性的动物。于是，将传统的观点进行逆向便建造了野生动物园。在野生动物园里，好像不是人在观赏动物，而是动物在观赏人。一个新的思路，产生了一种新的观赏方式，改变了传统的动物园模式，解决了动物被异化的问题。使人们能观赏到自然状态的动物。又如，美国有一位中学校长，当某个学生违犯了校规，他就把这个学生叫到校长办公室，让这个学生坐在他的椅子上，他自己则坐在来访者的椅子上，然后才开始交谈。他介绍说，这能使学生处在学校负责人的位置上，更好地考虑和认识自己所犯的错误。

（五）方式逆向

方式逆向就是指通过从事物某些发生作用的方式的反面进行探寻，去努力挖掘和发现新的设想的创新思维方法。

【案例故事】

小树苗拯救大饭店

日本有一家叫有元光饭店的旅馆，当它的规模日渐扩大后，旅客们缺乏活动空间，便成为了一个突出问题。旅馆的后面有一大片荒地，适宜种植树木，使它成为一个小树林，以供旅客散步、休息。而这时老板西村在经济上有困难，无力承担这一笔投资。后来他想出了一个办法，让旅客来为旅馆植树。他采取的具体做法是，四处张贴和在报刊上刊登以下这样的广告："本店后山有一片空地专供旅客种植纪念树。如您有兴趣，不妨来此种上一棵，本店将派人为您拍照，并竖立木牌，刻上您的大名和种植日期。当您再度光临时，看到您亲手种下的树苗已茁壮成长，枝叶繁茂，您一定会非常高兴，种一棵树，本店只收树苗等成本费××元。"没过多久，旅馆后面的荒山便被旅客们所种的绿树覆盖了。

来此种植纪念树的多为新婚夫妇，也有纪念结婚××周年的老年夫妻，以及结伴而来的大中学生和其他青年。西村老板的这一招，不仅使他的旅馆生意越来越好，名声越来越大，而且还带动了这个旅馆所在地区旅游事业的发展。

资料来源于 网络

（六）程序逆向

程序逆向，也叫方向逆向，就是颠倒已有事物的构成顺序、排列位置或者方向而进行思考的创新思维方法。

日本有一位家庭主妇在煎鱼时，鱼总会黏在锅上感到很恼火，煎好的鱼令人见了大倒胃口。她仔细观察后发现。这是由于锅底加热后，鱼油滴在热锅底上造成的。有一天，她在煎鱼时突然产生了“倒过来想”的念头，能不能不在锅的下面加热，而在锅的上面加热呢？这一念头使她先后尝试了好几种！从上面烧火把鱼放在火下面的做法，效果都不够理想。最后她想到了在锅盖里安装电炉丝这一办法，果然制成了 “煎鱼不煳的锅”，不仅使鱼不致被煎煳、煎烂，而且还能既不冒烟、又省油。

在造船史上，“反向建造”法对造船的质量与速度有着重大影响。早先的船体结构装焊时都是在同一固定状态进行的，这样就有很多部位必须做仰焊。仰焊的劳动强度质量不易保证，对快速发展的造船业造成制约。于是，有人便在船体分段结构装焊时，将需仰焊的部位暂不施工，待其他部位焊好后将整个分段翻个身，变仰焊部位为俯焊位。很显然装焊的质量与速度都有了保证。

（七）属性逆向

一个事物的属性是丰富多彩的，其中有不少属性是彼此对立的，或者是成对的。比如，软与硬、滑与涩、干与湿、直与曲、柔与刚、空心与实心等等。以属性逆反进行创新，就是有意地以某一属性的相反属性去取代已有的属性，即逆化已有的属性。就是从事物属性的相反方向进行思考，把看似荒谬的幻想变成现实的创新思维方法。

在属性逆向思维中，进与退、出与入、有与无都可以在更高层次上获得新的统一和转化。大家都知道水火是不相容的，而澳大利亚人里克·伯奇却设计了，令全世界惊叹的悉尼奥运会开幕式上熊熊的火焰从碧绿的水中冉冉升起。这是冲破一切阻碍，让事物的不同属性进行对换，并在对立统一的思辨中展现新亮点的智慧之火。这一过程不仅是一种属性逆向的思维方法，更是在展示一种非凡的创新勇气。

【案例故事】

逆向思维的妙用

我国元代著名医师朱丹溪，曾用属性逆向的思维方法巧妙治好了一位病人。一次，一位秀才请朱丹溪治病。这位秀才因日夜思念因暴病去世的妻子，以致忧郁成疾。朱丹溪了解了这位秀才的病情和致病原因后，思考了一下，并摸了摸秀才的脉，对秀才说道:“你胃口不好，吃饭不香，是吗？”秀才回答说:“是的。”朱丹溪接着又摸了摸秀才的肚子说:“你怀孕了!”秀才听了简直不敢相信自己的耳朵，连忙问道:“大夫，您说什么？”朱又重复了一遍。秀才不禁哈哈大笑。朱丹溪最后对秀才说:“你别笑!这是真的,你真的是有喜了!你得好好保胎。”当这位秀才离开朱丹溪的医馆时，已笑得连腰都直不起来了。秀才一边往外走，一边不住挖苦朱丹溪说:“你真是了不起的神医！名不虚传！名不虚传!”秀才回到家后，一想到诊断结果就大笑不止，而且逢人便说竟然碰到了一个连男女都分不清的大庸医。为这事，这位秀才每天至少要大笑七八遍。说来也奇怪，秀才的病半个月后竟完全好了。

案例中朱丹溪利用属性逆向，说不可能怀孕的男人怀孕了，一位名医不怕失去信誉说出有违常理的诊断，让秀才回想起来就想笑，从而达到治疗其抑郁成疾的目的。

资料来源于 大众卫生报，2010

（八）观念逆向

随着社会的发展、科学技术的进步，有许多旧观念、老观念会有巨大变化。如能有意识地对习以为常的观念、认识做相反的探索，必定会有新的启迪。观念逆向法是指对作为反映客观事物的有关观点也可以进行反观，将观点进行反向思考，会给人带来新的启示。

无数创新实例表明，观点逆向是创新的一种重要的思考方法。对作为反映客观事物的思想观点也可以倒过来想，从中获得新的东西。

【案例故事】

种草还是种水稻？

海南琼山新坡镇自古以种水稻为业，祖祖辈辈终年辛劳而收入微薄。1990 年初，当地一位在广州植物园打工的农民，带回一种叫作地毯草的草种，在自己的责任田里种植。镇政府发现后觉得是一项可以推广的种植项目，便动员推广，但无人响应。无奈，镇政府先种植十来亩地做示范，并抓紧开拓市场。由于海南正处在大发展时期，绿地用草十分需要，地毯草一上市便竟相争购，每平方米卖到三元多。于是，农民们的观念转变了，一年中全镇种地毯草收入达三百多万元。之后种植面积进一步扩大，收入可达九百多万元。一些老农感叹说："种了一辈子水稻，穷了一辈子，想不到种草反而发了财。"

案例中政府亲自推广示范，改变了农民们的观念，实现了当地在种植类别上的创新，给当地农民带来了高收入。人们常常把传统认知作为事务的标准，而改变观念往往带来是新的契机。

资料来源于 网络

（九）状态逆向

状态逆向是指人们根据事物某一状态或过程的相反方面，来认识事物思维方法。例如在一些百货公司里，为了让顾客登楼方便、省力而安装了电动扶梯。这种电动扶梯的设计思想，也就是将"走路"，倒过来成为"让路动"而"人不动"。又如，乘客坐在列车里经过日本津轻海峡的隧道时，向窗外望去，可以欣赏到引人入胜的动画电影。这种新颖别致的"隧道电影"是德国电影发行放映公司发明的，它的问世也是倒过来想的产物。

（十）因果逆向

因果逆向是指对事物原有的因果关系进行反转的创新思路。比如电动机是将电能转化为机械能，转动转子后便会产生电流，将机械能转化为电能，这就是发电机。平时用的排风扇，反转之即为进风扇。空气压缩机也可以充当真空泵，只要把进气口与出气口互换。将进气口接通容器，则起真空泵作用，将出气口接通容器，便成了空压机功能。

有一个外国著名的获奖影视广告。演员手里拿一只高级的照相机在不停地拍摄，内藏闪光灯不停地闪烁，突然，闪光灯不亮了，几次按动快门都没有反应。于是将照相机放在桌上，然后顺理成章地取出几节电池，接下来的动作令所有人都想不到。他毫不犹豫地扔掉照相机，再换一个新的照相机，然后不慌不忙地装上刚才换下来的旧电池。等到再拍时，闪光灯又接二连三地闪起来了。当所有人都凭经验把照相机闪光灯不亮的原因归结为电池用完了时，广告的精彩之处就显现出来了。用逆向思维的方法因果逆向，倒因为果。

三、逆向思维训练

生活中，通常习惯按照某种固化下来的思维方向思考问题，而逆向思维反其道而行。当用正常思维不能解决问题，换个角度，背离人们的习惯路线进行思考，往往有更加意想不到的解决结果。逆向思维帮助人们寻找解决问题的捷径，提高效率，更重要的是，它能够深化人们对事情的认知。下面通过练习题训练逆向思维。

（1）假设有一个池塘，里面有无穷多的水。现有两个空水壶，容积分别为 5 升和 6 升。问题是如何只用这两个水壶从池塘里取得 3 升的水。

（2）周雯的妈妈是豫林水泥厂的化验员。一天，周雯来到化验室做作业。做完后想出去玩。“等等，妈妈还要考你一个题目，”她接着说；“你看这 6 只做化验用的玻璃杯，前面 3 只盛满了水，后面 3 只是空的。你只能移动 1 只玻璃杯，将盛满水的杯子和空杯子间隔起来吗?”爱动脑筋的周雯，是学校里有名的“小机灵”，她只想了一会儿就做到了。请你想想看“小机灵”是怎样做的?

（3）三个小伙子同时爱上了一个姑娘，为了决定他们谁能娶这个姑娘，他们决定用手枪进行一次决斗。小李的命中率是 30%，小黄比他好些，命中率是 50%，最出色的枪手是小林，他从不失误，命中率是 100%。由于这个显而易见的事实，为公平起见，他们决定按这样的顺序：小李先开枪，小黄第二，小林最后。然后这样循环，直到他们只剩下一个人。那么这三个人中谁活下来的机会最大呢？他们都应该采取什么样的策略？

（4）一间囚房里关押着两个犯人。每天监狱都会为这间囚房提供一罐汤，让这两个犯人自己来分。起初，这两个人经常会发生争执，因为他们总是有人认为对方的汤比自己的多。后来他们找到了一个两全其美的办法，一个人分汤，让另一个人先选。于是争端就这么解决了。现在这间囚房里又加进来一个新犯人，现在是三个人来分汤。必须寻找一个新的方法来维持他们之间的和平。该怎么办呢？（注：心理问题，不是逻辑问题）

（5）在一张长方形的桌面上放了 n 个一样大小的圆形硬币。这些硬币中可能有一些不完全在桌面内，也可能有一些彼此重叠；当再多放一个硬币而它的圆心在桌面内时，新放的硬币便必定与原先某些硬币重叠。请证明整个桌面可以用 $4n$ 个硬币完全覆盖。

（6）一个球，一把长度大约是球的直径 2/3 长度的直尺，你怎样测出球的半径？方法很多，看看谁的比较巧妙。

（7）五个大小相同的一元人民币硬币，要求两两相接触，应该怎么摆？

（8）一个逻辑学的教授，有三个学生，而且三个学生均非常聪明。一天教授给他们出了一个题，教授在每个人脑门上贴了一张纸条并告诉他们，每个人的纸条上都写了一个正整数，且某两个数的和等于第三个（每个人可以看见另两个数，但看不见自己的）。教授问第一个学生：你能猜出自己的数吗？回答：不能；问第二个，不能；第三个，不能。再问第一个，不能；第二个，不能；第三个：我猜出来了，是 144。教授很满意地笑了。请问您能猜出另外两个人的数吗？

第三节 联想思维的训练方法

王 田 木 千 土 丰 士 未 末 斗 中
术 生 升

一、联想思维

（一）联想思维的概念

联想思维是指人脑记忆表象系统中，由某种诱因导致不同表象之间发生联系的一种没有固定思维方向的自由思维活动。主要思维形式包括幻想、空想、玄想。其中幻想尤其是科学幻想，在人们的创造活动中具有重要的作用。

如何将桌子与椅子进行联结，这似乎并不能带来出人意料的创意。但是莱特兄弟将飞鸟与人类的飞行进行了联结，最终发明了飞机。1976 年，英国医生爱德华·詹纳观察到患过牛痘的挤奶女工不再患天花的事实后，将牛痘与牛奶进行联系，首创接种牛痘疫苗预防天花的方法，挽救了数亿人的生命，开辟出了一个新的领域——免疫学。

（二）联想思维的途径

总体来讲，联想有两种途径，星状联想和链状联想。

星状联想指只关注于最初想法，开展的发散思考。例如，从面包开始，可以做出如下的联系：面包－黑麦－小麦－农民－火炉－面粉－面包圈－盐等等。链状联想是指从一点出发，在思考的过程中，不断推广上下联结的方法，最后的想法始于原始想法，并逐渐形成一系列的联系。例如，“面包”可以创造出以下的链条：面包－谷物－胎儿－小孩－学校－铅笔－木头－紫杉树－弓－奥林匹克比赛等等。

通过链条做联想更加有利于开发创造力，因为它有助于从一个想法跨到另一个想法。反之，通过星状进行联想使人一直处在同一个想法圈子中。对于两个不相关的词，越短的链条，越有助于独特的联想。

二、联想思维的分类

（一）接近联想

世界上的事物都不是孤立存在的，它们总是在空间上或时间上保持着联系。接近联想是指，在头脑中根据事物之间在空间或时间上的彼此接近进行联想，从而引发出某种新的设想的创新思维方法。

一个人由一个事物联想到另一个在空间上或时间上与之相近的事物，常常能启发思考，打开思路，拓宽视野，在思想上建立起事物之间的新的联系。例如，“秋水共长天一色”是由于空间上的接近而引起的联想。常常一见公路就会想到汽车；说到杭州就会想到西湖；提到加拿大就会想到美国等等这样的联想来自事物在空间上的接近。

而“叶落而知秋已至”，这是由在时间上的接近而引起的联想。常常提到西安事变，就会想到“抗日战争”的爆发；讲到“五四”运动，就会想到中国共产党的成立；说到秦始皇修筑万里长城，就会想到陈胜吴广起义等等。这样的联想来自事物在时间上的接近。

运用接近联想在销售和服务上同样可以想出好点子来。例如，许多百货商场、服装大楼和餐厅酒店，为了让一些女顾客能安心购物或就餐，而专门设置了儿童乐园和婴儿室，并由专职人员负责照看。有的玩具商店为了旁敲侧击地激发儿童和家长购买玩具的兴趣，特地在店门口放置一个装有许多金鱼的大鱼缸和一些小玻璃瓶，凡是在店内购买了玩具的儿童，都可以免费自己动手捞取金鱼装入玻璃瓶中带回家。

（二）相似联想

在自然中，不同事物具有相似性的情况是很多的。如现象的相似、原理的相似、结构的相似、功能的相似、材料的相似等，这些相似的事物或事物的相似之处，可以互为相似联想的起点。相似联想指在解决某一问题时，通过对别的事物的相似的特性寻找到解决问题的模式、途径、方法、过程的创新思维方法。

例如，精神病学家利伯，有一次度假，在海边看到涨潮了，海水哗哗地涌向海滩，一会儿潮水又退了。他知道这是月亮产生的引潮力的结果，这一现象使他突然联想到身体也是一个海洋，会不会也有“身体的潮汐”呢？由这一相似的联想他开始研究并发现，每当月圆之夜，精神病院里病人的病情会加重，新入院的精神病人也会增加，特别是一些狂躁病人会情绪激动，无法平静。为了进一步进行论证，利伯开始进行广泛的调查，研究月亮与人的生理、行为、精神的关系。研究发现，月亮的圆缺对人有明显的影响。月亮圆时，心脏病人的发病率增大，出血病人增多，肺病患者容易发生咯血现象；消化道出血的病人病情会加重，危险性增加，死亡率较平时为高。

联想到相似事物不是创造，通过联想的运用使某事物变得与别的事物相似，或使某事物的某些部分变得与别的事物的某些部分相似，才是相似联想的创造。例如，澳大利亚运动员舍里尔有一次发现一只袋鼠起跳之前总是曲身下蹲，腹部贴近地面，然后一跃而起。他由此联想到了起跑，发明了与袋鼠相似的蹲式起跑，改变了过去赛跑一直使用站式起跑的老方法。并在 1896 年的奥运会短跑比赛中取得了优异成绩。后来，蹲式起跑方式也一直沿用至今。

（三）相关联想

相关联想就是对事物或现象之间存在的某种关系进行联想，从而得到启发找到创新的途径。进行相关联想，关键在于是否能将表面看起来不相关的事物联系起来思考，联想的跨度越大，越能产生大的创新成果。

例如，一位企业家了解到几个情况，四川万县食品罐头厂积压了一大批罐头食品；四川航空公司由于缺乏资金，还没有属于自己所有的飞机；俄罗斯古比雪夫飞机制道厂生产的大型客机滞销等，他大胆地进行相关联想。根据各取所需的规律，他主动与古比雪夫厂联系，商定“易货贸易”，以食品和服装等货物换购新造的四架客机。名义上四架客机属自己的公司，实际上陆续飞抵成都，交由四川航空公司投入运营。再以自己公司的名义用飞机做抵押，向银行申请一笔贷款，分别与万县食品罐头厂等三百多家生产站，服装和机械的工厂签订了购货合同，预先付款，这些货物陆续运往莫斯科。

这样，飞机厂靠卖飞机赚了一笔，上百家工厂的产品有销路而摆脱了困境，航空公司靠飞机运营收入付了飞机款，他自己也从中赚了一大笔。

（四）相对联想

事物之间关系的一个重要特征，是与相反的情况相对应，大与小、快与慢、对与错、黑暗与光明、运动与静止等等。相对联想就是在头脑中根据事物或现象之间的时间、空间，或各种属性上相对的，或彼此相反的情况进行联想，以获得对事物或现象的某种新的认识，或引发新的设想的思维方法。

例如，古时有个捕头叫赵明，精明能干，善于观察判断。有一次，他带了几个衙役正在河边巡视，忽然刮起了大风。这时，迎面驶来了一条木船。船上没见装什么货物，却行得十分平稳。这引起了赵明的注意。他略加思考之后，决定上船查看。几个衙役在船舱里仔细查看了一番，也没有看出什么破绽来。赵明提出要打开船板看看舱底，船主惊慌起来，但又不能不照办。打开舱底一看，里面果然藏了不少东西。经过当场审讯，原来里面藏的正是赵明所要追查的一批赃物。

（五）飞跃联想

飞跃联想是在常人看来毫不相关的两个或数个事物的内部找到解决问题的连接点，展开充分的想象，将各连接点有机连接起来做新的阐释，并付诸新的实践的思维方法。

例如，美国有一位名叫詹金斯的法官，处理事情非常奇特。有一天一个刚出中学校门的少年，在偷自行车时被人抓获，被送到法庭接受审讯。根据案情，本应判他监禁或罚款五百美元。而詹金斯却对少年说："去继续读书，获得一张普通教育合格证并交上来。否则，依法惩办。"这名少年通过学习，拿到了普通教育合格证（普通教育合格证相当于一张高中学历证书）。后来，又考入了密执安州沃伦地区的一所大学，而且成绩优秀。据统计，在五年时间内，詹金斯用这样的方法先后使五百人重返学校读书，为社会做了件大好事。聪明的詹金斯别出心裁的处罚措施，就是一种飞跃联想。

三、联想思维的训练

联想力的高低主要表现在两个方面：一是联想的速度；二是联想的数量。人人都会发生联想，但联想力并不是人人都具备的。只有经常地进行专门的联想训练，才会提高联想力，为创造性思维打下一个基础。下面通过练习题来训练联想思维。

（一）从时间上或空间上接近的事物去联想

例：下雨——雨伞、乌云——雷雨、孩子——父母、皇帝——皇后、大海——沙滩、衣服——衣架、冷饮——冰淇淋、桌子——椅子、猫——老鼠、水——火。

练习：钢笔、学生、教师、电视机、汽车、红、山、豺狼、钢铁、火焰。

（二）从事物的功能、属性角度去联想。

例：电视机——新闻娱乐、发电机——发电、电饭煲——煮饭、灭火器——灭火、消防车——灭火、货车——运货、学校——教育、自来水管——自来水、手电筒——照明、冰箱——冷冻食物。

练习：电灯、教师、铅笔刀、黑板擦、风扇、电话、卫星、游乐园、钢笔、保温杯、水桶、面盆、砖头、电吹风、飞机、房屋、图书馆、游泳池、医院、水壶、信封。

（三）分类联想

例：交通工具——马车、自行车、摩托车、汽车、火车、飞机、轮船、航天飞机、热气球、拖拉机、雪撬。

眼镜——近视眼镜、远视眼镜、变色眼镜、太阳镜、防×光眼镜、放大镜、望远镜、潜水镜、夜光眼镜。

飞机——直升飞机、民用飞机、运输机、侦察机、无人驾驶飞机、战斗机、轰炸机、水上飞机、专机、预警飞机、航天飞机、空中加油机、隐形飞机、教练机。

练习：电视机、电脑、桥、衣服、学校、学生、人类、功能、动物、植物、卫星。

（四）组合联想

例：椅子、台灯联想椅子台灯；沙发、床联想沙发床；笔、收音机联想收音笔。

练习：眼镜、望远镜；自行车、水泵；飞机、轮船；收音机、录音机。

（五）转化联想

例：打针——护士、艺术——画画、科学——电脑、权力——当官、学问——科学家、战争——枪、灭火——消防车。

练习：国家、物理、化学、社会、走私、数学、法院。

（六）具体化、形象化联想

例：爱——心、冬天——下雪、时间——手表、死亡——墓地、贫穷——乞丐。

练习：根据情况对下列词语做具体化、形象化联想：速度、力量、自由、正义、热。

（七）谐音联想

A．数字类

1.7321——一点轻伤而已，141421——意思意思而已，881064——爸爸是律师。

B．字母、公式类

S＝VT——四等舞厅，W＝ITU——大不了等挨踢哟。

C．词组、人名类

例：诗集传——试机船、经学历史——“井”中“学历史”、香厂路——香肠路、玻璃维亚——玻璃喂鸭、世纪——时机、研究-——烟酒、发展——罚站、甘肃——干梳、刘沫——流墨、姜晶——江津、王柏仰——望白杨、刘科星——六颗星、付连——妇联、付丽——福利、迟晶——吃惊、萧冠军——小冠军、陆勇——录用、周益——周一、况石——矿石、库尔瓦——哭二娃、马尔蒂尼——马儿蹄你、帕瓦罗蒂——怕瓦落地、多明戈——多民歌。

练习：张碧涌、席沁、飞机、调查。

（八）串联联想

例 1：乌云、下雨、孩子、皇帝、大海、衣服、冷饮、桌子、小猫、地震。

串联联想成：满天“乌云”密布，要“下雨”了，一个“孩子”看见“皇帝”正在“大海”中洗“衣服”，他把“冷饮”准备好了放在“桌子”上，被“小猫”发现了，小猫闹得天翻地覆，仿佛“地震”了。

例 2：水管、开水、插座、触电、电梯、黑夜、水井、白兔、洗衣粉、洗澡。

串联联想成：“水管”里流出了“开水”，开水不小心滴进“插座”中，结果“触电”造成了“电梯”停电，好像在“黑夜”的“水井”里，在井里，有一只小“白兔”正在用“洗衣粉”“洗澡”。

例 3：牢房、偷看、长城、高楼、艺术、广告、蓝天、蜻蜓、火柴、衣服。

串联联想成：有一个人在“牢房”里偷看“长城”“高楼”上的“艺术”“广告”，广告画面的内容是“蓝天”上一只“蜻蜓”用“火柴”点然了“衣服”。

课后思考

1．发散思维的特点是什么？

2．逆向思维包括哪些类型？

3．谈一谈联想思维的意义是什么。

第七章　创新思维方法

【学习目标】

- 了解创新思维的概念和内涵
- 掌握常见的创新思维方法
- 掌握应用创新思维方法解决实际问题

【开篇故事】

旱冰鞋的诞生

在英国，有一个小职员吉姆，他日复一日地在办公室里做着文员的琐碎工作，常常累的直不起腰来。他有一个钟爱的运动项目就是溜冰，工作之余，几乎每个周末都要去溜冰场待上半天，舒展筋骨，消除疲劳，缓解工作的压力。所以冬季是他最爱的季节，因为很方便就能找到溜冰场，可以尽情享受溜冰的乐趣，一但天气回暖，冰雪融化，吉姆就没有办法溜冰了。他常常因为无法溜冰而一筹莫展，心情十分沮丧，工作效率也越来越低。于是这个溜冰的狂热爱好者开始思考，怎样才能在其他季节也能像冬季那样随时就能滑冰呢？思来想去，终于有一天，他灵机一动，为什么平地上不能溜冰呢？于是，他在头脑里展开了一番大胆的设想，将平常穿的运动鞋和能滑行的轮子组合在一起，想像出了一种“带轮子的运动鞋”。为了能实现这一想法，他积极尝试，勇于实践，经过反复的从尝试，终于制成了四季通用的“旱冰鞋”，这样就能随时溜冰了。

这就是典型的组合想像思考法，就是指头脑中某些客观存在的事物形象中，分别抽出一些组成部分或构成因素，再将这些重新组合排列，构成具有自己的结构、性质、功能和特征的独立存在的特定事物形象。

资料来源于　网络

个人感悟：____

____

第一节　常见的创新方法

一、头脑风暴法

【案例故事】

新产品的命名

司丽坦公司是一家生产小型电器的私人企业，拥有职工二百余人。它有许多竞争对手，市场竞争压力较大。为了在新一季度占领更多的市场份额，该企业的研发经理在公司成立了一个创意小分队。在通过创造力训练、智力激励训练等培训后，他们顺利研发了一种拥有其他产品没有的新功能电器，随后，开始为该项新产品命名。

在研发和命名的过程中，他们用到了头脑风暴法，经过几个小时的激烈讨论后，创意小分队共为新产品取了一百多个名字，经理让秘书将所有的命名保存了下来。几天后，经理再次召集大家开会，让大家根据记忆，默写出之前头脑风暴给出的新产品名称。在所有的名称中，有二十多个被大家频繁提到。随后，经理又从这二十多个名字中筛选出了三个大家认为比较可行的名字，并将这些名称在网络上向顾客发起征求意见，最终确定了一个得票最高的名称。一个月后，新产品投产上市。很快，因为其新颖的功能和特别的名称，吸引了大量顾客，迅速占领了大部分市场，在竞争中击败了对手。

资料来源于 网络

（一）头脑风暴法的含义

头脑风暴法（又称智力激励法、BS 法、自由思考法）由“头脑风暴”一词产生。它最早是精神病理学上的用语，指精神病患者胡思乱想的精神错乱状态，后来被逐渐转化为解决问题或者激发创意而召集一组人，同时围绕一个特定的兴趣领域无限制的自由联想和讨论。

1939 年，美国创造学家 AlexF. Osborn 创造了头脑风暴法，将其定义为“一群人以解决某一特定问题为目标而聚集在一起，群策群力，集思广益的一种创造性会谈技术”。就是在同一时间和环境下，所有参会者就一个问题或一个主题敞开思想，尽情思考，使各种设想在相互碰撞中激起脑海的创意风暴，团队中的个人一但有了新观点和想法时，就大声说出来，互相启发，在彼此的观点之上建立新观点，创造性地解决问题的过程。

当时 Osborn 从事广告行业，头脑风暴法最初便用于广告的灵感创意启发，由于团队讨论没有约束，主张人们自由思考，很容易就产生新的创意和问题解决的方法。后来，头脑风暴法迅速被广泛应用于技术创新、管理革新和社会问题的解决、预测和规划。

（二）头脑风暴法的原则

1. 自由性原则

该项原则的核心是寻找崭新的、奇特的和与众不同的想法。它试图确保所有参与者都能摆脱传统思想和习惯的束缚，不受条条框框的限制，解放思想，发挥想象力，允许异想天开、标新立异的意见。自由性原则的目标是为所有参与者提供一个充足思考和想象的空间，以获得和创造大量的灵感。

2. 延迟性原则

该原则主张在意见发表阶段不即时给予评价、确认或否定，所有评判在会议结束以后才被允许展开。这样做的目的一方面有利于营造积极热烈的思考氛围，给参会者充分的心理自由和安全感，避免因为他人的判断而打断思路；另一方面，由于优质的想法必须经过不断的归纳、深化和完善才能产生，有些想法一开始看似混乱、矛盾且毫无意义，但却能在广泛讨论后被挖掘出良好的创意和较高的价值。因此，头脑风暴的所有参与者都不能对他人提出的意见马上进行评论。

3．数量性原则

该原则的目标是尽可能多地获得想法，追求数量是主要任务。它要求所有参会者在一定时间内，尽可能多地提出设想。当所有人都努力追求创意的数量时，就会减少批判或者拒绝批判。这样便打破了思维的局限，有利于丰富联想，涌现出更多有价值的设想、有创意的方案。创意的质量和数量是紧密相连的，数量多的创意是获得质量好的创造性设想的重要保证。

4．综合性原则

该原则要求参与者除了要提出自己的想法外，还必须提交改进他人想法的建议，在他人想法的基础上，进行提升、补充、改善，或者将其他参与者的优秀观点整合起来，以形成更有价值的设想。

（三）头脑风暴法的应用

1．准备阶段

（1）明确议题。成功的头脑风暴需要准确阐明议题，进而设定目标，弄清通过头脑风暴需要解决什么问题？探索什么实质内容以及如何提高会议效率？

（2）确定人员。参会人数以 8 至 12 人为宜。参会的人数过少不利于提出足够多的想法，激发思维；而人数过多则会减少每个人的发言机会，不容易掌握局面，影响讨论氛围。

（3）收集资料。组织者应提前收集相关资料提供给参会者，所有参会者应熟悉了解与议题有关的知识和素材，提前思考。

（4）确定时间、地点。组织者应将会议的时间、地点提前通知参会者，让大家充分准备，以便在正式讨论的过程中有好的想法和创意。

（5）布置场地。将场地的座位排成圆形，这种格局有利于大家平等交流，往往比教室式的更为有利。

2．铺垫阶段

（1）明确分工。确定主持人 1 名，在会议开始时重申议题、规定纪律，在会议进程中组织引导、活跃氛围、掌握进程、归纳总结。确定记录员 1 至 2 名，在参会者发言时及时记录、编号、归纳，可利用黑板、多媒体等大家都能看到的记录媒介，让所有参会者都能够看清。

（2）规定纪律。依据头脑风暴法的基本原则，可规定在讨论时需要遵循的纪律，如要积极主动投入讨论，不要消极被动；在他人发言时切忌窃窃私语，以免影响别人思考；要有目标，有侧重，有效率，无需解释太多；所有参会者要相互尊重，平等以待，不要相互褒贬。

（3）热身准备。在讨论正式开始前，主持人可以引入有趣的话题或者给出一些创造力测验题供大家思考，从而活跃气氛，促进思维。

3．畅谈阶段

此阶段为头脑风暴的创意核心环节，每位参与者都应各司其职，在前期准备的基础上，充分表达意见，自由发言，互相启发，集思广益。会议初始阶段，发言可以按照座位顺序依次进行，如轮到的人暂时无新的想法，可以先跳过。几轮下来，大家的设想便形成了一个想法库，由记录员登记在黑板上。此时，可以由依次发言转为自由探讨。主持人在畅谈阶段应掌握好时间，把握好进度，及时对发言进行归纳和整理，提炼出富有创意和启发性的见解，并适时调整气氛，引发大家探讨。

4. 筛选阶段

接下来更为重要的是对所获得的设想进行分类和分析，以便筛选和发现了有价值的创意。解决这一问题有两种方法：一是同行评审，可以聘请相关专家（约 5 人左右）；二是二次会议审议，即所有参会者再次评估、处理这些设想，将这些设想归纳成几个方案，经过实践反复比较，最终确定最佳方案。

下面举例一家医院利用头脑风暴法解决护理部日常管理问题，内容如下。

第一步，成立质量改进领导小组及相应的基础护理、专科护理、护理文书、技术操作、病房管理及感染管理、病人服务满意度等护理质控督导组。

第二步，确定议题。根据护理部——科护士长——护士长三级护理管理体系的组织结构特点，找出护理部业务、行政查房及护士长夜查房、周末查房反馈的共性问题、热点问题等作为会议商讨议题，就现存的和潜在的护理风险因素查找相关因素，对问题形成的原因进行分析和探讨。

第三步，分级讨论研究。存在问题的科室利用晨会时间，由护士长将问题反馈到每一个护士，让每位护士充分发表自己的见解，找出发生问题的原因及解决问题的方法。由护士长记录备案，时间控制在 30 分钟内。护士长将备案的会议记录反馈到科护士长处，由科护士长召开片区会议，从各科护士长反馈的原因及解决问题的方法中再次筛选出共性问题。同时找出分析合理、可行性强的解决办法应用头脑风暴方法，进行讨论研究。科护士长将各片区讨论研究的结果，在每周进行的护理部碰头会上进行反馈，由护理部根据医院相关规章制度，立足于各项护理工作的原则性，讨论研究各种方法的可操作性及有效性，最终将结果反馈到科护士长处或通过全院护士长例会进行反馈。同时给出相关建议及意见，由各科室根据护理部建议及意见结合自身实际情况，进行全面整改。

第四步，实践整改。护理部每月初将上月质量监控中反馈存在的问题，列举出来，再次组织抽查。对反复存在的问题，护理部到病区现场调研，听取意见和建议，从不同角度、不同层次、不同方面分析护理差错缺陷出现的原因、应对方法及整改措施。临床护理及管理过程中的护理差错隐患，讨论改进措施与科室护士共同寻找解决办法，直到该问题解决。同时采取现场数码相机随机拍照，将不规范的现象曝光，图文并茂进行对比，将各病区数据指标量化排序，并制作成幻灯，坚持每月 1 次全院护理质量通报反馈。

第五步，评价方法。依据《卫生部医院管理年评价指南》及相关要求，自制八个护理质量量化评分标准进行考核，根据各表质量监控点分值有 5 分、10 分、15 分不等，总分 100 分，采取护士长夜查房、节假日周末查房、护理部行政查房、科护士长抽查进行评分，取各项平均值得出病区当月护理质量总分，并在次月全院护理质量通报反馈会上，将数据制作成直观的柱状图、饼图进行反馈，以此评价实施头脑风暴法后的实际效果。

综上所述，头脑风暴法具有操作执行简单便捷、实用价值强、应用范围广的特点，能够创造平台，提供能激发灵感、开阔思路的环境。使参与者在使用的过程中有效锻炼个人的创造力，在短时间内激发大量的灵感和创意，培养自信感与使命感，体现团队合作的意义，增加团队的凝聚力，从而提高工作效率，能够更快更高效地解决问题。

二、奥斯本检核表法

【案例故事】

奥斯本的创新之路

奥斯本没有上过大学，文化程度并不高，但他时刻怀揣着成为一名新闻记者的梦想。1938年，21岁的他面临着失业的危机，一度沮丧消沉。沉寂了一段时间后，他突然醒悟，为了实现梦想，他重新鼓足勇气去一家小报社应聘。主编问："你有相关专业经验吗？"奥斯本回答："没有。不过请你先看看我写的文章吧！"主编看了看他的文章，摇着头说："年轻人，这篇文章在写作逻辑上很一般，文笔不通畅，用词也不精准；但是你胜在内容上有非常特别的见解，让我感受到了耳目一新。创新，对于新闻人来说非常可贵！凭这一点，我愿意试用你3个月。"

奥斯本明白了"创新性"的可贵之处，了解了自己的优势所在，他决心继续发挥自己的创新思维。他阅读研究了大量的报纸期刊，互相对比，寻找灵感。终于他脑海里灵光一现，迫不及待冲进主编的办公室，大声说："主编，我有一个大胆的设想。"主编期待地等着他继续说下去，"广告是报纸的赖以维系下去的经济来源，很难与大报业竞争大公司的广告，而小工厂、小商店也做不起大广告，但也有很大的投放广告的需求。可以尝试创造条目分类广告，以较低的收费满足中小企业的宣传需要呢？"主编说："这个想法真不错，我们试一试！"这便是被如今报刊广泛采用的条目分类广告。奥斯本坚持每天提一条创新性建议，两年后，这张小报成为一个实力雄厚的报业托拉斯，奥斯本也当上了报业集团拥有巨额股份的副董事长。

资料来源于 网络

（一）奥斯本检核表法的定义

奥斯本检核表法是以该技法的发明者奥斯本命名，引导人们在创造过程中对照九个方面的问题进行思考，以便启迪思路开拓思维想像的空间，促进人们产生新设想、新方案的方法。该方法需要根据研究对象的特点列出有关问题，形成检核表，然后针对问题依次检核讨论，从而发掘出解决问题的大量方法。它引导人们根据检核项目的一条条思路来求解问题，思考相对周密全面。

（二）奥斯本检核表法的内容

奥斯本检核表法的检核内容包括以下九大问题。

1. 能否改变？

现有事物能否做一些改变？改变一下会如何？是否可以改变一下颜色、声音、味道、格局、样式、大小、高低、意义、方式？改变之后会有什么样的效果呢？

2. 能否增加（放大，扩大）？

现有事物可否扩大使用范围？能否增加使用功能？能否添加零部件？能否延长使用寿命，增加长度、增加厚度、提高强度、提高价值？

3. 能否减少（缩小，省略）？

现有事物能否缩小体积？能否减短长度，减少重量，切割厚度，拆分或省略某些部分，简化操作，简化程序，精简设置？

4. 能否代用？

可否由别的东西代替？由别人取代？能否用其他材料、元件、结构、方法、工艺、能源、声音等代替？

5. 能否他用？

现有事物有没有其他的用途？保持原状不变能否扩大用途？稍加改变，有无别的用途？

6. 能否借用？

能否引入其他的创造性设想？能否模仿别的东西？能否从其他领域、产品、方案中引入新的元素、工艺、材料、原理、造型、思路？

7. 能否颠倒？

现有的事物能否颠倒前后、左右、上下、里外、横竖、主次、正负、因果等相反的角度形成新的结果？

8. 能否组合？

能否将原件和其他事物组合在一起？能否进行原理组合、材料组合、部件组合、形状组合、功能组合、性能组合、目的组合？

9. 能否变换？

现有事物能否变换时间、排列顺序、速度、方位、要求、型号？内部组件是否可以调换？

奥斯本检核表法检核内容的九大问题与结果应用如表 7-1 所示。

表 7-1 奥斯本检核表法检核内容的九大问题与结果应用

九大问题	思考方向	结果应用
能否他用	其他用途	挖掘路灯的装饰、定位标识等功用
能否借用	增加功能	受石油工业中用小机器人来探测管道漏洞做法的启发，制造出各种内窥镜用于医疗工作，如胃镜、肠镜等
能否改变	改一改	手表盘由圆形改变为长方形、椭圆形；盘底色由白色变为蓝色、灰色或带有星光图案等；表内加入能发出声音的元件，可以像闹钟一样使用
能否扩大	延长使用寿命	在小电器中使用节电、降压开关
能否缩小	缩小体积	1 号电池→2 号电池→5 号电池→7 号电池→8 号电池→钮扣电池
能否替代	代用	“斑马线”代替石头人行横道线
能否调整	调整材质和模式	水龙头防渗漏的内衬有橡胶的、铜制的、铁制的等，最新变换的陶瓷制心，因其耐磨、耐高温、密封性能好得到了广泛的应用。水龙头开启模式也是变换的多姿多彩的有手动的、脚动的、气动的、声控的、温控的等
能否颠倒	反过来想	英国科学家法拉第把当时已被证明的电流能够产生磁的原理颠倒过来，实现了磁能变成电的设想，从而诞生了世界上第一台发电机
能否组合	与其他组合	带手电收音机、带手电的钟等

（三）奥斯本核检表法的步骤

奥斯本检核表法的核心关键词是改进。首先，需要选定一个要改进的产品或方案。其次，对该产品或方案，从九个角度提出一系列的问题，并由这些问题产生大量的创意想法。最后，根据上述步骤产生的创意想法，做进一步的筛选、思考和完善。

具体实施步骤如下。

（1）明确问题。根据需要改进的产品或方案明确需要解决的问题。

（2）检核讨论。根据需要解决的问题，参照九个角度提出系列问题，引发参与者运用丰富想象力，强制性地一个个核对讨论，挖掘新设想。

（3）筛选综合。对新设想进行筛选、重组、综合，形成最有价值和创新性的设想。

（四）奥斯本检核表法的价值

1．远离思维惰性

思维惰性就是不想浪费脑细胞，由于习惯和适应，在考虑事情的时候，不想去做思考。仅仅是把大脑内里形成的物质重新取出来，毕竟这样短期内比较节省时间，也比较节省脑细胞。因为这个时候，人们已经开始进入了思维的舒适区，在舒适区生活的越久，成长就越慢。奥斯本检核表法提供了九个维度去刺激大脑，让自己慢慢逃离自己的思维舒适区，强迫自己去思考和改变，进而远离思维惰性。

2．突破思维定势

所谓思维定势，就是按照积累的思维活动经验教训和已有的思维规律，在反复使用中所形成的比较稳定的、定型化了的惯性思维。在环境不变的条件下，思维定势使人能够应用已掌握的方法迅速解决问题。而在情境发生变化时，它则会妨碍人采用新的方法。消极的思维定势是束缚创造性思维的枷锁。

3．建立思维自信

创新思维自信是指相信自己有能力改变周围的世界。拥有思维创造力的人会有很强的自我效能感，相信自己有创造力，敢于挑战挫折和失败，有建立提问、思考、想象和创新思维自信。

对于当代大学生而言，创新发明最大敌人是思维的惰性。大部分人思维总是沿着长期形成的思维模式来看待事物，对问题不敏感，即使看出了事物的缺陷和毛病，也懒于去进一步思索，不积极思考，因而难以有所创新。在学习了奥斯本核检表法之后，不妨在你思维僵化、疲于思考的时候及时拿出来使用。

在运用此方法时要注意几个问题：一是它要和具体的知识经验相结合，虽然奥斯本提示了思考的一般角度和思路，还要基于自身具体的知识经验、专业背景、学科素材；二是运用此方法时，一定要以改进对象为核心来进行思考，不能脱离主角而偏题、离题、题不达意；三是可以自行设计问题来提问，提出的问题越新颖，得到的主意越有创意。

三、组合与分解的方法

【案例故事】

辛格拉的崛起

一个印度商人经过深思熟虑准备经营一家传统民族服饰的工厂，工厂成立初期，只有寥寥数名员工和为数不多的资金支持。当时，传统民族服饰的市场已经被赫赫有名的“阿格斯诺”占领了大部分份额，如何才能打响品牌，跟大企业分一杯羹呢？面对如此强劲的对手，不是自讨没趣，就是生存无望。

果然，工厂开业后，由于市场很难打开，知名度上不去，导致业绩惨淡。艰难的处境使这位印度商人陷入深思，他着召集员工一起出谋划策，最后决定在广告上下功夫。他们想出了一句广告词：“当您穿上阿格斯诺的纱衣时，不妨配上辛格拉的头巾和长裙吧，你一定会美出天际。”。借大公司之名，附上小厂，这便是组合法中的主体添加。不少同行嘲笑印度商人攀高枝，花钱为别人做广告，他却坚持了自己的想法。果然，此广告一发布，因为借用大厂名称有了热度，再加上朗朗上口的广告语，让大家津津乐道，这家小厂很快就发展起来，生意越来越好。

资料来源于 网络

手套的分解

手套是非常简单的生活用品，将手套再分解能得到什么呢？江苏镇江的一位工程师心血来潮，把普通的薄型白手套的指套部分剪去，再在手套的背面印上五笔字型的指法和指法规则，成为专利产品“电脑上机手套”。这样，初学者戴上手套上机就十分方便，忘记了规则看一下手套的背面立即可知。西安有一位大学教师与其相反，把手套的指套部分分解出来，成为单独的产品——卫生指套。用无菌塑料薄膜做成的指套附在食品包装中，在食用前将指套套上手指，以防手指上的细菌污染食品，特别适合旅行时使用，也获得了专利。

资料来源于 网络

（一）组合法

组合法指的是两种或两种以上事物叠加或者从两种以上事物中提取有用的元素，将元素进行重新排列组合，形成新的事物或新的产品的一种创造技法。

在《辞海》中“组合”被定义为：“组织成整体”；在数学中，“组合”是从 m 个不同的元素中任取 n 个成一组，即成为一个组合。在创造学中，组合法是一种创造技法，是指充分发挥创造性思维，将已知的若干事物或若干事物中的有用元素提取出来合并成一个新的事物，使其在性能、品质、功效等方面有改进或提升，以产生新的价值。

组合法中比较常见的有：主体附加法、异类组合法、同物自组法、重组组合法和信息交合法等。

1．主体附加法

以一件事物为主体，再添加另一附属事物，以实现组合创造的技法叫做主体附加法。就是给一个既定的事物添加一些别的东西。这些东西可以是现实中已经存在的，也可以是新创造的。

如给照相机加闪光灯，给智能手机加蓝牙耳机，给空调加遥控器等。一般情况下要明确为什么添加，如何添加以及怎样添加。

【课堂活动】

列举所知道的主体添加的例子，越多越好。

（1）奶瓶、家用小汽车、电视机、箱包、加湿器等可添加什么？

（2）老年人拿在手上转的、空心的、电镀光亮的健身球，可添加什么？

（3）鞋上可添加什么？

（4）自行车上可添加什么？

（5）烧开水用的水壶可添加什么？

（6）电梯上可添加什么？

（7）看一看，想一想，家里有什么物品可在上面打个孔、开条缝，是具有实际意义的。

2．异类组合法

将两种或两种以上的不同种类的事物重新组合，产生新事物的技法称为异类组合法。异类组合是不同类的事物组合，其特点是：第一，组合对是完全不同的两类个体，没有明显的主次关系。第二，通过组合，参与组合的从意义、原理、构造、成分、功能等方面可以互补和相互渗透，产生一加一大于二的价值，整体价值产生显著变化。第三，异类组合的目标是异类求同，所追求的创造性较强。

例如，带橡皮的铅笔，方便在写字时及时涂改，解决了橡皮易遗失的问题；CT 扫描仪，将 X 光机与电子计算机结合，大大提高了医疗效率；带 usb 接孔的接线板，方便人们直接给小型智能电器充电。

3．同类组合法

将若干相同的事物或同质的事物进行组合的创造技法。它的组合对象是同类型或相似的事物。

例如，双色圆珠笔、排笔、排箫、多头插座、双人或三人自行车、双胞胎推车等。

4．焦点组合法

选定一个主体，它可以是已有的事物也可以是想象中或创造中的事物，以该事物为焦点，运用发散、联想思维，发掘它与哪些事物组合在一起可能发挥更大价值，从而构成一个新的事物。

例如，杯子可以与哪些东西组合在一起，成为一个新型的杯子？和小电炉组合在一起，构成电热杯；和强磁铁组合在一起，构成磁化杯；与真空组合在一起，成为保温杯。

例如，书籍可以和哪些东西组合在一起，成为新型的书籍？和电子芯片组合在一起，构成电子阅读器；和贺卡组合在一起，构成立体书。

例如，牙刷和那些东西组合在一起，成为新的牙刷？和电组合在一起，构成电动牙刷；和牙线组合在一起，构成水牙线。

（二）分解法

《辞海》中对分解的释义为：“将一个整体分成若干部分或者分出某部分”。创造学中的分解法指的是，将一个事物由整体分解出一部分，对分解出来的这部分进行改造、升级、完善，使其成为一个单独的个体，从而形成一个新产品或新事物。

例如，普通螺丝刀的刀头和刀把是固定的，在实际操作中往往会遇到不同的规格的螺丝钉，这时候怎么办呢？利用分解法，把刀头、刀把分开，便可以创造出多用活动螺丝刀。

通常，分解法的主要有原功用分解和变功用分解两种。

1．原功用分解

将某个整体分成若干部分或分出某一部分作为一个新整体时，功能结构同整体时的功能目的一样。这样的分解创新叫做原功用分解。虽然原功用分解的功能目的、功能结构基本不变，但由于经过分解，功能的性能、效果、表现形式、载体、代价、寿命、意义等发生了变化，就可能产生新的价值。

例如，地毯在使用过程中有诸多的不便，不便于清洗和更换，花色花样比较单调。有人把地毯化整为零，可以任意组合，使得清洗和更换十分方便，而且可以随心所欲地进行拼装。

2．变功用分解

将某个整体分成若干部分或分出某一部分，作为一个新的整体和新的组合整体时，结构基本不变，而功能却不同于整体原来的功能。这样的分解创新叫做变功用分解。变功用分解创新，追求的是功能的变化。

例如，将自行车进行分解成为独轮自行车，虽然其功能结构基本不变，但是其功能目的发生了变化，其用途不再是代步，而成为杂技表演的道具供演员使用。

生活中很多有趣的小发明小创造都来源于组合与分解法，通过简单的组合与分解便能对基本的物件进行再加工与改造，从而形成更便于人们使用的新产品。

【拓展阅读】

瓦特与蒸汽机

故事 1：在一个叫格林诺克的小镇上，每家每户都要生火烧水做饭。对于生活中这些稀松平常的小事，很少有人放在心上，而瓦特就留了心。

有一天，他在厨房里帮祖母一起做饭，灶台上烧着一壶开水，开水沸腾起来惹得壶盖啪啪作响，不停跳动。瓦特盯着看了好久，想不通壶盖为什么会跳动，就寻问祖母。祖母回答说：“水开了，就这样。” 瓦特还是没弄明白，又继续追问道：“为什么水开了壶盖就会跳动呢，是什么东西推着它动吗？” 祖母忙于手上的活计，便不耐烦地应付他：“没看到我在忙吗，小孩子不要刨根问底，不帮我的话就玩去吧！”

瓦特非但没有寻到答案，反而受到了指责，心里很是难过。但是，这并没有阻碍他继续钻研。连续几天，每当做饭时，他都在火炉旁细心观察。起初，壶盖一动不动，没一会儿水快开了，壶里的水蒸汽冒出来，推动壶盖上下跳动，蒸汽不住地往上冒，壶盖也不停地跳动。瓦特高兴地欢呼雀跃，他把壶盖揭开盖上，反复验证，又用盘子在水蒸汽喷出的地方遮住。几经探索，瓦特终于弄清楚了壶盖跳动的秘密，原来藏在水壶里让壶盖跳动的魔法师是水蒸汽呀，这水蒸汽的力量还真是不小呢！

资料来源于 网络

发现水蒸汽推动壶盖跳动这一问题，成为了瓦特发明蒸汽机的认识源泉。

洗手间旁的餐馆

故事 2：一个年轻人在家附近的公路旁开了一家餐馆，并请了当地一位厨艺精湛的厨师担任主厨，以美味的菜肴、优质的服务和实惠的价格为卖点。旨在打造一家公路上的“性价比之王”餐馆，餐馆打造的清爽舒适，饭菜也很好吃，就是少有司机停下来吃饭。直到有一天，一个长途司机光顾，一进门就直奔洗手间，年轻人灵光一现。很快，他在餐馆旁边建了一间新厕，并竖起了一块醒目的大牌子。此举一出立即见效，店里的生意渐渐红火了起来，真的成为了公路上的王牌餐馆，在司机间口口相传。正是因为这位年轻人变换了一个角度思考，发现了问题，从而解决了问题。

资料来源于 网络

第二节 创新思维的工具

【开篇故事】

创意来源于生活

在一个寒冷的冬季早晨，一个小男孩看见母亲在厨房里分装酱油，将一瓶大容量的玻璃瓶装酱油，倒进一个便于使用的小瓶子里。那只玻璃瓶又大又重，瓶口很大，往小瓶子里倒的时候并不容易，想要不撒不漏更是难上加难。尤其还是在冬天这样寒冷的季节，酱油瓶冻得冰冷，母亲的手捧着冰冷的瓶身，止不住地颤抖，酱油洒了一桌子，小瓶子里却没装进去多少。

看着母亲辛苦费劲的样子，小男孩内心触动极大。为了让母亲少受些苦，他开始思考如何能让分装酱油这件事变得轻松巧妙。接下来，他几乎泡在图书管里，翻阅书籍，查看资料。终于，流体力学的虹吸现象给了他很大启发，找到了解决问题的关键所在。

这个理论根据就是：当流体在管道内从高处向低处流动时，尽管中间有一段高出液体平面的管路，但一旦液体开始流动，液体就会不停地向低处流动，这一现象就是虹吸现象。他立即找来 u 形管开始试验，发现用管子吸取大瓶酱油时，必须想办法把酱油吸到逆 u 形管的最高处，再使之向另一端的低处流，才能形成虹吸!那么怎样才能使酱油被吸到管子的最高处呢？他又开使思考探索解决方法，有一天，他看到桌子上的墨水吸取管，灵机一动，有了想法。老式的不带橡皮球的玻璃管细端插人墨水瓶，用手将橡皮球捏扁，松开手，墨水就会被吸入玻璃管中。再将细端插人自来水笔的上端，捏扁橡皮球，墨水就会注入到笔内。他借用墨水吸取的方法，加装到 u 形管上。经过多次的改造、试验，克服了许多困难，终于发明了吸油泵，这项发明一直被沿用至今，受到了主妇们的青睐。

这是源自生活的创意，更是爱的产物。

资料来源于 网络

个人感悟：____

____

一、思维导图

如今社会高速发展，快节奏的生活方式成为了主旋律，时间对于人们来说非常宝贵。在日常的工作、学习以及生活中，办事效率几乎成为了致胜法宝。在这个效率至上的时代，思维导图可以在短时间内开拓人的思路，引导人们高效率地思考并解决问题。

作为一款发散思维的脑图工具，思维导图一经问世便受到很多年轻人的青睐，甚至被世界五百强企业，如波音、IBM、Google 等在工作中推广使用。思维导图的应用领域非常广阔，它可以解决各类领域的各种问题，在生活中无处不在，到处都可以看到它的身影。思维导图应用领域如图 7-1 所示。

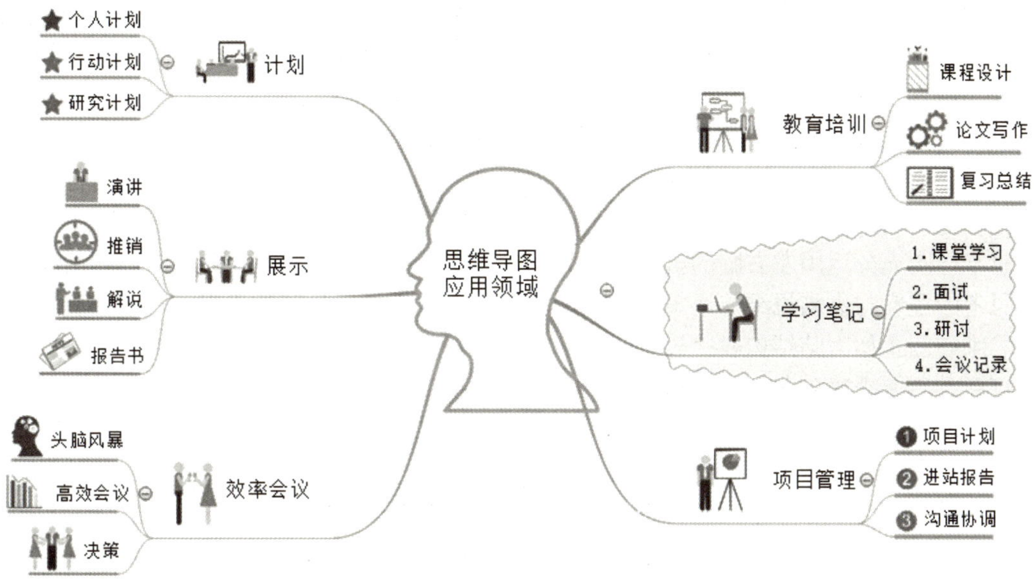

图 7-1　思维导图应用领域

对于学生而言，用思维导图来做学习笔记，也是一件十分有益的事情。思维导图有利于帮助学生厘清思路、整理归纳、提炼要点、加强记忆、巩固复习，从而提高学习效率和成果。它也十分适合书籍阅读、讲座和报告聆听时的速记，能及时把自己看到或听到的想法与书籍、讲座中有趣的观点和理论联系起来，加深理解和记忆。除此之外，学生还可以利用思维导图来解决学习生活中的各种问题，培养逻辑思维能力，如图 7-2 所示。

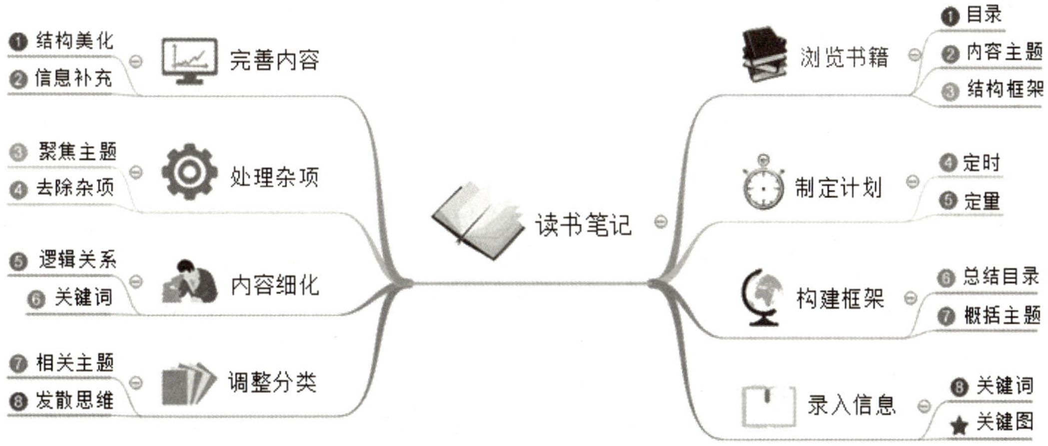

图 7-2　读书笔记

（一）思维导图的概念

英国著名心理学家托尼·巴赞在20世纪70年代初有过这样的研究发现，人类如果能综合应用各种思维技巧，能有助于思维效率的极大改善和提高。带着这个发现，他深入研究心理学、神经语言学、神经生理学、脑科学、记忆法、信息论、语言学、创造力、创新思维等科学，最终形成了关于思维导图的系列设想。托尼·巴赞希望学习者能够通过运用绘制思维导图的方式，将所汲取的知识和要点整理归纳，持续扩展思维导图的分支，直到思维导图包含的全部内容足以满足学习者的认知或者学习目的的达成。

思维导图又称心智图，是一种描述发散性思维的图形思维工具，它将图画和文字有机结合，把需要学习、理解、记忆的知识点用层级图来展示，将文字内容提炼成关键词，并与图形、颜色等鲜明的具象建立记忆连接，帮助使用者加深记忆。

思维导图充分运用左右脑的机能，与大脑的树状结构相仿，它源于脑科学的相关研究，要求思考的逻辑与大脑思维的逻辑同频共振。按照一定规律不断发散思维，填充分支而绘制出的思维导图正如大脑结构般“枝繁叶茂”，由核心要点扩散出的想法、思路和创意，通过加工打磨，由原先繁杂无序、枯燥乏味的大篇幅信息变成了有颜色、有图形、有条理的一目了然、层次分明、简单清晰的图画。

可以运用思维导图系统科学地存储、管理和应用来自生活、学习、工作的各类信息，在归纳、整理、分级、重组下绘制思维导图，对杂乱无章的信息实现优化处理。正因为思维导图与人类大脑这一精密构造的自然结构相吻合，它所反映出的思维过程的多元性、发散性，符合人类认知结构的客观要求，从而能够极大地提高大脑的运作效率，帮助使用者快速学习、分析问题、整理思路。它是大脑的思维地图，是革命性的思维工具。

（二）思维导图的绘制方法

（1）绘制材料：白纸、彩笔。

（2）绘制要求：①从白纸的中心位置开始绘制，周围留出空白；②用图形、图像表达中心思想；③在绘制过程中注意不同颜色的使用；④由中心图像开始发散，建立主要分支，再由主要分支发散绘制二级分支，二级分支可以继续发散绘制三级分支，依次类推；⑤分支间的连线应呈自然弯曲状而非直线；⑥每条线上可标注关键词；⑦多使用图形代替文字。

（三）思维导图的绘制原则

1. 清晰明白

思维导图的突出优势便是简单清晰，所以包含清晰的层次关系和内容体系是构建思维导图非常重要的原则。如果没有最初的思路设计，在设计思维导图时天马行空、任意发挥，只会阻碍理解和记忆。这就需要做到以下几点：①每条线上只有一个关键词，因为每个关键字都会导致无数的关联发散，从而导致思维导图繁杂混乱，不利于理解和记忆；②位于中间的主轴线条应加重标粗，达到突出中心思想的重要性和引导整篇文章的思路的作用；③在绘制时纸张应水平放置在桌子上，因为左右方向的顺序与大多数人的写作习惯相统一，如果纸张垂直放置会影响可用空间，而水平放置时，则会增加左右绘制空间，更有利于思维的多样性。

2．突出重点

一是要设置中心图，该图要力求色彩鲜艳、风格醒目、层次分明、吸引力强，使人们的目光不自觉地被中心图像所吸引，激发大脑的无限联想；二是要善于用图形代替文字来表达思想，平衡视觉和语言皮层的刺激，避免视觉疲劳，提高视觉感知能力；三是在使用文字和图形时，多转换字体、大小、颜色、粗细等格式，以及连接线的粗细、长度和曲率，以区分主次内容，明确逻辑关系。

3．合理布局

思维导图的层次和分类应该清晰明了，并且要有适当而有序的间隔，这样会有利于思维导图的条理性。此外，还可以引入数字序列号，对分支条目内容进行编号，使思维导图更符合逻辑要求。

（四）思维导图的应用

1．阅读书籍

对于前后章节相对独立的理论性书籍，在阅读时可以分章节阅读，再完成依次的归纳整理工作；对于整体性较强的书籍，可以详细阅读全书之后再一并制作思维导图，或者大致通览全书后按照内容划分成几个部分再依次进行绘制。总之要根据具体情况进行把握，参考书籍的难易程度、篇幅的长短、连续性等情况或者个人的阅读习惯选择适宜的方法。

2．构建框架

构建框架指在将书籍中的核心内容要素以条目的形式一目了然地罗列在思维导图中，条目的设计可以参考书籍目录。其一是直接将书籍目录全部绘制到思维导图中；其二是将目录的内容根据个人的认识和理解进行选取、归纳和整合，形成新的条目录入到思维导图中。

3．录入重点

搭建好框架后，便可以根据对应的条目内容录入重点。这里的重点，可以是书籍的核心内容，作者的重要思想，也可以是自己欣赏的观点，阅读过程中勾画的论述等内容。这些重点部分在录入思维导图的过程中，可以根据需要精简摘要，不必变更书中原句。对于和框架内容有关的重点，应依次对应摘录到对应框架的分支下，对于与框架内容无关的重点，可以在导图中建立“杂项”分支，将所有内容放在这个分支名目下。

4．引入论证

在完成总体框架并确定要点之后，可以提炼和细化。此时，可以将每个重点内容对应的论证引入到相应的分支中，以形成详细的内容结构。

5．细化语言

框架建立起来，且框架内每个分支的重点内容也都有了一定的论证。但这些步骤大多是摘录和填充，所有独立分支的内部逻辑与整体逻辑无法融会贯通。因此，每个分支的逻辑和语言需要进一步精炼，可以将书籍中的原始语言转换成自己理解的话语，使之简化清晰。同时理清这些句子之间的逻辑关系，同样以细化小分支的形式呈现出来。这样，一个层次、结构、逻辑清晰的思维导图便初具雏形。

6．处理杂项

需要处理好之前放进杂项中暂时待定的内容，分门别类的归纳到前面整理出的框架分支和延伸出的小分支中，与全书整体框架并不相关的内容可以做好取舍。

思维导图的“关键词”记忆，迫使使用者将注意力集中在事物的关键点。思维导图的色彩及图形可以充分刺激大脑，提高记忆力。大学生学会绘制思维导图后，可以在系统使用后找到适合自己的学习方法，提高自学的能力。在预习新课或是老师教学完成后的复习中，自己可以使用思维导图建立一个完整的知识架构，来明确知识之间的联系。由此，自己探索整理出来的内容，比老师直接灌输知识，会更加的印象深刻，理解也会更加透彻。

思维导图的充分应用可以帮助大学生提高学习和思维能力，培养学习的兴趣，调动学习的积极性，提升学习的自信感和满足感，从而保持学习的自主性。可以尝试在学习专业课知识、阅读书籍、整理资料的过程中使用思维导图，相信一定会有不一样的收获。

二、六顶思考帽

【案例故事】

情境模拟——到底去不去薰衣草花田呢？

初春的某一天，天气微凉，细雨绵绵，莉莉和小安早就计划好这天要去一个新开发的薰衣草花田游玩。由于临近期末，她们每天的行程被安排的满满当当，最近一个月只有这天被她们早早空出来。由于薰衣草的花期并不长，现在去正是好时机。她们展开讨论，决定到底要不要去。

莉莉——哎呀，今天天公不作美，咱还是不要去薰衣草田吧？

小安——是啊，最近咱就今天有时间，可这天气真不给力。

莉莉——好啦，也别抱怨天气了，咱们还是好好商量要不要去吧。

小安——要不去吧，咱都期待好久了，不去心里怪不好受的。

莉莉——可是这下着雨玩的多没意思啊。

小安——其实也还好啦，下着雨赏着花也挺有情调的。

莉莉——但是万一雨越下越大，把咱们困住怎么办啊。

小安——咱别杞人忧天了，天气预报只是小雨，而且这天也不是特别阴，应该没事的。

莉莉——天气本来就是无常的。

小安——也是啊，那咱们还要不要去呢。

莉莉——咱们还是快点商量吧，再这样下去到那都中午了。

……

显然，以上莉莉和小安的对话并没有讨论出所以然，她们都站在各自的思考范畴内，很难妥协于对方，属于对抗性思维，想必继续争论下去也不会有什么结果。在对抗式思维方式中，争论的双方常常都是对的，但只是思考的侧重点与角度不同。与对抗性思维相对应的平行思维需要参与讨论的各方，同时从同一个角度和侧面进行思考。它是一种高效率的、更有价值的讨论，是一个思维更新的过程，同时更是一种思维管理过程，让人回归理性，更好地找到解决路径。六顶思考帽便能给人带来关于平行思维的启发。

资料来源于 网络

（一）六顶思考帽的的概念

六顶思考帽是“创新思维之父”——爱德华·德博诺（Edward de Bono）博士创造的一种思维训练模式，在从不同角度全面分析研判问题。六顶思考帽代表着蓝色、白色、红色、黄色、黑色和绿色这六种颜色的帽子，以颜色为切入点，将不同颜色体现的特质与人们的思考方向联系起来，对某些事物或现象的认知关系加以标记，以便使用者集中精力思考问题，有效地提高思维能力，如图 7-3 所示。

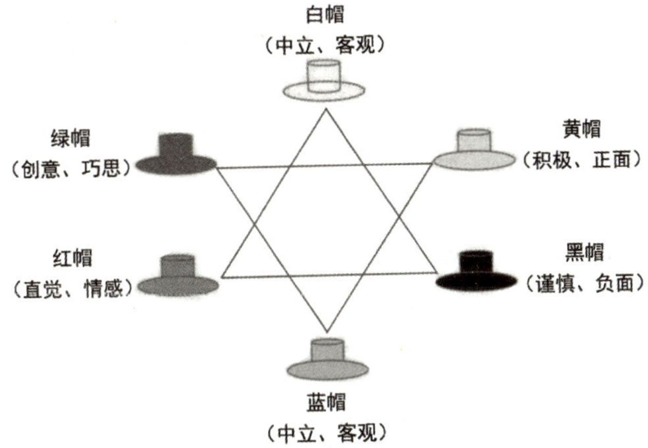

图 7-3　六顶思考帽

六顶思考帽是一种“平行思维”的工具，可以避免人们在低效的争论上浪费时间。他强调可以做什么，而不是什么是对的什么是错的。这种方法的运用有利于使用者理清思路，减少小组中毫无意义的争论，让每个人都积极的参与到思考、表达、提议、讨论中，从而激发每个人的创造力。

（二）六顶思考帽的分类

六顶思考帽用帽子这一具象作为比喻，构建指导思想发散的地图，如表 7-2 所示。

表 7-2　六顶思考帽的代表观点和功能

六顶思考帽	代表观点	功能
白色思考帽	中立而客观性思维	可以帮助使用者准确收集所需要的信息
绿色思考帽	跳跃创造性思维	可以激发使用者的指导思想，提出解释预言并进行新的设计
黄色思考帽	乐观积极性思维	可以让使用者做到深思熟虑，强化创造性方法和新方向
黑色思考帽	谨慎消极性思维	可以发现缺点，让使用者做出最佳的决策
红色思考帽	感性直觉思维	可以帮助使用者暂时抛开规则，意识到情感和直觉并表达出来
蓝色思考帽	冷静逻辑性思维	可以帮助使用者控制思考过程

（1）白色思考帽：白色可以理解为“透明”“无色”的状态，代表着客观中立。戴上白色思考帽，需要使用者从客观存在的事实和数据出发，客观地思考问题。

（2）绿色思考帽：绿色在大自然中最为常见，代表着青春活力、生机勃勃。戴上绿色思考帽，需要使用者插上想象的翅膀，激发创造力，它具有启发人们创造性思考、激励成员头脑风暴、不断探寻求异思维的功能。

（3）黄色思考帽：黄色是一种明亮、鲜艳、醒目的颜色，给人以轻松、明朗、愉快的感觉，代表价值与肯定。戴上黄色思考帽，需要使用者正面思考问题，以积极的态度表达乐观向上、充满希望的建设性观点。

（4）黑色思考帽：黑色是一种深沉、隐秘的颜色，给人一种另类、冷峻的视觉体验。戴上黑色思考帽，需要使用者在基于客观逻辑的基础上，自由批判，发表负面意见，找寻错误和疏漏，大胆地使用逆向思维，以否定、质疑的观点审视研究问题。

（5）红色思考帽：红色是一种热情洋溢的颜色，代表着直接的情感和情绪。戴上红色思考帽，使用者可以带入自己的情绪，并尽情展现出来，从而激发直觉、感受、预感等方面看法的传递和表达，引发新的思考。

（6）蓝色思考帽：蓝色代表着理性和稳重。戴上蓝色思考帽，需要使用者从控制和调节思维过程的角度出发，把握好思维创新的节奏，控制六顶思考帽的使用顺序，规划和管理整个思考过程，最终做出整体结论的阐述。

（三）六顶思考帽的应用

六顶思考帽不仅是把思维分成了六种不同的颜色，还着重解决在讨论和分析问题的过程中如何行之有效地安排这六顶思考帽，什么时候戴红帽子？什么时候戴黄帽子？这就是组织思考的程序问题。只有掌握了理性、科学的编制六顶思考帽的程序，才能真正掌握它的核心应用。在会议中，六顶思考帽的步骤如下。

（1）陈述问题并罗列数据与信息——使用白帽（中立与客观）。

（2）提出解决问题的方案——使用绿帽（创新与冒险）。

（3）列举方案的优点——使用黄帽（积极与乐观）。

（4）挖掘方案的缺点——使用黑帽（逻辑与批判）。

（5）对方案进行直觉判断——使用红帽（直觉与感情）。

（6）总结陈述并做出决策——使用蓝帽（系统与控制）。

以上步骤并非不能打破，需要根据实际情况，使用蓝色思考帽，及时控制和调节思维过程。控制六顶思考帽的使用顺序，根据会议进度，安排与之相匹配的顺序，规划和管理整个思考过程。

【课堂活动】

请分别戴上白色和红色的帽子，谈谈对班级里某一位同学的看法。

针对“实行一周四天工作制”“全面禁放烟花爆竹”“禁止办公室恋情”和“实行末位淘汰制”，分别用黑色和黄色思考帽写出思考结果。

对于大学生而言，使用六顶思考帽这一创新思维工具，用平行思维取代垂直思维和批判式思维，可以从不同角度思考问题，同时减少团队内无意义的争论。既能够提高思考和讨论的效率，也能够使解决问题的方案更具科学性和合理性。让参与其中的所有个体提高集思广益的能力，为创造性的合作提供了有效的途径。

总之，六顶思考帽操作简单、推行容易、行之有效，是创新思维中一种重要的思维工具与沟通技法，可以赋予大学生热情、信息和创造力，让每一次会议和讨论都充满激情和执行力，让每一个决策与设想都充满新意和生命力。

【知识点链接】

TRIZ 理论

TRIZ 是英文“theory of the solution of inventive problems”的缩写，它的释义为：创造性问题解决方法。阿奇舒勒（G.S.Altshuller）于 1946 年发明了 TRIZ 理论，开始了创造性问题解决方法的持续研究。

阿奇舒勒在前苏联海军的专利局工作，因此他在工作中有很多机会接触来自世界各国的著名发明专利。他一次次地被这些发明专利的奇思妙想、脑洞大开所征服。也不禁思考：为什么这些人能有这么多奇思妙想呢？发明创造是否有什么科学方法可以遵循呢？在不断地的潜心研究下，他发现几乎所有领域的产品改进、技术革新都和生物系统存在一样的发展规律，会经历出生、成长、成熟、衰老、灭亡这一过程，是有规律可循的。一旦掌握并运用好这些规律，就能及时有效地进行产品改进并预测产品的未来发展趋势。

在最普遍的意义上，创新是创造性地发现问题和解决问题的过程。TRIZ 理论的意义便在于为人们创造性地发现和解决问题提供了，系统的理论方法和解决工具。现代 TRIZ 理论体系主要包括以下几个方面。

（1）创新思维方法与问题分析方法。TRIZ 理论对于一般问题提供了如何系统分析问题的方法，如多屏幕法。另一方面，对于复杂问题的解决，则提供了了科学的问题分析，建模方法，物—场分析法，它可以帮助使用者高效率地发现核心问题，找到根本矛盾所在。

（2）技术系统进化法则。针对技术系统进化演变的规律，TRIZ 理论在大量专利研判的基础上凝练八项基本进化法则。通过这些进化法则，可以了解产品的技术状态水平是否与市场环境、受众需求等因素相吻合，从而预测未来发展趋势，在原有基础上研发改进富有市场竞争力的新产品。

（3）技术矛盾解决原理。各类型的发明创造看似不同，却往往遵循着共同的客观规律。TRIZ 理论对这些共同的规律进行了总结和归纳，概括成 40 个创新原理，为不同的技术矛盾寻求结合工程实际的具体的解决方案。

（4）创新问题标准解法。针对不同问题物——场分析法所体现出的不同特征，分别对应不同标准的应对方法，包括如何对模型进行修整、转换、变更、替代等。

（5）发明问题解决算法。该法则主要针对矛盾不明确、问题情境复杂的技术系统。它需要对对初始问题进行一系列变形、再定义等非计算性的逻辑操作。达到对问题的逐步探索，问题转化，深入分析、直至问题解决的循序渐进的效果。

（6）基于物理、化学、几何学原理而构建的知识库。可以为技术创新提供丰富的方案来源参考。

课后思考

1．创新思维的常见方法和新的手段有哪些？

2．和室友一起，尝试用头脑风暴法解决一个宿舍问题。

3．选一本喜欢的书籍，绘制一份思维导图。

4．结合本章节内容谈一谈创新思维方法给你带来的启发。

第八章　创新从小发明小创造开始

【学习目标】

- 了解小发明小创造的成果保护途径
- 掌握专利申报及专利权的相关知识
- 掌握应用创新思维方法开展小发明小创造

【开篇故事】

生活中的小发明

小林是一个勤奋的人，非常善于发现问题和解决问题。受从事电工工作的父亲影响，他从小就非常喜欢摆弄电器设备，在拆拆装装中对设备装置产生了浓厚兴趣。

学生时代，有一次轮到他做值日生，认真负责的他由于疏忽忘记关灯，导致班级的文明行为分被扣除。沮丧之余，他又动起了脑筋，能不能发明一种自动控制的开关灯装置呢？于是，在参加学校科技协会的活动时，他向指导老师提出了这个想法，设计一个自动装置，通过感应自然光线的变化来自动调节教室的灯光，老师给予他充分的鼓励和支持。在老师的启发下，他开始上网搜索相关参考资料，并了解到目前市场上没有相关发明，他便热情地投入到设计与研发中心去。在老师的指导下，他使用测光传感器技术，完成电路设计。之后，又经过一年多的试验和摸索，小林和他的老师一起改进了照明圈自动控制装置。当自然光线值大于200小于250时，教室的灯便会自动打开，当自然光线值值大于250时，灯便会自动关闭。

作品完成的当年小林参加了“挑战杯”全国大学生课外学术科技作品竞赛，带着自己的发明 “一种红外线控制课堂灯的控制线路”一路披荆斩棘，获得了大赛的二等奖。在学校的鼓励和帮助下，这项小发明还成功地申请到国家实用新型发明专利。

也许对大多数同学来说，专利还是一个陌生的概念。但只要仔细观察，就会发现其实专利就在身边。人们的衣食住行样样都包含着专利，一个一闪而过的想法，只要认真思考、持续挖掘、深入探索，也许就会造就一项专利。随着知识产权战略的实施和相关法律的颁布出台，知识产权，特别是专利已迎来了爆炸式发展的新时代。一个个大学生申请专利的故事，说明只要有一个新颖的想法，成熟的考虑，再加之勇于探索实践，也许就会有一项新的专利诞生于世。

资料来源于 网络

个人感悟：____

____

____

第一节　小发明小创造的成果保护

一、专利的概念与类型

“专利”，从字面上来看，指的是专有的权利和利益。从词源上来看，“专利”一词源自于拉丁语 Litterae patentes，释义为：公开信件或公共文献，是中世纪的君王颁布某种特权的书面证明，后来渐渐发展为英国国王签署的独有权利的证书。

专利权，是指专利权人享有的专门权利，国家按照专利法的规定，在一定期限内授予申请人对其发明创造的成果，享有独占权、使用权、收益权和处分权。这里强调的重点是，权利，它是一种专有权，这种权利具有独占性和排他性。如若非专利权人需要使用他人的专利技术，必须依法取得专利权人的许可或者批准。

专利技术，是专利申请人向国家专利审批部门提出专利申请，受到国家承认并受到法律保护的专有技术、产品或者方案。申请人在规定的时间内对该项发明创造享有的专有权，国家在此期限内对该项发明创造予以法律保护。

专利证书及相关文献，是由政府专利部门或者有专业性质的区域性组织，根据申请人递交的专利申请而颁发的，具有证明申请人在规定的时间内对其发明创造享有独占、使用、收益和处分权利的作用。通常，他人只有经专利权人许可才能予以使用获得专利的发明创造。除此之外，专利证书及相关文献文件还记载了发明创造的具体内容。

在不同的国家和地区，专利的种类有着不同的划分标准：《中华人民共和国专利法》将专利划分为发明专利、实用新型专利和外观设计专利三种类型。在我国香港特别行政区，专利被分为标准专利（相当于大陆的发明专利）、短期专利（相当于大陆的实用新型专利）和外观设计专利。在部分发达国家中专利分为发明专利和外观设计专利。

（一）发明专利

在《中华人民共和国专利法》中，第二条第二款将发明专利定义为：“对产品、方法或者其改进所提出的新的技术方案。”由此可见，这里的发明专利并不一定是经过实践证明可以直接投入生产并进入市场的技术成果。它既可以是一项解决技术问题的方案，也可以是针对原有产品进行改进的构思。但需要注意的是，无论是方案或者构思，不能将其单纯地与撰写课题、提出设想相混淆，都需要具备在工业生产或者市场上运营的可行性。

（二）实用新型专利

《中华人民共和国专利法》第二条第三款对实用新型专利的解释是：“对产品的形状、构造或者其结合所提出的适于实用的新的技术方案。”与发明专利类似，实用新型专利保护的也是一个技术方案或者构思。与发明专利不同的是，它的保护的范围相对较窄。它的保护对象是具有一定形状或结构的新产品，而没有固定形状的物质不在其涉及的范围之内。实用新型专利的技术方案侧重于产品的实用性，其技术水平相较发明专利而言，要偏低一些。大多数国家或地区，实用新型专利保护的都是比较简单的、改进性的技术发明，也就是常说的“小发明小创造”。实用新型专利的申请过程中没有实质审查这一环节，手续简便，费用较低。因此，大学生关于生活中的日用品、小电器，或者与专业相关的有形产品的改进与创新，适合申请实用新型专利。

（三）外观设计专利

《中华人民共和国专利法》第二条第四款对外观设计专利的定义是：“对产品的形状、图案或其结合以及色彩与形状、图案的结合所作出的富有美感并适于工业应用的新设计。”同时，也规定了外观设计专利不属于现有设计，应与现有设计或者具有现有设计特征的产品具有显著的区别。它与发明专利、实用新型专利不同之处在于，外观设计侧重于将艺术性和美感设计到一项产品的外观中，它的保护对象是产品的装饰性或艺术性外观设计，这种设计可以是平面图案、立体造型或者这二者的结合。需要注意的是，这种艺术性的创造，又与单纯的工艺品不同，必须具有工业生产或实际使用的实用性。

发明专利和实用新型专利保护的是科学技术思想，外观设计专利保护的是艺术美术思想。虽然实用新型专利和外观设计专利在某些方面都与产品的形状改进有关，但两者的目的却不相同。实用新型专利的目的在于，使产品在形态上改进后能够解决某一技术问题，而外观设计专利的目的则在于使产品形状产生美感。例如一把雨伞，如果对雨伞的伞柄、伞骨、伞头结构设计进行精简合理的改造，使之可以节省材料又有更加耐用的功能，那么应申请实用新型专利；若对它的形状、图案、色彩进行美化，则可以申请外观设计专利。

二、专利的特征与意义

（一）特征

1．新颖性

新颖性是指该专利与现有的技术完全不同，具有完全的独创性。同时，也没有任何单位或者个人就同样的内容在申请日以前向国家专利部门提出过申请，并记载在申请日以后公布的专利申请文件或者公告的专利文件中。

2．创造性

创造性是指与现有技术或产品相比，该专利在设计与构思上具有突出的实质性特点和显著的技术进步空间。

3．实用性

我国《专利法》规定：“实用性，是指该发明或者实用新型能够制造或者使用，并且能够产生积极效果。”具体而言，是指发明创造能够在工业生产、市场投入和为民服务上产生积极效果。需要注意的是，专利法并不要求发明创造，在申请专利之前已经经过生产实践，而是分析和推断在工农业及其他行业的生产中具有可行性。

（二）意义

（1）通过法定程序确定发明创造的权利归属关系，能起到有效保护发明创造成果，有效占领市场，从而获得经济效益的作用。

（2）有利于专利权人在市场竞争中争取主动权，确保生产与销售的安全性，有效地规避经营风险。

（3）专利权人及时申请专利，能够使自己的发明创造得到国家法律保护，构成技术壁垒，防止他人抄袭、模仿、套用而开发类似的新技术、新产品。

（4）可以促进产品与时俱进、推陈出新，也能提高产品的技术含量，达到确保产品的质量、降低成本的效果，使企业的产品在市场竞争中占有优势。

（5）专利是体现企业实力的良好保证，是一种无形资产和无形宣传，能够赢得消费者的信赖和政府各项政策的扶持。

（6）21 世纪是知识经济的时代，知识产权的竞争在世界市场上极为重要，专利具有科研成果市场化的桥梁作用。

（7）专利技术可以作为商品出售（转让），比单纯的技术转让更有法律和经济效益，从而达到其经济价值的实现。

（8）国家对专利申请有一定的扶持政策（如政府颁布的专利奖励政策、以及高新技术企业政策等），会给予部分政策、经济方面的帮助。

（9）拥有一定数量的专利是企业上市和高新技术企业资格评审、科技项目的验收中的一项重要指标。

专利是盾，申请专利可以充分保护自己的技术和产品；专利也是矛，企业和个人要充分利用专利，打击侵权行为。充分利用专利的各项功能，对企业的生产经营、社会的公平发展、国家的创新能力都具有极大的促进作用。

三、专利的申请

【案例故事】

新型便捷蹲便器的产生

小谷同学从小就爱鼓捣小玩意，而且喜欢钻研问题，总爱问为什么，家长和老师甚是烦恼。认为他不好好学习，心思总是不放在“正道”上。这一爱动脑子、爱钻研、爱鼓捣不被看好的习惯一直伴随着他，在一次偶然间，促使小谷同学产生了进行发明创造，申请专利的想法。

大学毕业后，小谷同学在广州的一家互联网公司工作，公司提供了一间面积有限的单身宿舍供他使用，宿舍的卫生间十分紧凑，中间还装有一个马桶。如此一来，使用空间显得更为狭小，给日常洗漱带来极大不便。某次洗澡时，他一不小心脚下一滑，摔倒在马桶上，自己受了轻伤，马桶也撞坏了。小谷同学便开始思考，怎么解决卫生间空间狭小，使用不便的问题。很快，他便想到更换一个蹲便池来扩大使用空间。但现有的蹲便池都是裸露设计，没有密封装置，非但不美观，而且使用上极容易掉入杂物，堵塞便池，产生异味。小谷同学继续认真思考，进而想到添加一个密封装置，例如盖子之类的部件来改造一下现有的蹲便池。从而达到既可以节省现有空间，减少成本，又可以解决使用不便以及不美观的难题，可谓一举多得。他立即将想法付诸于实践，请教专家、找资料、画草图，经过多次设计改良，小谷同学设计出了一款适合蹲便器的梯形盖，材料上选用高分子材料，足可以承受一个成年人的重量。带着他的设计，小谷同学联系了一家机械厂做了多次试验操作，达到了他的预期使用效果，而且投入生产的可行性也比较大。如此一来，一个专利就初具雏形了。

有了这些尝试之后，小谷同学将宿舍的卫生间做了改造，使用起来很是满意，他想到了申请专利。着手申请后，他才发现自己对专利申请的知识知之甚微，操作起来遇到了很多问题。于是，他请教了在知识产权局工作的朋友，朋友也觉得这个想法完全具有申请专利的潜质，给了他很多的建议和支持。在朋友的帮助下，小谷同学从图纸修改到样品模型修改又作了进一步优化，并撰写了专利案申报的材料。最终顺利进行了申报。苍天不负有心人，小谷同学的很快拿到了专利证书，新型便捷蹲便器。

由此可见，有了好的想法，要勇于付诸实践，产品能否化为专利，以及如何申请专利，需要专业人士的指导，需要有一定的专利申报的知识。

资料来源于 网络

（一）申请流程

依据《中华人民共和国专利法》，发明专利申请的审批程序包括受理、初步审查阶段、公布、实质审查和授权五个阶段。实用新型和外观设计申请不进行早期公布和实质审查，只有三个阶段。

1. 受理阶段

专利局收到专利申请后进行审查，如果符合受理条件，专利局将确定申请日，给予申请号，并且核实文件清单后，发出受理通知书，通知申请人。如果申请文件未打字、印刷或字迹不清、有涂改的。或者附图及图片未用绘图工具和黑色墨水绘制、照片模糊不清有涂改的。或者申请文件不齐备的。或者请求书中缺申请人姓名或名称及地址不详的。或专利申请类别不明确或无法确定的，以及外国单位和个人未经涉外专利代理机构直接寄来的专利申请都不予受理。

2. 初步审查阶段

经受理后的专利申请按照规定缴纳申请费的，自动进入初审阶段。初审前发明专利申请首先要进行保密审查，需要保密的，按保密程序处理。

在初审时要对申请是否存在明显缺陷进行审查，主要包括审查内容是否属于《专利法》中不授予专利权的范围，是否明显缺乏技术内容不能构成技术方案，是否缺乏单一性，申请文件是否齐备及格式是否符合要求。若是外国申请人还要进行资格审查及申请手续审查。不合格的，专利局将通知申请人在规定的期限内补正或陈述意见，逾期不答复的，申请将被视为撤回。经答复仍未消除缺陷的，予以驳回。发明专利申请初审合格的，将发给初审合格通知书。对实用新型和外观设计专利申请，除进行上述审查外，还要审查是否明显与已有专利相同，不是一个新的技术方案或者新的设计，经初审未发现驳回理由的将直接进入授权秩序。

3. 公布阶段

发明专利申请从发出初审合格通知书起进入公布阶段，如果申请人没有提出提前公开的请求，要等到申请日起满 15 个月才进入公开准备程序。如果申请人请求提前公开的，则申请立即进入公开准备程序。经过格式复核、编辑校对、计算机处理、排版印刷，大约 3 个月后在专利公报上公布其说明书摘要并出版说明书单行本。申请公布以后，申请人就获得了临时保护的权利。

4. 实质审查阶段

发明专利申请公布以后，如果申请人已经提出实质审查请求并已生效的，申请人进入实审程序。如果发明专利申请自申请日起满三年还未提出实审请求，或者实审请求未生效的，该申请即被视为撤回。

在实审期间将对专利申请是否具有新颖性、创造性、实用性以及专利法规定的其他实质性条件进行全面审查。经审查认为不符合授权条件的或者存在各种缺陷的，将通知申请人在规定的时间内陈述意见或进行修改，逾期不答复的，申请被视为撤回，经多次答复申请仍不符合要求的，予以驳回。实质审查中未发现驳回理由的，将按规定进入授权程序。

5. 授权阶段

实用新型和外观设计专利申请经初步审查以及发明专利申请经实质审查未发现驳回理由的，由审查员作出授权通知。申请进入授权登记准备，经对授权文本的法律效力和完整性进行复核，对专利申请的著录项目进行校对、修改后，专利局发出授权通知书和办理登记手续通知书，申请人接到通知书后应当在 2 个月之内按照通知的要求办理登记手续并缴纳规定的费用，按期办理登记手续的，专利局将授予专利权，颁发专利证书，在专利登记簿上记录，并在 2 个月后于专利公报上公告，未按规定办理登记手续的，视为放弃取得专利权的权利。

（二）申请文件

（1）申请发明专利的，申请文件应当包括：发明专利请求书、说明书（必要时应当有说明书附图）、权利要求书、摘要及其附图（具有说明书附图时须提供）。

（2）申请实用新型专利的，申请文件应当包括：实用新型专利请求书、说明书、说明书附图、权利要求书、摘要及其附图。

（3）申请外观设计专利的，申请文件应当包括：外观设计专利请求书、图片或者照片，以及外观设计简要说明。

权利要求书应当以说明书为依据，说明发明或实用新型的技术特征，限定专利申请的保护范围。在专利权授予后，权利要求书是确定发明或者实用新型专利权范围的根据，也是判断他人是否侵权的根据，有直接的法律效力。权利要求分为独立权利要求和从属权利要求。独立权利要求应当从整体上反映发明或者实用新型的主要技术内容，它是记载构成发明或者实用新型的必要技术特征的权利要求。从属权利要求是引用一项或多项权利要求的权利要求，它是一种包括另一项（或几项）权利要求的全部技术特征，又含有进一步加以限制的技术特征的权利要求。进行权利要求的撰写须十分严格、准确、具有高度的法律和技术方面的技巧。

（三）申请途径

途径一：申请人自己申请（将申请文件递交专利局或地方代办处，并缴纳相关费用）。

途径二：委托专利代理机构申请。

一般应该委托专业的代理机构，以避免由于自身对相关法律知识或相关程序了解不足而导致授权率降低或保护范围不当。专利代理机构及其代理人均是经过国家知识产权局批准的既懂专业技术、又掌握有关法律知识的专家，通过他们将申请人想要申请专利的一般技术资料撰写成符合审查要求的技术性、法律性文件，并使该文件具有最佳的保护效果。通过专利代理可使委托人的申请顺利、尽快的获得通过，真正做到少花钱、多得利，另外，建议选择那些有保障的专利代理机构。申请专利时提交的法律文件必须采用书面形式，并按照规定的统一格式填写。申请不同类型的专利，需要准备不同的文件。

【知识点链接】

《中华人民共和国专利法》是为了保护发明创造专利权，鼓励发明创造，有利于发明创造的推广应用，促进科学技术的发展，适应社会主义现代化建设的需要，特制订的法律。2020年10月17日，第十三届全国人民代表大会常务委员会第二十二次会议通过修改《中华人民共和国专利法》的决定，自2021年6月1日起施行。

第二节 大学生创新能力应用

【案例故事】

带着梦想起飞的无人机

小晨同学是一名管理专业的大二学生，爱好探险，喜欢挑战自我，并勇于尝试。只要是头脑中想到的有意义的事情，就会酝酿着去实现它。在一次西藏旅行的途中，他遇到了一座壮丽的雪山，面对如此美丽的风景，他想用自带的小型无人机，将美好的瞬间永远的保留下来。可是就在这时，问题出现了，无人机不能启动。因为到目前为止，还没有哪一款无人机可以在雨雪天使用，拍摄只能停止。从那时候，他就在想为什么无人机不能在雨雪天使用？那又该怎么做，才能够让无人机突破雨雪天气能使用呢？

带着些许遗憾和对问题的求知探索欲望，他开始了探索和研究。组建团队，潜心钻研，并寻求老师的帮助和指导。迷茫中的坚守是困难的，比如专业知识缺乏、资金缺乏、没有相关的案例可以进行参考。好在有导师和队友们的鼓励，团队最终重整旗鼓，通过不断的查阅文献，不断的进行尝试和改进，成功找到了合适的材料，突破了瓶颈。

在老师的指导下，小晨和他的团队带着作品——一款多功能的无人机。一路“过关斩将”，最终闯入了“挑战杯”决赛现场，取得了优异的成绩。目前，这项作品已经获得了国家专利。长期的坚持与努力无疑是值得的，一路走来，团队成员们收获了知识，收获了情谊，收获了乐趣，也真切地体会到了科技创新的魅力与意义。

资料来源于 网络

在全球化“互联网+”的时代，“双创”可以说是应运而生。“大众创业、万众创新”是中国经济发展到目前阶段的一个必然选择，中国经济要转型升级，向中高端迈进，关键是要发挥千千万万中国人的智慧，把人民的积极性更加充分地调动起来。

在这样的背景下，大学生自然成为了创新创业的主力军，无论是专业素养、技能水平，还是创意想法都具有鲜明优势。为了给大学生创新创业搭建优质平台，国家每年都会举办各种类别的创新创业大赛，其中颇具影响力的便是“挑战杯”和“互联网+”两个赛事。两类赛事都是面向全国范围内的高校学生开展的，但是比赛的主题、形式、规则等有所不同，“挑战杯”更侧重于学术科技创新，而“互联网+”则更偏向于创业想法创新。

本节将介绍这两类赛事，助力大学生将创新能力以“双创”赛事为契机，应用于实际学习和生活中。

一、“挑战杯”与创新

与大学生科技创新联系最为紧密的赛事便是“挑战杯”——大学生课外学术科技作品竞赛，相信关注各类大赛的同学们一定有所耳闻。

它是交流学习的科技盛宴，从最初的 19 所高校发起，发展到 1 000 多所高校参与，从 300 多人的小擂台发展到 200 多万大学生的竞技场。同学们可以在参赛的过程中，将自己的灵感付诸于实践，在竞赛中互相学习、互相切磋，享受创新的碰撞，感受科技的魅力。

它是推动科创的重要渠道，成果展示、技术转让、科技创业，让“挑战杯”竞赛从象牙塔走向社会，推动了高校科技成果向现实生产力的转化，为经济社会发展做出了积极贡献。深化高校素质教育的实践课堂。“挑战杯”已经形成了国家、省、高校三级赛制，广大高校以“挑战杯”竞赛为龙头，不断丰富活动内容，拓展工作载体，把创新教育纳入教育规划，使“挑战杯”竞赛成为大学生参与科技创新活动的重要平台。

它是展创新风采的亮丽舞台，我国的众多高校积极参与竞赛，派出代表团参加观摩和展示，竞赛成为我国青年学子展示创新风采的舞台，增进彼此了解、加深相互感情的重要途径。

（一）基本介绍

挑战杯是由共青团中央、中国科协、教育部、全国学联和地方省级政府共同主办，国内著名大学承办、新闻媒体联合发起的一项具有导向性、示范性和群众性的全国竞赛活动。“挑战杯”系列竞赛被誉为中国大学生科技创新创业的“奥林匹克”盛会，是目前国内大学生最关注最热门全国性竞赛之一，也是全国最具代表性、权威性、示范性、导向性的大学生竞赛。

自 1989 年首届竞赛举办以来，“挑战杯”竞赛始终坚持“崇尚科学、追求真知、勤奋学习、锐意创新、迎接挑战”的宗旨，在促进青年创新人才成长、深化高校素质教育、推动经济社会发展等方面发挥了积极作用。在广大高校乃至社会上产生了广泛而良好的影响，被誉为当代大学生科技创新的“奥林匹克”盛会。

（二）项目类型

“挑战杯”竞赛在中国共有两个并列项目，一个是“挑战杯”中国大学生创业计划竞赛（简称“小挑”）；另一个则是“挑战杯”全国大学生课外学术科技作品竞赛（简称“大挑”）。这两个项目在全国交叉轮流开展，每个项目每两年举办一届。

大学生创业计划竞赛属于商业计划竞赛，它借用风险投资的运作模式，要求参赛者组成优势互补的竞赛小组，提出一项具有市场前景的技术、产品或者服务。并围绕这一技术、产品或服务，以获得风险投资为目的，完成一份完整、具体、深入的创业计划。它旨在培养广大青年的创新、创业意识，作为学生科技活动的新载体。创业计划竞赛在培养复合型、创新型人才，促进高校产学研结合，推动国内风险投资体系建立方面发挥出越来越积极的作用。

与小发明小创造联系更为紧密的便是其中的课外学术科技作品竞赛了。“挑战杯”大学生课外学术科技作品竞赛的作品分为三大类：自然科学类学术论文、社会科学类社会调查报告和学术论文类科技发明制作。其中，自然科学类学术论文作者限本专科生；哲学社会科学类社会调查报告和学术论文限定在哲学、经济、社会、法律、教育、管理六个学科内；科技发明制作类分为 A、B 两类：A 类指科技含量较高、制作投入较大的作品；B 类指投入较少，且为生产技术或社会生活带来便利的小发明、小制作等。

两个比赛侧重点不同，“大挑”注重学术科技发明创作带来的实际意义与特点，而“小挑”更注重市场与技术服务的完美结合，商业性更强。“小挑”奖项设置为金奖、银奖、铜奖，而“大挑”奖项设置为特等奖、一等奖、二等奖、三等奖。

（三）赛事分析

“挑战杯”始于 1989 年，这项赛事不断鼓励着青年大学生弘扬爱国主义精神，树立投身科创、坚持挑战、追逐梦想、报效国家的情怀和志向。三十多年来，“挑战杯”秉承“挑战筑梦、科创报国”的理念，越“玩”越有趣，越赛越精彩。

近几年的挑战杯赛事，在赛事机制方面进行了重要改革，参赛作品全部实行公开答辩，并鼓励参赛学生观摩学习，促使赛事成为青年学生共同学习、共同交流、共同成长的大课堂。优化了“优胜杯”产生机制、“优秀组织奖”评选机制，作品执行赛前公示制度，对不诚信参赛行为“一票否决”，着意打造公平公正竞争平台。以 2020 年“挑战杯”为例，大赛聚焦创新、协调、绿色、开放、共享五大发展理念和 2020 年决战脱贫攻坚、决胜全面小康的目标，并设置五个组别。

科技创新和未来产业，突出科技创新，在人工智能、网络信息、生命科学、新材料、新能源等领域，结合实践观察设计项目。

乡村振兴和脱贫攻坚，围绕乡村振兴战略和脱贫攻坚战目标，在农林牧渔、电子商务、旅游休闲等领域，结合实践观察设计项目。

城市治理和社会服务，围绕国家治理体系和治理能力现代化建设，在政务服务、消费生活、医疗服务、教育培训、交通物流、金融服务等领域，结合实践观察设计项目。

生态环保和可持续发展，围绕可持续发展战略，在环境治理、可持续资源开发、生态环保、清洁能源应用等领域，结合实践观察设计项目。

文化创意和区域合作，突出共享、共融，在工艺与设计、动漫广告、体育竞技和国际文化传播、对外交流培训、对外经贸等领域，紧紧围绕“一带一路”和“京津冀”“长三角”“珠三角”“成渝经济圈”等竞技合作带建设，结合实践观察设计项目。

纵观第十六届“挑战杯”全国决赛的获奖作品，有仿生太阳能无人机、高性能量子数字签名系统、脑电反馈智能电针灸仪、基于自动驾驶的芝麻联合收获机、软硬件联合优化的新型低功耗 5G 通信系统、水下海生物清洗机器人、北斗导航倍增器、可续航多温区智能生鲜冷链箱、十二导联心电监护衣及辅助诊疗平台等等。大学生们的创新思维可以延伸到无数令人意想不到的方向和领域。同学们要基于自身的专业背景、特长爱好及技能专长，深入思考和挖掘。注意探查社会生产和现实生活中随时出现的新问题；注意观察科学实验中意外的现象或与传统情理不符的反常现象；注意留意学科间或同一门学科内各个分支学科间的交叉、渗透；注意辨别不同学派之间对于同一对象、现象或过程存在的不同观点和学术争论。

大学生在参与“挑战杯”竞赛的过程是从科研“小白”到独立的个体的蜕变过程，必须要经历背景研究、自主学习、提出创新设计理念和想法，可行理论分析、动手操作实验等过程，使所学的理论知识在参赛过程中得到验证和应用。“挑战杯”竞赛融入我国高等教育高质量发展大局，对接国家重大发展战略，有机融入科技强国、质量强国、航天强国、网络强国、交通强国、数字中国、智慧社会建设，重整行装，继续前行，引领广大青年学生踊跃投身国家创新驱动发展战略实施，为实现“两个一百年”奋斗目标和中华民族伟大复兴的中国梦贡献青春力量。

【拓展阅读】

大学生小发明小创造的典型案例

在良好的创新创业环境下，大学生的小发明小创造成果百花齐放，有的来源于生活中的小灵感。如：智能擦地机器人、一种简易楼梯升降机、一种车窗防盗装置、防滴雨伞、千斤顶斜面垫板、塑料瓶压扁机、新型杯盖、图书馆专用无声鞋套等。这些小发明取之于生活，用之于生活。还有的小发明小创造源自校园，灵感可能在某次实验实训课中萌发，可能在无数次的实操中产生，如：婴幼儿扎针采血体位床、防拔管马甲、保护性眼罩、一种公路固定发带、一种麻醉头枕固定装置、一种气切保护垫圈、利器盒漏斗等。

（四）生活中的典型案例

创新往往是简单的，生活中有很多发明创造都是基于对已有产品的升级和改造，水壶里的水烧开了，水蒸气将水壶盖冲得“叭叭”直响，怎么办？先前日本的制壶公司为此颇费心思，想了好多办法都不理想，最后花钱买了个专利，在壶盖上打个洞，简单而有效。往南美洲海运白糖，极易受潮损失，包装再好也无济于事，最终在包装上截儿个小孔就没事了。尽量减少销售的中间环节，便可节省成本，有利于顾客。只要有一双善于发现问题的眼睛，每个人都可以有属于自己的发明创造。

【案例故事】

多功能行李箱

下面是实用新型发明案例，来源于生活中每个人都有的行李箱，一个简单的装置，让行李箱在特殊的天气里使用更为方便、便捷。

行李箱也称为旅行箱、拉杆箱，是人们出行时放置物品的箱子，同时也是行李的其中一种类型。随着技术的发展，行李箱的种类越来越多，功能也越来越多。一般生活中的行李箱还是功能较为单一，当下雨天手拉行李箱便没有多余的空间用来支撑雨伞，同时现有的行李箱都是将东西放置在行李箱内部，当需要急需物品时，还需从行李箱中拿取，较为繁琐。

该实用新型发明案例的目的是为了解决现有技术中行李箱功能较为单一，无法在雨天手上有多余空间对雨伞进行支撑，同时不能快捷的取用一些物品的问题，而提出的便携式多功能行李箱。与现有技术相比，它具备以下有益效果。

（1）该便携式多功能行李箱，通过设有的雨伞和雨伞固定机构，在雨天手上没有空间时，将雨伞从行李箱侧壁抽出并进行固定，从而进行挡雨使用，增加了行李箱的多功能性。

（2）该便携式多功能行李箱，通过设有的外盖开关机构，将备用物品放置在行李箱的侧壁内，并通过对外盖旋转开关，在进行物品取用的同时防止物品进行掉落，增加使用效果。

（3）该便携式多功能行李箱，通过设有的拉杆和万向轮，增加了行李箱的使用便捷性。

该装置中未涉及部分均与现有技术相同或可采用现有技术加以实现，该实用新型操作方法是在雨天手上无多余空间时，通过在行李箱本体上设置雨伞，可对雨伞进行支撑使用，同时便于收纳。

图 8-1（a）为便携式多功能行李箱的结构示意图；图 8-1（b）为便携式多功能行李箱的

左侧结构示意图。

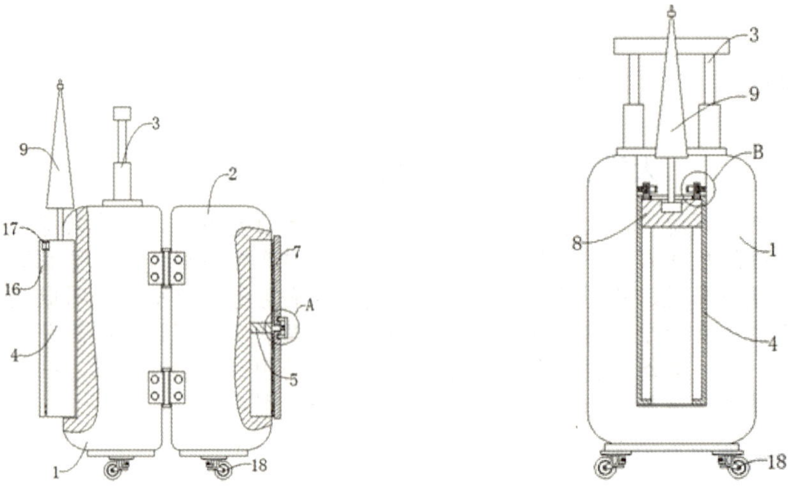

（a）便携式多功能行李箱的结构示意图　　（b）便携式多功能行李箱的左侧结构示意图

1-左箱体；2-右箱体；3-拉杆；4- U 形块；5-隔板；6-转杆；7-外盖；8-滑块；9-雨伞；10-卡板；11-环形板；12-第一弹簧；13-拉板；14-第二弹簧；15-插杆；16-挡板；17-磁石；18-万向轮

图 8-1　便携式多功能行李箱的结构

资料来源于 网络

（五）校园中的典型案例

除了在生活中的发明之外，也可以结合自己的专业知识开展小发明、小创造，特别是在与专业相关的技能实操中，可以充分利用创新思维对所使用的工具、器材进行改进。改进对象可以是手术服，可以是医用口罩，可以是手术器材。绝大多数创作都是源于思维角度的改变，对专业领域的内容应该尝试从不同角度、不同位置、不同群体等方面看一看、想一想，往往会有意想不到的发现，视角的特别，也往往决定了创造力的高低。也许一个小小的改进就能够使之使用起来更加顺利、便捷，或者具备更多、更全面的功能。

【案例故事】

免人工搬运多功能床

此案例来源于一个医学生实操实训中的新型发明，该名学生在实训中发现普通病床使用起来对于病人来说并不是很方便，于是有了他的设计与创新。

医用病床也可称为医用床、医疗床、护理床等，是病人在医院住院时使用的病床。主要使用场合有各大医院、乡镇卫生院、社区卫生服务中心等。传统的医用病床结构单一，手术时或者给病人更换床单时需要将病人从床抬下，费时费力，且大大的增加了病人的痛苦，严重时可能导致病人的身体受到损伤。该实用新型的创新目的是为了解决现有技术中病床结构单一，不便给病人换床单和不便转移病人的问题，而提出的免人工搬运多功能床。

与现有技术相比，该实用新型免人工搬运多功能床，具备以下有益效果。

（1）该免人工搬运多功能床，通过第一板体底部的插杆插入第二板体底部对应的第一固定块内，多个第一固定块内部两侧的卡块与插杆两侧对应的卡槽卡紧配合，从而实现对病床的快捷拆装，方便在不抬起病人的情况下对病床更换床单。

（2）该免人工搬运多功能床，通过两个第二板体可拼接成推床，通过第二板体可旋转调节，实现了不将病人抬起即可搬运病人，大大的减少了病人的痛苦。

该装置中未涉及部分均与现有技术相同或可采用现有技术加以实现，该实用新型能够不将病人抬起，即可转移病人，减少病人的痛苦。

图 8-2（a）为免人工搬运多功能床的结构示意图；图 8-2（b）为免人工搬运多功能床的俯视结构示意图。

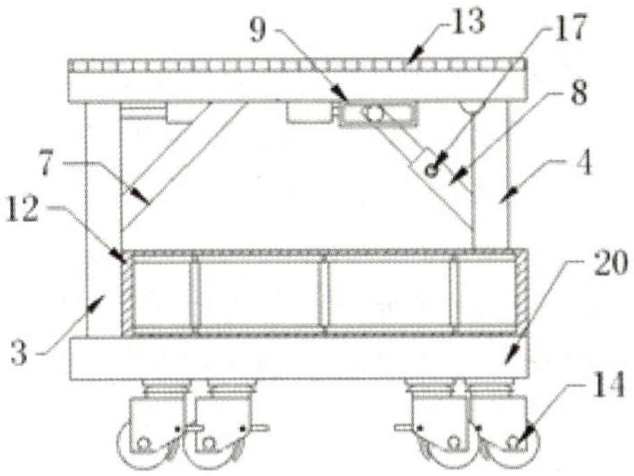

（a）为免人工搬运多功能床的结构示意图

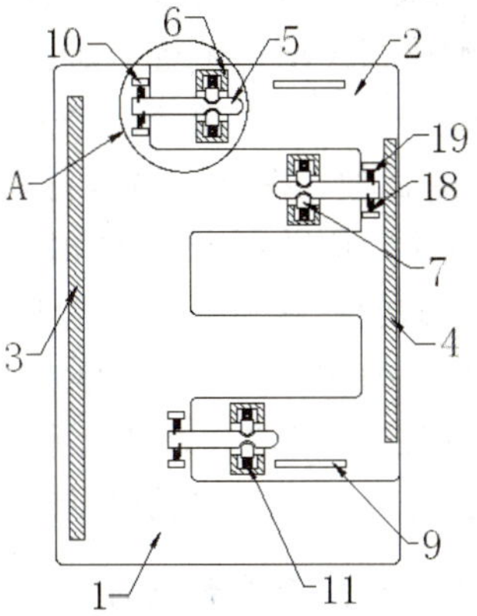

（b）免人工搬运多功能床的俯视结构示意图

1-第一板体；2-第二板体；3-第一支撑板；4-第二支撑板；5-插杆；6-第一固定块；7-卡块；8-伸缩杆；9-连接块；10-第二固定块；11-弹簧；12-放置柜；13-海绵层；14-万向轮；15-隔板；16-滑块；17-紧固螺栓；18-转轴；19-扭力弹簧；20-第一底板；21-第二底板；22-支撑杆；23-转杆

图 8-2　免人工搬运多功能床的结构

资料来源于 网络

创造来源于灵感，灵感来源于生活。很多创意并没有包含很复杂的科学知识，或是高深的技艺技法，而是来源于简单的道理和生活常识。例如“一种楼房中水回收利用装置”，磁控开关、水压开启开关和虹吸原理都在中学物理课本上有所提及，而作为整个装置动力来源于“水往低处流”的生活道理。

二、互联网+大赛与创新

如果说“挑战杯”系列竞赛是学术科技的创新盛宴，那么“互联网+”大赛就是关于创业的一次脑洞全开的较量，对于创新思维的要求一样意义非凡。其全称是中国“互联网+”大学生创新创业大赛，是深入推进大众创业万众创新，引领创新创业教育国际交流合作，加快培养创新创业人才，促进创新驱动创业、创业引领就业的重要抓手。是立足粤港澳大湾区，融入全球创新创业浪潮，汇聚世界一流大学同场竞技、相互促进、人文交流的国际大平台。

（一）基本介绍

中国“互联网+”大学生创新创业大赛，由教育部和有关部委共同举办。以“‘互联网+’

成就梦想，创新创业开辟未来”为主题，旨在深化高等教育综合改革，激发大学生的创造力，培养造就“大众创业、万众创新”的生力军；推动赛事成果转化，促进“互联网+”新业态形成，服务经济提质增效升级；以创新引领创业、创业带动就业，推动高校毕业生更高质量创业就业。中国“互联网+”大学生创新创业大赛于2014年举办首届以来，已有近千万大学生、几百万支队伍参加。目前大赛已经成为覆盖全国所有高校、面向全体高校学生、影响最大的赛事活动之一。

中国“互联网+”大学生创新创业大赛的主要目的和任务如下。

（1）以赛促学，培养创新创业生力军。大赛旨在激发学生的创造力，激励广大青年扎根中国大地了解国情民情，锤炼意志品质，开拓国际视野，在创新创业中增长智慧才干，把激昂的青春梦融入伟大的中国梦，努力成长为德才兼备的有为人才。

（2）以赛促教，探索素质教育新途径。把大赛作为深化创新创业教育改革的重要抓手，引导各类学校主动服务国家战略和区域发展，深化人才培养综合改革，全面推进素质教育，切实提高学生的创新精神、创业意识和创新创业能力。推动人才培养范式深刻变革，形成新的人才质量观、教学质量观、质量文化观。

（3）以赛促创，搭建成果转化新平台。推动赛事成果转化和产学研用紧密结合，促进“互联网+”新业态形成，服务经济高质量发展，努力形成高校毕业生更高质量创业就业新局面。

（二）项目类型与参赛组别

1．项目类型

参赛项目能够将移动互联网、云计算、大数据、人工智能、物联网、下一代通讯技术、区块链等新一代信息技术与经济社会各领域紧密结合，服务新型基础设施建设。培育新产品、新服务、新业态、新模式，发挥互联网在促进产业升级以及信息化和工业化深度融合中的作用。服务新型基础设施建设，促进制造业、农业、能源、环保等产业转型升级。发挥互联网在社会服务中的作用，创新网络化服务模式，促进互联网与教育、医疗、交通、金融、消费生活等深度融合。具体包括以下几类。

（1）“互联网+”现代农业，包括农林牧渔等。

（2）“互联网+”制造业，包括先进制造、智能硬件、工业自动化、生物医药、节能环保、新材料、军工等领域生产加工、维护、服务。

（3）“互联网+”信息技术服务，包括人工智能技术、物联网技术、网络空间安全技术、大数据、云计算、工具软件、社交网络、媒体门户、企业服务、下一代通讯技术、区块链等。

（4）“互联网+”文化创意服务，包括广播影视、设计服务、文化艺术、旅游休闲、艺术品交易、广告会展、动漫娱乐、体育竞技等。

（5）“互联网+”社会服务，包括电子商务、消费生活、家政服务、养老服务、食品安全、金融、财经法务、房产家居、高效物流、教育培训、健康服务、交通、社区服务等。

2．参赛组别

（1）高教主赛道。

创意组：参赛项目具有较好的创意和较为成型的产品原型或服务模式，尚未完成工商登记注册。

初创组：参赛项目工商登记注册未满 3 年，且获机构或个人股权投资不超过 1 轮次。

成长组：参赛项目工商登记注册 3 年以上；或工商登记注册未满 3 年，获机构或个人股权投资 2 轮次以上（含 2 轮次）。

师生共创组：基于国家级重大、重点科研项目的科研成果转化项目，或者教师与学生共同参与创业且教师所占权重比例大于学生（如已注册成立公司，教师持股比例大于学生）的项目参加师生共创组进行比赛。

（2）青年红色筑梦之旅赛道。

公益组：参赛项目以社会价值为导向，在公益服务领域具有较好的创意、产品或服务模式的创业计划和实践；参赛申报主体为独立的公益项目或者社会组织，注册或未注册成立公益机构（或社会组织）的项目均可参赛；师生共创的公益项目，若符合“青年红色筑梦之旅”赛道要求，可以参加该组。

商业组：参赛项目以商业手段解决农业农村和城乡社区发展的痛点问题、助力精准扶贫和乡村振兴，实现经济价值和社会价值的融合；注册或未注册成立公司的项目均可参赛；师生共创的商业项目不能参加“青年红色筑梦之旅”赛道，可参加高教主赛道。

（3）职教赛道。

创意组：参赛项目具有较好的创意和较为成型的产品原型、服务模式或针对生产加工工艺进行创新的改良技术，尚未完成工商登记注册。参赛申报人须为团队负责人，须为职业院校的全日制在校学生、或国家开放大学学历教育在读学生。

创业组：参赛项目已完成工商登记注册，且公司注册年限不超过 5 年。参赛申报人须为企业法人代表，须为职业院校全日制在校学生或毕业 5 年内的毕业生、国家开放大学学历教育在读学生或毕业 5 年内的毕业生。

（三）赛事分析

“互联网+”作为顶级赛事，活动受到各界高度重视，参赛人数逐年上升，第五届参赛人数达 457 万，约为前四届总和。参赛的学校也逐年增多，首届大赛参赛高校为 1 878 所，第五届为 2 940 所，国内高校覆盖率达 99. 46%。第五届大赛还吸引了全球 120 多个国家和地区的高校参赛。从赛道设置来看，大赛第一、二、三届为单一赛道，第四届为“1+2”模式，在主赛道基础上增设“青年红色筑梦之旅”赛道和国际赛道。第五届为“1+4”模式，与第四届相比，新增职教赛道和萌芽板块。其中，主赛道最受瞩目，从主赛道组别设置来看，第一届大赛只有创意组和实践组，第二届更新为创意组、初创组和成长组，从第三届起新增就业型创业组，到了第五届大赛，就业型创业组变更为师生共创组。

“互联网+”大赛的金奖项目分为现代农业、制造业、信息技术服务、文化创意服务、社会服务五类。“互联网+”制造业领域斩金凶猛，在 102 个金奖中占 42%，远超其他领域。“互联网+”信息技术服务和“互联网+”社会服务两个领域的金奖数分别占比 20%和 26%。而“互联网+”文化创意服务领域金奖数相对较少，占 8%，“互联网+”现代农业领域更是次之，五届比赛仅有 9 个金奖，占 4%。在主赛道金奖项目词云图中，“科技”“智能”“全球”“平台”“系统”“解决方案”等关键词出现在醒目位置。借助科技创新，行业智能化发展已成为未来探索的核心领域。在全球化背景下，“互联网+”多行业融合向平台思维靠拢，将为社会经济、民生各方面带来新变化。此外，“互联网+”创新创业大赛积极引领未来场景变革，在芯片研发、机器人制造、航空航天、数字影像、穿戴设备等方面，均有首创性突破。同时，大赛优化科创资源行业配置，在智慧农业、在线教育、医疗服务等领域也掀起创新创业浪潮。

“互联网+”大赛参赛项目需具备创新性、商业性和团队性的意义及价值。创新性，即打破固有的思维模式。从新的角度，新的方式去思考，得出不一样的并且具有创造性结论的思维模式。商业性，即创业要盈利方式和渠道，做项目要有一定的商业盈利才会使项目更快更长远的发展。创业作为一个商业领域，会出现新产品，新市场，新生产过程或原材料，组织现有技术的新方法等。团队性，即团队里的人要志同道合，情投意合，能力匹配。其中能力匹配是核心，做项目需要关注每一个细节和环节，项目的每一个板块都需要专门的知识及后续的跟进。

“互联网+”大赛创新是亮点，创业是目标。创新创业离不开所在的时代，只有认真了解、正确把握当下局势，科学找准、分析明确创新创业大时代大格局下的自身定位，才能在创新创业中实现有的放矢，取得优异的成果。大学生要有锲而不舍的创新创业精神，勇于探索冒险、独立思考、客观判断，以积极乐观的态度去寻求解决问题的方案。同时，要有扎实的创业素养、理论知识和不怕苦的实践精神，结合所学知识，在做好市场分析和调研的前提下，学会合理并正确的定位项目的营销方式和商业模式。

习近平总书记给中国“互联网+”大学生创新创业大赛“青年红色筑梦之旅”大学生的回信中写道“今天，比历史上任何时期都更接近实现中华民族伟大复兴的光辉目标。祖国的青年一代有理想、有追求、有担当，实现中华民族伟大复兴就有源源不断的青春力量。希望你们扎根中国大地了解国情民情，在创新创业中增长智慧才干，在艰苦奋斗中锤炼意志品质，在亿万人民为实现中国梦而进行的伟大奋斗中实现人生价值，用青春书写无愧于时代、无愧于历史的华彩篇章。”所有大学生们应当牢记总书记教诲，积极参加各类创新创业实践，用创新精神和创新能力服务于祖国的建设与发展。

【拓展阅读】

互联网+大赛优秀项目案例

项目一：全国地质灾害气象预警云平台

在目前，从事地质灾害气象预警系统开发研究的单位并不多见，有关于地质灾害气象预警模型的研究仍属于一个较为前沿的领域。该项目团队在中国环境监测院所提供的数据以及模型算法的基础上，经过长期的理论研究与技术研究形成了一套全国地质灾害气象预警云平台的开发模式，在行业中属于前沿技术。全国地质灾害气象预警云平台项目是 MSD 团队进行充分的调查分析后提出的最新战略发展计划，具有很大的发展空间。

全国地质灾害气象预警云平台的总体建设目标，是在地质灾害气象预警已有的工作基础之上，充分利用云计算、大数据等先进理念和技术方法，整合各类地质灾害气象预警信息资源，统筹整合业务应用与服务体系，完善网络与安全保障体系，搭建全国地质灾害气象预警云平台，促进省级、市级、县级地质灾害气象预警系统建设，逐步实现基础设施资源、数据资源、业务应用与服务的国家一级大集中或部省（区域）两级大集中，实现业务应用与服务的统一部署与分发，实现部内与部门间的全面数据共享。

项目二：云端文博生态圈平台的开发及产业化

中地地科云端文博生态圈专注于历史文博垂直细分领域，核心是搭建智慧文博及趣历史内容的互联网综合平台，让历史活起来！通过对历史、文博内容进行系统性的挖掘、整理，再开发，满足文博机构对智慧文博建设及用户对趣历史文化内容的迫切需求。目前平台拥有30余项专利及自主知识产权，自2016年10月运营以来，累积服务展馆约20余所，用户约410余万人次。

智慧文博服务的核心是打造以文博企事业单位为主体的智慧文博及文创IP开发整体解决方案，致力于推动传统文博行业的互联网+数字化转型进程。提供集智慧导览、文物大数据平台建设、数字化展示、动漫游戏开发、公共在线教育、VR/AR应用、展馆社群建设、在线商城等智慧文博服务一站式中长期解决方案。《齐东野语》平台作为智慧文博正史内容的补充，核心是搭建以动漫、短视频为主的趣历史IP互娱社群平台。通过对趣历史类（历史故事、神话、民间传说、人物传记等）内容进行系统性的挖掘、整理、筛选、创意化处理再开发，提供具有原创性、IP化、娱乐化的动漫、短视频、互动游戏、VR/AR应用、文创开发等产品，满足年轻用户对优质趣历史内容的需求。

项目三：环保盒子

环保盒子是一个参赛团队搭建的环保公益微信平台，利用“互联网+回收”的模式为在校大学生提供上门回收服务。旨在成为大学生客户群体的寝室回收神器，校园轻环保服务提供商，优质的校园环保管家。

用户无需下载APP，只需关注微信公众号，一键预约，平台的回收侠就会上门回收。让用户动动手指就能够环保。回收后用户会获得环保积分，积分可以进行抽奖、兑换。如绿色盆栽、环保产品、宿舍电费、游戏装备。平台关注大学校园的方方面面，通过上门回收服务去汇聚大学生环保力量，让“有价值垃圾”得到科学的回收，提高可回收资源的利用率。此外，环保盒子还会提供二手买卖、环保众筹、环保超市、环保租赁、绿色出行等轻环保服务，让“物尽其用，绿色生活”成为一种潮流。

课后思考

1. 专利的种类有哪些？
2. 如何申请专利？请简述专利申请的流程。
3. 结合日常学习、生活、实验实训深入思考，提交一份小发明小创造的设计构思。

第三篇　创业指导篇

第九章　创业概述

【学习目标】

- 了解创业的概念、要素和类型
- 理解创业与创业精神之间的关系
- 掌握创业者应具备的素质和能力

【开篇故事】

蔡文胜的创业之路

蔡文胜说，传统生意让他知道两件事：一是有用户就有价值；二是一定要有商业的敏感度和决策速度。做生意的道理是相通的，先从某个点切入，然后逐步往上切入更宽广的角度。他始终相信，有了用户就一定会有商业模式，而绝不是先有了商业模式再找用户。

2004 年，一个叫作 haol23 的网站进入了蔡文胜的视线，他发现很多人都知道网易、新浪、搜狐这些门户网站，但很少有人知道怎么进入这些网站。而 haol23 正好提供了这样一个入口，于是 265. com 就这样被蔡文胜建了起来。2008 年，265. com 以 2 000 万美元的价格卖给了谷歌。

2008 年，蔡文胜和吴欣鸿讨论互联网还存在着哪些没被开发出来的商机？Windows 里面还有什么软件是最常用的？当时有两个几乎所有人在装机时必备的软件，一个是图片工具 Photoshop（PS），一个是压缩软件 WinZip。吴欣鸿认为 PS 对于普通人来说，处理图片的技术难度比较高，加上自己对图片非常感兴趣，于是将目标锁定在做一款“傻瓜型 PS”工具上。

于是，蔡文胜让吴欣鸿从 38 人的团队里找出自己认为最合适的，最谈得来的 18 个员工，成立了美图公司。之后，一款名为“美图大师”的修图软件开始在年轻人里流行起来包括在校学生，后来它换了一个今天更为人熟知的名字——美图秀秀。

资料来源于 网络

个人感悟：____

____

第一节　创业与创业者

【案例故事】

一次成功就够了

有一个人，一生中经历了 1 009 次失败，但他却说：“一次成功就够了。”

5 岁时，他的父亲突然病逝，没有留下任何财产，母亲外出做工。年幼的他在家里照顾弟妹，并学会自己做饭。

12 岁时，母亲改嫁，继父对他十分严厉，常在母亲外出时痛打他。

14 岁时，他辍学离家，开始了流浪生活。

16 岁时，他谎报年龄参加了远征军，因航行途中晕船厉害，被提前遣送回乡。

18 岁时，他娶了媳妇，但只过了几个月，媳妇就变卖了他所有的财产逃回娘家。

20 岁时，他当电工、开轮渡，后来又当铁路工人，没有一样工作顺利。

30 岁时，他在保险公司从事推销工作，后因奖金问题与老板闹翻而辞职。

31 岁时，他自学法律，并在朋友的鼓动下干起了律师行当，一次审案时，竟在法庭上与当事人大打出手。

32 岁时，他失业了，生活非常艰难。

35 岁时，不幸又一次降临到他的头上，当他开车路过一座大桥时，大桥钢绳断裂，他连人带车跌到河中，身受重伤，无法再干轮胎推销员的工作。

40 岁时，他在一个镇上开了一家加油站，因挂广告牌把竞争对手打伤，引来一场纠纷。47 岁时，他与第二任妻子离婚，三个孩子深受打击。

61 岁时，他竞选参议员，但最后落败。

65 岁时，政府修路拆了他刚刚红火的快餐馆，他不得不低价出售了所有设备。

66 岁时，为了维持生活，他到各地的小餐馆推销自己掌握的炸鸡技术。

75 岁时，他感到力不从心，因此转让了自己创立的品牌和专利，新主人提议给他 1 万股，作为购买价的一部分，他拒绝了。后来公司股票大涨，他因此失去了成为亿万富翁的机会。

83 岁时，他又开了一家快餐店，却因商标专利与人打起了官司。

88 岁时，他终于大获成功，全世界都知道了他的名字。

他，就是肯德基的创始人——哈兰·山德士。他说："人们经常抱怨天气不好，实际上并不是天气不好，只要自己有乐观自信的心情，天天都是好天气。"成功的和不成功之间不是只有一个巨大的横沟，很多时候，多一分坚持，也许就可以成功。

资料来源于 网络

一、创业

（一）什么是创业

创业在《新华字典》里定义：创办"事业"。"创"，篆文从刀，仓声，是形声字。"业"，篆文像古代乐器架子横木上的大板，上面刻有锯齿，以便悬挂钟、鼓等乐器。后引申为所从事的学业、事业、职业、行业、就业、产业、创业、工作等。由此可见，创业是创字当头，业为基础，这就意味着任何一项事业都是一个由无到有、由小到大、由简到繁、由旧到新的创造过程。

创业是一种创新性活动，它的本质是独立开创并经营一种事业，并使该事业稳健发展、快速成长的思维和行为的活动。走上创业之路，是人生的一个大转折，它是成就个人事业的过程，是自我价值和能力的体现。创业，要直接面向社会，直接对顾客负责，个人的收入直接与经营利润连在一起。其实，创业的过程就是解决一个接一个矛盾的过程，正如一位作者指出："创业最大的好处，就是可以当自己的主人"。创业被学者们从不同的方面进行了定义，创业是新颖的、创新的、灵活的、有活力的、有创造性的，以及能承担风险的过程。许多学者说，发现并把握机遇是创业的一个重要部分。

创业是包括创造价值在内的、创建并经营一家新的营利性企业的过程。它是通过个人或一个群体投资组建公司，提供新产品或服务，以及有意识地创造价值的过程。创业是创造不同的价值的过程，这种价值的创造需要投入必要的时间和付出一定的努力，承担相应的金融、心理和社会风险，并能在金钱和个人成就感方面得到回报。

创业主要包括以下几个重要主题。

（1）企业家。毫无疑问，如果没有一位愿意去做企业家要做的事情的人，就不会有创业，因为企业家是创业行动中的关键要素，没有企业家就不会有创业。

（2）创新。创新是指以现有的思维模式提出有别于常规或常人思路的见解为导向，利用现有的知识和物质，在特定的环境中，本着理想化需要或为满足社会需求，而改进或创造新的事物、方法、元素、路径、环境，并能获得一定有益效果的行为。包括变化、改革、改造以及新方法的引进。

（3）组织创建。为了寻求已感知到的创新机遇，为了去创造价值，就必须具备有组织的努力和行动，必须有人带头来做一些事情，采取行动让创业型企业建立并运行起来。

（4）成长。创业型企业区别于其他小型企业的主要一点， 就是创业型企业侧重于企业的成长。创业是创建一家企业，并在其成长过程中把握住发展机会。它不是静止不前，或满足于一个市场或一种产品的，创业包含着成长。

（5）过程。创业是一系列进行中的决策和行动。创业不是昙花一现，而是一个需要时间的过程。它包括从创业开始，到企业的经营管理，甚至到某一时间的退出之前的所有决策和行动。

创业是这样一种过程，在这个过程中，某一个人或一个团队，使用组织力量去寻求机遇，去创造价值和谋求发展，并通过创新和特立独行来满足愿望和需求。

（二）创业的常见模式

创业是复杂而灵活的，创业者必备的基本素质就是把握创业的机遇，既能承担风险，又要具有创造性。创业是自身价值的实现，同时需要投入必要的时间和精力。在当今的环境之中，常见的创业模式有以下几个。

1．网络创业

网络创业指有效利用网络资源的创业。网络创业主要有两种形式：一是网上开店，在淘宝网等商城注册成立网络商店；二是网上加盟，以某个电子商务网站分店的形式经营，利用母体网站的货源和销售渠道。

2．兼职创业

兼职创业即在工作之余再创业。如教师、培训师可选择作为兼职培训顾问；业务员可兼职代理销售其他产品；设计师可自己开设工作室；编辑、撰稿人可以向媒体、创作方面发展；会计、财务顾问可代理做账、理财；翻译可兼职口译、笔译；律师可兼职法律顾问和事务所；策划师可兼职广告、品牌、营销、公关等咨询工作等。

3．团队创业

团队创业指具有互补性或者有共同兴趣的成员组成团队进行创业。事实证明，如今社会发展飞速，创业环境也在不断变化，在这种情况下团队创业成功的概率要远高于个人独自创业。一个由研发、技术、市场融资等各方面组成的优势互补的创业团队，是创业成功的法宝，对于高科技创业型企业来说更是如此。

4. 大赛创业

大赛创业即利用各种商业创业大赛，获得资金提供平台，如雅虎（Yahoo）、网景（Netscape）等企业都是从商业竞赛中脱颖而出的。因此大赛创业也被形象地称为“创业孵化器”。如清华大学王科、邱虹云等组建的视美乐，上海交通大学罗水权、王虎等创建的上海捷鹏等。如表 9-1 所示列出了国内具有一定规模的、常见的创业大赛。

表 9-1 国内常见的创业赛

序号	名称	主办方
1	中国“互联网+”大学生创新创业大赛	教育部
2	“挑战杯”全国大学生系列科技学术竞赛	共青团中央、中国科协、教育部等和全国学联
3	全国大学生电子商务“创新、创意及创业”挑战赛	教育部高等学校电子商务专业教学指导委员会
4	全国大学生网络商务创新应用大赛	中国互联网协会
5	中国创新创业大赛	科技部、教育部、财政部、国家网信办、中华全国工商业联合会

5. 概念创业

概念创业即凭借创意、点子、想法进行创业。当然，这些创业概念必须标新立异，至少在打算进入的行业或领域中是一个创新。只有这样，才能抢占市场先机，吸引风险投资商的眼球。同时，这些超常规的想法还必须具有可操作性。

（三）大学生创业的意义

大学生创业是指大学生结合自身的专业知识和较强的创新能力，通过资源和生产要素的整合，创办企业、创造产品、提供服务，实现企业的经济价值、社会价值和自身价值。随着我国“大众创业、万众创新”浪潮的掀起，大学生的创新、创业的意识也被唤醒。大学生是创业者中极具潜力的群体，年轻而富有活力，具有较为丰富的知识储备，富有想象力和创造力。并拥有不甘落后、勇于挑战的信念，逐渐成为创业大军中的生力军。

首先，有利于缓解大学生就业压力。大学生参与创业有利于解决大学生就业难的问题。当前，大学生的就业观念正在悄悄地发生改变，一个鼓励创业、保护创业、崇拜创业的大环境正在逐步形成。原先由政府包揽的就业和创业活动逐渐被市场取代，产业结构调整带来的巨大创业机会以及政府出台“双创”的号召，促使大学生创业潜流涌动，通过自主创业活动来增加就业岗位，以缓解社会的就业压力。

其次，有利于大学生实现自我价值，满足自我精神追求。大学毕业生通过自主创业，可以把自己的兴趣与职业紧密结合，做自己认为最值得做的事情，最大限度地发挥自己的才能。当前社会鼓励大学生创业，虽然出发点在于化解就业难，但从大学生自身来说，其创业的主要原动力则在于实现自我价值及满足自我的精神追求。

最后，有利于培养大学生的创新精神。创新是一个民族的灵魂，是一个国家兴旺发达的不竭动力。大学生作为中国最具活力的群体，积极参与创新创业活动，有利于培养开拓创新的精神，把就业压力转化为创业动力。中国的未来在于大学生，中华民族的精神永恒则在于大学生旺盛的创造力与创新追求。

二、创业精神

【案例故事】

创业本身就是一项冒险活动

很多创业者在创业的道路上，都有过“惊险一跳”的经历。这一跳成功了，功成名就，要是跳不成，就只好凤凰涅盘了。当年周枫带人做婷美，一个 500 万元的项目，做了 2 年多，花了 440 万元还是没有做成。眼看钱就没了，合作伙伴都失去了信心，要周枫把这个项目卖了。周枫说，这样好的项目不能卖，要卖也要卖个好价钱。合作伙伴说，这样的项目怎么能卖到那么多钱，要不然你自己把这个项目买下来算了。周枫就花 5 万元把这个项目买了下来。原来大家一起还有个合伙公司，作为代价，周枫把在这个合伙公司的利益也全部放弃了，据说损失有几千万元。单干的周枫带着 23 名员工，把自己的房子抵押，跟几个朋友一共凑了 300 万元。他把其中 5 万元存在账上，剩余的钱，算下可以在北京打 2 个月的广告。他告诉员工，“这回做成了咱们就成了，不成，你们把那 5 万块钱分了，算是你们的遣散费，我不欠你们的工资，咱们就这样了！”这些话把他的员工感动得要哭，当时人人奋勇争先，个个无比卖力，结果婷美就成功了。周枫成了亿万富翁，他的许多员工成了千万富翁、百万富翁。好的创业项目还要有敢创敢拼的创业者，瞄准目标，坚持不懈，再加上一些合适的营销手段，就有了这样一桩成功的案例。

资料来源于　网络

（一）创业精神的内涵

从概念上说，创业精神是指在创业者的主观世界中，那些具有开创性的思想、观念、个性、意志、作风和品质等，它既包括创业的需要和动机，又包括创业的思想和方法。

从理论上说，创业精神有三个层面：一是哲学层次的创业思想和创业观念，是人们对于创业的理性认识；二是心理学层次的创业个性和创业意志，是人们创业的心理基础；三是行为学层次的创业作风和创业品质，是人们创业的行为模式。

创业精神是创业者在创业过程中重要行为特征的高度凝练，主要表现为勇于创新、敢于承担风险，团结合作、坚持不懈等。创业精神是自主精神、创新精神和务实精神的综合体现、创业精神的本质是创新意识和主动精神。

（二）创业精神的特点

创业精神同任何事物一样，都有自己的特殊性。创造性、自觉能动性和思维操作性是创业精神的主要特点。

1. 创造性

创业精神与创新精神之间是相互区别而又相互联系的。二者的区别在于，创新精神是创新的灵魂和指南。创业精神具有创造功能，在思维王国中创造性地将新思想和新方法形成创业形象蓝图。

2. 自觉能动性

创业精神最本质的特点在于它创造性地发挥了自觉能动性。发挥创业精神的自觉能动性，不仅能创造出观念蓝图，而且能把观念蓝图转化为形象蓝图，再把形象蓝图转化为创新实践蓝图，从而实现创业精神自觉能动的目的性、计划性、调控性和创造功能。

3. 思维操作性

创业精神的操作性是指创新人才发挥创业精神自觉能动地进行思维操作，把创新精神转化为一系列蓝图的有序化过程。 创业精神进行有序化的思维操作过程：一是在思维中孕育出观念蓝图；二是按照观念蓝图设计出创业形象蓝图；三是优选形象蓝图，确立创新实践蓝图，在创新实践中执行创新实践蓝图，实现创新的目标，完成创新的任务，创造出有积极社会意义的创新成果，推动社会文明的发展。

（三）创业应具备的精神

（1）理想主义情怀和精神。一个没有理想、没有梦想、没有抱负的人是不可能成为创业者的。要想成为一个真正的创业者，一定要有理想、有抱负、有属于自己的伟大梦想。

（2）坚定的信念和坚持的精神。创业，不是一时半会儿的事情，想成功就得有坚定的信念和坚持的精神，不坚持不会成功，甚至有时候一直坚持也有可能不成功。

（3）笃定执着的精神。英特尔前首席执行官葛洛夫有句名言：“只有偏执狂才能生存。”一个创业者一定要笃定，要知道自己的方向和努力的目标都是什么，没有这种精神，就会像无头苍蝇一样乱撞，到时候一事无成。

（4）胆识与冒险精神。如果是一个创业者，一定要具有胆识，因为胆识让创业者更有气魄，才可能更好地抓住机会，获得创业成功的可能性就更大了一些。美国 3M 公司有一个很有价值的口号：“为了发现王子，你必须和无数个青蛙接吻。”“接吻青蛙”常常意味着冒险与失败。当然，这里的冒险不是指盲目的冒险，而是指理性的冒险精神。

（5）创新精神。企业最大的隐患就是创新精神的消亡。创新必须成为创业者的本能。

（6）契约精神。市场经济是法治经济，更是信用经济、诚信经济、契约经济。没有诚信的商业社会将充满极大的道德风险，显著抬高交易成本，造成社会资源的巨大浪费。不管做的是小生意还是大买卖，都要讲诚信，具备契约精神。尤其对一个创业者而言，没有诚信就无法立足于这个社会，更何况是竞争残酷的市场。

（7）合作精神。这是一个团队合作、抱团取暖的时代，没有合作精神，就不会有团队，没有团队，单纯靠个人是无法完成创业的。

（四）创业精神的培育

创业既是一种能力，也是种精神。提高人的自觉能动性、提高辩证转化性和提高自主创新思维能力，是培养创业精神的新思路。培育大学生的创新精神，是一个系统工程， 全社会都应该热心地关注和支持大学生创业。政府、高校、教师、大学生及家庭各尽其责，构建互相协作的创业精神培养机制。

1．培育创业人格

个性特征对个体创业来说是极其重要的，尤其是“独立性”“敢为性”“坚持性”等特征。所以，人格的教育对创业能力与创业精神的培养来说是相辅相成的。高校要根据大学生的心理特点，有针对性地教授心理健康方面的知识，引导大学生树立心理健康意识、强化心理素质、增强心理调节能力和对于社会的适应能力，自觉培养坚韧不拔的意志品质和艰苦奋斗的内在精神，提高承受挫折和解决问题的能力。此外，还可以采用创业案例剖析创业者的人格特征、进行心理训练等，让学生了解形成良好心理素质与优秀人格特征的途径。

2．培养创新能力

创新能力是创业精神的核心，高校必须突出对学生创新能力的培养。一定要尊重学生的个性发展，爱护和培养学生的好奇心，为学生潜能的充分开发营造出一种宽松的氛围。鼓励学生勇于突破，有针对性地突破前人、书本和老师。通过开设创新创造类课程、举办主题知识技能竞赛，让学生感受、理解创新的产生和发展过程，培养学生的创新思维和科学精神。

3．宣扬创业文化

校园文化是学生成才的外部环境，对于学生来说，它具有陶冶、激励和导向功能。高校应将创业精神有机地融入学科活动、科技活动等活动中，以培养学生的创业精神。高校可以经常邀请成功的企业家或成功的校友来学校做报告，增强大学生对于创业的信心，利用他们的激情感染学生，成为鼓励学生创业的榜样。

4．强化创业实践

鼓励学生在课余时间参加一些创业模拟和社会实践活动，增强学生对企业的了解以及对社会的适应能力。比如，在校内外开展创业竞赛活动、与外部企业联合开展学生的实习、见习等。“纸上得来终觉浅，绝知此事要躬行”，让学生在实践中磨炼自已，形成正确的创业认知，孕育创业精神和增强解决问题的能力。

【知识点链接】

创业精神的五大要素

1. 激情（passion）

没有人能比维京集团（vingin croup）创始人理查德·布兰森（Richard Branson） 更理解“激情”一词的含义。始建于 1970 年的维京集团，旗下拥有超过 200 家公司，业务范围涵盖音乐、出版、移动电话，甚至太空旅行。布兰森打了一个比方：“生意就好像公共汽车，总会有下一班车过来”。

2. 积极性（positivity）

亚马逊创始人杰夫·贝索斯（Jef Bezs）以“每个挑战都是一次机会”为座右铭。把一家很小的互联网创业公司，发展成了全球最大的书店。

亚马逊于 1995 年 7 月正式启动，两个月内就轻松实现了每周 2 万美元的销售额。20 世纪 90 年代末，互联网公司纷纷倒闭，亚马逊股价也从 100 美元降至 6 美元。雪上加霜的是，一些评论家预测，美国最大的书店巴诺（barnes & noble）启动在线业务，这将彻底击垮亚马逊。紧要关头，贝索斯挺身而出，向外界表达了乐观和信心，针对批评言论，他还一一列举了公司的积极因素，包括已经完成的和准备实施的。

贝索斯带领亚马逊不断壮大，出售从图书到衣服，玩具等各种商品。今天，亚马逊年度营收已超过百亿美元，这很大程度上要得益于贝索斯的积极思考。

3. 适应性（adpability）

适应能力是企业家应具备的最重要的特质之一。每个成功的企业主，都乐于改进、提升，或按照客户意愿定制服务，以持续满足客户所需。

谷歌（Google）创办人谢尔盖・布林（Sergey Brin）和拉里・佩奇（Lamy Page）他们不仅对变化及时反应，还引领发展方向。凭借众多新创意，谷歌不断引领互联网发展，将人们的所见所为提升到一个前所未有的新境界。如 gogle earth 技术带来的变化。

4. 领导力（leadership）

好的领导人一定具有很强的个人魅力和感召力，有道德感，在组织里树立诚信原则。同时他也可能是个热心人，具有团队协作精神。在已近迟幕之年的玫琳凯 •艾施（MaryKay Ash）女士身上可以发现这些元素。她创建了玫琳凯（Mary Kay Cosmetica）品牌，帮助超过 50 万名女性开创了自己的事业。

很早以前，身为单亲母亲的艾施在一个家用产品公司做销售。虽然 25 年间她的销售业绩一直名列前茅，但是由于性别歧视，艾施无法在晋升和加薪时获得和男同事一样的待遇。艾施终于受够了这种歧视，1963 年，她用 5 000 美元创办了玫琳凯公司。

艾施以具有强大驱动力和富于灵感的领导风格闻名，创办公司的态度是“你能做到”！甚至会将凯迪拉克轿车奖给顶尖的销售者。由于其强大的领导力，艾施被认为是近 35 年来最具影响力的 25 位商业领袖之一，而玫琳凯也被评为美国最适合工作的企业之一。

5. 雄心壮志（ambition）.

20 岁时，戴比・菲尔兹（Debbi Fields）几乎一无所有。作为一个年轻的家庭主妇，她毫无商业经验，但她拥有绝佳的巧克力甜饼配方，并梦想全世界的人都能分享。1977 年，菲尔兹开设了自己的第一家店（mrs field's)。尽管当时很多人认为她仅靠卖甜饼无法将业务维持下去。菲尔兹的果断和雄心壮志最终使得小小甜饼店变成了一家大公司，600 多个销售点遍布美国和其他 10 个国家。

引自《创业邦》（2008 年第 04 期）

三、创业者

【案例故事】

专业技能与创业

童烽烽，宁波市职教中心学校 2000 届毕业生，现任宁海县跃龙街道炎风电脑公司经理。

由于中考失利，童烽烽没有如愿考上普高，而是来到职业学校继续学业。在校期间，童烽烽成绩优秀，还是班里的团支书，并考取了计算机中级证书。尽管如此，毕业那年，童烽烽四处寻找合适的工作，却都不尽如人意。“给别人打工，不如自己当老板”，家人的一句玩笑话，惊醒梦中人。但是，一个刚刚毕业的中专生，没有社会经验，没有足够的资金，拿什么去创业呢?

正在童烽烽心灰意冷的时候，一天，亲戚家的电脑坏了，请他上门维修。凭着过硬的专业技术，不到一个小时，问题就查出来了，是零件出了问题，需要更换。亲戚对电脑一窍不通，只能请童烽烽再跑一趟电脑市场，买来零件更换上去。就是这一来二去，激发了他创业的灵感。

为了实现自己的创业梦想，童烽烽放弃了安逸的生活，开始四处奔走。当地的电脑公司大多没有上门维修服务，这个市场空缺让他看到了希望。他找人到住宅区和大街上分发传单，自己也在网上发布消息，凭借良好的技术和信誉，找他修电脑的人越来越多。

没过多久，童烽烽筹集了 5 万元左右的资金，开了一家公司——宁海县跃龙街道炎风电脑公司。主要采用的是分店合作模式，一般一个区域或乡镇开设一个或两个服务点。以前上门服务过的客户都成为他的老客户，他的事业也蒸蒸日上。

创业要想成功，首要的前提是渴望创业。想创业、敢创业，是创业成功的必要前提。创业艰苦而且磨难很多，除了渴望创业外，还要破除依赖心理和胆怯心理。要提高创业的能力，富于创新，善于学习，只有苦过、累过、奋斗过的收获才是最宝贵的。

资料来源于 网络

（一）创业者的基本类型

创业的主体是创业者，创业者可以是个体，也可以是团队。经济发展依赖于企业发展，而企业发展的关键在于有一大批具有创业精神的企业家。创业者也被称为创业家、企业家和老板，企业家对生产要素的重新组合是经济增长的基本动力，是经济增长的内在因素，所以现代经济在某种意义上说就是企业家经济。

创业者认为自己的创业行动可以创造出有价值的新事物。这种新事物不仅对创业者自身有价值，而且对实际受惠对象也是有价值的。创业者已经准备好为自己的创业行动投入大量的时间，付出极大的努力，同时也愿意承担可能存在的风险。

1755 年，法国经济学家坎蒂隆（anmilo）首次将 “创业者” 的概念引入经济学领域。1800 年，法国经济学家萨伊（Sr）将创业者描述为将经济资源从生产率较低的区域转移到生产率较高区域的人，并认为创业者是经济活动过程中的代理人，首次给“创业者” 做出定义。经济学家熊彼特认为创业者应该是创新者，具有发现和引入新的更好的能赚钱的产品、服务和过程的能力。创业者就是创造性地将商业机会转变为经济实体，并扮演经济实体中组织、管理、控制、协商等关键角色的个人。创业是一种复杂的社会活动和职业行为，可从不同的角度对创业者类型进行划分。按照创业动机不同，可以把创业者分为以下三种类型。

（1）谋生型创业者：有时也称生存型创业者，往往是因为生活的压力所迫或者是为了使自己的生活条件有所改善才决定创业。这种创业者绝大部分是以小资金起步的，创业范围一般局限在商业贸易领域，也有少量从事制造业，但基本上是规模较小的加工业。

（2）投资型创业者：在已经拥有一定经济基础与实力的基础上进行创业。这一类创业者的创业目标主要是获取更大的经济回报。

（3）事业型创业者：是将实现自己的人生梦想作为创业的目标，把创办的企业当作自己毕生的事业。这类创业者成就意识很强，不甘于为别人打工，愿意为理想放弃一份稳定的职业。他们之所以选择自主创业是希望通过这一途径来证明自己的能力，实现自我价值，得到社会的认可。这类创业者往往在有了一定经济基础，经历了市场和社会的磨炼之后，更加明确自己的人生追求。

（二）创业者应具备的素质

创业者不是神话人物。创业者之所以成功，不是因为他们走运，而是因为他们足够努力，并且具备了一些有助于其成功创业的独特技能和素质。创业是极具挑战性的社会活动，是对创业者自身智慧、能力、气魄、胆识的全方位考察，创业者的基本素质包括身体素质、心理素质、精神素质等。

1. 身心素质

（1）强健的身体素质。创业者应该具有健康的体魄和充沛的精力，能够适应新创企业外部协调和内部管理的繁重工作。创业初期是艰难的，所谓不劳筋骨者，不足承大任，创业者不仅需要大量的脑力劳动，而且体力付出比常人更多。只有具备良好的身体素质、足够的身体耐力，才能长期担当重任。

（2）良好的心理素质。创业之路，是充满艰险和曲折的。创业过程中需要面对变幻莫测的激烈竞争及随时出现的需要迅速、正确解决的问题和矛盾，这就需要创业者具有非常强的心理调控能力，能够持续保持一种积极、沉稳的心态。否则，一旦遇到挫折就会垂头丧气、一蹶不振，那么在创业的道路上是走不远的。创业者只有具有处变不惊的良好心理素质和越挫越勇的顽强意志，才能在创业的道路上自强不息、竞争进取、顽强拼搏，闯出属于自己的一番事业。因此创业的成功在很大程度上取决于创业者的创业心理素质。

2. 精神素质

（1）强烈的创业意识。要想取得创业的成功，创业者必须具备自我实现、追求成功的强烈的创业意识。强烈的创业意识，可以帮助创业者克服创业道路上的各种艰难险阻，将创业目标作为自己的人生奋斗目标。创业意识包括创业动机、创业兴趣和创业理想等。

创业动机：是推动创业者从事创业实践活动的内部动因，是一种成就动机，是竭力追求获得最佳效果和优异成绩的心理动力。有了创业动机，才会有创业行为。

创业兴趣：指创业者对从事创业实践活动的情绪和态度的认识指向性。它能激发创业者的深厚情感和坚强意志，使创业意识得到进一步升华。

创业理想：是创业者对从事创业实践活动的未来奋斗目标有较为稳定和持久的向往及追求的心理品质。

（2）自信、自强、自主、自立的创业品质。自信能赋予人主动积极的人生态度和进取精神。创业者要相信自己有能力、有条件去开创自己未来的事业，相信自己能够主宰自己的命运，成为创业的成功者。

自强就是在自信的基础上，不贪图眼前的利益，不依恋平淡的生活，敢于实践，不断增强自己各方面的能力与才干，勇于使自己成为生活与事业的强者。

自主就是具有独立的人格、独立性思维能力，能自己选择自己的道路，善于设计和规划自己的未来，并采取相应的行动。自主还要有远见，有敢为人先的胆略和实事求是的科学态度，能把握住自己的航向，直至成功的彼岸。

自立就是凭借自己的头脑和双手，凭借自己的智慧和才能，凭借自己的努力和奋斗，建立起自己的生活和事业的基础。

（3）激烈的竞争意识。竞争是市场经济最重要的特征之一，是企业赖以生存和发展的基础，也是立足社会不可或缺的一种精神。因此，创业者如果缺乏竞争意识，实际上就等于放弃了自己的生存权利。创业者只有敢于竞争，善于竞争，才能取得成功。创业者创业之初面临的是一个充满压力的市场，如果创业者缺乏竞争的心理准备，甚至害怕竞争，就只能是一事无成。

（三）创业者应具备的能力

1. 专业能力

如果对一个专业不懂就去创业，失败的可能性就很大。就像开一个饭店，假如你自己不是厨师，又没有太雄厚的资金请技术过硬的大厨师，就很难把控这个饭店的质量，而且很容易被大厨师“炒鱿鱼”。所以当白手起家、身无分文，或者资金有限的时候，有一个重要前提就是自己必须是所在创业领域的专家，是一个能控制住专业局面的人。

2. 营销能力

一旦开始创业后，该怎么做？如果公司创办了，产品也制造出来了，下一步怎么办？有无数的公司都是创办起来了但最后却关门了，其根本原因之一就是他们不懂如何推销自己的产品，推销自己的公司品牌。因此，要做的是把公司“卖”出去，一个是“卖”公司的产品；另一个更重要的是随着产品的销售，“卖”公司的品牌，就是让大众认可公司品牌，让大家都知道这个产品是从自己的公司卖出来的。

一个公司要成功，品牌营销有时候甚至比产品营销重要，品牌营销的价值是无限的。这就是为什么国产品牌最昂贵的包也只能卖几千元人民币，同样材质的包印上“LV”的标志之后就能卖 10 万元人民币，背后都是品牌价值在起作用。所以，利用营销能力把产品推销出去、把品牌推销出去，便成了企业发展的一个重要手段，也是创业者必须具备的能力。

3. 社交能力

进入社会，首先要理解社会。慢慢学会把自己的心态放平和，去理解社会上的人，最后开始融入这个社会。当思想和境界超越这个社会的时候，大概就能干出点事情来了。

4. 用人能力

任何创业项目都很难一个人独立完成， 所以需要找一帮人组成团队，发挥每个人的主观能动性。对于合作伙伴、同事、下属，从一开始就得用对了。挑了没有能力的人最后做不出事情来，挑了过于有能力的人最后“造反”，老是跟自己过不去，也做不出事情来。把人招进来了就得让人服自己，因此就得展示自己的个人魅力，还得展示自己的判断能力、设计能力，让大家觉得跟着自己走是有前途的，哪怕在最艰难的时候大家也愿意跟着自己。

5. 革新能力

革新能力就是需要不断把旧的东西去掉，把新的东西引进来，进行体制上的革新、制度上的革新、技术上的革新及思想上的革新。一个人或者一个企业家成长的过程，就是不断否定自己的过去、承认自己的现在、追求自己的未来的过程。一旦觉得现在这样就已经挺好，做成这样已经不错，就不会有更大的发展空间。对创业的改革也非常重要，如在技术方面不更新，最后就会失去市场，也会失去机会。

6. 控制能力

控制能力主要包括以下几个方面。首先是对企业的控制，企业的发展速度、发展节奏、增加投入和对产品进行研发的时间等。其次是对人的控制，人与人之间永远会寻找一种平衡关系，这种平衡需要对人性进行很深刻的了解，并且能随时把握每个人的动向，满足他们的需求。最后还能压制住他们不合理的要求和欲望，能够让他们跟自己一条心，不断往前走。对人、对环境、对企业发展步骤的控制能力，构成了创业者成功创业的重要条件。

第二节　创业团队

【案例故事】

难得的腾讯五兄弟

1998 年的秋天，马化腾和他的同学张志东“合资”注册了深圳腾讯计算机系统有限公司。之后又吸纳了三位股东：曾李青、许晨晔、陈一丹。这五个创始人的 QQ 号，据说是从 10 001 到 10 005。为避免彼此争夺权力，马化腾在创立腾讯之初就和四个伙伴约定清楚，各展所长，各管一摊。马化腾是 CEO，张志东是 CTO（首席技术官），曾李青是 COO（首席运营官），许晨晔是 CIO（首席信息官），陈一丹是 CAO（首席行政官）。

之所以将创业五兄弟称之为“难得”，是因为直到 2005 年的时候，这 5 个人的团队还基本保持创业之初的合作阵形，不离不弃。直到腾讯做到如今的帝国局面，其中 4 个还在公司一线，只有 COO 曾李青挂着终身顾问的虚职而退休。

保持稳定的另一个关键因素，就在于搭档之间的“合理组合”。

据《中国互联网史》作者林军回忆，“马化腾非常聪明，但非常固执，注重用户体验，愿意从普通用户的角度去看产品。张志东是脑袋非常活跃、对技术很沉迷的一个人。马化腾技术上也非常好，但是他的长处是能够把很多事情简单化，而张志东更多是把一个事情做得完美化”。陈一丹是马化腾在深圳中学时的同学，后来也就读深圳大学，他十分严谨，同时又是一个非常张扬的人，他能在不同的状态下激起大军的激情。曾李青是腾讯 5 个创始人中最好玩、最开放、最具激情和感召力的。

选择性格不同、各有特长的人组成一个创业团队，并在成功开拓局面后还能依旧保持着长期默契合作。马化腾的成功之处，就在于从一开始就很好地设计了创业团队的责、权、利。

资料来源于 林军. 马化腾的腾讯帝国[M]. 中信出版社，2009

一、创业团队的内涵

（一）创业团队的定义

李开复谈大学生创业时曾表示，创业最重要的不是点子，而是对时机的把握和拥有良好的团队。何为团队？不同的学者从不同的角度做出了不同界定。路易士（lewis，1993 年）认为团队是由一群认同并致力于达成共同目标的人所组成，这群人相处愉快并乐于一同工作，共同为达成高品质的结果而努力。盖兹贝克和史密斯（Katezenbach，Smith，1993 年）则认为一个团队是由少数具有“技能互补”的人所组成，他们认同一个共同目标和一个能使他们彼此担责的组织规定。由此可见，创业团队一般指由两个或两个以上具有一定利益关系的，彼此分享认知，承担责任，通过合作为某个企业或某个创业目标而努力的特殊群体。

（二）创业团队与一般团队的区别

初创期的团队组建的目的在于成功地创办新企业。创业团队是个什么样的团队？它与一般团队有什么不同呢?

1. 团队组建的目的不同

一般团队组建的目的是解决某类或者某个具体问题，而创业团队组建的目的是开创企业或者拓展新事业。

2. 职位层级不同

创业团队的成员处在高层管理者的位置上，他们会对企业重大问题的决策产生影响，甚至会关系到企业的存亡；一般的团队其成员并不都处于组织的高层位置，其决策影响力是有限的。

3. 团队的组织依据不同

一般团队组建的依据主要是基于解决待定问题而临时组建在一起，而创业团队是基于工作原因而经常性地共事。

4. 团队的影响范围不同

一般团队只是影响局部性的、任务性的问题;而创业团队主要影响组织决策的各个层面，涉及范围较宽。

5. 权益分享不同

创业团队的成员一般在企业中拥有股份，以便使团队成员具有更强烈的责任感来关注企业成长并积极参与决策；而一般团队并不必然拥有股份，团队整体相应的责任感和使命感不强烈。

6. 关注视角不同

创业团队关注的多关乎企业发展的全局性、战略性的决策问题，是关注比较宏观的、带有战略发展意义的问题；而一般团队关注的则多是一些比较微观的、具体的战术性和执行性的问题。

7. 领导方式不同

一般团队受公司最高层的直接领导和指挥；而创业团队以高管层的自主管理为主。

8. 依赖程度不同

创业团队成员对企业有一种深厚的情感，其连续性承诺（由于员工对组织投入而产生的一种机会成本，足以让成员不离开组织的倾向）。情感性承诺（个体对组织的认同感）和规范性承诺（个人受社会规范影响而不离开组织的倾向）都比较高。一般团队中，成员对组织的连续性承诺、情感性承诺和规范性承诺并不高。

（三）创业团队的类型

依据创业团队的组成者之间的相互关系可以将创业团队划分为星状、网状和虚拟星状三种类型。

1. 星状创业团队

星状创业团队是目前最为常见的创业团队，也称为核心主导型创业团队，一般是指团队中有一个核心人物作为团队的领导者。该领导者基于自身创业理念和需要组建团队，其他成员在团队中充当支持者的角色。

2. 网状创业团队

网状创业团队也称群体型创业团队，一般来说，网状创业团队的成员是在创业之前就有密切联系，成员在交往过程中，基于共同理念对某想法有共同的认知，就创业行为达成共识，从而开始进行创业。由于没有明确的核心人物，创业团队每位成员基本上扮演的都是协作者或伙伴的角色，各成员地位相对平等。

3. 虚拟星状创业团队

虚拟星状创业团队是由网状创业团队演化而来，是前两种类型的中间形态。在团队中有一名核心主导成员，该核心成员的主导地位是由团队全体成员协商确立的，因此该核心成员虽然较普通团队成员有更多话语权，但其更接近于整个团队的代言人，而非真正的核心主导成员，且其行为必须充分考虑其他团队成员的意见。

二、创业团队的特点

【案例故事】

蚂蚁军团

在非洲大草原上如果见到羚羊在奔跑，那一定是狮子来了。如果见到狮子在躲避，那就是象群发怒了。如果见到成百上千的狮子和大象集体逃命的壮观景象，那是什么来了呢？是蚂蚁军团来了!狮子和大象为什么会害怕蚂蚁军团呢？原来，在非洲土地上生活着一种蚂蚁，叫矛奴(行军坝)，数量庞大，居无定所。当先头部队抓住比它们体积大上几千万倍的猎物时，主力军会第一时间赶到，猎物随即被淹没在茫茫蚁海中，能活下来的机会是零。它们是非洲大地上一支恐怖的“军事力量”。“齐心协力，其利断金”正是蚂蚁军团制胜的法宝。

在网络信息爆炸的时代，很多创业者因为行业环境变化得过快，所能获得的市场空间越来越窄。一旦投入创业，他所面对的将是十分严重的同行业对手的竞争和挤压，根本没有时间去调整和学习。在这种创业的大环境中，要提升创业的成功率，最大限度地避开风险，最直接有效的方法就是成立自己的创业团队。

资料来源于 [美]霍斯．蚂蚁军团一没有完美的个人，只有完美的团体[M]．企业管理出版社，2004

（一）创业团队优势

创业团队是一种特殊的群体，团队成员在创业初期把创建新企业作为他们共同努力的目标。他们在集体创新、分享认知、共担风险、协作进取的过程中，形成了特殊的感情，创造出高效的工作流程。高效的创业团队不是“1+1=2”，而是“1+1>2”。高效的创业团队具有以下几个优势。

1．目标明确

团队成员在创业初期就拥有着共同的目标，明确目标能为团队指引方向，提供推动力，能够激励团队成员把个人的目标升华到群体目标上，提高团队的绩效水平。坚信这一目标包含着重大的意义和价值，同时将目标较化为具体目标，易于评价和衡量。

2．有效领导

一个团队有没有合格、有才能的领导者对于团队的高效工作至关重要。好的领导者能让团队的凝聚力聚合在一起，在遇到困难的时候共同承担，为团队指明前途所在。高效的团队领导者往往承担的是教练和后盾的角色，他们为团队提供支持，指导和鼓励，带领他们去实现组织和团队的目标和任务。

3．良好沟通

良好的沟通既是高效团队的外在表现，也是营造团队和谐人际关系的重要手段。充分的沟通，乃是团队成员协调一致的基础。团队成员只有在沟通后才能准确地了解彼此的想法，才能确保团队成员行为与团队步调一致。通过沟通，团队成员分享信息，团结一致，化解矛盾，最终达成共识，和谐相处，使团队更加有战斗力。

4．相互信任

团队成员间的相互信任是创业成功的关键因素，每个人对于团队中的其他人员的品行和能力都应该是确信不疑的，信任是团队和谐人际关系形成的重要特质。

5．承诺一致

高效能团队及成员对团队表现出高度忠诚和承诺，对团队目标具有奉献精神，愿意为实现这一目标而调动自己的最大潜能。有了共同的承诺，团队成员便有了共同的理念，共同的目标转化为共同的行为，使团队具有高度的凝聚力和亲和力。

6. 制度完善

“没有规矩，不成方圆”，完善的规章制度能使团队工作有章可循，有章可依，能够使团队全体成员的行为保持一致，实行制度化管理上的飞跃。实践证明，这一飞跃能有效地解决组织内、组织间不必要的内耗和外耗，从而带来组织的蓬勃向上和高效运转。

（二）创业团队劣势

创业团队既可能带来优势，也可能带来障碍，对后续创业活动会带来潜在影响。

“人是最宝贵的资源”，优秀的创业团队是新创企业的基石，是任何新创企业人力资源的关键组成部分。一流的创业团队能够带来出色的知识、经验、技能和对公司的承诺，团队成员间强烈的有效的工作关系，对任何新创企业来说都是一笔宝贵的财富。

创业团队的劣势主要表现在以下几个方面。

（1）利益分配争议带来风险。很多中小民营企业的创业团队在发展初期，或者是没有考虑到，或者是碍于面子没有明确提出未来具体的利益分配方案，等到企业规模扩大时就开始为利益怎么分配而争执了。无锡尚德太阳能电力有限公司在创业初始的两年里一直处于亏损状态，后来业务稍有起色，就因为利润分配方案不完善，五个人的创业团队走了四人，只剩下施正荣独立支撑尚德公司，而且离开的四人后来均进入了光伏电池行业，成为尚德的竞争对手。可见，利益分配对于创业团队有着重要影响。

（2）团队成员经营理念不同带来风险。创业之初，在团队成员选择时，难免出现随意性和偶然性；或是在团队中承担某种角色的人才过多，团队成员之间角色和优势重复；或是团队成员的经营理念、处理问题方式不一致，团队思想不统一；或是随着企业的成长，有些成员能力难以适应更大规模、更规范的企业经营管理的需要。这些都会引发各种矛盾，最终导致整个创业团队的散伙。一个典型的例子就是联想的倪光南和柳传志。柳传志是一位有科技背景的企业管理者，而倪光南是一名著名的科学家，他们的分歧是经营理念不一致。柳传志的经营理念是市场导向，而倪光南的经营理念是技术导向，这一根本的分歧导致曾被誉为“中关村最佳拍档”的联想创业组合的分裂。

（3）目标不一致带来风险。在创业初期，创业团队的目标一般并不十分清晰和明确，随着创业的进程以及外界环境的变化，团队成员可能会发现原先确定的目标和现实之间存在差距。此时如果团队成员之间缺乏沟通，意见难以调和，或是个人目标与组织目标出现较大的不一致，甚至有些成员不认可公司的目标和策略，价值观出现冲突，那么团队就面临着解散的风险。

三、创业团队的组建

（一）创业团队组建的原则

1. 相似性与互补性

创业者往往倾向于欣赏和选择那些在背景、教育、经历、志趣上与自己非常相似的人。然而，“相似性”即同质性倾向存在着严重的弊病，他们的知识、经验、技能和欲望重叠的程度就越大，内耗随之增加，创业之路愈加艰险。因此，组建创业团队的第一原则就是建立优势互补的团队。

美国北卡罗来纳大学的迈克尔·恩斯利教授对美国500强企业的研究表明，在动荡的环境下，创业团队的异质性能够发挥积极的作用，或者说，动荡的环境需要创业团队具有异质性特征。不过，实践中也存在相反的例子。例如，经历相同、趣味相投而并非技能互补的微软的比尔·盖茨和童年伙伴保罗·艾伦，惠普的戴维·帕卡德和大学同学比尔·休利特，创业后团队合作良好、业绩惊人。三一重工的梁稳根、袁金华、毛中吾、唐修国是同事，也是好兄弟，四人辞职创业那年，曾在一个山头上焚香、磕头，刺破中指写下誓书："今生今世，肝胆相照，患难与共，誓为民族工业的振兴而奋斗"。他们的共同奋斗成就了今天中国重工业的脊梁。相反，知识、技能互补，堪称"黄金搭档"的苹果乔布斯与沃兹，最终分道扬镳。

2. 理性分析与意气相投

创业之初，创业者往往会理性分析创业所缺乏的必要资源和能力，将组建创业团队视为弥补资源和能力空缺的手段，目的是整合优质资源助推创业成功，形成互补型为主的创业团队。

遵循理性分析组建的创业团队平均规模更大，团队成员之间因强调技能互补而异质性更强，但由于彼此之间熟悉程度较低，沟通和交流需要更加谨慎。而志同道合组建的创业团队，强调物以类聚，更具同质性，由于彼此熟悉了解，沟通和交流起来会更加顺畅。

（二）创业团队组建的方法

团队里必须要有一个创新意识非常强、能够决定公司未来方向的战略决策者，还要有一个策划能力很强能够全面分析整个公司面临的机遇和风险的人。另外，还要有一些有执行力的助手。这三种人是不可或缺的，要以这三种成员形成高效创业团队的基本结构，才能取得高品质的成果。

要构建高效创业团队必须按高效率的团队特征来设计，表现如下：要做到目标清晰，承诺一致；沟通良好，技能具有相关性，团队成员既相互补充，又相互信任；要有谈判的技能、担当的勇气，或者称为恰当领导的技能；要有内外部的支持。

【拓展阅读】

选择了就要坚持

——百度公司董事长兼首席执行官李彦宏谈创业

或许你不关注时事或不关注金融股市，也不关心时尚，可只要你接触过网络，你一定用过它——百度。作为现今实力最强的中文搜索引擎，十年来百度经历了从无到有，从小到大的发展壮大过程。

中国有四亿多网民，其中90%都是百度的客户。百度能取得今天的成就，得意于李彦宏独到的眼光和坚定的信念，用他的话说就是："认准了就去做！"十年前，他放弃了美国"硅谷"的优厚待遇选择回国创业，一心想要创建一个中文的搜索引擎。根据中国当时所处的国际国内环境，他觉得中文搜索引擎一定会有大发展。但他身边的很多人却并不看好这个项目，有些人甚至表示反对。但他并没有因为别人不理解就轻易放弃。他表示之所以选定这个项目是基于对市场的深入调查和分析，正是因为别人还没注意到这块有潜力的市场，他才要去做。“既然认准了，就不能轻易掉头，更别说放弃。”他笑言。

创业是一个高风险高回报的事，就好比百慕大三角，它神秘诱人，但想要走出来既要有运气又要有技术。这个过程总是伴着艰辛和阻碍，从来没有什么一帆风顺的事情。百度也一样，经历了困境和艰难。2001 年、2002 年所有的互联网企业运营都很艰难，面对全球的泡沫经济很多企业选择掉头或是压缩成本以求赢利。李彦宏说道：“直到 2001 年，我们还在大规模投入，并没有急于赢利，不急于赢利并不代表一直不赢利。”

对于百度的成功，很多人说是因为百度是最先做的，所以它成功了。但李彦宏说其实不是，当时他创建百度的时候其实已经有好多家中文搜索引擎公司了。百度之所以成功是因为他相信在当时中国的环境下，中文搜索引擎一定有前景，所以他始终坚持。而其他做中文搜索引擎的同行却没有这样的认为，有的中途掉头或放弃，所以他们失败了。

资料来源于 网络

课后思考

1．简述创业的意义。

2．创业者应具备哪些素质和能力？

3．创业团队的特征是什么？

第十章　创业项目与创业准备

【学习目标】

- 了解创业机会及其来源
- 掌握筛选创业项目的方法
- 掌握开展市场调查的方法
- 熟悉创业资源的分类

【开篇故事】

李维斯的创业之路

1829 年，李维斯·施特劳斯出生于德国的一个小职员家庭。他顺利完成学业后成为了一名小文员。1847 年，李维斯从德国移民至美国纽约。1850 年，美国西部发现了大片金矿，天生不安分的他不安于做一个安稳的小职员。于是 20 多岁的李维斯决定加入浩浩荡荡的淘金队伍之中。

李维斯到达旧金山后才发现自己并不是第一个去淘金的人，曾经荒凉的西部现在到处都是淘金的人群，到处都是帐篷，于是他陷入深深的思考之中。

这些淘金者待在一个离市中心很远的地方，买东西十分不方便。李维斯看到那些淘金者为了买一点日用品不得不跑很远的路，于是他决定不再做那个遥不可及的金子梦，而准备开一家日用品小店。小店生意不错，光顾的人络绎不绝。有一天，他又乘船外出采购了许多日用百货和一大批搭帐篷、马车篷用的帆布。由于船上旅客很多，那些日用百货没等下船就被人们抢购一空，但帆布却没人理会。

眼看帆布要赔本了，忽然他见一位淘金工人迎面走来，并注视着帆布。他连忙高兴地迎上前去，热情地问道："您是不是想买些帆布搭帐篷？"那工人摇摇头："我不需要再搭一个帐篷，我需要的是像帐篷一样坚硬耐磨的裤子，你有吗？"淘金的工作很艰苦，衣裤经常要与石头、砂土摩擦，棉布做的裤子不耐穿，几天就磨破了。"如果用这些厚厚的帆布做成裤子，肯定又结实又耐磨，说不定会大受欢迎呢！"淘金工人的这番话提醒了李维斯。

于是，他灵机一动，用带来的厚帆布效仿美国西部的一位牧工杰恩，特制的一条式样新奇而又特别结实耐用的棕色工装裤，向矿工们出售。1853 年，第一条后来被称为"牛仔裤"的帆布工装裤诞生了，当时它被工人们叫作"李维斯氏工装裤"。改装后的牛仔裤以其坚固、耐久、穿着合适，获得了当时西部牛仔和淘金者的喜爱。大量的订货纷至沓来。

1853 年，李维斯正式成立了自己的牛仔裤公司，开始了创建这个著名品牌的漫漫长路。公司开张后，产品十分畅销，但李维斯却对帆布做的裤子很不满意。虽然帆布结实耐磨，却又厚又硬，不但穿在身上不舒服，而且也无法像柔软的布料那样，设计出各种美观合身的款式，只能做成又肥又大、式样单调的裤子。于是他开始寻找新的面料，搜罗市场上的各种信息。终于有一天，他发现欧洲市场上畅销着一种蓝白相间的斜纹粗棉布布料，它是法国人涅曼发明的，兼有结实和柔软的优点。李维斯看了样布，当即决定从法国进口这种面料，专门用于制作工装裤。结果，用这种新式面料制作出来的裤子，既结实又柔软，样式美观，穿着舒适，而且再次受到淘金工人欢迎。这次换用新的布料，在牛仔裤发展史上具有重要意义。此后，这种用靛蓝色斜纹棉布料做成的工装裤在美国西部的淘金工、农机工和牛仔中间广为流行，靛蓝色也成为李维斯氏工装裤的标准颜色。由于靛蓝色与欧洲原始时代和宗教信仰有着密切关系，它对牛仔裤后来在欧洲流行起着潜在的助推作用。

虽然初步获得了成功，但李维斯并不就此满足，他还在继续寻找机会，对牛仔裤进行改进。当时淘金工人在劳动时，常常要把沉甸甸的矿石样品放进裤袋，沉重的矿石经常会使裤袋线崩断开裂。当地一位名叫雅各布戴维斯的裁缝经常为淘金工人修补这种被撑破的裤袋。他用黄铜铆钉钉在裤袋上方的两只角上，这样就可以固定住裤袋。同时，他还在裤袋周围镶上了皮革边，这样既美观又实用，有的工人裤子虽没有磨破，但为了美观都去镶边。雅各布就此向李维斯提出了建议，李维斯不但接受了这条建议，还把尚未出厂的工装裤全部加上黄铜铆钉，申请了专利，由此传统的牛仔裤就此定型。

1872 年李维斯在基本定型的牛仔裤基础上申请了牛仔裤的生产专利。如今，世界上牛仔裤虽已出现众多品牌，但李维斯氏牛仔裤在世界 70 多个国家的销售量仍稳居第一。

资料来源于 网络

个人感悟：____

第一节　创业项目

【案例故事】

寻找海岛卖鞋机会

英国鞋厂的皮鞋推销员甲和美国鞋厂的皮鞋推销员乙，一同飞往一个太平洋岛屿开辟皮鞋市场。刚一下飞机，他们就在岛上分头跑了一圈，了解到所有岛民从来没有穿鞋的习惯。英国推销员甲心里凉了半截，立即向厂里发出电报："这里没有人穿皮鞋，这个岛没有皮鞋市场，预计他们的需求量为零，我明天坐飞机回国。"美国推销员乙却惊喜万分，也立即向厂里发了电报："这里没有人穿皮鞋，甚至没有人穿鞋，于是他们绝大多数人都得了脚部的疾病。我相信这里的皮鞋市场前景广阔，我将留下来开拓市场，他们的需求量将从零开始。"第二天推销员甲回去了，继续着辛苦的推销生涯，整天为生活奔忙。而推销员乙驻扎在太平洋海岛，耐心地给岛民们灌输穿鞋更健康、穿鞋更舒适的道理，并把自己的脚与岛民们的脚做了比较。最终岛民们心悦诚服地接受了皮鞋，皮鞋在岛上销售量猛增，推销员乙也顺理成章地成为领导一方的副总经理。

创业的本质是对消费者未被满足需求的挖掘，创业者就必须先了解消费者都有哪些基本的需求，并根据这些需求寻找潜在的创业机会。

资料来源于 网络

一、创业想法的产生

（一）创业机会及其来源

1. 什么是创业机会

美国学者杰弗里·蒂蒙斯认为，创业机会是一种可能盈利的机会，通过整合资源满足市场对新产品、新服务的需求并创造价值，是一个不断被发现的动态发展过程。

创业机会是创业者发现并对其有较强吸引力的，具有潜在价值有利于创业的商业机会，但商业机会不等于创业机会，商机是创业过程的核心，创业过程是由商业机会驱动的。适合于创业的商业机会才是创业机会。通过整合资源，创业者能够实现为客户提供有价值的产品或服务，使自己获益的动态发展过程。

2. 创业机会的来源

创业机会来源于社会生活的方方面面，归纳为以下几个方面。

（1）解决顾客问题。顾客是创业者应该重点关注的。创业的根本目的是满足顾客需求，而顾客需求在没有满足前就是问题，寻找创业机会的一个重要途径是善于去发现和体会潜在客户的需求。

（2）跟踪业内企业。业内人士对其产品更为了解，对业内企业的跟踪可以让创业者事半功倍。由于对企业跟踪的成本比较高，因此对行业较为熟悉的或有专业能力的创业者可以对市场上对手的产品、服务进行跟踪、分析和评价，由此发现市场上产品的优劣。并且有针对性地改进产品或开发新产品，这样就有可能发现较大的市场机会和开创新的市场机会。

（3）与渠道分销商交流。渠道分销商对顾客分销商是最了解的，因为他们整天与顾客打交道。他们知道顾客和市场的需求，所以他们对产品的看法可能比单个的顾客更为清晰和准确。所以在这方面，创业者不仅要与顾客交流，还要与分销商进行交流，倾听他们的建议。他们的建议不乏真知灼见，特别是他们对渠道营销的方法有很多很好的策略，这样可以使创业者的产品更好地与顾客接触。

（4）环境的变化。创业机会大都产生于不断变化的市场环境，环境变化了，市场需求、市场结构必然发生变化。这种变化主要来自产业结构的变动、消费结构升级、城市化加速、人口思想观念的变化、政府政策的变化、人口结构的变化、居民收入水平提高、全球化趋势等方面。正是这些外在因素的刺激，推动了人类的需求变化，要求国家、社会、人民去研究新方法、解决新问题，从而带动了新的社会总需求，为创业机会的诞生孕育新的沃土。

（5）创造和发明。创造和发明提供了新产品、新服务，更好地满足顾客需求，同时也带来了创业机会。对新技术的了解就是从其创造和发明的研发过程中获得的。创业者应对业内企业目前的研发活动有所了解，包括应重视所有目标产品的基础研究，因为科学家所研究的项目往往与基础性研究有关，而企业则与应用有关。关注科学家们的研究和企业开发同等重要，这样就会很好地把握新技术进入应用的节奏。

（6）竞争的指引。弥补竞争对手的缺陷和不足也是创业机会。看看周围的公司，能比他们更快、更可靠、更便宜地提供产品或服务吗？自己能做得更好吗？若能，也许就找到了创业机会。如顺丰快递的成功，就是因为它比一般的快递公司更快、更可靠。

（7）新知识的产生。随着经济的快速发展，对教育的投入越来越大，知识领域不断拓展，新知识的产生也给创业者带来了大量的机会。例如，当人类基因图像得到完全解决，可以预期，在生物科技与医疗服务等领域必然带来极多的新创业机会。

（8）国外市场。创业者要经常关注国外市场的动向。关注国外市场出现的新动向，在适当的时机下，就有可能发现新兴市场的大机会。这方面，很多企业作出了很好的榜样，如谷歌之于百度、易贝之于淘宝、亚马逊之于当当网等都是在国外兴起一两年后，国内就开始出现类似的产品。

虽然大量的创业机会可以经由系统的研究来发掘，不过，最好的点子还是来自创业者长期的观察与生活体验。

（二）产生创业想法的方法

1. 问题发现法

在日常生活中只要是问题，不管是需求方还是供给方，总需要人们想办法找方案去解决这个问题。在生活中的心理障碍和痛苦其实都来自自己的情感体验，所以将自己在体验中发现的问题提炼出来的能力，通常称为发现能力。发现了机会的起点，同样也是创业机会的起点。这个起点非常重要，需要有发现能力的人去发现它，进而获取机会。因此，实际上最需要培养的是发现问题的人。

2. 5W2H 法

5W2H 法为第二次世界大战中美国陆军兵器修理部首创。本方法简单、方便，易于理解使用，富有启发意义。广泛用于企业管理和技术活动，对决策和执行性的活动措施非常有帮助，也有助于人们全面思考问题。

（1）why——为什么？ 为什么要这么做？理由何在？原因是什么？

（2）what——是什么？ 目的是什么？做什么工作？

（3）where——何处？ 在哪里做？从哪里入手？

（4）when——何时？ 什么时间完成？什么时机最适宜？

（5）who——谁？ 由谁来承担？谁来完成？谁负责？

（6）how——怎么做？ 如何提高效率？如何实施？方法怎样？

（7）how much——多少？ 做到什么程度？数量如何？质量水平如何？费用产出如何？

5W2H 法用以发现解决问题的线索，寻找发明的思路，进行设计构思，从而达到解决问题或者实现发明创造的目的。可以把这一方法理解为“发现问题解决问题”。

二、创业项目的选择

经过构思后，创业者选择三到五个最适合自己创业的项目。接下来，创业者就需要学会具体筛选创业项目的流程和方法。通常筛选创业项目的方法是 SWOT 分析法。

（一）创业项目筛选流程

1. 环境导向分析

环境导向分析，指创业者对于创业项目要从世界格局、国家战略、地区发展和政策导向几个层面进行全方位的分析和研究。创业者需要系统分析国家的人口政策、财政货币政策、劳动工资政策、政治政策、科技政策、社会文化政策和能源资源政策等政策和相关法律，把能够最大限度利用环境导向的创业项目作为首选。

国家鼓励和扶持的创业项目主要包括以下几个。

（1）信息技术产业：移动互联网、跨境电子商务、农村电子商务等。

（2）新能源产业：使用太阳能、核能、风能等。

（3）环保产业：废弃物回收利用、资源还原利用等。

（4）现代农业：科技化、规模化的现代农业农场等。

（5）现代物流业：构建快速高效的现代物流体系。

（6）生物产业：生物医药、绿色农业等。

2. 竞争有利分析

所谓竞争有利分析，指创业项目的选择要考虑是否比竞争对手更能满足客户的需求。

（1）评估创业项目是否能解决顾客的问题。任何一个企业的存在根本原因是能解决其他企业不能解决的顾客问题，没有满意的顾客就没有企业的存在。创业者应该通过详尽的市场调研弄清楚每个项目能解决的问题、顾客的群体、顾客喜欢的产品或服务、顾客的数量是否能够达到满足盈利的需求。

（2）评估创业项目是否比竞争对手更有优势。任何一个好的创业项目都有可能会在较短时间内，被竞争对手模仿和超越，市场竞争的真空只能存在于一个极短的时间内。一旦竞争开始，创业者就必须与竞争对手在四个层面进行对抗。

①可获得性：你和竞争对手的产品哪一个更容易被顾客获得？

②个人偏好：你和竞争对手的产品哪一个更会满足顾客的偏好？

③性价比：你和竞争对手的产品哪一个性价比更受顾客的欢迎？

④便利性：你和竞争对手的产品哪一个更容易让顾客获得？

通过以上四个层面的思考，寻找到优势最大的项目。

3. 团队匹配分析

所谓团队匹配分析，指创业项目要结合创业团队的专业专长、兴趣爱好、资源优势进行综合筛选和分析。“隔行如隔山”，适合创业团队的创业项目才是最好的项目，因为这样的项目可以发挥创业团队所长，把握天时地利人和的因素，获得成功。

（1）应该评估创业团队的专业和专长与哪个创业项目更为匹配。

（2）应该评估创业团队的兴趣爱好与哪个创业项目更为匹配。

（3）应该评估创业团队的人脉资源与哪个创业项目更为匹配。

（4）应该评估创业团队的投资能力与哪个创业项目更为匹配。

团队匹配要综合考虑团队的专业专长、兴趣爱好、人脉资源和投资能力，优先筛选与自身特点、资源匹配的创业项目，没有最好，只有最适合。

4. 财务规划分析

所谓财务规划分析，指创业项目要进行财务资金预算的分析。评估创业项目的财务是否可靠，财务可靠就是创业项目的财务规划是以真实的市场调查结果，销售测算为基础，不能过于乐观地估计收入、成本，也不能虚增利润。财务规划一定要实事求是，乐观的数字只会迷惑自己，保守一点的估算更为可靠。

（1）要评估创业项目的初始资金来源，是自己或合伙人出资的，还是向亲戚朋友借的，将这些款项分别计入资产负债表的所有者权益方及负债方。

（2）要评估创业项目初始资金的使用方向，比如是存入银行?购买办公用品?租借场地?购进存货还是其他款项?将这些款项计入资产负债表的资产方。

（3）在销售收入、产品定价假定的前提下，测算一定期间的营业收入；测算固定开支，包括房租、员工工资、采购费用等，形成营业收入。由此，测算出利润表。

（4）要评估创业项目的现金流。因为现金流掌握着创业项目的生死大权。

由于大学生初始资金少、抗风险能力差、融资能力弱。在财务可靠的基础上，根据测算的报表，应该优先选择的创业项目有：一是资产总额小、资产负债率低；二是资金周转快；固定成本小；三是现金流要充足，避免资金链断裂。

5. 风险可控分析

所谓风险可控分析，是指创业项目要进行风险分析。创业意味着创新，意味着开拓新的领域。因此创业是一种无法复制的创新，面临着很多未知风险。创业者评估创业项目不仅要看到机会，更要看到风险。好的创业项目应该将风险进行充分的评估，并将其控制到较低的水平。

（1）应该评估创业项目的法律风险。创业项目的产品或服务、经营的模式、技术手段如果不符合法律法规的规定，就将走入违法的陷阱。比如有些人从事走私、倒卖火车票、电信诈骗等。创业者必须明白，若创业项目本身就处于法律的禁区，就应该及时撤出；若创业项目处于法律的灰色地带，就应该及早与制订和执行相关政策的部门做好沟通。

（2）应该评估创业项目的信用风险。创业项目交易对象的改变风险、合作伙伴的违约风险都必须考虑到。对于其他不可预见的信用风险，也必须提前做好最坏的打算，准备好相应的应变预案。

（3）应该评估创业项目的经营风险。如创业项目经营不善导致的亏损风险、创业项目资金链断裂的财务风险、创业项目团队不和的项目中止风险，都要准备好相应的应变预案。
充分揭示风险，并做好风险控制预案的创业项目，才是合格的创业项目。

（二）创业项目筛选方法

创业者筛选创业项目主要使用的方法是 SWOT 分析法。创业者列出 SWOT 分析矩阵后，将优势项、劣势项、机会项、威胁项都根据实际情况打上分数。然后用优势项分数减去劣势项分数，用机会项分数减去威胁项分数，如果两个分数都大于零，那就是可行的创业项目。如果创业者选择的三到五个创业项目经过 SWOT 分析评价都可行，创业者就将分数最高的创业项目列为第一优选项目，其他项目依此类推。

三、企业的法律形态

在创办自己的企业之前，最好先进行工商注册，这样企业就有了一个合法的身份。在工商注册过程中有很多的细节，需要创业者去了解。掌握注册基本知识后，创业者需要根据自己企业的实际情况做出选择，并准备好相关资料。当一切准备工作做好之后，就可以进行工商注册了。

（一）企业法律形态的概述

企业法律形态指企业在法律上的表现形式，它依据不同的划分标准可以划分为不同的种类。我国原先依据所有制，部门、地域为标准所划分的企业法律形态体系，已经不能适应社会主义市场经济的需要。因此建立以组织形式、财产责任为划分标准的新型企业法律形态体系势在必行。我国企业的法律形态大体上有有限责任公司、股份有限公司、中外合资企业、中外合作企业、外商独资企业、合伙企业、个体工商户、农村承包经营户等，应当根据自己的经济实力及其他有关情况，决定自己创办企业的法律形态。

不同企业法律形态有不同的要求，包括开办和注册企业的资金、开办企业手续的难易程度、风险责任的大小、纳税额的多少、筹措资金的难易、寻找合伙人可能性的大小、企业决策的复杂程度、企业利润的多少等。

（二）常见企业法律形态的特点

企业法律形态不同，其特点也各不相同，只有详细了解其特点，才能为选择企业的法律形态做好充分的准备。

1. 个体工商户

个体工商户业主只需一个人或一个家庭，人数上没有过多限制，注册资本也无数量限制，开办手续比较简单。业主只需要有相应的经营资金和经营场所，到工商部门办理注册手续即可。个体工商户还可以根据自己的需要起字号。在经营上，由于全部资产属于自己所有，决策程序比较简单，不受他人制约；在利润分配上，全部利润归自己或家庭，但同时对外要承担无限责任，相应的风险也比较大。

2. 个人独资企业

个人独资企业在业主数量与注册资金上与个体工商户相似，但设立手续比个体工商户要复杂，需要有合法的企业名称、投资人申报的出资、固定的生产经营场所和必要的生产经营条件及必要的从业人员。在经营决策与利润分配上与个体工商户相似，决策程序简单，利润归独资人，同时承担无限责任。

3. 合伙企业

合伙企业需要两个或两个以上的人合伙，无资本数量限制。成立条件较为复杂，需要两个以上的合伙人订立书面合伙协议，有合伙人的实际出资、合伙企业的名称、经营场所和从事合伙经营的必要条件。合伙企业的合伙人要依照合伙协议共同经营、共享利益、共担风险，各合伙人按照协议分配利润，同时要对合伙债务负无限连带责任，这种责任可以说是最重的。

4. 有限责任公司

有限责任公司需要由 1 人到 50 人以下的股东组成，注册资金根据从事的行业不同而有所不同。从事科技咨询服务行业的，最低注册资金为 10 万元；从事零售行业的，最低注册资金为 30 万元；从事批发性商业及生产性行业的，最低注册资金为 50 万元；法律对其最高注册资金未做限制。同时，有限责任公司还需要股东共同制订公司的章程，建立符合要求的组织机构。有固定的经营场所和必要的生产经营条件，还应设立股东会、董事会和监事会，并由董事会聘请职业经理管理公司事务。办理开业登记的手续也较为复杂，但有限责任公司的优点是股东按出资比例分配利润，并以出资额为限承担有限责任，对创业者而言风险最低。

注册资本和人数的区别如表 10-1 所示，成立条件的区别 10-2 所示，利润分配与职责承担的区别如表 10-3 所示。

表 10-1 注册资本和人数的区别

个体工商户	合伙企业	个人独资企业	有限责任公司	一人有限责任公司（特别规定）
个体工商户业主只需一个人或一个家庭，人数上没有过多限制，注册资本也无数量限制，开办手续比较简单	合伙企业需要两个或两个以上的人合伙，无资本数量限制	业主是一个人，无注册资本限制	有限责任公闭需要由两个以上 50 个以下的股东组成，注册资本根据从事的行业不同而有所不同	一个自然人或法人设立公司，注册资本不低于 10 万元人民币

表 10-2 成立条件的区别

个体工商户	合伙企业	个人独资企业	有限责任公司
业主只需要有相应的经营资金和经营场所，到工商部门办理注册手续即可。可以自愿选择是否起字号	成立条件较为复杂，需要两个以上的合伙人订立书面合伙协议，有合伙人的实际出资、合伙企业的名称、经营场所和从事合伙经营的必要条件	设立手续比个体工商户要复杂，需要有合法的企业名称、有投资人申报的出资、有固定的生产经营场所和必要的生产经营条件及必要的从业人员	股东要符合法定人数，出资额要符合法定最低额并且要制订公司章程、组织结构，有固定的生产经营场所和条件

表 10-3 利润分配与职责承担的区别

个体工商户	合伙企业	个人独资企业	有限责任公司
利润归个人或家庭全部所有。对外以个人或家庭全部财产承担无限责任	普通合伙按照协议分配利润，并共同对企业债务承担无限连带责任；有限合伙人以其认缴的出资额为限对合伙企业债务承担责任	利润归个人所有，投资人以其个人财产对企业债务承担无限连带责任	股东按照协议或出资比例分配利润，并以出资额为限承担有限责任

【知识点链接】

选择企业的法律形态

通过以上分析可以看出，中小微企业的多种法律形态各有利弊，不能简单地说哪种企业的法律形态最好或者最差，他人给出的只能是建议，最终要结合自己企业的特点和设立企业时自己所处的条件来判断，从而做出适合自己企业的法律形态的选择。选择企业法律形态时需要做如下考虑。

（1）考虑创业资金的来源。个人投资可以选择个体工商户、个人独资企业、一人有限责任公司；与他人合作投资，可以选择合伙企业或有限责任公司。

（2）考虑企业规模的大小。规模小的可以考虑个体工商户、个人独资企业，规模中大型的可以考虑合伙企业、有限责任公司。

（3）考虑企业的经营风险及投资人承担风险的能力。风险比较大及投资者抗风险能力较差的，可以选择设立有限责任公司；风险较小的可以选择成立个体工商户、个人独资企业和合伙企业。

（4）考虑税负的缴纳。个人独资企业、合伙企业不必缴纳企业所得税，但是其企业主和合伙人必须就其从企业盈余分配所得缴纳个人所得税。有限责任公司则应以其经营所得缴纳公司所得税，而且公司股东从公司取得税后利润的分配时，还要由各个股东分别就其分配缴纳所得税。

第二节　创业准备

【案例故事】

“跨行”开发童装之路

2002年，位于北京市密云工业开发区的“太子”童装生产基地开始试产首批童装。引人关注的是，投资方不是什么服装企业，而是国内的乳酸菌企业——湖南太子奶集团。无独有偶，国内的饮料巨头们不甘寂寞，纷纷上演“串行”戏。娃哈哈卖上了方便面，统一进军白酒市场，如今太子奶集团又做起了童装。据了解，如此大规模、行业性的“串行”在饮料行业还是第一次。其实早在几年前，就有饮料巨头“百事可乐”大胆跨入运动服饰行业成功“串行”的先例。但像这样几家企业的先后行动却极为少见。先是“娃哈哈”紧锣密鼓地为设在河南的方便面厂招兵买马，然后是“统一”企业与吉林白酒集团签约进军白酒市场，到湖南太子奶集团在京投资数亿元建成“太子”童装生产基地。这种“大串行”现象，是与市场调查和预测分不开的。

经过周密的市场调查和预测，太子奶集团发现童装市场需求大，前景甚好，于是做出了大胆的跨行经营举动。据有关部门统计，我国目前16岁以下的少年儿童约有3.2亿，占全国人口的27%，国内儿童服装生产企业共有4 000多家，年生产儿童服装6亿多件，而真正叫得响的儿童品牌服装也只有200家左右，整个儿童服装市场从数量到品质远远不能满足市场的需求。据悉，落成的“太子”童装公司占地320多亩（1亩≈666.7平方米），投资数亿元。拥有数万平方米的现代化标准厂房，宽大的智能物流中心和世界先进的全智能电脑制衣生产线。独家从日本、法国进口符合当今国际流行色彩和环保要求的面料，据说每季可以推出至少200个新款式。

资料来源于 网络

一、市场调研

市场调研是市场调查和市场研究的总称，它是个人或组织根据特定的决策问题而系统地设计、搜集、记录、整理、分析及研究市场各类信息资料，报告调研结果的工作过程。通过市场调查，创业者可以了解与市场相关的客观因素，如环境、政策、法规等方面的信息。了解与市场相关的主观因素，如竞争对手、消费者需求等方面的信息。因此，详尽的市场调查有助于创业者做出正确的市场定位，更好的市场细分以及企业营销决策，减少创业过程中的失误，增加创业成功的可能性。

（一）市场调查的作用

市场调查可以帮助创业者把握准确的信息，对创业项目进行可行性分析。使创业者了解行业资讯，做出科学的市场定位，并通过科学的决策，制订相应的营销计划。

（1）帮助创业者把握准确的信息，对创业项目进行可行性分析。通过市场调查，创业者对拟提供产品或服务的市场潜在需求量大小、消费者分布集中度、产品或服务吸引目标市场的原因、市场的竞争程度等信息会有一个大致的了解。由此可以分析创业项目的可行性，通过对所需资源丰富程度及获取难易程度的调查，可以对项目运作的可能性做出判断。

（2）帮助创业者了解行业资讯，进行科学的市场定位。通过对行业信息调查，可以对行业的生命周期阶段、行业机会大小、行业竞争状况、行业的进入和退出进行分析判断。同时结合对消费者需求的了解，创业者可以更加了解市场，做出科学的市场定位，包括产品定位、客户定位、区域定位、价格定位等。

（3）帮助创业者做出科学决策，制订相应的营销计划。通过市场调查了解消费者消费习惯、容易接受的沟通方式、愿意支付的价格等信息，创业企业可以制订切实可行的营销计划，从最终确定的消费者群体的喜好出发，按照其可以接受的价格和时间，选择其方便的购买方式进行恰当的促销。并通过积极的沟通对客户关系进行管理，与消费者之间建立一种稳固的、密切的长期共赢的关系。

（二）市场调查的内容

为了实现市场调查功能，就需要在市场调查时对创业环境、竞争对手、消费者需求状况等展开调查。

1. 创业环境调查

创业环境调查包括宏观环境调查和行业环境调查。

（1）宏观环境调查。可以通过PEST调查展开，即要对创业项目面临的政治法律环境、经济环境、社会环境和科技环境进行调查。

P 即 politics，政治要素。指一个国家或地区的政治制度、体制、方针政策、法律法规等方面的因素。政府管制、政府采购规模和政策、税法修改、劳动保护法修改、公司法和合同法修改、财政和货币政策等都会对创业企业未来的经营状况有很重要的影响。

E 即 economies，经济要素。指一个国家的经济制度、经济结构、产业布局、资源状况、经济发展水平及未来经济走势等。其关键要素包括 GDP 增长率、利率水平、财政货币政策变化、通货膨胀率、失业率、居民可支配收入、能源供给成本、市场机制和市场需求等。这些因素不仅是企业经营环境的重要组成部分，而且直接影响企业未来的经营成本和销售收入，进而影响创业项目的可行性。

S 即 society，社会要素。是组织所在社会中成员的民族特征、文化传统、价值观念、宗教信仰、教育水平及风俗习惯等因素。其构成要索包括人口规模、年龄结构、种族结构、收人水平、消费结构、人口流动性等。其中人口规模直接影响着一个国家或地区的市场容量，年龄结构决定消费品的种类及推广方式。

T 即 technology，技术要素。是指社会技术总水平及变化趋势、技术变迁、技术突破对企业的影响，以及技术对政治、经济、社会环境之间的相互作用的表现等，包括与企业生产有关的新技术、新工艺、新材料的出现和发展趋势及应用前景。

（2）行业环境调查。常用的工具是战略家迈克尔•波特于 20 世纪 80 年代提出来的“五力模型”。新竞争对手的入侵、替代品威胁、买方议价能力、卖方议价能力及现存竞争者间的竞争等因素，是决定企业盈利能力的首要因素，可以用来分析企业所在行业的竞争特征和产业的吸引力。这五种作用力综合起来会影响价格、成本和投资收益等因素，从而决定某产业中的企业获取超出资本成本的平均投资收益率的能力。例如，卖方议价能力会影响原材料成本和其他投人成本；竞争强度影响价格及竞争成本。

2．竞争对手调查

对竞争对手的调查从寻找、分析竞争对手开始，创业团队必须首先能够判断出企业直接或潜在的竞争对手。一般来说，直接竞争对手是与创业企业提供类似产品的企业。这类竞争者相当重要，因为它们与企业争夺同一顾客群。间接竞争者是提供创业企业产品替代品的企业，与创业企业一样可以满足消费者的一些基本需求。另外，创业团队还要针对创业企业经营范围的变化情况将未来可能的竞争者也列人调查分析的范围。

识别出所有的直接或间接竞争者一般很难做到，但是通过列举一些自己能够意识到的竞争者类型，对其经营状况进行分析，将有助于创业者对竞争范围和强度做出基本估计。再通过对主要竞争者的战略和行为进行对比分析，创业者可以了解关键领域与竞争对手相比的优劣势所在，明确其存在竞争优势的领域。

3．消费者需求状况调查

经营是“消费者需求洞察”，销售是“消费者心理探寻及满足”，消费者需求调查和分析是企业经营成败的焦点和核心之一。创业之前创业团队应该对消费者的需求特征，以及影响消费者消费的关键因素等进行调查。

通过问卷、访谈、座谈、讨论、观察、写实等调查形式和手段，创业团队可以对目标消费者进行全面研究，挖掘消费者的潜在需求。对不同群体消费者在某一类产品的消费心理、消费行为、消费需求、消费动机、消费决策过程及信息获取渠道等进行分析。帮助企业正确进行产品定位和目标市场定位，减少企业在产品选择和市场选择上的失误。并可在充分调查研究的基础上，进一步评估潜在市场的吸引力和企业的市场竞争力，制订相应的营销策略。需求调查表的调查对象是产品的目标用户，问题设计要尽量短小、易于回答。

【调查活动】

市场调查

某公司正在开发一项新产品，在开发之前根据消费者需求进行市场调查，调查如下。

您好！我是××公司的调查员，我们正在进行一项×产品（服务）的可行性研究，希望占用您几分钟时间，了解一下您对××产品（服务）的看法和意见。您的意见对我们的产品（服务）的完善十分重要，希望能得到您的支持，谢谢！

1. 这个产品（服务）是否满足您对产品功能的期望？

A. 满足　B. 比较满足　C. 部分满足　D. 不满足　E. 完全不满足

2. 这个产品（服务）相比现有同类产品，是否能更好地满足您的需求？

A. 满足　B. 比较满足　C. 部分满足　D. 不满足　E. 完全不满足

3. 您愿意购买这个产品（服务）吗？

A. 非常愿意　B. 愿意　C. 可能愿意　D. 不愿意　E. 非常不愿意

4. 您期望在哪里找到这类产品（服务）？

5. 您愿意为此产品（服务）支付多少钱？

6. 您认为这个产品（服务）存在哪些不足之处？

再次感谢您对本次调查活动的支持，谢谢！

思考：就上述消费者需求调查增加一些调查内容。

（三）市场调查的方法

市场调查的方法主要有观察法、实验法、访问法和问卷法等。

1. 观察法

观察法是社会调查和市场调查研究的最基本方法。它是由调查人员根据调查研究的对象，利用眼睛、耳朵等感官以直接观察的方式对其进行考察并搜集资料。例如，市场调查人员到被访问者的销售场所去观察商品的品牌及包装情况。

2. 实验法

实验法是由调查人员根据调查的要求，用实验的方式将调查对象控制在特定的环境条件下，对其进行观察以获得相应的信息。控制对象可以是产品的价格、品质、包装等，在可控制的条件下观察市场现象，揭示在自然条件下不易发生的市场规律。这种方法主要用于市场销售实验和消费者使用实验。

3．访问法

访问法可以分为结构式访问、无结构式访问和集体访问。结构式访问是事先设计好的、有一定结构的访问问卷的访问。 调查人员要按照事先设计好的调查表或访问提纲进行访问，要以相同的提问方式和记录方式进行访问。提问的语气和态度也要尽可能地保持一致。

无结构式访问是指没有统一的问卷，由调查人员与被访问者自由交谈的访问。它可以根据调查的内容，进行广泛的交流。如对商品的价格进行交谈，以了解被调查者对价格的看法。

集体访问是指通过集体座谈的方式听取被访问者的想法来收集信息资料。集体访问可以分为专家集体访问和消费者集体访问。集体访问法即开调查会，就是调查者邀请若干被调查者，通过集体座谈的方式了解社会情况或研究社会问题的调查方法，是类似于公众座谈会的一种集中收集信息的方法。一般由组织的一名或几名调查员与公众进行座谈，以了解他们的意见和看法。集体访问法是一种了解情况快、工作效率高、经费投入少的调查方法，但对调查员组织会议能力的要求很高。另外，它也不适合调查某些涉及保密、隐私、敏感性的问题。

4．问卷法

问卷法是通过设计调查问卷，让被调查者填写调查表的方式获得所调查对象的信息。在调查中将调查的资料设计成问卷后，让接受调查的对象将自己的意见或答案填入问卷中。在一般进行的实地调查中，以问卷法采用最广泛。同时，问卷调查法在网络市场调查中运用得较为普遍。

二、创业资源

【案例故事】

口袋兼职

现代商业绕不开互联网。口袋兼职是一群学生做的项目，他们把想做兼职的学生与寻找兼职的企业进行对接，确认双方都有积极性，只是缺少平台。所以利用对学生群体的熟悉，花一些时间找到了一批企业，跟他们签约，可以从学生的兼职收入中获取分成。但是项目真正执行时，发现这是一个网络特征十分明显的项目，如果没有初期网络人数，项目无法做起来。如何在较短的时间内让学生关注到这个平台呢？他们准备花一些钱来推介，但是否能够抓住人们的眼球还不得而知。有人提出了一个方案，先面向本地区选择 10 所大学，请 10 所大学的学生社团参与，让他们组织一项活动，选择他们学校的代表，但是要通过口袋兼职这个平台。而他们做这项活动可以获得 2 000 元的赞助，10 所学校就只需要 2 万元，他们可以承受。2 万元换来了第一批几万粉丝，一下子就出了名，平台就运转起来了。

（一）创业资源概述

资源一般是指对某一主体具有支持作用的各种要素的总和。这里的主体可以是政府、学校或企业等组织机构。也可以是官员、商人或老师等具体的个体。就企业来说，客户是资源，因为客户是企业的最终支持者；渠道商是资源，他们支持公司的产品或服务流转；投资人是资源，他们出资支持企业；技术是资源，因为它们镶嵌在企业的产品和运营中；资金是资源，它们是公司运行的血液；人力是资源，他们是支持公司发展的资源等。从这个角度可以将企业概念化为一系列资源的集合体，这就是资源基础论的主要观点。

创业需要资源。就创业资源而言，资源是支持创业企业、企业项目或创业者生存和发展的各种要素。在创业初期，创业者拥有的资源有限，同时受其商业运作能力限制，创业者可获取或可支配的资源也有限，这就更增加了创业难度。尽管随着创业发展，后期资源压力有所缓解，但是资源束缚始终是创业者或创业团队面临的问题，只是不同阶段程度不同而已。正如哈佛大学的斯蒂文森所认为的那样，创业者在企业成长的和各个阶段都会努力争取用尽量少的资源去推进企业的发展，他们需要的不是拥有，而是控制这些资源。因此，创业不仅要使用好既有资源，更重要的是整合那些非拥有但可接近可利用的资源。

（二）创业资源分类

创业资源如何分类？第一种方法是先定标准划类，再将每类细分。如以财务为标准，将资源分为财务资源和非财务资源，然后再对每一种资源细分。如货币资源可以分为资产，如厂房和设备；非财务资源可以分为人力资源、技术资源等。而人力资源又可细分为创业团队、管理团队，董事会、律师、会计师和顾问等。这种划分要求每一种都不交叉，但在实际中很难做到，比如人力资源中就有交叉，不满足独立性。如管理团队与创业团队可能会重合，二者与董事会也存在高度重合。

此外，资源还可以根据其他标准进行划分，例如有形资源和无形资源、离散资源和系统资源、生产资源和工具资源等。brush 在上述分类基础上进一步将资源分为简单资源和复杂资源，前者指有形的、离散的，以产权为基础的资源；后者指无形的、系统的，以知识为基础的资源。

第二种方法是，首先列举创业中需要支持的要素，再将这些要素进行归类。如创业首先需要人、财、物，由此有人力资源、资金资源、物质资源。创业过程还需要各种信息技术，以及其他各种各样的关系。

不论选定什么标准，划分的对象总是一致的。不同标准下的划分，只是从不同角度认知而已，划分并没有改变资源的属性。运用第二种方法，将创业资源分为人力资源、信息资源、资金资源、关系资源四大类，主要内容如下。

1. 人力资源

人力资源主要指创业过程中的创业团队、管理团队等的知识能力、经验，也包括创业团队或个人的认知智慧、判断力等。创业中最关键的是创业团队，尤其是核心人物或灵魂人物，从某种意义上说，这些核心人物的价值观、信念等认知就代表了公司的使命、愿景，也决定了公司的发展方向。

2. 信息资源

信息资源即企业中需要的市场、项目、资金、政策等。市场信息即关于创业企业既有产品或拟创产品的未来市场的总体容量、地区或行业分布等。项目信息指拟创业的项目竞争者后续展开需要的条件等。资金信息多指项目预期需要的资金以及如何获得这些资金等。政策信息是指国家和地区的产业政策，各地对创业的支持性政策等，政策资源因地而异。近年来，不同地区相继出台一些优惠政策，以吸引创业人才和创业项目。

随着网络和大数据的发展，现代社会信息比以往任何时候都多且容易获得。但也正因为海量信息存在，大量信息才真假难辨，从中筛选有价值的信息更难，这就需要运用数据挖掘方法等从大数据中找到所需要的有用信息，为创业决策提供支持。

3．资金资源

资金犹如企业的血液，它们流淌在创业的各个方面、环节，以及企业的各个部门之中。资金资源主要包括现金、有价证券、厂房、设备、土地等。它们散存于政府部门、有关企业和机构、朋友或家人中。现代创业资金缺乏与资金过剩并存，多数创业者难以获得所需要的资金，大部分企业因资金链断裂而失败。但也有大量创业投资找不到合适的项目投资，这种信息不对称存在于创业始终。

4．关系资源

关系资源主要为创业企业或创业者拥有的各种社会关系或者由关系衍生出来支持企业发展的资源。如熟知政府部门相关的政策与法规等制度，又如与银行、保险、证券公司或者相关个人等联结的金融资源等。关系资源也称社会资源。无论在欧美等西方国家，还是在我国为代表的东方国家，均存在关系资源，只是程度不同。通常，关系资源以非正式资源形式存在，需要通过非正式形式接近、获取、维护等。

创业资源因分类标准而定。标准不同，资源划分不一。不论如何划分，创业过程中需要的资源属性不会改变。

【拓展阅读】

创业思路的几个来源

众多成功创业者创业思路的几个共同来源如下。

第一，职业。创业时从事熟悉的职业，对行业的运作规律、技术、管理都非常熟悉，这样的创业活动成功的概率很大。这是最常见的一种创业思路。

第二，阅读，包括书、报纸、杂志等。比亚迪老总王传福的创业灵感来自一份国际电池行业动态。1993 年的一天，王传福在一份国际电池行业动态上看到，日本宣布本土将不再生产镍镉电池，王传福立刻意识到这将引发镍镉电池生产基地的国际大转移，自己创业的机会来了。果然，随后的几年，王传福利用日本企业撤出留下的市场空隙加之自己在电池行业多年的技术和人脉基础，把生意做得顺风顺水，财富涨水似地往上冒。很多人将读书与休闲等同，而对创业者来说，阅读就是工作，是工作的一部分，创业者一定要有这样的意识。

第三，行路。“读万卷书，行万里路”。行路，各处走走看看，是开阔眼界的好方法。眼界意味着什么?如果你是一个创业者，开阔的眼界意味着你不但在创业开始可以有一个比别人更好的起步，有时候它甚至可以挽救你和你的企业的命运。眼界的作用，不仅表现在创业者的创业之初，它也会一直贯穿于创业者的整个创业历程，“一个创业者的眼界有多宽，他的事业也就会有多大”。

第四，交友。很多创业者最初的创业是在朋友启发下产生的，或干脆就是由朋友直接提出的。所以，这些人在创业成功后，都会更加积极地保持与朋友的联系，并且广交天下友，不断地开拓自己的社交圈子。与朋友们进行头脑风暴，就能够不断地有新思路、新点子。

课后思考

1．创业想法的来源有哪些？
2．常见的企业法律形态有哪些？如何区别？
3．市场调研的方法有哪些？
4．创业资源的分类是什么？

第十一章　商业模式与营销计划

【学习目标】

- 了解创业资源的内涵、类型
- 理解创业资源获取途径
- 理解创业融资渠道的差异性
- 掌握测算创业所需资金的方法

【开篇故事】

羊毛出在狗身上，猪来买单

喜洋洋要和美洋洋要成亲了，它们在青青草原买了一个房子打算装修婚房。聪明的喜洋洋经过对装修市场一系列的调查和分析，最终选择了史努比装修。

因为第一，史努比免费装修，只要买材料，它就免费送装修，设计施工管理费不但全免了，产品还样样比别家便宜怎么算都划算。

第二，史努比家有上万平实体店，放心啊，有保障啊，有啥问题可以找它们啊，跑不了；

第三，史努比家全程施工进度可以视频监控，手机查看，省心又放心；

第四，史努比家还制订了不少施工标准，让没装过房的人一看就明白怎么回事，不坑羊。

喜洋洋唯一不放心的是，这么低的价格还免费给装修，史努比怎么赚钱呢?不搞清这点怎么也不放心把这么大的事交给史努比。

于是喜洋洋经过多方打听和聪明的分析，终于搞清楚了原委。原来史努比装修免费送是不赚钱的，这样羊羊们得到的实惠大了。青青草原的业主们都会找它们装修，生意好了自然客流也大，它们的商品全是大单从厂家订购，这样就压缩了不少成本。它还在每个施工队的车上和他的所有店面里以及网上商城，都给麦兜家的家具产品做广告宣传，在它这装修的都了解了麦兜的家具，麦兜的家具也卖的火了，麦兜就很开心的给史努比家付了很多广告费，费用足够史努比给青青草园业主们免费装修了，大家都有钱赚，皆大欢喜。

喜洋洋搞清这些之后就彻底把心放在肚子里了，高高兴兴把装修婚房的事就交给了史努比。喜洋洋在签完装修合同时偷偷的告诉美洋洋，这就叫“羊毛出在狗身上，猪来买单。”喜洋洋和美洋洋就这么轻松搞定装修的事，愉快的提前蜜月去了。

资料来源于 网络

个人感悟：______________________________

____

____

第一节　商业模式

一、商业模式的内涵

（一）商业模式的概念

商业模式是一个非常宽泛的概念，通常所说的跟商业模式有关的说法很多，包括运营模式、盈利模式、广告收益模式、B2B 模式、B2C 模式、O2O 模式等等。商业模式是一种简化的商业逻辑。

商业模式简单地说就是“关于做什么，如何做，怎样挣钱的问题”。是指企业为达到盈利的目的，而进行的战略规划和组织运作体系的设计。主要体现在核心能力、收入来源、组织结构、业务流程、营销渠道、成本结构、定价形式等方面。

商业模式其实质是一种创新形式，企业的创新形式贯穿于企业经营的整个过程。换言之，在企业经营的每一个环节上的创新都可能变成一种成功的商业模式。

（二）商业模式的特征

商业模式是一种包含了一系列要素及其关系的概念性工具，用以阐明某个特定实体的商业逻辑。它描述了公司所能为客户提供的价值以及公司的内部结构、合作伙伴网络和关系资本等。用以实现（创造、营销和交付）这一价值并产生可持续、可盈利性收入的要素。商业模式具有以下五个特征。

第一，它包含诸多要素及其关系。

第二，它是一个特定公司的商业逻辑。

第三，它是对客户价值的描述。

第四，它是对公司的构架和它的合作伙伴网络和关系资本的描述。

第五，它会产生盈利性和可持续性的收入流。

（三）商业模式的要素

商业模式展现的是一个公司赖以创造和出售价值的要素，如表 11-1 所示。

表 11-1　商业模式的要素

类目	要素	描述
产品	价值主张	公司如何通过提供产品和服务为客户创造价值。价值主张确认了公司对消费者的实用意义
顾客界面	客户细分	公司为之创造价值的人群（包含不同需求的客户群体）。这些群体具有某些共性，从而使公司能够（针对这些共性）创造价值。也被称为市场细分
	渠道通路	公司用来向客户传递价值主张的主要方式（如何与客户互动），它阐述了公司如何开拓市场，涉及公司的市场和分销策略
	客户关系	公司目前所有已经建立起来的客户关系类型（客户关系的关联模型）

（续表）

类目	要素	描述
管理架构	核心资源	用来创造、传递和获取价值的基础构件（公司商业模式运作所必须的重要条件）
	关键业务	公司为了确保商业模式良好运作所必须要做的重要事情（业务单元及业务流程）
	重要合作	公司同其他公司之间为有效地提供价值并实现其商业化而形成的合作关系网络，是影响商业模式运作的重要途径（产业链）
财务表现	成本构成	为客户提供产品及服务所需耗费的各项必备开支（价值链）
	收入来源	公司的盈利方式（如何通过定价机制获取商业价值）

二、商业模式的分类

商业模式可以分为运营性商业模式和策略性商业模式两大类。

（一）运营性商业模式

重点解决企业与环境的互动关系，包括与产业价值链环节的互动关系。运营性商业模式创造企业的核心优势、能力、关系和知识，主要包含以下几个方面。

（1）产业价值链定位：企业处于什么样的产业链条中，在这个链条中处于何种地位，企业结合自身的资源条件和发展战略应如何定位。

（2）赢利模式设计（收入来源、收入分配）：企业从哪里获得收入，获得收入的形式有哪几种，这些收入以何种形式和比例在产业链中分配，企业是否对这种分配有话语权。

（二）策略性商业模式

策略性商业模式对运营性商业模式加以扩展和利用。应该说策略性商业模式涉及企业生产经营的方方面面。

（1）业务模式：企业向客户提供什么样的价值和利益，包括品牌、产品等。

（2）渠道模式：企业如何向客户传递业务和价值，包括渠道倍增、渠道集中/压缩等。

（3）组织模式：企业如何建立先进的管理控制模型，比如建立面向客户的组织结构，通过企业信息系统构建数字化组织等。

三、商业模式的三个维度

在哈佛大学教授约翰逊·克里斯坦森和 SAP 公司的 CEO 孔翰宁共同撰写的《商业模式创新白皮书》中，商业模式被概括为一个由客户价值、企业资源和能力、盈利方式构成的三维立体模式。

（一）客户价值

“客户价值”是指在一个既定价格上企业向客户或消费者提供服务或产品时所需要完成的任务，客户价值就是客户的需求。大学生在创业初期，仅习惯于全身心地满足这种浅层次的需求，更重要的应该是，具有对客户需求的还原能力。“找到埋藏着文物的地方”，这还只是第一步，而将它发掘出来，通过一件文物还原一个时代，这才是最重要的。

以苹果产品为例，自 ipod 开始，苹果推出了 itouch、iphone、ipad 等一系列产品。这些产品背后有着同一套商业模式支撑——itunes，这就是苹果建立的网上音像商店。乔布斯深知，顾客购买播放器的真正目的是听音乐、看电影和娱乐，而其他公司则以为顾客购买的是播放器本身。其实这种购买行为的背后，隐藏着另一种购买需求，甚至这种隐藏的购买需求背后还潜藏着一种或多种更隐秘的需求。于是，大家在购买苹果产品的同时，还会从 itunes 那里不断购买数字音像、软件产品。因此苹果的产品已经不是产品本身，而是基于发掘客户潜在价值的商业模式。由此可见，商业模式比产品更会赚钱。

同理，比如去买一个口红，买口红这个物品本身是一个显性的需求，但是隐性的需求其实是对美的追求。所以做出一次高质量的口红，做出一支符合审美趋势的口红，甚至是引导大众潮流的口红。是企业不断挖掘客户需求的重要体现。

（二）企业资源和能力

“企业资源和能力”，就是支持客户价值主张和盈利模式的具体经营模式。大学生的创业起点往往来自于一个对客户价值的充满信心的判断，然而，一旦涉及企业资源和能力，则往往就会敷衍而过，不愿或不懂得在资源和能力上下功夫。这就是和市场真正也是最大的差距所在。每个人都有去影院看电影的经验，那么影院是又是如何赚钱的呢？90%以上的人会认为是靠电影票。其实实情并非如此，美国电影院线的主要盈利来源就是在影院出售的食品，常见的有爆米花、冰激凌、饮料等。可以说电影院线天生带有靠“零食”而非电影票挣钱的基因，这就是通常所说的资源和能力。

从这个例子可以看出，客户价值主张如果没有相应的资源（客户资源和产品资源）和能力作为支撑，就难以形成模式，也更加难以实现可持续、可盈利的收入流。

（三）盈利方式

“盈利方式”，即企业为股东实现经济价值的过程。比起客户价值主张和资源与流程上的门槛，有效的盈利方式是商业模式三要素中比较容易让人忽视的一环。原因很简单，企业提供产品和服务时收取费用似乎是天经地义的，因此赚钱也应该顺理成章，但是盈利方式的丰富度和可能性其实是远远超过人们的想象。对企业来说，其实收费可以选择的方式不多，无论是租赁还是出售，都是对总拥有成本的分解和重组。要么在前期一次性支付，要么在后期长时间支付，或者两者结合起来。即使是现在热门的基于免费使用的盈利方式，最终也还是需要支付。关键在于，哪种方式对于客户来说障碍是最小的。

以血糖仪为例，它就是靠低价或无偿赠送血糖仪设备，而搭售血糖测试试纸条的盈利方式笼络了大量用户。这种“血糖仪+试纸条”的价格组合成为了许多产业选择的盈利方式。这种盈利方式也就是尽可能降低消费者的首次支出，成功地帮助消费者突破了首次购买金额过高的心理障碍，秘诀就在于对产品总拥有成本进行分解和重组，以价格相对低廉的“饵”产品来消除消费者的价格敏感，降低他们的购买门槛。

【课堂活动】

源于淘宝商城 2009 年 11 月 11 日举办的网络促销活动——“双 11 购物节”颇受消费者

欢迎。过去11年，天猫双十一成交额从最初的0.5亿元巨幅增长至2 684亿元，“双11”购物狂欢节的影响力已从国内到国外、线上到线下全面渗透，覆盖吃喝玩乐全场，成为中国电商行业和消费者的年度盛事。请分析 “双11购物节”的商业模式构成要素。

【拓展阅读】

O2O模式

O2O即online to offline，也即将线下商务的机会与互联网结合在了一起，让互联网成为线下交易的前台。这样线下服务就可以用线上来揽客，消费者可以用线上来筛选服务，还有成交可以在线结算，很快达到规模。该模式最重要的特点是，推广效果可查，每笔交易可跟踪。“九社区”开创了国内首家社区电子商务。

O2O解决的是，线上订购的商品或者服务，如何到线下领取？线上和线下如何对接？这是O2O实现的一个核心问题。用的比较多的方式是电子凭证，即线上订购后，购买者可以收到一条包含二维码的短信。购买者可以凭借这条短信到服务网点经专业设备验证通过后，即可享受对应的服务。这一模式很好的解决了线上到线下的验证问题，安全可靠，且可以后台统计服务的使用情况，方便了消费者的同时也方便了商家。

如某网站是一种全新的O2O社区化消费综合平台，与团购的线上订单支付、线下实体店体验消费的模式有所不同，多拿网创造了全新的线上查看商家或活动，线下体验消费再买单的新型O2O消费模式。有效规避了网购所存在的不确定性，线上订单与线下实际消费不对应的情况。并依托二维码识别技术应用于所有地面联盟商家，锁定消费终端，打通消费通路。最大化地实现信息和实物之间、线上和线下之间、实体店与实体店之间的无缝衔接，创建一个全新的、共赢的商业模式。

O2O模式的核心很简单，就是把线上的消费者带到现实的商店中去。在线支付购买线下的商品和服务，再到线下去享受服务。

【案例故事】

商业模式的重新

可口可乐是美国梦的代表，在美国，有一家以色列公司soda stream，却把可口可乐打击的很难受。这家企业是这样做的，弄来的一台机器，边上有个水瓶，还有苏打粉。当需要做汽水的时候，按一个按钮，苏打粉就会和水发生化学反应，变成汽水。每一个人喝汽水的口味都不一样，有的人喜欢柠檬味，有的人喜欢草莓味，而这台机器里还有浓缩液，能够根据你的需求个性化定制，调成不同的味道。这家公司后来做的很成功，并且在美国的纳斯达克上市了。这家企业给人们带来什么样的启示呢？

第一，中国的各种饮料如凉茶都做得不错，但唯独可乐做不起来，这是因为中国做的可乐，在和可口可乐竞争时使用的都是一样的模式。一样的商业模式，意味着接触的都是同样的利益相关方，当你还是小企业，用大公司最熟悉最擅长的套路来竞争，是很难赢的。

第二，以色列这家公司用的，是可口可乐是不一样的商业模式，当他卖了他的机器后，它还能持续的去卖苏打粉，浓缩液等商品。

第三，这种商业模式在可乐这个行业称得上创新，但是稍微的思考一下就会知道。其实这种技术在咖啡行业是比比皆是，它叫做跨界打击。所以当研究商业模式时，不妨多看一看外面的世界，多借鉴其他行业，多尝试跨界，将竞争对手的优势无效化。

资料来源于 网络

四、商业模式画布

在日常工作和生活中，对一件事物或者企业的战略如不能深刻地体现其价值所在，则导致不能非常清晰有条理地对其进行介绍和传播。而商业模式画布是用来描述和分析企业、组织和个人如何创造价值、传递价值和获取价值的基本原理和工具。它能够帮助创业者或团队理清创业思路、催生创意、降低猜测、确保他们找对目标用户、合理解决问题的一种思维工具。商业模式画布是通过一套严谨务实的系统化分析流程和工程化设计步骤，来确保最终设计方案的科学性和有效性。商业模式画布使得商业模式可视化，更重要的是可以使商业模式中的元素标准化，并强调元素之间的相互作用。

（一）商业模式画布要素

商业模式画布图由九个方格组成，即商业模式画布的九要素，如表 11-2 所示。

表 11-2　商业模式九要素

<table>
<tr><td rowspan="2">重要伙伴</td><td>关键业务</td><td rowspan="2">价值主张</td><td>客户关系</td><td rowspan="2">客户细分</td></tr>
<tr><td>核心资源</td><td>渠道通路</td></tr>
<tr><td colspan="3">成本结构</td><td colspan="2">¥ 收入来源</td></tr>
</table>

（二）商业模式画布案例

智能旅游景区商业模式画布如表 11-3 所示。

表 11-3　智能旅游景区商业模式画布

<table>
<tr><td rowspan="2">重要伙伴
*企业实践平台
*移动终端平台
*政府平台
*当地居民</td><td>关键业务
*智能旅游平台搭建与运行</td><td rowspan="2">价值主张
*为游客打造更舒适轻松的旅游购物环境
*扶持当地实体经济，为创业者提供平台，为当地人民提供就业机会</td><td>客户关系
*旅游管理
*旅游服务
*旅游营销</td><td rowspan="2">客户细分
*游客
*各类商户</td></tr>
<tr><td>核心资源
*当地旅游资源整合
*智慧旅游的核心技术</td><td>渠道通路
*政府外宣部及生态旅游部
*旅游景区
*新媒体及自媒体</td></tr>
</table>

（续表）

成本结构	收入来源
*旅游景区基础设施 *智能旅游平台运营 *人力资源及技术支持投入	*各类商户入驻佣金 *四导收入“导航，导览，导游，导购”

1．背景

中国旅游业已经从大众观光的“门票旅游时代”向深度休闲度假的“泛旅游时代”转变，在此基础上，融合观光、游乐、休闲、运动等多种旅游功能的旅游综合体成为满足人们多样化度假需求的目的地，智能旅游新商业模式随之产生。

2．调研分析

（1）中国旅游市场发展特点。2015 年，我国国内旅游突破 40 亿人次，旅游收入超过 4 万亿人民币。随着旅游消费经常化的出现，我国已进入大众旅游时代。

发展环境特点，人均收入大幅增长为旅游发展奠定基础。2012 年，我国国内生产总值约为 519 322 亿元，同比上年增长 7.8%；城镇居民人均可支配收入约为 24 565 元，同比增长 9.6%；农村居民人均纯收入 7 917 元，同比增长 10.7%，

经济环境的发展和变化极大地激发了人们的出游需求，人均收入的增长使得城镇居民出游的物质准备更加充足，为我国旅游业奠定了坚实的基础。

市场消费特点，旅游购物将成为消费结构主流驱动力。2012 年，在散客外地游花费和散客本地游花费中，交通和餐饮花费所占比重最大，分别达 57.9%和 56.2%。虽然食住行等必要之处仍是消费重点，但旅游购物消费所占比例已明显超过住宿、游览和娱乐消费部分。

我国国内旅游者的消费理念渐趋成熟，旅游购物消费呈稳步上升趋势。

行业发展特点，在线旅游成行业发展趋势，智慧旅游促进旅游业升级。随着近年来中国旅游业的蓬勃发展，在线旅游为中国旅游业注入了新的市场活力并成为国内电商最火爆的领域之一。在线旅游平台已成为广大游客获取信息、进行产品预订、对旅游服务进行投诉的重要途径，智慧旅游是传统旅游业转型升级的重要依托，是深化旅游信息服务的有力抓手，是提升游客满意度的有效途径。

3．智慧旅游新商业优势

（1）游客体验的改变。通过线上平台，游客可以享受到与以往旅游购物截然不同的舒适体验。游客仅需扫描景区的二维码，即可关注商城，采购自己喜爱的旅游商品，完全不存在被“强”购的可能性。

（2）购物快捷与全时性。线上平台与线下实体门店相比，具有购物便捷、运输安全、24 小时全时购买的绝对优势。景点商店里的产品，都能在智慧平台上以相同甚至更优惠的价格选购。游客再也不必担心宰客风险，也不会出现因游玩时间有限而仓促随意购买旅游商品的情况，让消费购物行为更自主，自由，自在。

（3）多频次购物，突破区域局限。多年来，旅游购物行为中一直存在“过了这个村，就没这个店”的销售局限。游客完成一次旅游后往往很难再购买到当地特色产品，不仅让游客感到遗憾，也影响了当地产业的经济发展。线上购物平台完全打破了这一局限，不管游客来

自世界的哪个角落，只要在商城下单，即可收到由旅游地源头发出的带有游客曾经旅游回忆的特色产品。

（4）带动本土优势产业走向全国。从当地特色产业发展角度出发，在大数据沉淀的基础上，依托旅游业，聚合本地生产能力和具有鲜明特色的优势产业，建立新的商业业态，提升区域综合竞争力，从而进一步带动本地经济发展，拉动内需。

（5）实现共赢。通过扶持当地实体经济，实现万众创新，大众创业，鼓励并欢迎各类商户入驻平台。包括个体手工艺、农产品养殖经营户、农家乐民宿个体户等，为创业者提供平台，为当地人民提供就业机会。实现五赢：购买者赢、商户赢、制造企业赢、市场平台赢、政府赢。

4. 智能旅游景区商业模式画布说明

（1）重要伙伴。

①企业实践平台。以当地景区旅游企业为主，可以获取旅游电子商务、营销、满意度调查、行为追踪、数据统计及挖掘等价值。

②移动终端平台。实际上意指使用移动终端的居民，只有通过移动终端平台业务才能得以展现。

③政府。可以获取行业市场监管、旅游信息与其他公共服务信息共享与协同运作。实现指挥决策、实时反应、协调运作，政府可以更合理地利用资源，做出最优的城市发展和管理决策，及时预测和应对突发事件和灾害，形成产业发展与社会管理的新模式。

④当地居民。可以享受交通、游憩、休闲等多种系统信息共享的价值。反之，他们为提供人力资源以及长期维护景区和谐氛围做出了贡献。

（2）关键业务。智能旅游并不是旅游电子政务、旅游电子商务、数字化景区等用“智能化”概念的重新包装，而是要能够解决旅游中出现的新问题，满足旅游发展中的新需求，实现旅游发展中的新思路以及新理念。为此，智能旅游景区平台的建设的目的集中于三方面：

①满足海量游客的个性化需求。日渐兴盛的散客市场使得自助游成为一种主要的出游方式。未来散客的市场份额将不断扩大，因此更加便利便捷的智能化、个性化、信息化的服务需求量将不断扩大。

②实现旅游公共服务与公共管理的无缝整合。随着电子政务向构建服务型政府方向发展，旅游信息化的高级阶段应是海量信息的充分利用、交流与共享，以“公共服务”为中心的服务与管理流程的无缝整合，实现服务与管理决策的科学、合理。

③为企业（尤其是中小企业）提供服务。基于云计算的智慧旅游平台能够向中小旅游企业提供服务，为其节省信息化建设投资与运营成本，是中小企业智慧旅游建设的最佳方式。

（3）价值主张。为游客打造更舒适轻松的旅游购物环境，游客通过平台提供的商品和服务。解决了游客的出行、购物、住宿、餐饮、交通等等问题。扶持当地实体经济，为创业者提供平台，为当地人民提供就业机会，带动本土优势产业走向全国。

（4）核心资源。

①当地旅游资源整合。当地能对游客产生吸引力，可以为发展旅游业开发利用，并能产生经济效益、社会效益和环境效益的各种事物和因素，包括已经开发和尚待开发的自然和历史景观。

②智慧旅游平台核心技术。信息通信技术是智慧旅游所引发的旅游变革和基础。智慧旅游区别于一般信息系统或工程的核心技术，是云计算、互联网、移动终端通信以及人工智能四大技术的集成，是新一代信息技术的集成创新和应用创新。

（5）客户关系。客户关系是指企业为达到其经营目标，主动与客户细分群体建立起的某种关系。智慧旅游景区商业模式，主要采用电子人工助理和自动化两种服务形式完成三种客户关系：旅游管理、旅游服务、旅游营销。

（6）成本结构。主要包括旅游景区基础设施，智能旅游平台搭建与运营，人力资源及技术支持。

（7）客户细分及收入来源。

①游客。基于智慧旅游平台为游客提供的四导服务“导航，导游，导览，导购”，包括游客对于旅游产品的消费、旅游服务的消费等。

②各类商户。包括个体手工艺、农产品养殖经营户、农家乐民宿个体户等。各类商户通过入驻智慧旅游景区平台售卖他们的产品、获取他们的经济效益，从而收入来源于他们入驻平台的佣金。

（8）渠道通路。旅游景区的知名度增加会带动本地经济发展，拉动内需。因此政府自主承担了景区宣传的责任，通过它们的外宣部和生态旅游部的向外宣传，景区知名度增加，同时智能旅游景区平台的访问量增加，这便带来了效益。

【拓展阅读】

在印度，有一家名为兰伯锡的医药公司，凭借其强大的核心竞争力已经成长为世界第五大制药企业。它的目标是创造出一种印度的穷人也用得起的医药或医疗器械，它给自己的条件是严苛的、甚至不可理喻的。第一，它的疗效不能打折扣，其产品性能必须与富人用的药一样，是一流的。第二，它的成本要比西方同类产品便宜至少 90%。第三，它不能是实验室产品，必须是可以在不同地点和环境中能被便宜地生产、销售和使用的。第四，它的价格必须是大多数底层客户能够买得起，而产品又是可盈利的。要在上述四条“看似自相矛盾”的条件限制中创新，似乎是一个不可能完成的任务。然而，它竟然成功了。究其原因，原来兰伯锡公司有一套严密的实现路径。这是一家具有代表性的、从新兴市场上诞生的世界级企业，它不靠本地的成本优势，而是靠市场聚焦、需求创新和成本管理的优势而获得了巨大的竞争力。

第二节　营销计划

【案例故事】

加多宝营销案例

凉茶是广东、广西地区的一种由中草药熬制，具有清热去湿等功效的“药茶”。王老吉凉茶发明于清道光年间，至今已有一百多年的历史，被公认为凉茶始祖，有“药茶王”之称。

20 世纪 50 年代初，王老吉凉茶铺分成两支：一支完成公有化改造，发展为今天的广州王老吉药业股份有限公司（简称广药），生产王老吉凉茶颗粒（国药准字）；另一支由王氏家族的后人带到香港。

在中国，王老吉的品牌归广药所有。在中国以外的国家和地区，王老吉品牌为王氏后人所注册。加多宝是位于东莞的一家港资公司（鸿道集团），经王老吉药业特许，由香港王氏后人提供配方进行生产。该公司在中国独家生产、经营王老吉牌罐装凉茶（食字号）。

鸿道集团依靠“怕上火，喝王老吉”的精确定位和营销攻略，使得红罐王老吉销售火爆，并在 2008 年的汶川地震中凭借慈善营销一举达到顶峰。2009 年，红罐王老吉在中国市场销售额达 160 亿元，超过可口可乐的 150 亿元，成为中国饮料的第一品牌。这让广药集团不由得眼红起来，广药集团推出由广药生产的绿盒王老吉，希望借助鸿道出厂的红罐王老吉之名在火热的凉茶市场分得一杯羹。同时，鸿道集团租赁广药的王老吉商标使用权已到期。广药决定收回王老吉商标使用权，再以更高的价格转给其他企业。而鸿道不愿意看到由自己辛苦培养出的知名品牌就这样落入他人之手。于是其打出自己的凉茶品牌，加多宝。和红罐王老吉相比，原料、配方完全一样，就连包装也是一样的红色，唯一不一样的就是名字和厂家。随后，加多宝和王老吉展开了激烈的市场竞争。

1. 品牌定位——差异化营销：“去王老吉化”战略

在商标之争出现后，加多宝知道多年精心打造的“王老吉”品牌不得不以最快速度“去王老吉化”。于是在广药忙于打官司之际，加多宝已经从渠道到终端，开始了“去王老吉化”，一场新的品牌重塑行动拉开序幕。首先，在王老吉红罐装的一面上加大“加多宝”字样。接着，从 2012 年 3 月起，在其最新的广告宣传上，取消“王老吉”相关字眼，代之以“加多宝出品”字样。2012 年 4 月 20 日起，正式去掉瓶身上的“王老吉”三个字。其次，广告方面变更为“正宗凉茶，加多宝出品”，为自己产品的“正宗”大力宣传。加多宝利用巨额的广告投入对“加多宝出品正宗凉茶”这一理念进行广告轰炸传播，加速“去王老吉化”。最后，加多宝早早对正宗凉茶的配方进行了改良与深加工，从本质上实现“去王老吉化”，使消费者能很自然地从王老吉过渡到加多宝，牢牢吸引住原有消费群体，并积极吸纳更广泛的消费群体。

2. 品牌宣传——多种营销手段结合

首先，加多宝不仅在凉茶饮料货柜上大面积铺货，还设立单独的品牌货柜在饮料区展示，用抢眼的陈列方式与促销活动吸引消费者的关注。其次，加多宝在开展电视、地铁广告、发布会等传统营销传播活动外。最后，注重通过 QQ、微博等社会媒体获取消费者的支持，全面打造一个立体传播策略，全方位狙击王老吉的消费导向。

2012 年 5 月，加多宝冠名浙江卫视《中国好声音》，在广告里反复强调它是“正宗凉茶”。随着《中国好声音》的火爆，加多宝的人气暴增，打下了品牌重塑的漂亮一战。同一时期，加多宝还赞助了湖南卫视的《向上吧，少年》等节目，观众可以在卫视频道、黄金时段看到加多宝的广告。

3. 渠道之争

加多宝在渠道之战中有着先天的优势与经验，加多宝的销售网络组织相对扁平，这使得总部指令可快速传递到业务员层级。五大销售分公司下面是约 50 个销售大区，大区管辖着约 500 个办事处，办事处管理着 8 000 位业务员，其业务员经常到终端拜访，一天要拜访约 40

个终端点。每个终增一周至少拜访一次。对于这家处在特殊时期的公司，这些高效率的业务员至关重要。通过他们，各个渠道终端可以第一时间告知加多宝的动态，减少因混乱带来的销售损失。

此外，加多宝在每个省设有一个总经销商，总经销商可发展多个经销商、邮差商。在经销商完成销售任务后，总体上能够保证每箱 3 元左右的利润，邮差商获得每箱 4 元的利润，而广告商则可获得每瓶 1 元的利润。为了保证资源能够真正到达终端，加多宝还设立了一个独立的监察部，直接面向董事会和办事处。

最终，重视细节与每一个基础零售点，关注每一位业务员的加多宝在渠道之战中大获全胜。王老吉品牌之战虽以广药集团胜利告终，鸿道集团的加多宝通过渠道和品牌营销策略成了真正的赢家。

在了解了顾客和竞争对手信息后，就要开始着手制订市场营销计划。通过制订市场营销计划，企业可以准确把握规律，有目标、有针对性地从事经营活动。市场营销以及制订市场营销计划对企业达到预期目标至关重要。

一个成功创业的企业，必须制订科学的“4P” 营销计划。从市场营销的四个方面，即产品、价格、地点和促销着手。产品 (produet)、价格 (price)、地点 (place)、促销 (pronotion) 四个方面构成了市场营销的整个内容。这四个词的英文的第一个字母都 “P”，所以常把市场营销中的四个方面简称为 “4P 组合”。

资料来源于 史贤龙. 渠道品牌的永恒对决[J] . 销售与市场 (评论版)，2012 (07) :33-36

一、4P 营销理论

（一）产品（product）

产品是指（计划）向顾客销售的东西。要决定出售的产品类型、质量、颜色和规格等。另外，产品的概念还包含与产品或服务自身相关的其他属性，如产品的包装、附带的产品说明书、售后服务、维修和零配件供应等。产品概念的层次如图 11-1 所示。

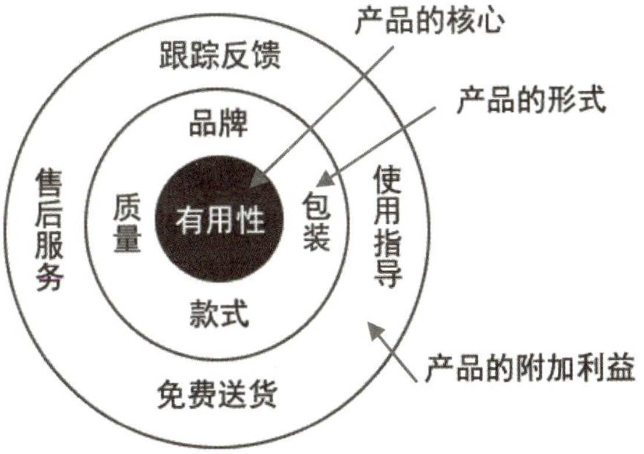

图 11-1　产品概念的层次

营销计划：指需要着重思考产品的卖点是什么？

产品的核心：指向顾客提供产品或服务的基本效用或使用价值。

产品的形式：指核心产品借以实现的形式，通常由品质、式样、特征、商标及包装五个方面构成。

产品的附加利益：指顾客购买产品或服务时附带获得各种利益的总和，包括产品说明书、质保书、安装及维修服务、送货服务、技术培训等。

（二）价格（price）

价格是产品/服务要换回来的货币数。定出怎样的价格才合适呢？定高了顾客不买；定低了赚不到钱。决定价格的影响因素如图 11-2 所示。

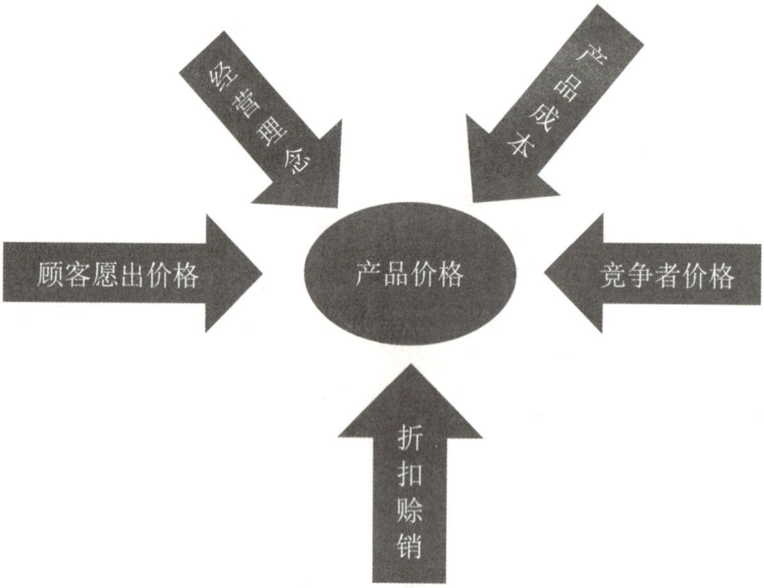

图 11-2　决定价格的影响因素

（三）地点（place）

地点指你开设企业的地方。在什么地方决定了你的产品/服务是否能很方便、低成本地传递到顾客手里，而且地点是不是人气兴旺也决定了顾客的多少。

地点计划考虑，企业自身的性质与需要：零售店或服务企业设在离顾客近的地方。制造企业应设在离原料、供应商近的地方。切记：好店铺就是人流、财流、信息流交换得最快、最活的地方。地点选择要突出方便顾客又适合自己企业经营特点的优势。

选择经营场地要考虑的几个因素：租金高低；物业条件是否能满足经营面积、布局要求；该地区商圈辐射范围大小、人口密度、生活和消费水平；是否接近目标顾客群体；社区未来发展前景；同类生意的竞争状况；交通是否方便。选择经营场地要考虑的因素如图 11-3 所示。

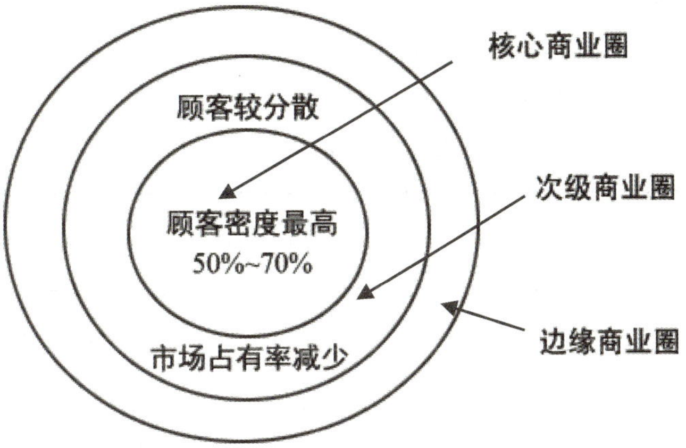

图 11-3 选择经营场地要考虑的因素

（1）离公交站点越近越好。

（2）要根据经营内容来选择地址。服装店、小超市要求开在人流量大的地方；保健用品商店和老人服务中心，就适宜开在偏僻、安静一些的地方。

（3）要选取自发形成某类市场的地段，借市场扬名。在长期的经营中，某市场会自发形成为销售某类商品的“集中市场”。

（4）要选择有广告空间的店面。有的店面没有独立门面，店门前自然就失去独立的广告空间，也就使失去了在店前“发挥”营销智慧的空间。

（5）要有品牌效应的意识。把店铺开在著名连锁店或强势品牌店的附近，甚至开在它的旁边。借助它们的品牌效应“拣”些顾客。

（6）不要在经常打折的店面周围做生意，不要贪图便宜房租。

（四）促销（promotion）

促销就是利用某种强化手段向顾客们传递信息吸引他们来购买产品/服务。世界上最大的广告公司创始人大卫·奥格威说：“除非你能把所创作的东西卖出去，否则任何天才般的创作或独具匠心都是毫无价值的。”

1. 常见的企业促销方式

优惠券：印小传单邮寄、街头派发。

附赠抽奖：每购买一定金额的商品抽奖或兑奖。赠送商品买一送一。

有奖销售：赠送保险单、体育奖券。

集点优惠：会员卡、会员制购物俱乐部。打折优惠一现场打折、降价销售。

包装促销：收集包装物换取奖品，包装再利用。免费样品在街头派发，如食品免费品尝。

广告：布标、海报、招牌、陈列品、电视、网络；商品回收与以旧换新；带顾客参观生产、加工现场。

限时特卖：不同时段不同价格，每日限量特价品。分期付款如房屋、 汽车、家电等贵重商品。

承诺售后服务：如质量三包、培训顾客、开通热线电话。

2．促销方式的分类

促销可以分别对消费者、中间商、内部员工实施。通常有广告、营业推广、人员推销和公共关系四种，如表11-4所示。

表 11-4　促销方式

促销方式	特点	促销方式	特点
广告	高度大众化传递； 可多次重复； 充分利用文字、声音和色彩； 特别适合向分散的目标顾客传递	营业推广	短时期的特别促销； 用赠品、优惠券、降价等刺激； 但现实急售意图，频繁使用会降低身价
人员推销	灵活：就近观察顾客态度，随时调整； 促进购买、建立友谊； 及时得到顾客反馈； 但最昂贵	公共关系	是间接促销； 不要求达到直接的销售目标； 认为新闻报道可信； 传递给避开推销和广告的顾客

二、创业融资

（一）创业融资的概念

融资是指资金的融通。狭义的融资，主要是指资金的融入，也就是通常意义的资金来源。具体是指通过一定的渠道、采用一定的方法、以一定的经济利益付出为代价，从资金持有者手中筹集资金，组织对资金使用者的资金供应，满足资金使用者在经济活动中对资金需要的一种经济行为。广义的融资，不仅包括资金的融入，也包括资金的运用，即包括狭义融资和投资两个方面。

创业融资是指创业者为了将某种创意转化为商业现实，通过不同渠道、采用不同方式筹集资金以建立企业的过程。创业者应该根据新创企业在不同发展阶段的资本需求特征，结合创业计划以及企业发展战略，合理确定资本结构以及资本需求数量。

（二）创业融资的重要性

企业的生产经营活动离不开资金的支持，尤其对于新企业更是如此。在企业的销售活动能带来现金流之前，企业技术研发需要资金；购买设备、原材料需要资金；广告宣传需要资金；支付员工薪酬需要资金等。这也是大多数企业面临的第一个难关。创业者应首先了解创业融资的重要性，通过对创业融资难原因的分析，提前做好融资准备。

对创业者来说，融资的重要性主要有以下三个方面。

（1）资金是企业的血液。资金是企业生产经营的起点，更是企业生存发展的基础。因此如果企业的资金链出现问题对于企业而言是致命的威胁。例如：乐视的资金链断裂事件。

（2）合理融资有利于降低创业风险。创业企业使用的资金来源各种渠道，虽然任何一个渠道都会产生资金成本，但是不同的渠道成本不同。因此，合理选择融资渠道和融资方式，有利于降低资金成本，将创业的财务风险控制在一定范围之内。

（3）科学的融资决策有利于企业可持续发展。为创业企业植入“健康的基因”。

一项对毕业生半年后创业的人群，进行风险因素调查研究发现，创业者普遍认为，“缺少资金”“缺乏管理经验”“市场推广困难”是可能导致创业失败的三大风险。其中“缺少资金”位列三大风险因素第一位，由此可见，创业资金对于大学生创业的重要性。

三、创业资金的测算

企业到底需要多少资金才能启动？所谓启动资金，是指企业开办前期所需要投入的资金，比如购置必要的生产物资、租用场地、支付人员工资以及其他费用等所需资金的总和。这就需要分析启动资金的需求量，既需要分析固定资产的投入资金，也要测算流动资金的投入以及开办费用的的需求量。

（一）启动资金的组成

启动资金一般由以下几个方面组成：固定资产、流动资金和开办费等。

1．固定资产

固定资产是指价值较高、使用寿命较长的资产。固定资产的投资一般以折旧方式回收，通常需要 3～5 年甚至更长时间。固定资产一般包括企业用地、生产设备和办公设备等。

2．流动资金

流动资金是指企业日常运转所需的的资金，也称营运资金。是创业企业开始经营后到企业取得收支平衡前，创业者需要继续投入企业的资金。既包括流动资产的资金，也包括用于日常开支的费用性支出所需资金。因此，营运资金的估算需要根据企业未来的销售收入、成本和利润情况来确定。流动资金主要包括购买或生产产品的生产成本、销售费用、管理费用（场地租金、人员工资、办公用品费用、水电费及交通差旅费用）和其他费用。

3．开办费

开办费是指企业在筹建期间所发生的各种费用，主要包括：市场调研费、培训费、资料费，工商注册、税务登记费，各种许可证审批费用，购买无形资产费用，支付连锁加盟费用，业务费及开业前的其他费用。流动资金和开办费需要注意的是由于它们涵盖的范围较广，所以，在计算时要把项目列全并适当留有余地。

4．估算启动资金时需要注意的事项

（1）估算固定资产时，应该包括满足产品生产、销售的所需要具备的全部固定资产。

（2）估算启动资金时，应考虑实际的费用支付周期和收入的回收周期。例如房租是一次性支付全年的，还是半年付、季付或者一个月付一次？收入是当月回收，还是三个月的周期甚至更长周期回收？管理费用和销售费用按几个月计算？

启动资金预测表如表 11-5 所示。

表 11-5　启动资金预测表

类别/项目		金额（元）	备注（对主要费用及其他重要事项的说明）
固定资产购置合计			
流动资金	生产成本/商品采购		
	场地租金		
	职工薪酬		
	办公用品费用		
	水电费、交通差旅费		
	其他费用		
	合计		
开办费	工商注册、税务登记费		
	市场调查费、咨询费		
	培训费、资料费		
	各种许可证审批费用		
	购买无形资产费用		
	支付连锁加盟费用		
	其他费用		
	合计		
启动资金合计			

（二）测算创业企业的营业收入

营业收入是指企业在从事商品销售、提供劳务和让渡资产使用权等日常经营业务过程中所形成的经济利益总流入。测算营业收入时，要立足市场，通过市场调查以及试销经验进行预测，如表 11-6 所示。

表 11-6　营业收入预测表　　单位：元

项　目		1	2	3	4	5	6	7	……	合计
产品一	销售数量									
	平均单价									
	销售收入									
产品二	销售数量									
	平均单价									
	销售收入									
……	……									
合计										

（三）编制预计利润表

利润表是用来反映企业在某一期间经营成果的财务报表。该表是根据“收入-费用=利润”的等式，按营业利润、利润总额、净利润的顺序组成的，是一个时期的、动态的报表，如表 11-7 所示。

表 11-7 预计利润表　　单位：元

项 目	1	2	3	4	5	6	7	…	n
一、营业收入									
减：营业成本									
营业税金及附加									
销售费用									
管理费用									
财务费用									
二、营业利润（损失以“-”填列）									
加：营业外收入									
减：营业外支出									
三、利润总额（损失以“-”填列）									
减：所得税费用									
四、净利润（损失以“-”填列）									

新创企业初创阶段市场上知名度小，业务量不稳定，营业收入和成本之间一般不成比例变化。所以，对于新创企业初期营业收入、营业成本和各项费用的估算应按月进行。

通常，在企业实现收支平衡前，企业的利润表可以按月编制，在达到收支平衡以后，可以按季度、半年度或者年度来编制。

（四）编制资产负债表

资产负债表是反映企业在某一特定日期（如月末、季末、年末）全部资产、负债和所有者权益情况的会计报表，是企业经营活动的静态体现。根据“资产=负债+所有者权益”这一平衡公式，依照一定的分类标准和一定的顺序，将某一特定日期的资产、负债、所有者权益的具体项目予以适当的排列编制而成。它表明企业在某一特定日期所拥有或控制的经济资源，所承担的现有义务和所有者对净资产的要求权。

创业者在编制资产负债表时，应根据测算的营业收入金额和企业的信用政策，确定在营业收入中回收的货币资金及形成的应收款项，根据材料或产品的进、销存情况确定存货状况。

根据投资资本估算时确定的非流动资金数额和选择采用的折旧政策计算固定资产的期末价值；根据行业状况和企业拟采用的信用政策计算确定应付款项；根据估算的收入和行业税费比例测算应交税费；根据预计利润表中的利润金额确定每期的所有者权益；并可据此确定需要的外部筹资数额。

课后思考

1．商业模式的特征有哪些？
2．商业模式画布要素有哪些？
3．从加多宝营销案例中学到了哪些营销策略？
4．企业为什么要进行创业融资？

第十二章　创业风险与计划书撰写

【学习目标】

- 了解创业风险的分类
- 掌握风险防范方法
- 掌握创业计划书的撰写方法

【开篇故事】

我适合创业吗？

2008年从中国矿业大学毕业后，常军进了江淮汽车集团。工作压力并不大，但每天都工作十三四个小时，常军觉得工作得很不开心。在校期间曾经和朋友开过校内花店，并且经营不错，使他再度涌起了创业的热情。于是，工作半年后他辞职了。2009年3月，他和另外一个湖南人，先来贵阳探路。选择贵阳是感觉贵阳有市场，那里有品质的美容美发店很少。

从筹备开始，创业之路的艰辛很快就显现出来。“当时人生地不熟，一切都是赶鸭子上架。以前几乎什么都没做过，当时几乎什么都做过了。为了省下工钱，店里的墙都是自己刷的。”他回忆说。5月，店铺如期开业，却没有预想的客流滚滚，开销还是太大了。常军算了一下，就算完全步入正轨，也只是维持温饱而已，要达到策划时预期的效果，完全不可能。2009年8月中旬，贵州一所大专院校附近有一个美发店因老板有急事要转手，常军觉得这是自己翻盘的好机会。那个院校光学生就有8 000多人，8月盘下来，9月刚好开学，肯定赚钱。在市中心店尚在风雨中漂泊时，他又把精力完全投入到另外一个店铺。与老板洽谈，筹款，开始新一轮的四处奔波。正当事情就要一锤定音时，老板突然反悔了。而此时的市中心店，因为疏于管理，员工懒散，处事马虎，待客不周到不热情，营业额下降到只比刚开业时好一点。“压垮我的最后一根稻草是，有一天，当我无意中看到镜子里那个眼神疲惫、胡子拉碴的年轻人，完全看不到当初的激情和壮志，徒剩下无奈、疲惫、身力憔悴以及自我否定。那个晚上我流泪了。”常军说，第二天，他就开始重新写简历找工作，并一边准备着盘掉店铺。

常军创业失败了，他把每一步都设想得太好，完全没有对意外情况的任何估算。

个人感悟：____

____

第一节　创业风险及防范

市场经济从微观角度来说是一种风险经济，新创企业作为市场的基本单位。应该时刻置身于风险之中，越是开放发达的市场经济，其中隐藏的风险和不确定性就会越大，企业风险的识别是全面开展科学的风险管理的先决条件。从中国企业创业失败比率较高的现状来看，其主要的原因就是，创业者对新创企业存在的风险和创业危机缺乏正确的认识，以及不当的处理方式，从而导致了创业的失败。

一、创业风险

对于风险的理解，广义上的风险表现为结果的不确定性，如未来利润多寡的不确定性，可能是获利（正利润）、损失（负利润）或者无获利也无损失（零利润）；狭义上的风险则强调风险表现为损失的不确定性，只能表现为损失，没有获利的可能性。因此，如何判断风险、选择风险、规避风险继而运用风险，在风险中寻求机会创造价值，其意义更加深远而重大。

（一）创业风险的概念

创业风险主要是是指企业在创业过程中存在的风险。由于创业环境的不确定性，创业机会与创业企业的复杂性，创业者、创业团队与创业投资者的能力和实力的有限性而导致创业结果的不确定性，就是创业风险。风险是可以被感知的客观存在，无论从微观视角还是从宏观视角，都可以对其进行判断和估计，从而对风险进行评估和有效的管理。正是风险的这种可识别性和可管理性，使得各类新创企业越来越重视对他们所面临的各种风险进行评估和管理，从而更顺利地实现组织的目标。

（二）创业风险的特点

创业是企业整个成长过程的孕育期，这一时期可塑性强，变化多，投入大而且对企业以后的发展影响很大。创业风险主要有以下几个特点。

（1）创业风险客观存在。这是指创业风险的存在是客观的，是不以人的意志为转移的。客观性要求采取正确的态度承认创业风险，认识创业成长发展规律，并积极应对创业风险。

（2）创业风险的不确定性。创业的过程往往是由创业者一个构思或创意变为现实的产品或是服务的过程。在这一过程中创业者面临各种各样的不确定因素，如可能遭受已有市场竞争对手的排斥，进去新的市场后面临着需求的不确定性，新技术难以转化为生产力，顾客需求发生改变等。此外，在创业阶段投入较大，而且往往只有投入没有产出，因而可能面临资金不足的风险，从而导致创业失败。也就是说，影响创业的各种因素是不断变化难以预知的，这种难以预知，造成了创业风险的不确定性。

（3）创业风险的损益双重性。创业风险对于创业收益不仅有正面的影响，也有负面的影响。如果能正确认识并充分利用创业风险，反而会使收益有很大程度的增加。

（4）创业风险的相关性。指创业者面临的风险与其创业行为及决策是紧密相关的。同一风险事件对不同的创业者会产生不同的风险，同一创业者由于其决策或是采取的策略不同，也会面临不同的风险结果。

（5）创业风险的可变性。创业风险的可变性是指在创业的内部与外部条件发生变化的时候，必然会引起的创业风险的变化。创业风险的可变性包括创业过程中风险性质的变化、风险后果的变化和出现新的创业风险这三个方面。

【拓展阅读】

新冠肺炎疫情，餐饮行业的“黑天鹅”

“黑天鹅”曾经被欧洲人用来表示不可能发生的事情，因为在发现澳大利亚的黑天鹅之前，欧洲人认为天鹅只有白色的。当第一只黑天鹅出现后，“天鹅都是白的”这个不可动摇的信念才发生转变。因此“黑天鹅事件”泛指那些出乎人们意料的，却有着巨大影响力的少数极端事件。如“9·11”事件、08年汶川大地震、美国次贷危机等等。还有目前正在经历的疫情，也是一个典型的负面“黑天鹅事件”。符合“黑天鹅事件”有两个最重要的特点：出乎意料和影响力极大。每当这种负面的“黑天鹅事件”发生的时候，才能体会到世界处在巨大的不确定性，也就是风险当中。

相较2003年时面临发展压力的餐饮行业而言，此次新冠疫情“黑天鹅”事件的出现更是对行业造成了直接的重击。对于餐饮企业来说，暂停营业就意味着巨大的收入亏空。不论是餐饮巨头的海底捞，还是作为大型连锁餐饮；抑或是作为中小企业的内蒙古火锅品牌小尾羊，均在此次停业中损失惨痛。根据海底捞2019年中期报告，从国内市场获得的半年营业收入为104.2亿元，平均每天（按6个月180天计算）的国内收入为5 789.6万元。套用单日收入数据，海底捞休市9天，损失收入约5.21亿元。

在创办企业和企业发展过程当中，有很多未知的风险和意外发生，所以一定要有风险意识和提高抗风险的能力。要知道自己企业的软肋，当真正软肋凸显的时候，是否真的有能力去处理，是值得思考的问题。

二、创业风险的分类

创业风险分为风险影响范围、风险可控程度、创业过程和风险内容表现形式。

（一）按风险影响范围的分类

按风险影响程度的范围分为系统风险与非系统风险。系统风险是源于创业者或创业企业之外的，由某种全局性因素引起的风险。如商品市场风险、资本市场风险等，创业者或创业企业无法对其进行控制或施加影响。非系统风险是源于创业者或创业企业本身的商业活动和财务活动而引发的风险，如团队风险、技术风险和财务风险等，创业者可以通过一定的手段进行预防和分散。

（二）按照风险可控程度的分类

按照风险的可控程度分为可控风险和不可控风险。可控风险是指在一定程度上可以控制或部分控制的风险。如财务风险，团队风险等。不可控风险是指创业者成创业企业无法左右或控制的风险，如系统风险。

（三）按照创业过程的分类

按照风险在创业过程分为机会的识别与评估风险、团队组建风险、确定获取创业资源的风险、准备与撰写创业计划风险和创业企业管理风险。

机会的识别与评估风险是指在机会识别和评估过程中，由于信息量缺失、推理偏误、处理不当等各种主客观因素影响，使得创业面临方向选择和决策失误的风险。团队组建风险是指在团队组建过程中，由于团队成员选择不当或缺少合适的团队成员导致的风险。确定并获取创业资源风险指由于存在资源缺口，无法获得所需资源，或获得资源成本较高给创业活动带来的风险。准备与撰写创业计划风险，是指创业计划的准备与撰写过程中各种不确定因素的存在，或制订者自身能力的限制导致的创业风险。创业管理风险指由于管理方式、企业文化的选取与创建，发展战略的制订、组织、技术、营销等各方面管理中存在的风险。

（四）按风险内容表现形式的分类

按照创业风险内容分为机会选择风险、环境风险、人力资源风险、技术风险、市场风险、管理风险和财务风险等。

机会选择风险是指创业者由于选择创业而放弃自己原来从事的职业，所丧失的潜在晋升或发展机会的风险。

环境风险是指由于创业活动所处的社会、政治、经济、法律环境等变化或由于意外灾害导致创业者或企业蒙受损失的可能性。如战争、国际关系变化或有关国家政权更迭、政策改变，宏观经济环境发生大幅度波动或调整，法律法规的修改，或者创业相关事项得不到政府许可，合作者违反契约等给创业活动带来的风险。

人力资源风险是指由于人的因素对创业活动的开展产生不良影响或偏离经营目标的潜在可能性。创业者自身的素质和能力有限，创业团队成员的知识和技能水平不匹配，管理过程中用人不当，关键员工离职等因素是人力资源风险的主要诱因。

技术风险是指由于技术方面的因素及其变化的不确定性而导致创业失败的可能性。技术成果的不确定性，技术前景、技术寿命的不确定性、技术效果的不确定性、技术成果转化的不确定性等都会带来技术风险。

市场风险是指由于市场情况的不确定性导致创业者或创业企业损失的可能性。市场风险包括产品市场风险和资本市场风险两大类。市场供给和需求的变化、市场接受时间的不确定、市场价格变化、市场战略失误等原因会给创业活动带来一定的市场风险。

管理风险是指管理运作过程中因信息不对称、管理不善、判断失误等影响管理水平形成的风险。管理风险可能由管理者素质低下、缺乏诚信，权力分配不合理、不规范的家族式管理或决策失误等引起。

三、创业风险的规避途径

大学生要实现成功创业，不仅要准确的识别与把握创业风险，还要学会尽可能规避创业可能面临的各种风险。

（一）加强市场调研，规避项目风险

创业的每一个环节都需要大量的市场调研，搜集市场信息，反复调整资源和配置团队能力，最终找到产品和服务的核心竞争力。

（二）规范企业管理，规避管理风险

一个企业的良好运作离不开科学有效的管理。创业者要协调好企业各部门的关系，以工

作效率最大化为目标，同时创业者要建立健全员工激励机制，调动企业内部员工的工作热情和积极性，增加企业的凝聚力，从而提高企业的竞争力。另外，大学生创业者要注意克服理财、营销、沟通、管理等方面能力不足，以及经验不足、理念不清、决策随意、用人不当、盲目跟风和意志薄弱等管理风险。

（三）完善财务制度，规避财务风险

对初创企业而言，财务风险往往会成为突出问题。为解决此问题，企业要完善财务制度，认真分析外部情况，提高企业对外部环境变化的应变能力。在进行投资决策时应充分考虑投资项目所面临的风险，通过定性与定量的方法对投资回收和赢利能力进行科学的预测。努力提高收益，减少损失，加强对存货与应收账款的管理，防范存货跌价风险和坏账风险。

【案例故事】

随时监控应收账款

2012 年是汪涵进入创业的第四年，在例行的每季度给创业导师上报浏览的财务报表中，导师发现有一期的应收账款的数额比前一段增大了。于是，及时找汪涵了解应收账款的产生原因和组合情况，并叮咛要及时做好监控和回收账款等事项。因为应收账款越大，资金被别人占用越多；应收账款回收时间越长，坏账可能性越大。

在导师的指导下，汪涵及时调整了经营策略，在决策时更加谨慎，对财务风险的控制也更加严格。如今汪涵的企业已经形成了既有理论的产品，又有实践基地，还有产业链的延伸，企业进入了良性发展阶段。

分析：由创业失败的经验得知，因为缺少支付能力，比因为缺少盈利而导致的破产多很多。为了避免资金过度占用的财务风险，有的企业采取以下措施。

（1）减少延期支付的应收账款，可用让利的方式，鼓励现金支付。

（2）对要求延期支付的客户提高价格，或者要求对方支付利息。

（3）制订延期支付客户的销售标准，例如月销售额达到多少以上可以月结，但要求月初企业和客户之间签订好有关协议或合同之后再试行。

（4）建立延期付款客户档案，并且要跟他们保持密切联系，经常到对方的公司或经营场所去走访考察，以确定他们是否在正常经营，以及及时掌握他们的经营情况。

资料来源于 网络

（四）打造优秀团队，规避团队风险

团队力量是企业赢得竞争的必要条件。团队应该有动态的发展观，因为具有发展观念的团队才有可能建立一套完善的内部调节机制，从而形成团队成员的凝聚力。在创业时，用科学手段构建核心团队，可以保证企业的高效率运转。同时，团队在核心成员的影响下勤奋工作，可以使企业保持活力。

（五）合理利用政策，规避创新风险

技术创新往往需要长期的、大量的，甚至不计成本与回报的资金和技术的投入，这是初

创企业难以完成的。此类技术研发大多由政府、研究机构和大企业来主导。在可能进入的领域，新创企业也要充分了解和利用政府资助、项目扶持、政策支持以及风险投资的合作等，尽可能降低创新风险。而在财力有限的情况下，还可以通过技术合作来分散创新风险。就技术成果商业化过程而言，新创企业还可以通过模拟工具和技术风险评估来解决技术研发风险。

【案例故事】

魏先生欲在医院设立大屏幕药品广告播放系统，合作医院已经找到，药品生产厂家也十分愿意投放产品广告。正在紧锣密鼓地实施过程中，遭遇了相关执法部门的制止。

分析：选择创业项目阶段，由于不熟悉相关政策、法律、法规、将有一定风险。此案例中，不熟悉新修订的《药品管理法》，是该项目失败的直接原因。

规避办法：不管从事哪一行业，必须先了解相关的政策、法律、法规。如果遭禁，要有另行选项。

（六）增强法律意识，规避法律风险

（1）初创企业必须具备将企业经营法制化的观念，培养法律风险意识，养成重大决策咨询律师、合法经营的习惯。

（2）创业者必须厘清初创企业与政府及职能门之间的关系，避免依赖和迷信政治资源。

（3）创业者需建立针对刑事、民事和经营管理过程中的法律风险的防范机制，要具有相对具体的预案，以应付外部环境恶化，比如金融危机爆发、银根吃紧、债务恶化等。

（4）创业者在商业领域可以打破常规，但却要在法律领域遵守法律准则。

（5）坚持理性经营和长远战略，避免急功近利，牺牲企业长期目标。

（6）初创企业需要定期进行法律风险评估，审查企业内部各种结构、环节和业务流程中的法律风险，做到防患于未然。

【调查活动】

小测试

请根据以下题目进行自我测试，分析自己的风险承受态度和风险承受能力。所有题目只回答“是”和“否”即可。

（1）风险承受态度测试。

①你能够接受赔钱吗?

②在压力之下，你是否仍然能够表现较好?

③你性格是否乐观，可以免于过度忧虑?

④你对于自己的决定是否从来都很有信心?

⑤在意外损失出现时，你能否控制住自己的情绪?

⑥你去看魔术表演，魔术师邀请观众上台表演，你会立刻上台吗?

⑦某大公司想邀请你任职部门主管，薪金比现在多20%，但你对这个行业一无所知，你愿意接受这个职务吗?

（2）风险承受能力测试。

①你父母都是工薪阶层吗？
②你家庭的月收入为中等以上水平吗？
③爸妈为你购买疾病及养老保险了吗？
④你父母或近亲友中有经商的吗？
⑤一旦你创业失败或者丧失了主要经济来源，你依然能够体面地生活吗？
⑥你有需要归还的较大数额的借款吗？
请统计你的答案中“是”的个数。
测试结果分析：

（1）是态度测试：如果你的答案超过5个都是“是”的话，那么说明你属于激进型，如果经营得当，你将成为非凡的商界成功者。不过，这个测试只能告诉你自己属于哪一类人。要成为真正合格的商人，最关键的因素，还是在于自己对于风险的承受能力，和（2）测试的结果相结合。

（2）是能力测试：如果你的测试答案全部为“是”，那就说明你是一个抵抗风险能力极强的人。假若你的性格也是激进型的，可以说你有较强的风险承受能力，如果能够利用好风险背后的商业机会，你会获得创业成功。相反，倘若你的答案大部分都是“否”，而你又是一个激进的人，那么创业对于你而言可能需要再次慎重考虑一下。

第二节　创业计划书

在创业初期，每个人都不可能拥有所有必备的知识。但是，只要经过学习，并且与其他创业者一起探讨，就可以大大提高创业者的经营管理能力，增长专业知识。通过对管理方法的研究，特别是对成功企业家的观点和行为方式的学习，会对创业者产生巨大的催化作用。

当创业者确定了创业项目以后，就需要进一步对这个项目进行更深一步的细化和分解，并通过一系列的调研和论证，最后制订出一份具有可操作性的行动指南。可以说，创业计划书是对创业者整个经营设想的总结和概括。

一、创业计划书的概念

创业计划书，又称“商业计划书”，是引领创业的纲领性文件，是创业者具体行动的指南。创业计划书是创业的行动导向和路线图，既为创业者行动提供指导和规划，促使创业团队及雇员团结一心地工作，也为创业者与外界沟通提供基本依据。创业计划书的撰写可以迫使创业者系统思考新创企业的各个因素，促使创业团队定期沟通讨论将要从事的工作。一般情况下，撰写创业计划书主要有两大原因，在企业内部，创业计划书为企业执行战略和计划提供了值得借鉴的“蓝图”，能够迫使创业团队一起努力工作，全力以赴地解决风险创业的各个细节。对企业外部来说，他能够向潜在投资者和其他风险投资者介绍企业正在追寻的商业机会，赢得对方支持。

一份高质量的创业计划书包含基于产品的分析，把握行业市场现状和发展趋势，综合研究国家法律法规、宏观政策、产业中长期规划、产业政策及地方政策项目团队优势等基本内容。着力呈现项目主体现状发展定位、发展远景和使命、发展战略、商业运作模式、发展前景等，深度透析项目的竞争优势、盈利能力、生存能力、发展潜力等，最大限度地体现项目的价值。

二、创业计划书的作用

在融资界也有这样的说法：完美的创业计划书是通往成功融资的开端。阿里巴巴集团创始人、阿里巴巴集团董事局主席马云也曾说过："商业计划绝对不是一个销售计划，里面有无数细节，无数人才的运营。"因此，一份优秀的创业计划书对于创业者具有极其重要的作用。它能有效指导企业经营，是一种理清创业思路的手段，也是一种吸引投资的工具，更是对外界的承诺书。创业计划书的主要作用表现在以下几个方面。

（一）创业计划书是企业发展的总纲领

创业计划书的制订是建立在有效的信息收集和整理分析的基础上的。创业者通过制订创业计划书，能够进一步明确创业方向、理清创业思路。创业计划书的制订是一个长期的过程，创业者需要根据企业所处的阶段不同，对创业项目进行不断的调整和优化。创业者或改变经营方向，或改变营销策略，或调整客户群体，甚至调整企业战略发展方向，这些都是创业者根据实际情况做出的有效改变。所以，创业计划书是创业者创业路上的总纲领和总路线。

（二）创业计划书是企业愿景的直接呈现方式

创业计划书是对创业者理想的现实阐述，是创业理想最直接的表现形式，能直接体现创业项目的进度安排、团队组建、企业战略、预期目标，是创业团队奋斗的目标。明确的创业计划有助于创业团队统一思想、明确路线和团队协作，是创业团队的"催化剂"和"润滑剂"，有助于创业团队紧密团结在一起。

（三）创业计划书是和外界的沟通工具

创业计划书包含了创业项目几乎所有的信息，能帮助创业者和创业合伙人、投资者、员工、重要客户、重要合作伙伴之间进行有效沟通。创业计划书可以告知潜在投资人创业项目具有的潜在优势、收益预期及潜在风险。创业计划书可以通过介绍企业战略、预期目标来鼓励创业合伙人、企业员工。因此，创业计划书可以给重要客户、重要合作伙伴提供充足的信息，使其对创业项目或服务充满信心，从而建立相对稳定的合作关系。

（四）创业计划书是创业过程的管理工具

创业计划书是创业者经过反复讨论、周密计算后制订的科学的实施方案，是创业公司未来一段时间的行动指南，可以通过跟踪、监控不同的指标，来确定创业项目是否达到预期目标，是否偏离战略方向，从而指导创业者适时优化创业过程。因此，创业计划书是一个有效的计划管理工具。

（五）创业计划书是对外承诺工具

企业通过创业计划书将企业战略方向、融资方案、资金使用范围、盈利模式、退出方式等向投资人和重要合作伙伴进行公布。尤其在企业融资的时候，创业计划书往往和其他合同一并存在，具有相当的法律效力，体现了创业者和投资人的利益分配，同时创业计划书也体现了创业者对创业伙伴和公司员工的承诺。因此，可以看出创业计划书也是对外的承诺工具。

三、创业计划书的撰写

创业计划书有相对固定的格式，常见的创业计划书包括封面、保密要求、目录、摘要、正文（综述）及附录等，其中正文又包含企业介绍、行业分析、产品介绍、组织结构、市场预测、营销策略、制造计划、财务规划及风险管理等内容。

（一）封面

封面也叫标题页，是投资人等读者对创业计划书的第一印象，因此封面设计要符合大众审美，简单大方，有艺术感，封面内容要和正文相呼应，不能过于花哨，过于追求时髦。封面可以使用公司或产品徽标，同时包含以下主要内容：标题、项目名称、公司信息、联系人、联系方式等。标题要高度精练，同时能体现项目名称、经营范围，一般放在封面最醒目的位置，如《××××创业计划书》。

（二）保密说明

创业计划书的内容涉及商业秘密，一般情况下只对内部员工、有投资意向的投资者公开，未经创业团队允许不能向第三方公开计划书涉及的商业秘密。保密说明可放在封面后，也可以放在目录后，主要是要求阅读者妥善保管创业计划书。但在实际工作中，请慎用保密说明，尤其是在创业大赛中，如果项目没有真正值得保密的内容，反而会让评委反感。

（三）目录

为了全面介绍创业项目，创业计划书的字数、页数往往较多，因此为了便于阅读，目录是创业计划书最重要的内容之一。投资人或赛事评委往往没有太多时间阅读全文，一般是通过目录翻阅自己关注的内容。因此，目录要注明各部分的内容及页码，且要保证页码和内容的一致性。

（四）执行摘要

执行摘要是企业基本情况、主要产品、核心竞争力、营销战略、管理策略、投资前景及风险预测的综合概述，是对整个创业计划的高度概据，是阅读者重点阅读的部分，是整个创业计划的总纲。因此，执行摘要要用最简练的文字将计划书的核心、亮点及特色展示出来，便于阅读者在最短的时间内对创业计划进行评审并做出初步判断。

执行摘要一般包括以下内容：项目背景、项目简介、公司简介、主要产品或服务、团队结构、市场调研情况、营销策略、销售计划、生产管理、财务计划、资金需求、重要合作伙伴等。通常在主体完成后再编写，一般 1～2 页纸即可。

（五）正文

1．企业介绍

这一部分是向投资者或重要合作伙伴介绍企业或创业项目的基本情况，以便让对方清楚自己。一般包括以下内容。

（1）企业所属行业，经营性质和范围。

（2）企业、创业项目所处阶段。

（3）企业市场，客户群体，客户特定需求。

（4）企业合伙人、投资人、顾问等重要人力支持。

（5）企业的竞争对手，竞争对手对企业发展可能产生的影响。

（6）企业的竞争优势和核心竞争力，企业取得成功的其他因素。

在项目介绍时，首先要说明创业项目新产品或服务产生的过程，自己能解决什么样的市场痛点，企业的发展目标和发展战略。要说明创业项目的历史沿革、企业所属阶段，对企业要进行客观的判断和描述。有些创业者在寻求投资时，刻意回避失败经历，这是不可取的。创业者中肯评价自己的项目，在失败中吸取教训往往更能赢得投资者的认同。企业所处阶段主要包括初创期、（快速）成长期、稳定期及衰退期，不同阶段企业的发展目标、管理方式不同。最后，要客观描述创业者自身知识背景、创业历史及其他经验和特长，因为创业者的综合素质对企业的生存和发展起着关键性的作用。

2．行业分析

行业分析是创业者在进入该行业前必须认真调研、分析的过程。创业者只有对所选行业的基本特点、市场规模、竞争状况及未来趋势准确把握后，真正了解行业发展规律，认清发展方向，才能准确确立企业发展目标。行业分析应客观、准确，主要包括以下内容。

（1）所属行业目前的发展程度及最新发展动态。

（2）所属行业市场规模大小。

（3）所属行业未来发展趋势。

（4）新技术在行业中所起的作用。

（5）所属行业竞争状况，影响行业竞争的本质是什么，本企业采取的措施。

（6）所属行业价格趋向及投资回报率。

（7）政策变化、经济形势变化与政府导向对所属行业的影响。

（8）决定行业发展的重要因素。

（9）进入该行业是否有技术壁垒，打算如何克服。

（10）该行业里所有经济主体概况：竞争者、消费者、供应商及销售渠道等。

3．竞争企业分析

竞争企业是指在市场上和自己的企业提供着相同或功能类似的产品或服务的公司，并在生产资源、营销渠道和消费人群方面与自己的企业具有一定的竞争性的企业。如何有效应对竞争企业的竞争，是每一个创业者都要认真考虑的问题。在分析竞争企业前，需要对竞争企业进行系统的了解和分析，主要了解其基本情况、产品情况、营销策略、技术含量、企业信誉、市场占比等信息，并重点做以下分析。

（1）竞争对手有哪些？主要竞争对手是哪些？最大的竞争对手是谁？

（2）竞争对手的优势是什么？竞争对手是否有新技术、新产品投放市场？

（3）自己的优劣势是什么？如何有效规避自身劣势？

（4）竞争压力有多大？

（5）你将采取哪些有效的措施积极应对竞争？

4．产品（服务）介绍

投资评估时，投资人最关心的问题是能提供什么样的产品（服务），能解决现实生活中的哪些问题，此类产品（服务）是否是目标人群的“刚需、易耗、高频”产品。因此，需要创业者全面、准确地介绍自己的产品（服务）。

产品（服务）介绍主要包括产品（服务）的名称、特性、新产品研发过程、专利情况、市场竞争力等。其中，产品特性是新产品或改良产品区别于其他产品的本质区别，需要创业者用通俗易懂的语言介绍产品（服务）有哪些优势或在哪些方面做了改良和优化。在进行产品（服务）介绍时切勿使用大量的专业术语，要用普通消费者能理解的方式进行介绍。介绍产品（服务），主要解决以下几个问题。

（1）消费者能在新产品（服务）中得到什么？

（2）与竞争产品（服务）相比，我的产品（服务）有哪些优势？是否有短板？如何有效规避产品短板？

（3）企业拥有哪些专利或许可？企业在保护产品独一性方面采取了哪些措施？

（4）对新产品（服务）有什么规划？

（5）新产品（服务）为何能给企业带来利润？是否可以带来较长时间利润？

（6）该产品（服务）如何拥有稳定的用户群？

（7）该产品（服务）是否有技术壁垒?其他公司多长时间可以突破技术壁垒？

（8）产品的迭代方向和时间规划是什么？

5．人员及组织结构说明

被誉为“美国风险投资之父”的乔治•多里奥特（Georges Doriot）曾说：“我更喜欢拥有二流创意的一流团队，而不是拥有一流创意的二流团队。”高素质的管理团队和良好的组织结构是企业正常运转的重要保证，可以尽可能地降低企业的经营风险。一个好的创业团队可以增强投资者的投资信心。因此，投资者非常看重创业团队的组成结构，尤其关注创业团队的管理能力、执行能力、职业道德和素质等。主要人员和组织机构说明内容如下。

（1）主要管理人员。主要管理人员包括创业者、创业合伙人及主要技术、营销人员。创业者及创业合伙人决定了企业的发展方向，技术人员关乎产品（服务）的质量，营销人员关乎企业的市场拓展，因此需要介绍以上人员详细的学习经历、工作经历、 行业背景、个人特质及职责和能力。

（2）外部支持团队。在通常的创业团队介绍中，创业者往往忽略重要的外部支持团队，例如天使投资人、技术专家团队、专家顾问等。但在几乎所有投资人眼中，这些外部支持团队是创业团队能否创业成功的重要保障。因此，在创业计划中需要单独对外部支持团队进行介绍。

（3）公司组织结构。组织结构即公司管理架构，是让投资人了解公司基本情况的重要途径，也是展示创始人管理能力的形式之一。组织结构主要包括：组织结构图、部门分工、责权利划分、股东名单及认股情况、董事会情况等。企业的组织结构类型较多，但初创企业组织结构相对简单。

6. 市场预测

一种新产品投放市场前或向新市场拓展时，首先要进行市场预测。市场预测是指运用科学的方法，对影响市场供求变化的因素进行调查研究，分析和预见其发展趋势，从而掌握市场供求变化的规律，为经营性活动提供可靠的支持。市场预测结果好坏直接影响投资者的投资行动，如果因为市场预测不科学导致市场预测不准确，或市场预测的结果不理想，投资者投资的可能性是极低的。市场预测一般包含以下内容。

（1）需求预测：市场是否真实需求此类产品（服务）？需求程度是否可以给企业带来预期的利润？影响消费者需求的因素有哪些？

（2）市场规模预测：新的市场规模总量有多大？需求所处阶段？新需求未来的发展趋势是什么？

（3）竞争基本情况：新产品（服务）是否存在市场竞争？竞争的基本态势如何？主要竞争对手有哪些？是否有适合本企业生存的市场空当，是否有细分市场？

（4）预计占比：本企业预计市场占比是多少？

（5）市场定位：结合自身特点，确定自己的目标市场是什么？本产品（服务）进入市场后，其他竞争者有什么样的反应，对本企业有什么样的影响，如何应对？

市场是变幻莫测的，市场预测必须建立在科学、严谨的市场调研的基础上，需要创业者制订完善的调研方案，要尽量扩大信息搜集的范围和有效性，扩大样本数量，分析方法要科学，用科学的方法预判走势。切记，市场预测不是凭空猜测，对市场的错误认识是企业失败的最重要原因之一。

7. 生产计划

生产计划是创业计划的重要组成部分，旨在让投资者了解产品的生产经营状况，了解研发进度和资金缺口等。创业者应尽可能把新产品（服务）的生产制造及经营过程展示给投资者，主要内容如下。

（1）公司现有的技术生产能力，制造生产所需的厂房、设备配置如何，要满足阶段性生产，是否有缺口，如何逐步解决。

（2）品控能力和产品迭代计划。

（3）新产品的生产计划或新服务的推广计划，实现新产品（服务）的生产和推广需要做哪些技术升级。

（4）按照现有人员、技术、设备配置及工艺流程，制订生产周期标准和生产计划。

（5）物资需求计划及后勤保障，供货情况和资源需求情况。

（6）劳动力和雇员情况，缺口情况。

8. 营销策略

产品（服务）是否适合市场需要消费者来决定，企业是否能赢利最终需要市场检验。因此，公司营销策略就显得极其重要。因为市场存在诸多不确定性因素，营销过程也是一个不断优化和调整的过程，但对于新产品的初始营销策略的建立也有一定的规律可循。影响营销策略的主要因素有消费人群的特点、产品的特性、企业自身的状况、市场环境等，最终影响营销策略的仍然是营销成本和利润。营销策略内容如下。

（1）市场机构和营销渠道的选择。

（2）营销队伍和管理措施。

（3）促销计划和广告策略。

（4）价格决策。

不同发展阶段的企业对营销策略的选择是不同的。对于初创企业、新产品（服务），由于企业和产品（服务）的知名度较低，一般采用较为传统的高成本、低效益的营销策略。但在“互联网+”创业的时代，也有一些新的营销方式值得创业者去探索。

9．融资计划

融资计划是企业根据自身经营计划提出的企业资金需求数量、融资方式、融资工具、投资者的权益、财务收益及其资金安全保证、投资退出方式等，是资金供求双方共同合作前景的计划分析。融资计划内容如下。

（1）融资数额多少?截至目前已获得投资次数、数额，希望向战路合伙人或风险投资人融资多少？

（2）融资资金如何使用？

（3）计划采取哪种融资工具？是以什么方式筹集资金？

（4）公司融资抵押、担保类型，抵押、担保物品，或是人或是机构？

（5）投资收益分配及再投资如何安排？

（6）如果以股权形式投资，双方股权分配及责权利如何确定？

（7）投资者进入公司后，公司的经营、管理方式如何调整？除资金外，需要投资者带来哪些资源？

（8）投资资金如何运作，投资的预期回报，投资者如何监督企业运作？

（9）风险投资的退出途径和方式是什么？

融资计划是经过精密计算后得出的结果，企业既要说明资金的需求，使用途径，也要说明投资回报。融资计划重点在于阐述企业自身发展和如何保护融资者的资金安全和资金收益。

10．财务分析与预测

一份好的创业计划书说明的是创业者曾做过什么事情、正在做的事情，而一份好的财务分析与预测则是对企业未来的预测说明，是对创业计划书的有力支撑。一份好的财务分析和预测可以帮助企业降低经营风险，增强企业的评估价值，提高投资可能性。根据公司发展阶段，财务分析与预测从公司发展阶段划分包括历史经营状况数据、未来财务规划数据，从内容划分包括现金流量表、损益表、资产负债表等。

（1）按公司发展阶段划分。

历史经营数据，主要针对已有企业，新创企业不存在历史经营数据。投资者会将企业过去几年的经营状况作为未来发展的重要参考依据，会要求创业者提供过去3～5年的现金流量表、资产负债表和损益表。

未来财务整体规划，未来财务规划是投资者判断企业财务预测准确性和财务管理水平的标尺，是投资者重点关注的焦点。对于新创企业来说，未来财务数据来源于准确、科学的市场分析、生产计划和营销计划，企业需要花较多的时间来分析，必要的时候还需要专业顾问团队介入。

（2）按内容划分。

现金流量表，是在固定时间内，企业的现金或存款的增减变动情况。主要用于分析企业在短期内有没有足够的现金开展经营活动，同时也反映出资产负债表中各项目对现金流量的影响，并根据用途分为经营、投资及融资三个分类。现金流量表是企业生命线，无论企业处于何种阶段都需要对流动资金有预先的计划和严格的控制。

资产负债表，又称财务状况表，是反映企业在某特定日期财务状况（即资产、负债和业主权益的状况）的会计报表，有助于投资者了解所有者权益情况，有助于评价和预测企业的绩效和评价企业的赢利能力。

损益表，是反映企业在一定时期内的利润实现或发生亏损的财务报表，投资者可以通过损益表来分析利润增减变化的原因，分析公司的经营成本，评价一个企业的经营成果和投资效率，分析企业的赢利能力及未来一定时期的赢利趋势。

11. 风险分析

创业是一个长期且存在大量不确定性风险的过程，良好的风险管理能力是初创企业能否成功的重要能力之一，也是投资者重点关注的点之一。

风险分析主要是向投资者分析企业可能面临的风险种类、风险大小，创业者将采取何种措施来降低或防范风险，保证资金安全。主要从政策风险、市场风险、技术风险、资金风险、管理风险及其他风险等表述，主要包括以下内容。

（1）公司在资源获取、市场、竞争、人力资源及技术等方面存在的主要风险。

（2）创业者自身的不足导致的风险，如技术、经验及管理能力的欠缺。

（3）市场的不确定性。

（4）技术开发的不确定性。

（5）财务收益的不确定性。

（6）其他不可预见的风险。

对于企业面临的风险，不能因为发生的概率小而忽略不计，也不能为了提高获得投资的机会而故意隐瞒风险。创业者最好客观、实事求是地逐一分析企业面临的风险，并通过认真分析做出相应的防范措施，最后通过文字在创业计划中表述出来。主动识别创业风险并积极应对，会极大地提高企业的信誉，使投资者更有投资信心。

12. 资本退出

资本退出是指风险投资机构在所投资的企业发展相对成熟或不能继续健康发展的情况下，将所投资本由股权形态转化为资本形态，以实现资本增值或避免和降低财产损失的机制及相关配套制度。风险投资本质是资本运作，资本退出是实现收益的阶段，同时也是安全退出进行资本再循环的前提。主要有以下几种方式：股份上市、股份转让、股份回购、利润分红和公司清理。

（六）附录

附录主要是对创业计划书中涉及的相关证书、图表进行描述和证明。例如：企业的营业执照、公司章程、验资审计报告、税务登记证书、专利证书、鉴定报告、市场调研数据、主要供货商及经销商名册、主要客户名册、场地使用证明、公司及其产品介绍、宣传资料等资料、工艺流程、各种财务报表及财务预估表、专业术语说明等。附录与创业计划书一起装订。

四、创业计划书撰写的主要原则

一份好的创业计划书必须呈现出企业的竞争优势和项目可行性，因此编写时要把握以下原则。

（一）市场导向原则

创业项目是否能真正解决市场痛点，消费者接受程度如何，最终将由市场反馈。因此创业计划需要紧密结合市场需求，以市场分析数据为依据，以市场导向的观点来编写，要充分显示对市场现状的把握和对未来趋势的预测，同时要说明市场真实需求分析所采取的方法和事实证据等。

（二）通俗易懂原则

创业计划书阅读者一般情况下并没有相关的行业背景，过多的专业术语会让整个创业计划书变得深奥难懂，影响阅读者的阅读兴趣。因此，创业计划书应尽量避免使用大量的专业术语，要通俗易懂，即使必须得用专业术语，也应该在附录中加以解释和说明。

（三）客观实际原则

创业计划书是对拟实施或正在实施创业项目的真实反映，因此创业计划中所有内容都必须实事求是，必须是通过大量的市场调研和科学分析得出的结论，即使是未来财务规划也要客观、准确，尽量陈列出客观、可供参考的数据与文献资料。

（四）文字精练原则

创业计划书是递交给投资商的综合性商业计划，以便投资商对企业或项目做出正确评判，从而使企业获得融资。作为一个商业计划书，应避免出现与主题无关的内容，要开门见山、清晰明了地把自已的观点展示出来。风险投资人没有时间也不愿意花太多时间阅读无意义的文字，只有文字精练、观点明确才能打动投资者，从而提高获得融资的概率。

（五）前后一致原则

创业计划书的内容复杂繁多，容易出现前后不一、自相矛盾的问题，很容易让投资者对创业项目、创业团队产生怀疑。所以创业计划书的内容前后要高度一致，要科学预测各类数据，且要符合市场基本规律。

（六）突显优势原则

编写创业计划书的重要目的之一就是融资，获得投资者的投资或为贷款人提供决策依据。因此，创业计划书要尽可能展现产品（服务）的竞争优势、组织机构的合理性、团队成员的高素质等优势，并要突显项目良好的市场前景和较高投资回报。但同时也不能回避创业项目的潜在风险，要正视项目存在的风险，并制订合适的预防措施。

（七）可操作性原则

创业计划书是创业者拟定的创业行动路线，因此，创业计划书必须有高度的可操作性，特别是创业计划中的组织结构、管理措施、生产计划、营销计划、项目迭代、风险应对的方法和策略等。

课后思考

1．创业计划有什么作用？
2．大学生创业风险有哪些？如何做才能降低这些风险？
3．一份完整的创业计划书应该包括哪些内容？

第四篇　就业指导篇

第十三章　迈入职场第一步

【学习目标】

- 了解大学生就业形势
- 熟悉大学毕业生就业扶持政策
- 掌握新时代大学生正确的就业观

【开篇故事】

小张的择业观

2018届护理专业毕业生小张来自安徽宿州，在校时成绩一般，直到当年3月份她还未落实工作单位。刚好学校举办一场校园专场招聘会，辅导员通知小张返校参加此次招聘会。宿州有一家专科医院想招护理专业的毕业生，初次面试后，这家专科医院对小张的印象非常好，提出可以当场签协议。然而小张犹豫了，她本人的择业意向是，单位地点必须是离家近的省会城市，如安徽省合肥市或江苏省南京市，且最好是综合性医院，除此以外，什么单位都不考虑。在这种心态下，结果自然难以如愿。

资料来源于 网络

个人感悟：____

____

第一节 认清就业形势

【案例故事】

提前规划，顺利就业

小余，某高职高专医学院校口腔专业毕业生，大学期间是个活跃分子，一直担任班级团支书，还担任过系学生会主席。演讲比赛、辩论赛、职业规划大赛都有她的身影。父母希望她毕业后参军，老师觉得她从事管理工作更合适。但是小余有自己的主意，她的职业目标很明确，毕业后从事与专业相关的职业，即做一名口腔医生。

在别人还在迷茫选择什么行业和职业的时候。小余在大二第二学期已经在各大招聘网站上进行注册，完善自己的求职简历并向目标单位发出实习申请，并且她只针对口腔医疗行业投送求职简历。同时她每天都会浏览学校的就业信息网，并关注系部推送的微信求职平台，只要有口腔专业岗位的招聘会，她都积极参加。除此之外，她还经常与往届的师兄师姐们联系，请教专业笔试和面试的注意事项，这些师兄师姐都是她在学生会工作和各种活动中结交的。最终，她在实习结束没多久，就顺利签约。在很多人看来，小余的成功是因为她足够优秀，再加上他人相助，找到一个好工作肯定没问题。但是，现实中像小余一样优秀甚至更优秀的人却因为缺少清晰的自我定位，缺少充分的就业信息准备而与机会失之交臂。

一、就业形势及就业市场趋势

大学生就业市场形势不是一朝一夕形成的，既有当前现实因素，也有历史促成因素。大学生就业问题不仅仅关乎一个家庭的问题，更是一个国家民生问题，一定要客观分析当前就业市场形势，帮助大学生科学合理的谋划未来职业，从而做出正确的职业选择。

（一）大学生就业形势分析

1. 毕业生数供求比率不一

从全国高校毕业生数字统计情况来看，大学毕业生仍呈现高速增长的趋势。2018 年大学毕业生 820 万，2019 年达 830 万。教育部有关数据显示，2020 年我国高校毕业生规模达到历史新高，共计约 874 万人，比 2019 年增加 40 万人，没找到工作的毕业生毕业前平均每人要投出 28.1 份简历。而针对全国医学院校毕业生数字统计情况来看，高等医学教育出现了跨越式发展，招生人数以每年两位数字的速度递增，医学专业毕业人数的增加，满足了社会对医学高层次人才的需求。但同时，医学专业性强，就业面相对狭窄，医疗卫生体制的改革与医学生就业观的矛盾，带来了医学生难就业这个现实问题。中国大学培养了几百万名医学专业毕业生，而临床医生总数只增加了几十万，2016 年医学毕业生约 105 万，2017 年医学毕业生约 116 万，2018 年医学毕业生约 119 万。据了解，医学毕业生就业总体状况不容乐观，医学毕业生由供不应求变为供过于求。这些都是反映了毕业生供给增速超过经济增速，市场一时难以消化超量供给的高校毕业生，表现出劳动力供求总量的矛盾。

2. 就业市场供求不均衡

随着区域发展的不均衡，东部沿海经济发达地区和中心城市仍是人才的首选，导致人才汇集、竞争激烈，部分人竞争失败，面临失业。而偏远地区、中西部地区城市和基层组织缺失人才，故大学生供过于求是相对的。此外，国内产业结构升级和调整，对人才是非常渴求的，但由于高校教育结构调整的过程性，有些专业设置和人才培养的滞后性，导致培养的人才不能满足迅速变化的社会市场需求。同时，有些专业人才供给趋向饱和，正如临床医学专业人才，医院的发展重点不在扩大规模而是以急需的、具备一定资历的专业人才为主，但每年仍会有大量医学毕业生涌向就业市场，势必造成这种结构性失业，即就业结构性矛盾依然存在。

3. 用人单位提高应聘标准

现在用人单位对高校毕业生的职业道德、思想政治素质、敬业精神、团队协作精神和能力水平等都提出了明确要求。但现实中的毕业生与用人单位的要求存在较大差距，而不少用人单位对接收毕业生采取“宁缺毋滥”的态度，造成毕业生有业而不能就的问题。学生干部和学生党员及那些综合素质高、动手能力强、能够吃苦耐劳、责任感强、有创新意识的毕业生深受用人单位的欢迎。

4. 就业岗位层次提高

目前，我国中高层次的人才严重短缺，社会对高层次复合型、外向型和开拓型人才的需求日益迫切，人才结构的需求层次呈现上移态势。事业单位及大公司基本要求高学历人才为主，甚至一些中小型单位都开始希望接收研究生。如公立医院除非是高学历人才，其他人才基本上都已饱和，每年进的人很少，门槛较高，专科性或一定规模的民办医疗事业正处于不断提升发展的阶段，对人才的需求量则相对较大，但希望招到有执业医师资格及已有工作经验的人才。这种现象致使不少用人单位存在着“人才高消费”的错误观念，盲目追求高学历人才，人为地造成了就业难现象。

（二）大学生就业市场趋势

1. 大学生就业问题受到前所未有的重视

党和国家对大学毕业生就业高度重视，每年都会根据不同的就业形势，出台相应的就业政策和措施。2020 年新冠疫情期间，国家出台系列针对大学生的相关就业政策，整合市场资源，充分利用网络途径，为引导、协调、安排即将毕业的大学生就业提供强有力的保障。各级政府和高校因势利导，拓宽就业渠道，最大程度地保障毕业生就业。各地制订的有关人才政策也越来越有利于毕业生就业。

2. 逐步规范的就业市场

如今知识的大爆炸，经济飞速发展，就业信息的传播方式也发生了全新的改变。以信息技术为基础的现代化管理模式，弥补了传统的劳动密集型管理模式的不足，特别是在非常时期，起到了突出的作用。使毕业生就业市场人才需求渠道更趋多元化，加之对就业市场的运行规范化、法制化，公开、公正、公平竞争的良好择业氛围逐步形成，使得大学生合法权益得到保护，从而更好地为大学生就业提供了保障。

3. 人才需求总体上仍供不应求

2000 年我国 25～64 岁劳动力人口中，接受过高等教育的比例仅为 5.2%。2018 年，中国这一阶段人口中受过高等教育的比例已达 17%，但与世界发达国家还有差距。如加拿大已达到 54%；美国和英国分别达到 44%和 42%；日本和韩国分别为 48%和 45%。此外，现在中国本科学历以上人口还不到总人口的 4%。我国并不存在大学毕业生多得分不出去的问题，中国仍是人才奇缺的国家。少数单位存在着人员老龄化、文化素质偏低、办事效率不高、人才架构断层等问题，这种“假饱和”状态必定会被良性的人才配置所替代，低龄化、高素质的大学毕业生在良性人才配置中将会占据着明显的优势。

4. 就业空间受中国经济快速发展而扩大

当前产业链和供应链的优化、产品质量和企业经济效率的提高，都需通过科教培养出来的人才掌握科技。目前科技对国民经济的贡献率是巨大的，故对人才提出了更高的要求，要提高人才的素质，优化人才的知识技能，同时改善经营管理，这就为大学毕业生就业提供了一个广阔的空间。

5. 偏远地区、基层单位对高校毕业生的需求度加大

随着社会的快速发展，分工越来越细，各行各业对人才的需求越来越大，为毕业生就业提供了更多的机遇。广大基层、偏远艰苦地区及中西部经济欠发达地区均需要人才。一些大门类小行业也备受社会关注，从而应对市场需求，高校在培养人才机制上深入改革，如医学专业中的小门类：检验、口腔护理、麻醉等专业的毕业生受到基层医院的青睐，市场需求也越来越旺，就业形势趋好。

6. 高新技术人才需求量增大

科技的进步，带来的高新技术企业数量也在快速增长，对与之相关专业毕业生的需求也在增大。各地、各行业都在积极吸引高新技术人才，特别是人工智能、计算机软件、通信工程等，争相为其提供优惠条件，创造良好的工作、生活和学习环境。这种日益浓厚的尊重知识、尊重人才的社会风气，会为大学毕业生创造更多的就业机会。

二、大学生应对就业难的对策

面对当前就业难问题，准确把握就业形势，适应就业市场选拔机制，做好充分的就业准备工作。同时摈弃滞后的就业观，树立与时俱进的就业观，客观认识自己，找准就业方向，谋取自己理想的职位。

（一）转变就业观念

就业过程中，首先，要从自身实际情况出发，不盲目攀高，认清就业机制，变被动为主动，依靠自身实力，准确定位，推销自己。其次，在不断优化的人力资源配置中不断完善自我，树立“先就业，后择业，再创业”的观念，时刻做好重新择业上岗的思想准备和具备适应工作转换的能力。最后，转变狭隘的“专业对口”观念，主动适应社会的发展，拓宽自己的择业领域。

（二）明确就业方向

对于即将就业的大学生来讲，在明确就业方向上，要注意调整心态，强化就业意识。一个人不可能终身从事一种职业。可以先就业，再在职业发展中选择适合的职业；同时密切关注国家、地方不同层面关于就业的政策导向，结合自身实际和社会需要，可多元化、多样化的选择就业，在祖国需要的地方展示自我才华。

一旦机会来了，学会主动出击，切不可左顾右盼、犹豫不定，这些都是就业方向不明确的表现。

（三）提高综合素质

面对当前严峻的就业形势，大学生从踏入大学起就要有时间紧迫感，社会的发展使学科之间的交叉应用越来越广泛和普遍。通过刻苦学习，掌握扎实的专业知识与技能；提高自己的交际能力和领导组织能力；磨练吃苦耐劳的意志，培养爱岗敬业、艰苦奋斗的精神。打造自我成为技能复合型人才，从而掌握就业的主动权。

【案例故事】

吴斌的职业素养

大客车司机吴斌一天正驾驶由江苏无锡返回杭州的道路上，这条线路他已经驾驶了整整数年。当吴斌行经沪直高速时，原本空无一物的视线中 ，一个黑点却在不断的放大。制动毂残片迎面飞来，砸碎客车前窗玻璃，刺入吴斌腹部致肝脏破裂。在车速每小时百公里的车内，被飞入车中的 5 斤重铁块砸中，相当于被一颗微型炸弹击中。在危急关头，他强忍着剧烈的疼痛将车辆缓缓停下，拉上手刹、开启双闪灯，以一名职业驾驶员的高度敬业精神，完成一系列完整的安全停车措施。之后，他又以惊人的毅力，从驾驶室艰难地站起来告知车上旅客注意安全，然后打开车门，安全疏散旅客，并嘱咐:“别乱跑，注意安全。”当做完这些以后，耗尽了最后一丝力气的他，瘫坐在座位上。车上 24 名乘客无一受伤。这生死一分钟，吴斌承受着达到生理极限的剧痛，但仍牢牢地抓住方向盘，将最宝贵的时间留给了车上乘客，他没有忘记自己作为一个司机的使命。

资料来源于 网络

（四）培养职业道德素质

大学生在求职择业的活动中，要牢固树立爱岗敬业、诚实守信、团结合作、奉献社会的思想。培养良好的职业道德品质，磨炼职业道德意志，遵守职业道德规范，养成职业道德习惯，从而为树立正确的职业道德观打好基础。树立正确的职业道德观，可以从日常生活中培养。从小培养良好的生活习惯，言行要得体，举止要规范。从自我做起，严格遵守行为规范。从专业学习中训练。大学生在学习专业知识和技能的同时，要培养职业道德情感，为形成和发展自己职业道德意识奠定基础，树立学一行、爱一行、干一行的职业思想，提高职业素养。

三、大学生就业政策

就业政策可比作大学生就业活动的方向盘或指挥棒。党和政府都非常重视大学毕业生的就业工作，从中央到地方，各级政府都制订了关于推进毕业生就业的系列政策。疫情期间，国家动员社会一切力量，最大可能性的促进大学毕业生就业，继续引导和鼓励高校毕业生到基层、艰苦地区、非公有制企业等单位就业的一系列政策和较为完善的就业制度。

（一）国家层面

国家为促进普通高校毕业生就业，出台一系列拓展就业渠道政策。

（1）鼓励高校毕业生到基层、到中西部地区就业。对到农村基层和城市社区公益性岗位就业的，给予社会保险和公益性岗位补贴；对到农村基层和城市社区其他社会管理和公共服务岗位就业的，给予薪酬或生活补贴；对到中西部地区和艰苦边远地区县以下农村基层单位就业并履行一定服务期限的，由政府补偿学费，代偿助学贷款；对有基层工作经历的，在研究生招录和事业单位选聘时优先录取；支持高校毕业生参加“三支一扶”（支教、支农、支医、扶贫）、“农村义务教育阶段学校教师特设岗位计划”“选聘高校毕业生到村任职”等项目，给予生活补贴，按规定参加社会保险。项目服务期满并考核合格的，报考硕士研究生初试总分加 10 分，高职（高专）学生可免试入读成人本科，今后相应的自然减员空岗全部聘用参加项目服务期满的高校毕业生。

（2）鼓励和支持高校毕业生参加“大学生志愿服务西部计划”项目中去。对原籍在中、东部或发达地区的毕业生到西部或欠发达地区工作，实行来去自由的政策。根据本人意愿，户口可迁到工作地区也可迁回原籍，由政府主管部门所属的人才交流机构提供免费人事代理服务，并根据实际情况可提前晋级或适当提高工资标准。

（3）鼓励高校毕业生应征入伍服义务兵役。每年国家征兵超过一半是大学生，配合中央军委国防动员部通过优化指标分配，提前体检等举措，征集更多的在校大学生和应届毕业生。由政府补偿学费，代偿助学贷款。在选取士官、考军校、安排到技术岗位等方面优先。退役后参加政法院校为基层公检法定向岗位招生考试时，优先录取。具有高职（高专）学历的，退役后免试入读成人本科，或经过一定考核，入读普通本科。退役后报考硕士研究生初试总分加 10 分；荣立二等功及以上的，退役后免试推荐入读硕士研究生。

（4）扩大重点领域的招聘。鼓励各地加大重点领域招聘。如中小学的教师，急需的高中和幼儿园教师。此外，在特定情况下，对基层医疗、社会服务等岗位的招募。积极聘用优秀高校毕业生参与国家和地方重大科研项目。高校毕业生在参与项目研究期间，享受劳务性费用和有关社会保险补助，户口、档案可存放在项目单位所在地或入学前家庭所在地人才交流中心。聘用期满，根据需要可以续聘或到其他岗位就业，就业后工龄与参与项目研究期间的工作时间合并计算，社会保险缴费年段连续计算。

（5）鼓励和支持高校毕业生到中小企业就业和自主创业。对企业招用非本地户籍的普通高校专科以上毕业生，各地城市应取消落户限制（直市按有关规定执行）；为到中小企业就业的高校毕业生提供档案管理、人事代理，社会保险办理和接续等方面的服务。从事个体经营符合条件的，免收行政事业性收费并享受国家相关扶持政策；登记失业并自主创业的，如自筹资金不足，可申请 5 万元小额担保贷款。对合伙经营和组织就业的，可按规定适当提高贷款额度；参加创业培训的，按规定给予职业培训补贴；灵活就业并符合规定的，可享受社会保险补贴政策。

（6）强化对困难家庭高校毕业生的就业援助。就业困难和零就业家庭的高校毕业生，享受公益性岗位安置、社会保险补贴、公益性岗位补贴等就业援助政策；机关、事业单位免收招聘报名费和体检费；高校可根据实际情况给予适当的求职补贴；对离校后未就业回到原籍的高校毕业生，由各地公共就业服务机构免费提供就业服务并组织就业见习和职业技能培训。

（7）扩大招生规模。扩大研究生和专升本的招生规模，增加基层医疗、社会服务等岗位招募规模。

此外，2020 年新冠疫情期间，国家再次出台了一系列政策。在就业管理上适当延迟录用接收、延长毕业生择业时间及离校未就业毕业生。可根据本人意愿，将户口、档案在学校保留 2 年或转入生源地公共就业人才服务机构，以应届毕业生身份参加用人单位考试、录用，落实工作单位后参照应届毕业生办理相关手续。在招聘活动上改变传统招聘形式，充分利用部、省、校三级联通的就业网络体系以及社会招聘网站，联合举办“2020 届高校毕业生全国网络联合招聘——24365 校园招聘服务”活动（24 小时 365 天招聘活动），各地各高校还组织毕业生积极参加网上招聘活动。在困难帮扶上，对离校未就业的毕业生，尽早与教育部门对接信息，开展实名服务。重点关注建档立卡贫困家庭、零就业家庭的毕业生，实行“一对一”的帮扶举措，政策服务全兜底。与此同时，教育部将始终关注湖北高校和湖北籍的毕业生，积极会同有关方面采取有针对性的援助措施，给他们提供平等的就业机会。

【知识点链接】

大学毕业生应征入伍

国家鼓励高校应届毕业生应征入伍服义务兵役。大学生是国家的宝贵人才资源，征集大学生参军入伍，既是建设巩固国防和强大军队的迫切需要，也是服务经济社会发展和维护国家长治久安的客观要求，是一项利国利军利民的大事好事。这里的高校毕业生是指中央部门和地方所属全日制公办普通高等学校、民办普通高等学校和独立学院的全日制普通本专科生（含高职）、研究生、第二学士学位应届毕业生（不包括往届毕业生及成人高等教育、高等教育自学考试类学生、各类非学历教育的学生）。

应征报名对象：

男兵应征报名对象：高中（含中专、职高、技校）毕业及以上文化程度的青年（含高校在校生），年满 18 至 22 周岁；大专及以上文化程度的高校毕业生，年满 18 至 24 周岁；初中毕业文化程度青年，年满 18 至 20 周岁。

女兵应征报名对象：上半年应征报名的，普通高等学校全日制应届毕业生及在校生，年满 18 至 22 周岁；2019 年普通高等学校全日制应届毕业生可以报名参加 2020 年上半年女兵征集，年龄放宽至 23 周岁；下半年应征报名的，普通高中应届毕业生和普通高等学校全日制应届毕业生及在校生，年满 18 至 22 周岁。

应征程序：

高校所在地县级兵役机关会同有关部门到学校开展兵役登记，进行征兵普查工作。高校毕业生本人可向所在高校有关部门报名，各高校通常在每年的 5、6 月份开始宣传，有应征入伍意向的大学生可登陆全国征兵网（https://www.gfbzb.gov.cn）了解征兵信息。咨询相关政策，在网上自行登记，按规定程序报名应征。高校所在地县级兵役机关会同教育、公安、卫生等部门，到高校组织身体初验和政治初审。符合基本征集条件的确定为预征对象，并填写《应届高校毕业生预征对象登记表》。身体初检时对视力、肝功等项目进行重点检查。到户籍所在地报名应征。10 至 11 月份，确定为预征对象的高校毕业生，冬季征兵开始前持《应届高校毕业生预征对象登记表》到入学前户籍所在地县（市、区）征兵办公室报名应征。通过体格检查、政治审查并符合其他征集条件的，由县（市、区）人民政府征兵办公室优先批准入伍。

大学生志愿服务西部计划

大学生志愿服务西部计划（简称西部计划）是经国务院常务会议决定，由共青团中央牵头，教育部、财政部、人力资源社会保障部共同组织实施的一项重大人才工程。项目自 2003 年实施以来，已累计招募了 33 万余名高校毕业生和在读研究生，到中西部基层开展基础教育、服务三农、医疗卫生、基层青年工作、基层社会管理、服务新疆、服务西藏等方面的志愿服务工作。在全社会尤其是青年中唱响了到西部去、到基层去、到祖国和人民最需要的地方去建功立业的时代旋律。

2020—2021 年度，由中央财政支持，面向普通高等学校（教育部《全国普通高校名单》所列高校）应届毕业生或在读研究生。按照公开招募、自愿报名、组织选拔、集中派遣的方式，招募选派一定数量的西部计划全国项目志愿者到西部地区基层工作（含已招募的第二十二届中国青年志愿者扶贫接力计划研究生支教团志愿者）。西部计划的服务内容分为基础教育、服务三农、医疗卫生、基层青年工作、基层社会管理、服务新疆、服务西藏 7 个专项，志愿者服务期为 1 至 3 年，服务协议一年一签。

今年普通高等学校应届毕业生或在读研究生可通过微信公众号“西部志愿汇”（菜单栏中的“我要报名”）或登录西部计划官网（http://xibu.youth.cn），在西部计划报名系统中进行注册报名。想了解西部计划志愿者的有关政策支持和生活保障，可以查阅《2019—2020 年度大学生志愿服务西部计划实施方案》参考，具体内容以近期正式印发的《2020—2021 年度大学生志愿服务西部计划实施方案》为准。相关事宜还可咨询各省级西部计划项目办、西部计划全国项目办。

增强就业服务质量

（1）企业用人自主，人才合理流动。鼓励用人单位根据实际需要招聘高校毕业生，取消对高校毕业生收取的不合法、不合理的收费项目。省会以下城市要放开对高校毕业生落户的限制，省会及以上城市根据需要积极放宽高校毕业生就业落户的规定，简化有关手续。

（2）支持毕业生到非公有制单位就业和自主创业。对于到非公有制单位就业的高校毕业生，公安机关要积极放宽政策，放宽建立集体户口的审批条件。用人单位要按照国家有关规定与所聘的毕业生签订劳动合同，为其办理社会保险手续、缴纳社会保险费，保障其合法权益不受损害。对从事个体经营和自由职业的毕业生提供灵活就业的劳动和社会保险，为他们提供帮助和服务；对自主创业的毕业生，银行、工商和税收部门要简化行政手续，给予贷款、税收等方面的照顾和支持。

（3）建立毕业生失业登记制度。国家要求各级政府为每年 9 月 1 日后未能就业的毕业生办理失业登记。劳动和社会保障部门所属的公共职业介绍机构和街道劳动保障机构应免费为其服务。对已登记失业的高校毕业生，有条件的城市、社区可组织其参加临时的社会工作和社会公益活动。对于因患病等原因短期内无法工作且无固定经济来源的高校毕业生，可由民政部门参照当地城市低保标准予以临时救济。

（二）学校层面

1. 加强就业指导与服务

（1）学校设有专门机构负责毕业生就业创业工作。主要职责是落实上级颁发的大学毕业生就业政策规定，设计并开设《职业发展与就业指导》课程。组建专业化、职业化的师资队伍，指导大学毕业生如何办理派遣、户口迁移、补办相关证书，解决在办理各种手续过程中出现的问题，协助毕业生解决就业创业过程中发生的纠纷，维护毕业生的权益。

（2）建立职业需求信息平台，定期召开不同类型的招聘会，鼓励毕业生就业。在毕业生择业期间，各高校利用各种媒体广泛收集和发布需求信息，为毕业生提供真实可靠的用人单位信息。同时组织多种类型的招聘会，毕业生在招聘会期间，可以与用人单位充分交流洽谈，签订招聘协议。

（3）与用人单位建立广泛联系和合作，推荐毕业生就业。各高校与社会各界及企事业单位建立广泛的联系和合作，鼓励骨干单位和科研单位聘用毕业生。

2. 提升毕业生就业能力

（1）加强对大学生就业创业教育培训和指导。各学校按照上级要求并结合社会需求，多数成立了就业创业教育教研室。专门开设了就业创业课程，帮助大学生认清就业创业形势，拟定职业生涯规划，为顺利就业、创业做好各方面的准备。

（2）全程帮助和指导大学生就业或创业，提升就业或创业的应对能力。帮助毕业生提高职业能力，培养良好的就业心理，掌握求职的各种技能。即语言表达能力、人际沟通能力、分析判断能力、问题解决能力、应变能力、创新能力、组织管理能力等，以社会发展需求为标准，提升学生就业能力。

【案例故事】

错失就业机会的小赵

小赵是一所名牌高校的大学毕业生，今年在一次大型招聘会现场，他向一家新型能源汽车公司申请了一个电气工程师的岗位。招聘者看了他的简历后，认为小赵没有这方面的工作经验，虽然之前在校时他学的是电气专业，且在大学期间各门功课都很优秀，但公司却无法录用他。

为什么小赵没被这家新型能源汽车公司录用呢？原因是小赵毕业后的五六年时间里，从事过电脑、空调、医药产品的销售、品质主管，换了六七个工作，但是没有电气方面的工作经历。所以小赵很后悔失去了这次就业的极好机会，如果当初小赵毕业后稳定从事过电气方面的工作，那就会是这家公司需要的人选。

资料来源于 网络

四、树立正确就业观

（一）当前正确的就业观概念

就业的标志是劳动者在某一固定的岗位上工作，没有正确地估价自己，盲目上阵，就是错误的就业观。当前就业观认为，如果一个人能在既能发挥自己能力与才干，又能服务于社会的岗位上工作，就是正确的就业观。

（二）当前大学毕业生就业观现状

就业观就是要适应当下市场经济的要求、符合现代化需要的就业观念。

1. 与社会需求错位的就业观念

（1）在就业区城的选择上。大部分毕业生偏向于北上广等经济发达的大城市或者沿海经济发达地区，中西部地区却因经济相对落后问津人数相对少，结果造成人才分布不均。

（2）在单位性质的选择上。仍有相当多的毕业生偏向于政府机关、国企事业单位、高校及科研机构等事业单位，对非公有制单位的选择，意向不高。

（3）不稳的就业心态。应届毕业生频繁跳槽现象屡见不止，据调查显示，大学生毕业后的第一份工作跳槽率最高，很多大学生在第一份工作几个月后就选择跳槽，用人单位几个月的培训成本便打了水漂。

（4）重才轻德。用人单位在人才选聘上更偏向于德才兼备，以德为先，而毕业生在求职的过程中仍只注重个人“才”的方面，而对“德”的方面重视不够。

2．个人不良的就业观念

（1）缺乏主动找工作意识。仍有部分高校毕业生在校期间不思进取，沉迷于网络、游戏、交友。在求职道路上依靠学校、家长，自己不愿主动投递简历，更不愿意去亲身体验人才市场、跑用人单位。

（2）就业无目的性。多数毕业生对自己的人生目标没有任何规划，对自身素质、个人兴趣爱好不确定，对工作岗位的要求、发展前景以及跟自身的切合程度不分析，随便选择一家单位，后期再辞职，再漫无目的的投递简历。

（3）非专业对口不可。过分强调专业对口，不对口不就业。部分毕业生过分要求工作岗位跟所学专业完全匹配，否则不考虑该岗位，造成就业困难。

（4）希望求职岗位能一步到位。受传统观念影响，很多毕业生在求职过程中偏向于稳定、清闲、福利待遇好的单位，希望一步到位，不愿意选择更利于自己发展和有挑战性的工作。

（5）不注重综合能力的发展。在校成绩优秀的学生不主张综合能力的发展，一味以为考试成绩代表能力强，个人综合素质高，校内各项活动不参加，只注重专业知识和技能的学习，结果其他能力没有得到锻炼。

所以，大学毕业生首先，要根据自身的基本条件，去对照应聘的工作岗位，衡量自己做什么样工作比较合适，有针对性地去应聘。其次，大学毕业生树立正确地就业观是适应市场经济的需要，也是切实解决自身就业工作的需要。最后，面对现实，主动转变就业观念，强化竞争意识，迎接市场的挑战，才能投入到自主就业的行列中去。

（三）树立就业观的意义

1．树立正确的就业观是适应市场经济的需要

近几年来，大学生在就业方面的思想观念发生很大变化，但还有一部分学生就业观念滞后理想与现实错位、创业意识较差，择业观与现实性存在着矛盾，直接影响到就业。具体表现是缺乏正确的自我认知，对社会生活的估计往往过于简单或片面；存在择业期望值过高的现象，把知名企业、大公司、外资企业作为理想的择业目标，不屑于到基层、民营企业、私营企业施展才干的机会；强调自身价值而忽视社会需要，一味追求个人利益，重地位、重名誉，轻事业、轻奉献，缺少艰苦奋斗的精神和强烈的责任感；“这山望着那山高”，不能及时调整就业期望值，以至于出现“高不成、低不就”的尴尬局面。

如果就业观念不转变，势必造成择业、就业不能正确定位，自己看中的单位因不符合条件而应聘不上，或者应聘上了而不适应或不能胜任工作被淘汰下来，从而导致大学生就业难

的问题很难有根本的改善。因此，大学生毕业后要能正确地在市场中定位，把市场需求和自己实际紧密结合起来，并顺利就业。每位大学生都应该正视就业问题，正确认识就业问题，从而树立正确的就业观。

2. 树立正确的就业观是切实解决高校毕业生就业工作的需要

高等教育不仅让人获得知识，更重要的是获得对社会的适应性。受教育而就不了业，就算不上人才；如果是人才，不就业更是浪费。作为大学生，所思的应该是如何适应社会和企业的需求，只有在这个前提下，才可能实现自己追求的价值。

刚刚毕业的大学生必须从自身的实际情况出发，把眼界打开点，把眼光放长一些，牢固树立科学务实的就业观。要认识到随着我国高等教育从“精英化教育”向“大众化教育”的转移，用客观的态度面对当前的就业形势。找份工作，积累社会经验和工作经验，一步一个脚印，走好自己的路。

【案例故事】

积极去基层就业的小菊

小菊是毕业于某医学院校的专科生，大三下半学期开始着手就业的准备工作。为了磨炼自己、积累经验，小菊曾尝试性地参加了几家专业对口单位的面试。虽然都失败了，但小菊却从中学会了很多应聘技巧。临近毕业前夕，她了解到中宣部、教育部联合发布的《关于建立选聘高校毕业生到村任职工作长效机制的意见》，鼓励高校毕业生到基层就业。于是小菊放弃回到家乡东北的机会，在她求学的所在省参加了地方基层大学生村官的选聘考试，并成功当上“村官”。这一上任就工作了 9 年，小菊以实际行动，做出了不平凡的业绩。期间深入了解当地民情，分析村里的实际情况，提出了一系列发展目标并着力实施，先后带领当地村民集体致富，实现村庄美、人心美的成效。小菊在自己的日记本中写道：能够为群众脱贫致富贡献力量，将是我一生最大的荣誉和快乐。

资料来源于 网络

（四）如何树立正确的就业观

习近平总书记说过：人生是从系好第一粒扣子开始的。树立正确的就业观念也正是大学生踏上社会，走好人生的第一步。正确的就业观，就是要衡量自己的综合素质、专业知识掌握、实际动手操作能力情况如何。根据这些自身具备的基本条件，找工作时有针对性地去应聘，这样应聘地成功率会比较高，这才是正确的就业观。反之，没有正确地评估自己，盲目应聘，不光错失就业机会，还会导致心里有挫败感。

1. 认清就业形势，勇敢把握机会

高校毕业生人数每年都在迅速增长，大学毕业生感受到了前所未有的就业压力。一个好的职业岗位会有成千上万人来竞争，这种劳动力供大于求的实际问题，在我国还不能完全解决。其中被称为“永不衰落的朝阳产业”——医药行业，随着医学毕业生供应量剧增与社会需求量有限增加之间的矛盾等问题依然存在。所以，大学毕业生在就业时要勇敢的主动出击，积极走进就业市场，将个人意愿和社会需求结合起来，统筹考虑，果断行动。经过自己努力

得到的就业机会，一定要珍惜，敢于拼搏，这才是获得成功的关键第一步。

2. 准确自我定位，适时调整心态

初涉职场，不要太过于看重自己的学历文凭，重在正确评估自己，同时调整就业心态。

一个人要正确地理解兴趣、人格、能力与技能、需要和价值观等概念地内涵。分析自己的综合优势与劣势，评估自己的现状、个人目标与现实之间的差距。这样在应聘用人单位岗位时，才能理清自己是否能干，能否干好，准确定位。适当考虑“就业心态”和“情商素质”，在提高个人专业知识和技能的同时，要适时地调整思路，培养良好的就业心态，树立与当前市场经济相适应的就业观。

3. 树立先就业再择业的观念

大学毕业生到底是先就业还是先择业，一直以来都是一个争论性的话题。很多老师在大学毕业生出校门之前告诫他们先就业再择业，道理很简单，刚毕业的他们对社会、行业、职业的不了解，甚至对自己也没有足够了解，想择业但定位不清。所以“先就业，再择业”是最合适的选择，也是社会及家庭比较认同的就业方式。至少就业首先能够养活自己，帮助毕业生缓解生活和就业压力。然后给他们时间，考虑自己的未来职业发展，积累工作经验，以备后期有多余的精力去寻找更好的工作。事实也证明了这种观念是正确的。

4. 树立终身学习的观念

莎士比亚曾说过：人的一生是短暂的，但如果卑劣地度过这一生，那就太漫长了。所以，大学生们必须牢固树立终身学习的观念。在校期间扎扎实实地学好专业课，取得专业毕业证书的同时，根据个人特长参加一至两项技能培训，且获得相应地职业资格证书，将为自己就业拓宽渠道。进入社会后，唯有不断地学习新知识才能适应社会发展的需要，毕业后的延伸学习和重新学习，对毕业生重新选择职业岗位和取得的职业成就，有着更为重要的意义。活到老，学到老。才不会被社会所淘汰。

5. 加强职业道德修养

单位在用人方面，更看重学生的综合素质，尤其是对于个人“品德”的要求远远高于毕业生自己对个人“品德”的要求。目前，很多大学生对此重视不够，在个人能力培养方面发生偏差，没有形成良好的职业素养，达不到用人单位的要求。因此，大学生应该从入校开始就注意对个人思想道德修养的养成，从身边的小事做起，关注自己的一言一行，培养良好的思想道德，做德才兼备的优秀大学生。

第二节 提升就业能力

就业准备是指未就业者为了能从事某种职业或获得某种职位，在一个相当长的时期内所做的准备工作，它是就业的基础和前提，对于大学生来说非常重要。大学生只有进行了必要的就业准备，才有可能产生相应的求职择业行为。做好充分的就业准备，还有助于大学生选择一个理想的、合适的职业，实现就业目标。随着社会经济的繁荣、科技的进步，用人机构

对从业者的身体素质、心理素质、思想素质、科学文化素质等提出了新的要求。大学生只有做好充分的就业准备，才能适应社会发展对人才的客观需要，更好地为社会做贡献。

一、就业信息的搜集和处理

现代社会是一个信息社会，大学毕业生就业离不开就业信息。然而从当前大学生就业、择业的实际情况来看，大部分学生懂得信息的重要性，能够眼观六路，耳听八方，及时抓住信息，把握就业机会。但也有不少同学，或闭目塞听，缺乏信息；或信息不够全面、准确，签约后后悔；或有了信息却不知如何充分利用，错失良机。在当前“双向选择、自主择业”的就业模式下，每一位大学毕业生在清晰认识自身条件的同时，必须充分认识就业信息的内涵，掌握收集就业信息的方法和渠道，学会对就业信息进行分析、筛选、整理和运用，进而做出正确的职业选择。

（一）就业信息的搜集

1. 理解“就业信息”的内涵及意义

大学生求职择业，不仅取决于整个社会政治、经济状况，毕业生个人的专业、学历、综合素质，还取决于毕业生是否拥有信息。因而对于初涉职场的大学生来说，首先要弄清什么是就业信息。

所谓“就业信息”，有宏观和微观之分。宏观的就业信息包括就业政策、社会对人才的需求、未来行业的发展趋势、社会就业、人口资源、各高校管理部门为实现毕业生充分就业而制订和实施的各种规章制度、政策。微观的就业信息是指那些由招聘单位或人才市场、中介公司等机构发布的旨在招聘人员从事某项工作的信息。就业信息涉及的范围非常广，包括一切与毕业生就业有关的就业政策、用人单位的需求信息、供需见面活动安排等内容。

通常，某一较完整的职业需求信息，主要包括招聘单位的基本情况、职业岗位的工作内容、招聘单位的工资待遇、招聘条件、招聘数量和报名办法。

2. 就业信息搜集的渠道

随着大学生就业市场的培育和发展，毕业生的信息搜集渠道也越来越宽广，呈现出多样性的特点。大多数毕业生必须进一步拓展就业信息搜集渠道，尝试通过各种途径搜集就业信息。目前主要的信息获取途径有政府、学校就业职能部门网站，政府、学校举办的供需见面会，人才市场招聘会，企业招聘网站，人才市场网站，实习单位，就业报纸、杂志，亲朋好友、老师等社会关系资源等。对于这些途径，可以归纳为信息网络、招聘会、毕业实习和社会实践以及其他四大途径。

（1）信息网络途径。目前，不少地方人才交流机构采用了网络化、电子化为人才配置牵线搭桥，这一现代化的信息传递手段也为各高校和用人单位普遍采用。各高校目前普遍采用校园网为本校的毕业生发布需求信息，用人单位也注意通过各种网络发布相关的招聘人才的信息，甚至不少主管部门也通过网络发布有关的招聘通知和文件。因此，随着我国就业工作信息化进程的加快，网上搜寻就业信息已成为如今大学毕业生最常用的求职手段之一。通过这一途径，毕业生不仅可以自由地从互联网上获取各种就业信息，而且还能利用互联网介绍自己的个人情况。可以说，网络传递信息所具有的“多、快、好、省”的特点，是其他求职方式所不能比拟的。

信息网络途径主要包括各级政府主办的就业网站、学校就业工作职能部门网站、用人单位网站和专业的人才公司网站这四大类。

（2）招聘会途径。主要有政府、高校举办的供需见面会以及人才市场的各类招聘会。鉴于供需见面会和各类招聘会一般都由各地教育行政部门、人事行政部门或者其委托的具体机构、高校或者各高校群筹划举办。它的涉及面比较广、范围大，并且主办单位具有一定的知名度，所以这样的招聘会对大学生而言具有巨大的吸引力，用人单位通常也愿意借助这种方式进行人才的集中挑选。供需见面会和各类招聘会提供的大量就业信息，也使毕业生可以在更大的范围内进行信息筛选。招聘会途径及其优缺点如表 13-1 所示。

表 13-1　招聘会途径及其优缺点

招聘途径	优点	缺点
公共就业招聘机构	成本低	对应聘者了解少；成功率低；难以招到合适的优秀人才
政府、高校招聘	针对性比较强；人才供给充裕	缺乏实际操作能力；周期长；应聘流失率高
网络招聘	人才供给充裕；经济便捷	获得的垃圾信息较多，增加了招聘的工作量；招聘风险大
实习单位和专业人员推荐	招聘成功率高； 应聘者就职后比较稳定；工作的积极性高	容易受人情关系的影响；录用后难以辞退
猎头公司	招聘高级人才有效；成功率高	费用高
招聘广告和中介机构	信息的覆盖面广；有利于提高企业的知名度	会吸引许多不合格的申请者；对应聘者了解少；招聘压力大

（3）毕业实习和社会实践途径。毕业实习和社会实践是学生踏入社会的前奏曲，是参加工作的预演。在利用生产实习和社会实践及毕业实习的过程中，注意直接与用人单位接触，不仅做到对用人单位的生产、工作性质较为熟悉，还要注意从用人单位的领导、工程技术人员等渠道获取有关就业信息。

（4）其他途径。这主要指有关的就业指导和报纸杂志等刊物的招聘广告以及一些职业介绍服务机构和中介机构。

（二）就业信息的筛选

【案例故事】

不辨真伪容易受骗

毕业生小刘即将转入毕业实习阶段，由于平时学习比较紧张，前一阶段一直没有机会外出求职。现在好了，可以闯闯外面的世界，好好谋一份工作了。小刘一边打着如意算盘，一边到互联网上搜寻各地的招聘信息。某日，他从一家不知名的网站上获知南方某地将举办一次大型毕业生供需见面会，于是和几位同学结伴前往参加。谁知一到目的地，发现是一骗局，该市人事局说根本没有此事，同时受骗的还有其他院校的一些毕业生。事后，小刘才恍然大悟，一定是有人在网上发布了“垃圾信息”，于是对自己当时未仔细辨别信息来源是否正规、信息内容是否真实就贸然前往的行动感到后悔。据了解，这些学生这次的花费少的三五百元，多的上千元，真是劳民又伤财。

资料来源于 网络

1．正确处理就业信息

在现实社会中，就业信息来源渠道不一、传递方式不同，通过各种渠道收集来的就业信息一般比较杂乱。面对纷繁复杂的信息海洋，求职择业大军中时常出现一不留神则跌入“信息陷阱”，或者被甜言蜜语的“欺骗信息”所蒙蔽的现象，所以不是所有信息都可直接利用的。为了使获得的信息具有准确性，使之更好地为自己的求职服务，在众多就业信息面前一定要去伪存真，不能疏忽对就业信息的正确处理。对于收集到的需求信息，应结合自身实际情况，加以筛选过滤，去粗取精，有针对性地选用。

（1）要分析就业信息的真实性。来源于各级毕业生就业指导中心的就业信息，以及各级教育部推广部门或其他相关部门主办的毕业生供需见面会提供的信息，都是比较可靠的真实信息，这种信息无疑是需要保留下来的。而来源于互联网上其他网站的信息的可信度相对来说真实性就低一些， 对于那些虚假的信息就要筛选掉。

（2）要把握就业信息的准确性。就业信息本应真实、全面、准确反映用人单位的意图，但现实中有些就业信息往往很简单，甚至只言片语，容易让人产生错觉。因此，针对这种情况，应利用多种方式印证信息的准确性，要掌握用人单位对求职者的学历、学习成绩、特长、政治面貌、思想品德、职业能力、外貌等的要求。

（3）要注重就业信息的时效性。虽然有的就业信息是真实的，但它是几个月前的信息，当看到这一信息时，用人单位已经招聘了所需要的人员，这类失效的信息已经没有了任何意义。因此在搜集、整理和处理各类就业信息时一定要注意信息的有效时间，在搜集到就业信息后，应果断决策，适时使用，以免过期。用人单位发布信息后，职位信息随着应聘情况随时都会发生变化，毕业生应及时与用人单位保持联系。一是随时询问岗位报名情况，做到知己知彼；二是体现出积极的态度，为求职成功增加砝码；三是有些信息在时间上可能已过时，但有可能出现实际应聘数不足的情况，仍可“见缝插针”。

【案例故事】

找一份适合自己的工作

《绝对挑战》有这样一期节目：一家彩铃公司从三位选手中挑选一位彩铃设计人员，其中一位小伙子是学音乐的，思路开阔，创意活跃，生活阅历也很丰富，显然彩铃设计人员非他莫属。然而，令人非常意外的是，企业看上了另一位表现并不突出但比较稳重的小伙子。为什么才华出众的应聘者与职位擦肩而过?这家彩铃公司的解释是企业希望招来的人能稳重、踏实、待得住。而那位很有音乐创作才华的小伙子比较活跃、张扬，到了工作岗位可能很快会离职。对此，一位业内人士说，观众与企业的“感觉错位”通常表现在“优秀”与“合适”的错位。

某职业院校毕业生王强（化名），在毕业前一年就开始注意搜集各种信息，并建立了自己的就业信息库。他搜集的信息包括国家经济发展趋势、国家就业政策、就业形势分析、企业招聘信息、企业资料等。

王强搜集的招聘信息有几百条，在筛选信息时，他遵循三条原则：寻找快速成长或高回报的行业；寻找处于上升期的企业；寻找能拿到符合自身能力薪水的企业。

王强认为，快速成长或高回报的行业虽然风险大，但是施展的空间大、机会多。自己努力寻找处于上升期的企业，是因为上升期的企业往往具有发展后劲，那里肯定需要人。

对于第三点，王强认为要在各种"报价"中，保持清醒的头脑，找到符合自己能力的价位才好。

临近毕业，王强没有像一些同学那样到处乱撞。有时，他也去一些招聘会，但都是有目标有准备而去的。当许多同学还在为工作四处奔波时，毕业生王强已经找到了一份适合自己的工作。

资料来源于 网络

（4）要评估就业信息与自己的匹配性。适合自己的就是最好的，这是处理信息的核心之所在。毕业生在选择信息时，要根据自己的优势、长处和性格特点等，认真考虑自己是否适合和愿意从事这个职业，并做出取舍。不顾自己的实际，以待遇、地点作为首选原则的毕业生，即使在求职中侥幸取得"成功"，在未来的发展中也会逐渐表露出自己的弱势，发展后劲也是不足的。

【案例故事】

求职安全常记心中

毕业生小张收到一家房地产公司的电子邮件，通知他去面试。由于小张先前并未向该公司投递过简历，他怕遭遇传销组织，为安全起见，于是他上网查验该公司。不查不知道，一查吓一跳，网上搜索的结果是该公司居然用同一个电话、地址注册了4个公司，涉及医药、保险、建材等不同领域。该公司提出给求职者优厚的待遇，而招聘信息中学历要求仅是中专学历以上，如此信息值得怀疑。经向工商部门核实，该公司已经不存在。原先以低标准将毕业生招进来只是为公司干活，而其承诺的高工资是不会兑现的。

资料来源于 网络

2. 科学使用就业信息

一旦确定了信息的真实性，就应该迅速做出反应，不能让信息在自己手里被耽误。

（1）快速明确地反馈应聘意向。快速明确地反馈自己的应聘意向，往往是毕业生决胜人才市场的关键举动。对于用人单位的招聘信息，在进行分析判断的基础上，必须快速反应。一是可以捷足先登，赢得用人单位良好的第一应聘印象。同时，也可以巧妙地表明自己积极应聘的态度。只有这样，才更加有利于用人单位进行考核录用。

（2）有的放矢，想方设法对照信息推荐自己。俗话说，事在人为。对于自己获得的就业信息，毕业生如果非常希望签约，应当按照招聘信息要求，想方设法调动自己一切可能的力量推荐自己。同等情况下，推荐力度大的毕业生，赢得就业成功的机会更大。当然，成功的关键在于毕业生本人的基本条件是否达到招聘单位的要求。同时，积极进行准备，在用人单位组织的考核中，充分展示自己，全力突出自身优势。内因是根本，外因是条件，内外因相协调就可以获得成功。

（3）见好就收，快速签订协议。经和招聘单位协商一致， 就应快速签订协议。就业协议的签订，可以视为毕业生成功使用了就业信息，标志着就业单位的落实。尽快签订就业协议对双方是一种保护。 从某种意义上说，签订就业协议，是维护毕业生和招聘单位合法权益的重要“护身符”。

二、毕业生就业心理调适

【案例故事】

做好求职心理调试

某医学院校护理专业毕业生小张，在本校举办的招聘会上，经过江苏省昆山同济口腔医院招聘人员的面试，该单位同意录用她，并可当场签订劳动就业协议。但她看到自己专业的其他同学大多没有与该单位签约，就产生从众心理，犹豫不决，经过一段时间的再三考虑，她准备与该单位签约时，该单位已经结束招聘。

大学生就业是人生发展中的一次重大转折，为了适应职业需要，除了应做好就业知识和能力方面的准备，还应有充分的心理准备，调整好求职心态，勇敢地迎接就业挑战。

资料来源于 网络

（一）就业前的心理调试

1．就业前常见的不良心理状况

青年心理学之父霍尔（Hall，G.S）称大学时期是一个“疾风怒浪”的时期，这个时期的特点是动荡、起伏，可能出现一些非常显著的相互对立的冲动。青年人的这种本性加之面临一系列生理、心理、生活环境的变化，使大学生处于一生中心理变化最为剧烈的时期。

（1）易出现失落心理情绪。由于心理不成熟、情绪不稳定，在就业前期心理矛盾时有发生。如果矛盾冲突过于激烈和持久，则容易导致压抑感，从而感到失落。

（2）易出现好高骛远的心态。在初涉职场前期，一些大学生特别是名牌大学的毕业生，只单向考虑自己的就业理想，对自身缺乏足够的正确定位，抱着好高骛远的心态准备进入职场。其实在市场经济的大环境下，大学毕业生由于缺乏就业经验，易产生一些不良心态，这些都属于心理上的正常现象。但是，如果过分理想化，过度自信，且在一定时间内不能及时化解这些不良情绪，就会成为心理障碍或心理疾病，严重影响到了正常的生活和学习，也影响到了正常的求职择业。

2．如何避免或减轻常见的心理问题

充分的心理准备是重要的因素之一。毕业生应该从以下几个方面做好心理准备。

（1）做好角色转换。从学生角色到职业人角色的转变，是需要大学毕业生抛开幻想，面对自主择业这一社会现实，及时地进行角色调整。在积累知识和技能的同时，打造综合实力，

从而及时地进行角色转换和合理的角色定位，正视自己的身份，自觉投身于劳动者行列。

（2）科学有效地评价和认识自我。对于大学生来说，正确认识自我是进行就业心理准备的重要环节，只有在就业前科学地评价自己，保持健康良好地心态，做到扬长避短，才能最终获得成功。科学有效的评价自我方式就是进行专业的心理健康测试、测量和职业测评。当然，虚心听取老师、同学的意见和建议，得出正确结论，也是一个有效的渠道。

（3）科学自我规划。很多毕业生在择业过程中缺乏主见，人云亦云，随波逐流的心理，也即是常说的从众心理。大多数人钟情的工作一定是好工作，大多数人选择的一定是没错的。结果忽视了自己的特长，放弃了自己的优势，失去了适合自身特点的工作机会。科学自我规划，可以帮助大学生树立就业意识，选择最适合自己发展的职业，增强大学期间学习和实践的计划性。大学毕业生做规划时一定要结合实际，从个人的实际情况和就业形势出发。首先，适合自己的就业规划最重要，否则可能脱离个人实际，缺乏实现的可能性。其次，进行就业规划时，就业目标期望值要适中，为个人就业寻找一个比较恰当的定位点。最后，目光要长远，不能只看重就业岗位的待遇、福利、住房等条件。如果当前就业形势不容乐观，就应适当调整规划，先投身职场，锻炼能力和积累经验，再逐步实现目标。

【案例故事】

传奇经历的应聘

某高校土木工程专业毕业生王林参加一家单位的应聘，同去应聘的还有另外五人，他们彼此都不认识。主考官为他们准备了六台电脑，让他们在电脑上回答问题。当大家作答快要结束时，突然停电了，大部分应聘者只顾答题，没有保存，主考官抱歉地说：电路出问题了，请大家等电路修好后重新做。结果有的应聘者抱怨，有的生气，还有的干等着。五分钟过去了，还是没来电，主考官着急地进进出出。这时王林走过去，问：需不需要他去看看？正好，今天他带了电笔。原来他使用的是多功能圆珠笔。很快，王林发现其实线路并没有出问题，而是保险闸被拉下来了。原来这才是今天真正的考试题目，如何应对偶发事件的心态与解决问题的能力。最终，王林被该单位录取了。

资料来源于　网络

（4）培养积极良好的就业心理。在就业场上，心态能够影响能力的发挥和机会的把握，从而影响到就业成败。大学毕业生不仅要有专业知识和技能的储备，还要树立乐观向上、坚韧不拔的心态。在竞争激烈的就业形势下，要勇敢自信，但又不能过分自信，一定要把握好一个度。当然自信往往来源于一个人的勇气，勇气能激发人的进取心，进取心产生积极主动行为，而主动行为又能获取良好效果。树立科学的“三观”是培养良好心理素质的前提。搞清楚“三观”的意义，才能积极认识和适应社会。培养良好就业心理还要加强人际交往、学好心理健康知识及提高个体心理承受能力。做好了上述心理准备，就不怕就业竞争带来的挑战。

（二）就业过程中的心理调适

1．求职中常见的不良心理状况

大学生在就业过程中，由于个人、家庭、学校、社会因素的影响，很容易出现心理误区和心理障碍。

（1）有关情绪的不良心理。在求职中会出现情绪波动、焦虑、急躁及期望与失落感的不良心理现象。

（2）有关个性缺陷的不良心理。不少学生在求职中会出现受挫力差、自负、自卑、盲目从众与依赖、嫉妒和偏执不良心理状况。

只有消除心理问题，保持健康心理，才能赢得最后胜利。所以可以尝试通过心理调适来排解出现的心理问题。

2．常用的自我心理调适法

（1）自我暗示法。例如，运用内部语言或书面语言来调节情绪，在心里默念“我会发挥得很好”“天生我材必有用” 等语句。通过这种方法克服自卑，消除怯懦的影响，达到稳定情绪，舒缓压力，调整不良心境的目的。

（2）转移注意法。转移注意法是指在出现心理问题不易控制时，采取迂回办法，把注意力从消极情绪转移到积极情绪上，从而达到排解内心苦难、烦躁，放松心情的目的。例如，学习一些新知识或技能，或去做自己喜欢做的事情，去锻炼、听音乐、看电影等活动，等情绪缓解后再冷静考虑自己的就业问题，客观理性的分析原因。

（3）适度宣泄法。适度宣泄法指当遇到各种矛盾冲突，引起不良情绪时，应尽早进行调整或适度宣泄，使压抑的心境得到缓解和改善。如毕业生遇到挫折时，可向挚友、老师和家人倾诉忧愁、苦闷，倾听者只要认真倾听并做出适当反应，就可使毕业生的不良情绪得到疏导。也可通过跑步、爬山等运动量较大的活动，消除压抑心理，恢复心理平衡。当然，宣泄必须有度，要注意场合、身份，不能酗酒、故意惹事及对社会造成直接或间接的损害。

（4）自我安慰法。自我安慰法即通过自我辩解，达到解脱自我。毕业生在择业中常常会遇到挫折，当经过主观努力仍然无法改变时，可适当进行自我安慰，来解脱自己，这样有助于保持内心平衡。在因受挫折而致情绪困扰时，可用“塞翁失马，焉知非福”“阿 Q 精神”等自我安慰法，消除烦恼，走出心理困境。

（5）合理情绪疗法。合理情绪疗法认为，人们的情绪是由人的思维、人的信念所引起的，而不合理的信念往往使人们陷入情绪障碍之中。因此，通过纠正认知，以合理的思维方式替代不合理的思维方式，就可以最大限度地减少不合理的信念给人们的情绪带来的不良影响。

（三）就业后的心理调试

1．就业后常见的不良心理状况

（1）有关就业心态的不良心理。急功近利，渴望高收入、高社会地位的功利心理。对职业认识不充分，只顾眼前利益，忽视职业发展。归因不当，导致心理不满。对职场中存在的一些不公平现象，易出现各种不满心理，归因于主观认识，忽视自身客观原因。

（2）有关人际交往障碍的不良心理。部分学生缺乏基本的人际交往能力，在单位领导面前不敢表现自己，寡言少语、行动拘谨。缺乏主动交往和处事的主动性，不愿冒半点风险去迎接有挑战性的任务，担心受挫后，会失去领导的信任，因此易逆来顺受，屈从他人。

2．常用的心理调适法

在职场中生存是大学生认识和适应社会的一个过程，生活在一个复杂的社会环境中，人生道路在一定程度上会受社会环境的制约。在职场中遇到困难，甚至经过几次挫折最后成功才是正常的，遇到问题并不可怕，最重要的是调节自己的心态，积极主动地了解环境，逐渐适应环境，不断地改造环境。不要奢望改变社会现状，要积极主动地改变环境造就自己，这是改变环境的第一步。如果只抱怨环境对自己不利，就等于把改变现状的责任推到别人头上。人人都在等现成的好环境，现状就不会有任何改变。因此最大的难点就是调适自己的心理，使自己从容冷静地面对就业这一人生重大课题，并做出正确、理智的选择。可以从以下几方面进行调整。

（1）调整就业期望。就业期望是指大学生对职业在多大程度上能满足个人愿望的评估。大学生是一个充满幻想的特殊群体，对未来充满美好期望。大学生在积累一定的就业经验后，分析面临的就业形势，合理地调整就业期望值，同时考虑下一步的行动方案。所以，毕业时一定要立足现实的社会需要，不要一味追求物质待遇和地域条件，应根据自己的能力、兴趣、爱好和志向，把握就业机会，主动出击，力争在就业竞争中处于主动地位。

（2）提高抗挫折心理。正确认识就业挫折。初次就业，遇到挫折是正常的。大学生在受挫后，要保持冷静、理智，树立自信心，找出挫折源头，分析原因，然后考虑解决问题的办法及可行性，最后付诸实施。当前“双向选择、自主择业”的就业制度为毕业生提供了难得的契机，同时也给毕业生带来了前所未有的挑战。大学生应当对工作中的挫折有充分的思想准备，敢于面对现实，把挫折看成是锻炼意志，增强能力，提高心理素质，绝不能一遇到挫折就灰心丧气，意志消沉，一蹶不振。适当时积极运用心理防御机制，提高挫折承受力。

课后思考

1．通过对大学生就业市场的分析，请你谈一谈对所学专业就业形势和发展趋势的认识。
2．通过本章的学习，请你谈一谈就业信息的收集有哪些途径？
3．想一想面对诸多就业信息，你该如何正确筛选？
4．若你在求职过程中受挫，怎样做好心理调试？

第十四章　掌握求职技巧

【学习目标】

- 掌握简历的主要内容、撰写原则及技巧
- 了解简历的功能、筛选标准及投递方式
- 掌握面试前的准备和技巧
- 了解面试的概念、特征与类型及笔试技巧

【开篇故事】

让用人单位“一见钟情”的个人简历，你准备好了吗？

套用微软的话说，简历一定要“界面友好”，让看简历的人觉得第一印象不错，不至于只匆匆扫一眼就直接扔进垃圾桶。即将毕业的小王和很多同学已经开始风风火火的准备找工作了。网站搜索，朋友介绍，赶招聘会，制作个人简历，复印证件和各类证书等等，期待着开启人生的新阶段。

过了一个多月，小王却没有收到来自任何单位的回音。爸爸看到她焦虑的样子，说：“把你的简历拿给我看看吧。”小王把自己的简历拿出来交给爸爸，爸爸看了两眼，说：“你的简历有毛病，应该作为重点的信息没有突出。你看，你的求职意向是‘导游’，这也太概括了啊。”停了一下，他接着说：“一列队伍走过来，你在其中，别人会注意到你吗？到了森林中，你会注意到每一棵树吗？”

小王听了爸爸的话，不得不承认爸爸的话很有道理。她爸爸的一位朋友求职想换工作，可是投出去的简历都石沉大海，没有回音。后来偶然和爸爸说起，爸爸知道他很有口才，办事也很干练，于是根据他的特点帮他写了一份简历。结果接连在几家报社都应聘成功，他现在在一家台资企业任人事部长。

爸爸接着问她：“你还记得李白写的《上韩荆州书》吗？‘白闻天下文士相聚而言曰：生不愿封万户侯，但愿一见韩荆州。’李白这篇文章是要韩荆州荐他做官，他吹棒韩荆州，吹捧的惊天动地，却不露谄媚之态，反而把文章写得豪气逼人，显露自己的才华，把韩荆州挤到不荐李白都自觉愧疚的地步。这就是语言艺术！你应该在求职意向一栏重点发挥下，谈谈对导游工作的认识，说说自己为什么要选择这项工作。”

小王经过一番思考，在求职意向栏中写上这么一段话：各国际旅行社：本人对导游工作有极浓厚的兴趣，该工作要求从业人员具备多方面素质，高度的责任心、广博的知识面、组织能力、协调能力、应变能力、语言表达能力、与人沟通能力、流利的英语和活跃的思维等等。从事这项工作对于青年人将是一个极大的挑战，也是难得的机遇。它将磨砺年轻人快速成长，对社会做出应有的贡献。

果然，情况有了不同的变化。几天下来，有几家旅行社给小王发来了面试通知。经过一番比较，她最终选择了一家外企。经过面试后，经理让小王负责中国与埃及的旅游线路，属于独挡一面的具有开创性的工作。

同学听到小王的情况后都十分羡慕，不时有人问她是不是走了什么门路。小王说，工作的机会不仅在于你能适应招聘单位的需要。而且要引起别人对你的兴趣，好好设计自己的简历，适时的展示自己的优点。同时，一次表现优异的面试也是决定求职是否能够最终取得成功的重要因素。

因此，怎样准备一份让用人单位“一见钟情”的个人简历，进而获得接下来的面试机会，使你在众多求职者中凸显出来，证明你是这份工作的最佳人选。简历就是用来推销自己的首要工具，它是你打开面试大门的唯一钥匙。简历的好坏直接影响着你能否获取一份好工作，甚至影响着你未来的职业发展。

资料来源于 网络

个人感悟：____

____

____

第一节　简历的制作

一、简历的功能

在很多单位的招聘过程中，简历就是求职者的敲门砖和开场白。它代表着是毕业生的水平和形象，同时也是毕业生求学生涯的第一份“说明书”。因此，若想顺利的敲开求职单位的大门，最大化地展示自身的价值，就需要制作一份好的简历，全面的武装自己。

简历，就是个人简历的简称，是一份对求职者自身基本信息、专业、特长、学历、个人荣誉、实习（就业）经历等信息的基本概括和总结。在此，可以把简历理解为一份求职者个人的“产品介绍书”，也有人将简历称为开发自身的“项目书”。

当然简历的作用也是双向的，用人单位的人力资源管理通常将简历视为考查求职者职业能力的重要因素。一份关乎自己求职命运的简历制作本身，就是对求职者的一项考查。当用人单位拿到求职者简历的时候，首先要关注一下简历的整洁性、排版与美观程度等。通过简历的整体观察，用人单位也可以初步了解到求职者对未来这份工作的态度和能力。因此，一份完美的个人简历可以帮助求职者在千军万马的求职大军中脱颖而出，从而获得后续的笔试和面试资格，成为成功应聘的金钥匙。

（一）用人单位注重求职者专业背景与应聘岗位的吻合度

例如，某知名通信公司采取多种方式招聘，招聘会、报纸杂志、猎头等，用得最多的是网络招聘；同时还会针对招聘项目，进行校园招聘、社会招聘和内部竞聘。

一个优秀人才应聘公司，需要经过以下几个程序：软件系统筛选简历→人工筛选简历一第一轮面试→笔试一第二轮面试。

自动软件系统会通过考查五个方面来挑选简历，学校和专业、学习成绩、班级排名、英语能力和项目经验。公司青睐来自重点院校、专业对口的大学生，而名校背景、突出的英语能力、担任过班长、学生会干部、社团组织者的经历，都会成为应聘公司的加分亮点。

（二）用人单位注重求职者言简意赅与必需信息的覆盖度

还有的大公司根据每个职位的岗位描述和招聘需求来筛选简历的，人力资源经理把选中的简历发到对应的业务部门进行第二轮筛选，在业务部门经理和人力资源经理沟通、协商好之后，产生面试名单。

一份干净整洁、言简意赅的简历是最受公司欢迎的。个人信息、工作经验的叙述和招聘职位的要求越接近越容易赢得入围机会；那些越精美或者越花里胡哨的简历并不见得就越受欢迎，简历的真实内容才是考核重点。对于应届毕业生的简历，公司会比较注重对方的相关社会经历，比如参加过哪些社会活动、是否为学生干部等。而招聘社会人员时，对方的工作经验是最受关注的。公司的销售人员，也需要严格的专业教育背景和行业工作经验。

（三）用人单位注重求职者文字描述与实际情况的贴合度

好的简历应体现个人的实力，所以工作经验、成果、技能与知识，这些内容应在简历中最显眼的位置标明，并且用简洁流畅的语言表述出来。简历的格式应简洁、布局清晰，让人一目了然。别出心裁的简历也代表着创意，代表着突破思维惯性的精神，企业并不反对。

（四）用人单位注重求职者工作经历与应聘岗位的一致性

介绍工作经历的时候，在某公司工作的时间，应该精确到月而不是年。要有公司的全称（也可对公司做简要介绍），担任的职位名称及所在部门名称、主要工作职责、主要工作业绩等。也可以简要介绍上下级关系，比如直接上司的职位，所辖下属的人数等。公司人力资源管理更习惯于简历用数字说话，“非常出色”“做出很大的贡献”这些用词都是不合适的。最好能够改成“我完成了多少销售业绩，联系了多少家公司”，如果数字过于敏感不适宜表达，可以用百分比，或者用企业的表彰来表达，还可以写上获得的证书。有些不像销售部门那么容易量化的部门，比如行政部门，可以通过办公设备的维护和采购、降低成本、客户满意度、如何及时维修等方面做出说明；人力资源管理部门可以通过客户满意度、招聘周期、人岗的匹配、离职率等来体现。

二、简历的主要内容

一份完整的简历通常应该包含求职者的基础信息，例如，年龄，性别，教育程度，兴趣、爱好和特长等。同时还应包含对应求职意向等关键信息，一份完整的简历包含以下九个内容。

（一）基础信息

基础信息一般指求职者本人的基本信息，目的是能让用人单位能清晰的了解求职者的基本信息及联系方式。基本内容就是简要介绍求职者的个人信息，如：姓名、性别、出生时间、学历、毕业时间、联系方式和个人邮箱等。

在具体书写时通常可以根据个人的需要在关键词部分用粗体标注。比如：电话、邮箱、通信地址等部分重点加粗。同时电话号码一栏，为了确保用人单位能及时联系上，最好在留自己常用手机号码的同时，也留下家庭的固定电话，同时固定电话记得加上区号。E-mail 最好使用正规的邮件系统，这样可以加深用人单位对个人专业性的认识。一般官方的邮箱用户名通常为：正式名称+网址名称。例如：wanglin@163.com。在预留个人家庭住址时，考虑到求职者的个人隐私等问题，建议大家可以在填写家庭住址时只填写到所在家庭的小区名称，如果后期被用人单位录用，可以根据单位的要求进一步完善个人基础信息。另外，当下很多求职者为了方便用人单位联系和关注自己，也可以将自己的微信号码写在个人信息栏。

基础信息是求职者应对求职的第一道门槛，也是简历的第一个重要模块，一定要注意有效信息的提炼。注意：与求职无关的信息不要出现在该部分，尽量避免冗长的信息描述。

案例 1：基础信息

王琳
139 055* ****
wanglin@163.com
微信号：123* ****
家庭地址：安徽省六安市***路***小区

（二）求职意向

求职意向就是让用人单位能快速的了解求职者的职业目标定位及个人发展规划，简言之就是求职者对用人单位求职的目标岗位。是个人简历的核心信息，个人简历的其他部分都是在此基础上展开，因此在简述求职意向时应尽可能的明确求职者的应聘岗位，描述个人的未来职业目标定位，简要介绍与应聘单位实际情况相吻合的个人发展规划。

对于应届毕业生而言，提前了解用人单位的情况特别是岗位设置及职责范围，在语言组织上要提炼关键字，不要使用过多平淡语气去描述。

案例 2：求职意向

护理岗位，通过国家在职业护士资格考，通过国际认证的医护英语二级考试，通过国家计算机一级考试等。

计算机工程师，熟练掌握 VB，C 语言，PASCAL，C++，.net，java 等等。

（三）自我介绍

自我介绍主要是通过一些简明扼要的概述，向招聘负责人展现自己的综合素质和特长，就是要用自我简介的形式说明自己对所应聘职位最大的优势是什么。自我介绍包含几个关键词：性格、爱好、品行、理想、目标、技能等。

通常，在“自我介绍”这一栏，可以看到“性格开朗、工作责任心强、为人诚实守信”等毫无创新的叙述，这些词汇没有任何针对性或者可以说是千篇一律，自我介绍通常没有固定的格式和字数要求。

通常在书写个人评价时最忌空洞，建议求职者明确总结出自身特点，最好能结合职位要求及自己专业特点进行创新性和发散性的阐述。在开放性和包容性极强的当今社会，很多求职者更愿意将自己真实而特殊的一面展示给用人单位。大家也可以根据应聘单位的性质进行适当的尝试。

案例 3：应届毕业生自我介绍

本人有着较强的沟通表达能力，对工作有上进心、认真负责、待人真诚、为人随和！并且我多才多艺，我相信我能胜任任何工作！我理想就是能实现我的个人价值的挖掘，能让我的价值得到最大实现，同时实现企业利润和价值的最大化。从基层做起，不断学习，一点一滴积累经验，努力提升自我。从基层技术做起，向管理层迈进。

案例 4：行政助理的自我介绍

本人性格开朗，爱好广泛，在学习期间积极参加各种活动，多次组织一些校园活动。积极向上且对待工作认真负责，有上进心，勤于学习能不断进步，喜欢向高难度挑战，提升自身的能力与综合素质。我是一个很有时间观念的人，能积极认真做好每件事，不怕辛苦不怕累，更不怕挫折，待人真诚，善于沟通、协调，有较强的组织能力和团队精神。希望贵公司能给我一个学习和锻炼的平台，我会好好把握。

（四）工作经历

工作经历通常要求求职者在客观、真实的基础上，尽可能的精确、扼要、逻辑清晰的叙述求职者的工作经历，通常采用倒叙的方式叙述自身的工作经历。为了使简历看起来更加有条理性，内容更加丰富饱满，建议各位求职者采用较为统一的格式来叙述自己的工作经历。

工作经历包含以下信息：工作时间（工作经历）、 单位名称、 工作岗位、公司介绍、职责描述、参与项目、工作业绩等。其中，工作时间（实习时间）、工作经历（实习经历），工作岗位（实习岗位），是用人单位在用人招聘时重点考量的内容。

“工作经历”这一栏非常重要，因为人力资源管理在查看简历时，最感兴趣的也是求职者的工作经验。它是表达个人工作经验和能力的重点，也是整份简历是否成功的关键。所以，要尽量详细描述自己的工作内容和职责，最好再列出自己曾经取得的工作业绩。离职原因属于较敏感话题，尤其是负面的离职原因可能会对求职造成一些不良影响，因此最好不要写在简历中。

案例 5：

2020/07—至今：网络系统工程有限公司 担任职位：部门经理

工作内容：负责部门日常管理，协调部门内部工作；负责销售人员和技术支持工程师的技术培训。

工作业绩：主持开发了如下网络技术支持方案，大型酒店系统查询网络工作；省会展中心的网络系统工程 ；农村商业银行网络重建工程。

2015/07—2020/05：××信息系统公司 担任职位：系统工程师

工作内容：负责为用户进行××工作站及××系统集成项目创建服务及培训；参与开发某兼

容工作站。

工作业绩：参与建立了××连锁超市收银系统。

（五）教育背景

教育背景主要是指求职者对自身高等教育的经历，通常包含大学期间的教育经历。在具体的撰写过程中要依次叙述清楚自己就读的学校（大学）全称，所在院（系）、专业（方向）、就读年限。撰写时一般采用倒叙方式，就业年限由近及远，学位学历由高到低依次撰写。

教育背景通常分为必要信息和可选信息。必要信息包含：时间段、学校、学院或专业、学历等。可选信息包含主修课程、辅修课程、成绩排名、获奖情况、研究方向、研究项目、交流活动等。求职者在准备教育背景板块中建议必要信息全写，对于可选信息可以因人而异。

具体撰写时，求职者应把教育背景的基本要素依次写出来。通常学校名称、学业起止时间、专业名称都要明确说明。求职者要有较好的语言文字表达能力，在简历教育背景中也要适当运用修饰，条理清晰、简单明了的简历更得招聘者的心。

案例6：

如果你是应届毕业生（书写学历的顺序，应该从最高学历开始往下写）。

2019年9月至2021年7月　××大学英语系文学硕士

2016年9月至2019年7月　××大学护理专业学士

2013年9月至2016年7月　××大学护理专业专科

案例7：

如果你是应届毕业生，还没有工作经验，那么就应该将学历写得详细些。另外，为了让用人单位了解你的知识、智力、思考力、判断力和个性等，除了写明学校和科系的名称，学业的起止时间以及学位之外，还应该增加如下具体内容。

所修课程与成绩：所修课程主要是列出同应聘工作有关联的科目，通常学校都会给每位学生一份成绩单，成绩单上有各科成绩。

案例8：

如果你是一位在职应聘者，有较多的工作经历，在书写学历时，只需把学校和院系的名称、学业的起止时间、学位写出。（在此处，学业经历只需稍作介绍，对于有多次就业经历的求职者而言，曾经的工作经历才是重点介绍的内容）。

2013年9月至2015年7月　××大学护理专业

2010年9月至2013年7月　××大学护理专业

（六）校园活动和社会实践（实习）经历

校园活动和社会实践（实习）经历是求职者技能提高的表现，也是个人简历的核心内容，现阶段随着就业压力不断增加，很多岗位出现供大于求的现象。用人单位在寻求合适的招聘对象时通常会更加看重曾经就业经历或是实习（社会实践）经历的对象。对于应届毕业生而言通常是没有就业经历的，因此应届毕业生就需要在实习经历和社会实践经历方面平时多多积累，以提高自己的求职竞争力。

在校生在撰写校园活动和社会实践（实习）经历时，通常会包含，语言水平的介绍，例如：在对英语等级水平的介绍中，要在简历中列出最能反映自己的英语水平尤其是口语水平的成绩和证书。最好有曾经参加竞赛的经历描述，比如获得“校内英语演讲比赛最佳表现奖”，“曾担任××团访问的口译”或“出席××学术会议”等就很能表现自己较强的英语沟通能力。在对计算机水平的介绍中，也尽量用计算机等级考试证书代替平铺直叙的概述。在介绍社会实践（实习）经历过程中，要重点说明所实践（实习）的单位名称，最好和应聘单位的专业方向一致。例如：你是一名即将毕业的高校护理专业学生，那么根据国家规定，你一定要完成至少八个月的临床实习经历，那么你在医院就业求职时，就一定要把曾经实习的医院名称，专业等基本且重要的信息叙述清楚，让医院对你有更加深刻的影响，同时也能凸显求职者自身的专业程度。讲述自己如何完成一件事的过程，从背景、任务、行动和结果四个方面来阐述，不仅能够让对方比较容易明白这件重要事件的基本情况，更是一个有条理的思考模板。

案例 9：

在校生参加校内竞赛（突出求职者的在校社会实践能力）

参加校内竞赛类测试项目，成立 6 人小组，担任组长，主导发起以研究××××为主的创业平台项目。对校内学生、教师以及管理人员进行用户调研、问卷设计和对活动进程进行规划和进程监督。

案例 10：

在校内承担学生工作（职位：校学生会主席）。

统筹组织内外事物，学生会内 100 余人并主要负责文化工作中心，包括编辑、宣传、文体三部门。工作涵盖，终审校内学生工作网站的宣传内容、活动宣传方案的制订、年度晚会总策划与总指挥等。沟通并协调校内外各校级学生团体组织，曾协助校团委完成了 2019 级新生迎新大型路演晚会，任学生会组织的总指挥并参与撰写文案及跟拍晚会宣传微电影、宣传视频等，晚会观众 1 000 余人次。

案例 11：社会实践（参加暑期“三下乡活动”）

开展以“×××”为主题的文化活动，组织××名团员同学共同学习接受先进文化的哺育。通过设计问卷调查，最终收集到××××份调查问卷，通过数据分析，得到了××结论。完成了“××××”的课题报告，并在实践中取得“先进个人”荣誉称号。通过与人民群众的广泛交流中，使人生观、价值观得到进一步强化。

（七）兴趣爱好和技能特长

很多求职者在填写时都会习惯性的写上看书、唱歌等。其实兴趣爱好就是工作态度和面对生活是否积极的一种表现。在重视创新概念的当今社会，兴趣爱好的叙述一定要尽量凸显自己与众不同的一面，同时最好可以和求职者即将应聘的岗位有关联。

案例 12：

*蓝球，足球，排球，团队精神。适用大多数岗位，如果你有这方面的爱好可以写进简历。

*围棋，国际象棋，战略意识，应聘市场类或者高端职位比较适宜写这类爱好。

*旅游，适应不同环境的能力，快速学习的能力。特别是某些工作职位需要经常出差有这方面爱好的求职者无疑有一定优势，适用于销售业务类职位。

*舞蹈，外向，易沟通。适用于公关类，市场类的职位。

（八）获奖情况

获奖情况在个人简历中一般都显得非常醒目，通常这个部分也是应届毕业生最重视的部分，当然对于没有就业经历的在校生而言，获奖简历是最能直观体现个人综合能力的部分。在撰写过程中求职者在个人简历中的获奖情况，一般分为两个范围，校内获得的奖励和工作中、实习中获得的奖励。

个人简历中对获奖情况可以尽量用数字表达。例如：“奖学金”表明学校或者某一团体对在学习工作中成绩的肯定。一般可以用一句话概括所获奖学金的情况，如果有多个，也争取用一句话概括。比如：连续 5 年获得一等奖学金。如有多个奖励时，一种方式为，应根据用人单位要求，找出最具有分量的奖励，然后依次排序。另一种方式，依据获奖证书上颁奖单位的级别，自上而下叙述。一般为（国家级、省部级、市县级、校级、系部等）。先主后次是制作个人简历的最基本的要求。

案例 13：

2019 年 12 月 获得国家级英语竞赛一等奖

2020 年 03 月 获得全国职业规划大赛（就业组）金奖

2020 年 10 月 获得校级“三好学生”“优秀学生干部”荣誉称号

2020 年 10 月 获得校级特等奖学金

2021 年 10 月 获得校级一等奖学金

（九）自荐信（求职信）

自荐信又可以称为求职信，就是有目的针对不同用人单位的一种书面自我介绍。其意义在于帮助求职者推销自己，概括求职者的能力、想要什么、能做什么等等。应该说自荐信没有什么统一的格式和严格的规定，主要要求撰写内容要真诚务实，充满自信。由于自荐信的内容有限，因此要求求职者在撰写时要注意内容条例清晰，言简意赅。通常，自荐信的篇幅以一面纸最为理想。

在写作技巧上，要把握住“个性鲜明”“朴实诚恳”两个方面。就算是统一格式的自荐信，相信只要求职者用心撰写就一定会有属于自己的特色。建议求职者不要一味的“墨守成规”刻意“讨好”对方，只需要单刀直入、简明扼要的简述清楚自己的求职意向以及向对方阐明自己是如何适应这个岗位的即可。

自荐信范例

尊敬的×××主任:

您好!我叫×××，是××省××卫生学校 2019 级毕业生，主修护理学专业。借择业之际，我怀着一颗赤诚的心和对事业的执着追求，真诚地向贵院推荐自己，以下是我的自我介绍。

首先衷心感谢您在百忙之中浏览我的自荐信,为我开启一扇希望之门。敬业是我的态度，诚信是我的人格基点，真诚是我的做人原则，爱心是我拥有的最大财富，严谨求实是我的性格。在校期间，我孜孜不倦，勤奋刻苦，诚实守信，成绩优良，较全面、扎实的掌握了基础医学理论知识及专业基本。同时我努力深造，努力的学习计算机，参加了国家计算机考试并顺利通过，实习期间我理论结合实践，实践巩固理论，使自己在护理技术方面有了丰硕的收获，使自己变得更加成熟稳健，专业功底更加扎实。实习中，始终以“爱心、细心、耐心”为基本，努力做到“眼勤、手勤、脚勤、嘴勤、脑勤”，想病人之所想，急病人之所急，树立了良好的医德医风。能正确回答带教老师的提问，规范熟练进行各项基础护理操作。

在生活中我把自己锻炼成为吃苦耐劳的人，工作热心主动，脚踏实地，勤奋诚实。能独立工作是我对工作的本分，独立思维，身体健康，精力充沛是我能充分发挥潜能的跳台。

过去并不代表未来，勤奋才是真实的内涵。对于实际工作，我相信我能够很快适应工作环境，不断完善自己，做好本职工作。如果有幸能够加盟贵院，我坚信在我的不懈努力下，一定会做出应有的贡献。

随信附上个人简历，期待与您面谈!最后衷心的祝您工作顺利，事业蒸蒸日上!

自荐人：×××

××××年××月××日

尊敬的×××经理:

您好！首先对您能够在百忙之中垂阅我的简历甚为感激。

我是上海工商学院 2020 级毕业生，在择业之际，根据贵公司对人才的培育理念和管理要求，我怀着一颗赤诚之心和对财务工作的执着与追求，以极大的热情渴望与贵公司的合作，特此推荐自己。

我十分热爱财务事业，在校期间我学到了很多专业知识，如××、××、××以及英语、计算机等。毕业前我曾在上海某公司做过半年的兼职工作，主要负责公司一些外联工作以及部门一些基础财务报表的测算工作。我有自信可以胜任贵公司的财务管理的工作岗位。本人的个人简历也一并附上，并希望能够尽快收到您们的面试通知，我真诚的期盼与贵公司的合作。

最后我谨祝贵公司事业蒸蒸日上。静候您的回音。

自荐人：×××

××××年××月××日

三、简历的撰写原则和技巧

通常一份合格的简历总是会依据求职者自身的情况综合概括形成，虽然简历的形式基本类似，但是内容却不会相同。有时根据工作岗位的不同，同一位求职者的简历因为求职岗位的变化，也会有不同程度或是侧重点的不同，例如：一位医学专业背景的学生，在去医院岗位应聘和去医疗公司应聘，他所准备的简历重心肯定也会不同。

（一）简历的撰写原则

一份好的简历，应该保证用人单位在最短的时间内快速找到对他有用的信息和关键词，要最大程度的给用人单位留下“这个岗位很适合我”的暗示。

虽然简历在就业时十分重要，但是在简历的具体撰写过程中，也不要为了达到成功就业的目的而“急于求成”。在具体的撰写过程中要严格按照“真实”“简洁”“创新”“匹配”四个原则进行，千万不能弄虚作假，不讲求诚信。

1. 真实

当今社会“诚信”越来越成为各行各业建立合作的金标准，个人简历就是毕业生自身的“镜子”“说明书”，因此保证简历全部内容的真实性是制作简历的基础。很多单位都将简历作为检验求职者个人基本素质的重要标准，因此求职者一定不能在简历中制造虚假信息。

2. 简洁

简洁包含两种概念，一方面是就简历结构本身而言，要求简历简明，结构清晰。另一方面就简历内容而言，要求简历中基本内容要简单易懂、重点突出，同时同样的内容切记不要累述。

（1）简明。据统计用人单位在收到多份简历后，一份简历的阅读时间一般只是在 30 秒至 1 分钟。因此，求职者自身在制作个人简历的时候，就要把对自身最有价值的信息放在简历中。在简历的外观上，一定要遵守基本的简历格式，保证简历的干净、简洁、精炼。

（2）条理清晰。简历的结构排列和内容简述中要注意排版的安排尽量简单明了，逻辑性强。在叙述个人信息时要安排语言和思维习惯，逐条有序表达，主次有序。主要信息主要包含：个人信息、求职岗位、工作（实习）经历、过往的获奖情况。次要信息包含：教育背景简述、个人特长等。其他信息可以不要过分叙述，以免占用太多篇幅。

3. 创新

“创新”的概念无处不在，在简历满天飞的就业市场中，求职者要想凭借一份“普通简历”脱颖而出基本上是很难的。而简历的创新就是注重简历的特殊性和独特性，求职者在制作简历的时候就要根据用人单位的性质和单位要求，适当的突出重点，从而引起用人单位的关注。求职者应从政府、上市公司或大型企业单位的实际经历；海外深造、就业工作经历，提高个人简历的创新度。

在校期间获得与用人单位专业性相关的国家级职业技能大赛相关的奖项；曾是校团委、学生会等关键学生组织的学生骨干；在校或在职期间独自承担一项大型活动经历；曾经有资助创业的经历等。

4. 匹配

通常求职者在求职过程中不会只找一家单位，尤其是应届毕业生，在求职时一般都会同时找几家单位。因此在制作简历时可以事先结合职业确定出自己的求职目标，做出有针对性的简历。

很多毕业生为了节省时间和精力，常常会“一份简历走天下”。觉得简历交出去了就可以了，但是因为用人单位的不同在招聘时关注的求职者的侧重点也不同。

（二）简历的撰写技巧

根据招聘岗位的重要性以及简历份数的不同，用人单位筛选一份简历的参考时间是 10 秒到 3 分钟不等，如表 14-1 所示。

表 14-1　用人单位筛选一份简历的参考时间

岗位类别	筛选简历的时间参考（秒）
基层岗位	10～30
基层管理岗位	30～60
中层管理岗位	60～120
高层管理岗位	120～180

1. 重视包装

应届毕业生可以直接选择用本校的“毕业生推荐表”，对于历届求职者也建议简历封面简洁、大方、排版合理即可。除了对于有些设计岗位需要标新立异，与众不同外，其实很多单位对于简历的封面的包装设计没有过多的要求。

2. 信息匹配

（1）寻找关键词。通常在招聘简章里，都有一些对职位要求的详细概述，找出职务概述的关键词，精准地放在简历里，增加简历与招聘信息的匹配度。

（2）简单明了，具有逻辑性。招聘人员喜欢简洁明了的结构，可以根据岗位需求，从近到远、从重到轻排列顺序。如果简历中时间顺序混乱，不够严谨，招聘人员也会对自己的能力和态度产生质疑。

3. 能力展示

（1）在个人简历中可以列明护士执业证书、推拿按摩师证书等专业性资质；可以晒曾经获得的奖项等，这些都是求职利器。

（2）可以在个人档案上，请老师、同学为自己评价，或者上传过往的精彩作品，多元化地展示个人特色。

（3）弄清求职意向，一般一个岗位对应一份简历。

4. 数字应用

数字很容易吸引招聘人员的眼球，给招聘人员直接具体的感受，所以能用数字说明的就用数字。例如团队多少成员，每天任务完成多少，节省耗材多少、效率提升多少等。

四、简历的投递方式

（一）简历投递的渠道

简历的投递渠道主要分为三种：一种是在正规招聘网站上直接进入该单位的求职链接，直接投递简历；另一种方式是用自己的邮箱直接投递个人简历。第三种比较直接和传统，多应用于招聘现场，求职者将准备好的简历直接面对面交给用人单位。

（二）简历的网络投递方式

1．采用邮箱投递个人简历

求职者用自己长期使用的私人邮箱。注意三个方面：第一，为了方便用人单位一目了然的区分正规邮件或是垃圾邮件，一般建议求职者将邮件标题命名为：应聘的职位＋自己的姓名＋求职单位。第二，邮件的正文部分不要空白，最好将自己的个人信息稍作介绍，一方面让用人单位更加直观的了解求职者的个人信息，信息越明确越容易被点开。另一方面能让用人单位感受到求职者对待求职单位的重视和尊重。第三，切记不要用 QQ 昵称或是个性另类的名称作为邮箱用户名。这样会让用人单位感到求职者不够成熟稳重，无法胜任求职岗位，同时因为过于另类容易被用人单位当做垃圾邮件直接被删除。标准的邮箱用户名的格式为“first name+last name”或是直接用自己的中文名。

2．采用 E-mail 和就业网站方式投递个人简历

通常采用 E-mail 和网站递交的电子版简历，得到的关注度会比通过邮件要少，据统计一份采用 E-mail 方式投递出来的简历平均会比邮件方式减少 23 秒左右。此外，一般会有约 5% 的电子简历会由于网络或其他问题没有被招聘者看到。因此，建议仍然通过传统的邮件方式，除非用人单位明确要求。

3．简历投递的时间和次数

用人单位的人力资源管理属于服务型的部门，通常人力较少、日常事务较多，如何挑选合适的时间段进行投递简历，提高简历的时效性，对于求职者对于投递简历的时间把握显得尤为重要。

个人简历最基本的应该在用人单位规定的日期内发出。第一，在有效日期内一般建议在工作日期间投递，国家规定的工作日为每周一到周五。具体到日期的选择，通常很多单位会选择在每周一上午召开例会。另外，很多单位在周一会集中处理上周或是周末遗留下的事务，因此，简历放在周一投递被接收的可能性不大。周五很多单位会进行工作总结和收尾同时安排下周的工作事宜，选择在周五投递很可能被顺延至下周二左右接收。因此，周二到周四是比较合适的简历投递时间。第二，在工作日投递当天，时间段的选择也很重要，一般建议在上午工作效率较高的时间段投递，以上午 9∶30～11∶00 为最佳时间段，如果下午投递则建议在 13∶30～15：30 为佳。

对于投递次数的而言，通常以用人单位在接收到邮件后会自动回复，如果已经被接收就不用重复投递。这样会增加用人单位的筛选难度同时也使对方产生反感。

【案例故事】

迟到的简历

那天是星期一，第二天报纸就要出版了，社里忙得很，所以当主编接到一个女孩儿的电话时，心里有些不耐烦。女孩儿的声音非常轻柔，她说：“请问贵报正在招聘记者吗？”

两周前报上的确刊登了招聘启事，社里急需人手，不过现在问题已经得到了解决。新招

的一批人这周三就会前来面试，这几天，这样逾期的电话他已经接了数十个了，每次他都客气地回答说："不好意思，已经过了招聘期限，人已经招满了。"对方听后，总会怅然地"哦"一声，便挂断了电话。这次，他像之前一样委婉地说道："不好意思，人已经招满了。"就在他准备放下电话的时候，他听到女孩儿在电话那头轻叹了一声，夹杂着几许惋惜。紧接着，那个轻柔的声音又传了过来，多了一份爽朗与从容："没关系，如果面试有人缺席或者以后有人辞职，或者……"尽管有些不耐烦，出于礼貌，他还是耐着性子继续往下听，同时眼睛里盯着手里急需处理的稿子。"总而言之，若是你们报社再次招聘记者，我第一个报名，请先审核我。"他实在太忙了，只好轻轻地应了一声，便匆匆挂了电话。

没想到两天后，他收到了女孩儿寄来的简历，他并没有在意，随手把它放在了一边。一个月后，刚进报社的一个年轻记者因为业绩欠佳，主动向他递交了辞呈。这个时候，他想到了一个月前那个女孩儿提出的要求，顿了顿，他便从一摞儿厚厚的文件底层，找出了那份简历……几天后，女孩儿顺利地成为那家报社的一员。那个幸运儿就是我，一年后的今天，我已经是这家报社的责任编辑。在一次与主编的交谈中，我忍不住问道："当初，您为什么选中我呢？"主编爽朗地笑了："机遇实际是不平等的，它只眷顾一部分人，那些听到人已经招满就挂断电话的招聘者也许比你更优秀，但他们放弃了候补资格，仅凭这一点，你已经胜人一筹。"听着他的话，我也笑了。

是啊，当我们无法顺利达到目标的时候，不妨去争取"第一候补"的资格——柳暗花明或许就在前面不远处。

资料来源于 网络

【拓展阅读】

如何进行"网申"

一、网申时申请职位的填写要慎重

虽然很多公司的职位选择都是可以复选的，但是当心，这很有可能成为面试的话题。当你同时选择了，比如人力资源和高分子材料工程师两个职位时，除非你有充分的理由让人力资源管理相信你同时具备这两个职位所要求的能力，否则只会给人"乱投医"的感觉。注意你的申请资料的填写和你所申请职位的匹配，需要特别强调的实习经历和专业技能。

二、网申前要充分了解应聘公司

一定要通过公司网站对应聘公司做透彻了解，对于企业文化、核心业务、中国分公司发展等情况的了解，有助于答题能更好地契合企业要求。另外，网站的风格、用词、对职位的描述等能提供你一些线索，如关于应聘职位要求的基本素质、对方惯用的专业语言等。

三、留意网申截止日期

当公告发布之后一定要留意网申截止日期,不然空有一身知识储备也得不到施展的机会。

四、按照实际情况填写个人简历

在确保提供材料真实的前提下，把能体现自身优势的都写上去。比如在校期间的获奖情况以及各种社会实践，不怕写的多，就怕没有可写的。

五、填报志愿单位时考虑三点

（一）认真仔细阅读公告是否包括自己的专业，如果没有那就基本没有选报的必要了。

（二）要看这家公司是否有硬性要求，例如计算机二级、英语四六级等级证书。如果你都有的话可以考虑下一步，该岗位是否要求本科或是研究生学历，根据个人情况而定。

（三）选择志愿的时候要多选几家符合自己状况的公司，通过对比看哪家把握最大就放在第一志愿，然后划上服从调剂。

填报志愿总的来说就是这家公司要什么，我的符合度到达哪一个地步，然后根据自身情况去选择。

第二节　面试与笔试

【案例故事】

面试的 22 个问题

一位医疗保险专业的毕业生通过某保险公司的笔试后，顺利进入了面试环节。面试从开始到结束，面试官一共提出了 22 个问题，这些问题依次是:（1）你已经掌握了大学三年中所学的东西吗？（2）你觉得哪些课程对你最有帮助？（3）你选修了其他课程吗？（4）你的毕业论文是自定的还是老师指定的？（5）你认为作为一名保险公司的业务员工作困难吗？（6）你对自己的能力有所了解吗？（7）你喜欢高等数学课程吗？（8）你担任过什么社会工作？（9）在大学里你愿意参加哪些活动？（19）你参加过公开演讲吗？（11）你认为你性格有益于交际吗？（12）你上学是不是边上学边参加勤工俭学活动？（13）你觉得勤工助学和其他活动占用你的时间吗（14）你觉得挤出时间学习很困难吗？（15）你认为你有哪些特殊才干？（16）你的最大长处和弱点是什么？（17）你对本公司了解吗？（18）你有什么要问的问题？（19）关于工作你还有什么问题？（20）你喜欢在大公司还是小公司工作？（21）你喜欢什么样的工作环境？（22）你能很快适应工作环境吗？

上述问话大体上可分为五个方面:（1）应聘者是否受过良好的教育;（2）应聘者是否有较高层次的分析能力和主动性;（3）应聘者与他人沟通的能力如何，是否有团队意识;（4）应聘者头脑是否清醒，思维的条理性如何;（5）此人是否有自知之明。

分析这份面试材料，可以发现，招聘单位对求职者的面试的仔细程度是令人钦佩的。如果你是这位同学，你能应付吗？

案例来源于 王劲松．大学生职业生涯与导航[M]．南开大学出版社．2012

个人感悟：____

____

一、面试的特征

面试和笔试是用人单位在经过简历筛选后，进入第二轮选拔时常用的方式。其中，笔试是部分单位用于考量求职者专业知识和文化素养的常规措施，而面试则是全面展示求职者自身综合素质、职场应变能力、个人修养等方面的方式。

面试是指在特定的时间和地点，由面试考官与应聘者按照预先设计好的目的和程序，进行见面谈话、相互观察、双向沟通的过程。面试主要被用来了解应聘者的经历、知识、技能和水平，它可以用于应聘者的初选、中选或终选阶段。

面试的特征主要有：面试主要以谈话和观察为主要工具；面试是一个双向沟通的过程，这对于应聘者尤为重要。面试具有明确的目的性，对于应聘者来说，应避免夸夸其谈，要有针对性和侧重点，面试考官与应聘者在面试过程中的地位是不平等的。

二、面试的类型

（一）根据面试标准化程度分类

结构化面试是指面试题目、面试实施程序、面试评价、考官构成等方面都有统一明确的规范进行的面试，例如：每年的国家公务员面试、事业单位面试和一些政策性银行、国企统一组织的面试。

非结构化面试是指对与面试有关的因素不作任何限定的面试，也就是没有任何规范的随意性面试。例如，有的私人企业及外资企业在面试时，内容较为开放多以聊天式的提问面试。

半结构化面试：指在面试的环节安排上，只针对面试的部分环节有统一的要求。例如，用人单位会规定统一的程序和评价标准，但面试题目可以根据面试对象的表现而随意变化。例如临时组织面试者进行无领导小组讨论，或是在面试过程中临时设置场景等。

（二）根据面试对象分类

单独面试是指主考官个别的与应试者单独面谈，一般用于面试的人数较少，或是有特殊工作岗位及特殊人才的面试中。通常在面试之前或是面试现场，求职者就会被提前告知，有的则会提前做准备。

小组面试是指多位应试者同时面对面试考官的情况，如无领导小组讨论。例如：用人单位会将面试者分组，设定活动场景，安排好每位面试者的角色并介绍，用人单位出题并介绍游戏规则。

（三）根据面试进程分类

一次性面试是指用人单位对应试者的面试集中于一次进行。分阶段面试可分为两种类型，一种叫“依序面试”；一种叫“逐步面试”。

依序面试一般分为初试、复试与综合评定三步；逐步面试。一般是由用人单位面试小组成员按照由低到高的顺序，依次对应试者进行面试。

（四）根据面试途径分类

电话面试不需直接面对面，而是以电话交流为途径的面试。视频面试：指通过视频聊天的方式对求职者面试。现场面试：指面试官与求职者面对面直接交流沟通。其中，电话面试和视频面试，在新冠肺炎疫情期间会比较普遍的应用，由于疫情常态化，有可能电话面试和视频面试会逐步成为面试的主流形式。例如，2020 年的国家研究生招生面试环节，各个高校就是采取的视频面试方式从而取代了传统的现场面试。

三、面试前的准备

机会通常留给有准备的人，以应届毕业生为例，通常一位应届毕业生在正式确定就业单位前，都会有同时面试几家单位的经历。很多“准毕业生”由于个人兴趣爱好、专业特长、职业前景等方面原因，会选择性质、背景、地域等因素不同的单位进行应聘。这要求求职者必须在准备面试环节前对自身和即将应聘的单位进行深入的了解和分析，主要是完成用人单位的人才诉求和求职者本人优势的完美对接。这样才能让对方感受到求职者对于应聘单位的诚意，有助于博得用人单位的好感。

【案例故事】

战术决定成败——成功面试前的准备

又到了毕业季，安徽某职业技术学校的小丁和同学也在风风火火的准备就业。她们经过了前期的跑就业市场、投递简历等过程，最终收到了几家单位的面试通知书。

但是，小丁面试的第一家单位却以失败而告终。仔细了解原因才知道，当时面试官让她用 3 分钟对讲台上的公司产品做即兴介绍和推销，但小丁根本就不了解这个产品的用处，更不用说推销了。后来寝室几位同学在分享面试经历的时候说到，她面试的时候被分到一个 8 人组，大家根据面试官抛出的论题进行讨论，这位同学反应灵敏，回答精彩但最后还是被淘汰了。事后询问面试官才知道，这家单位之所以组织团体面试，主要是要考察每位应聘者的团队意识和合作意识。

通过寝室同学们的讨论，大家一致认为，不同的单位和岗位，可能会对求职者有不同的要求，大家必须在面试前根据单位和岗位的不同做准备，不打无准备之仗。

在这之后，小丁和她的同学在在准备以后的几家单位面试前，都会留出时间细心的上网了解单位的历史、产品、服务对象以及单位发展理念等。当然再加上她们良好的专业能力，最终她们都找到了满意的工作岗位。

面试是用人单位和求职者一次最直接的接触，面试官会通过面试的环节直观、迅速的对求职者进行了解。近几年还有很多企业非常注重对求职者 EQ 和心理健康方面的考量，因此面试的形式也越来越多，这也增加了面试的难度。

资料来源于 网络

（一）求职者充分了解应聘单位基本信息

面试者在面试前认真思考几个问题：用人单位的目的是什么？用人单位的工作性质？环境、工作种类？对单位的薪酬和未来发展前景的期望？在思考完毕后，面试者才可能对用人单位有可能提出的问题有一定得应答能力。例如，你为什么来我们单位应聘？你的求职目的是什么？你对我们单位未来的发展有什么样的看法等。面试者在回答这样的问题时应该从自身的学历，兴趣，爱好等优势分析自身和单位的契合度。

（二）求职者在面试前尽量进行一次模拟面试

面试者要在准备面试前，对可能遇到的现场问题进行预估和预判。这样做有助于求职者理清对于即将应聘单位的认知思路，更重要的是有助于增强求职者的自信心，消除由于面试带来的紧张心理，从而有助于应聘者在面试现场能够清晰有条理地表达自我，做到有备无患。另外，也建议没有工作经验的应届毕业生，尽量在平时多参加一些应聘讲座和就业经验分享会等。

（三）求职者在面试前应根据单位需求对自身专业能力进行整理和总结

面试者应该提前准备与应聘岗位相吻合的专业知识、业务技能方面的证书或是证明材料等供招聘者查阅参考，以便在面试的过程中进一步向用人单位，提供有关自己个人的相关材料。如果应聘跨国公司或知名企业，还应有外语流利应答的充分准备，专业知识的准备通常应该和所应聘岗位要求保持较高的契合度。因此面试者在针对不同性质的单位面试时，应该对自己的求职证明材料做详细的检查，以免出现“文不对题”的现象。对于一些通用技能，例如，普通话、计算机、驾照等，面试者可以酌情考虑放在自己的个人简历里。

（四）准备仪表着装

根据调查结果显示，当两个人初次见面的时候，第一印象中的55%是来自你的外表，包括衣着、发型等。第一印象中的38%来自于一个人的仪态，包括举手投足之间传达出来的气质，说话的声音、语调等，而只有 7%的内容上来源于简单的交谈。也就是说，第一印象中的93%都是关于外表形象的。美国一位形象设计专家对美国财富榜前 300 位中的 100 人进行过调查，调查的结果是：97%的人认为，如果一个人具有非常有魅力的外表，那么他在公司里会有很多迁的机会；92%的人认为，他们不会挑选不懂得穿着的人做自己的秘书；93%的人认为，他们会因为求职者在面试时的穿着不得体而不予录用。面试前要保证充分的睡眠和愉快的心情，以保持良好的精神状态，面试前还应注意修饰自己的仪表，使穿着打扮与年龄、身份、个性相协调，与应聘的职业岗位相一致。穿上职业装显得有经验，能给人一种信任感。男生面试时以西装为主，女生可以穿套装，切忌奇装异服或者过于随意。

（五）充分的心理准备是成功面试的必备条件

面试就好比是一场考试，在测试每个人的能力，也在测试每个人的心理素质和临场发挥。因此要成功面试，首先，要充满信心，求职者自身要保持良好的心态和放松的心情。其次，要抓住招聘者的心理，招聘者可能会先评价求职者的衣着、外表、仪态及行为举止；也可能会对求职者的专业知识、口才、谈话技巧作整体性的考核；还可能会从面谈中了解求职者的性格及人际关系，并从谈话过程中了解求职者的情绪状况、人格成熟度、工作理想、抱负及上进心。最后，在面试前调试自己的心态，对于面试现场的发挥至关重要，求职者要尽量报着一颗平常心和增加经历的心态，在充分做好面试准备的前提下轻松上阵即可。

【案例故事】

兴趣三层级

面试官问：“你有什么兴趣爱好”？经典的减分回答是：看书、听歌、旅游、看电影。为什么这样回答会减分？不仅仅因为这个回答太过于普通，对面试官来说，这个答案还意味着你不是一个善于把兴趣发展为能力的人，能力越强的人，越能够有持久的工作兴趣和动力。

看看下面的回答给你的感受：我喜欢看书，尤其是科幻小说，我关注每一届星云奖和雨果奖。在国内的作品里，给我印象最深的是《三体》。我曾经写过一小段面壁者罗辑（《三体》的主人公）的外传，发在自己的微博上，已经有了两万多的点击量。

是不是觉得这个回答比仅仅“看书”好多了？即使是兴趣，也可以被分成三个级别：感官兴趣、自觉兴趣和志趣。

感官兴趣：感官兴趣就是通过直观的感官刺激产生的兴趣。比如，你走进办公大楼电梯的时候，突然听到旁边人的手机铃声是你喜欢的歌曲，拿出手机准备摇一摇搜歌，却又被墙上贴的明星照片吸引。这些基于感官刺激的兴趣，就属于感官兴趣。感官兴趣多变且不稳定。

自觉兴趣：当你在情绪的参与下，把兴趣从感官推向了思维，由此产生了更加持久的兴趣，自觉兴趣，它是认知行为参与的兴趣。比如，当在饭店吃了一道菜，觉得特别好吃，然后对怎么做出来的开始感兴趣，这就是自觉兴趣。自觉兴趣因为有了思维的加入，使兴趣更加持久稳定，促使我们将兴趣转化为能力，而能力又反过来让我们体会和学习更多。

志趣：志趣已不仅仅是兴趣，而是把自觉兴趣通过学习变成能力，通过能力寻找平台获得价值、在众多价值中找到自己最有力量的一种生涯管理技术。志趣的秘密不仅在于感官和认知能力，还加入了更深一层的志向和价值观。正如爱迪生发明灯泡的过程，在一次次失败后，是志趣在支撑着他继续前进。

资料来源于 古典．生涯规划师[M]．江苏凤凰科学技术出版社，2016

四、面试的技巧

面试是能够得到一份工作的关键，主要包括面试前的准备工作、面试中应该注意的问题，以及如何在面试中推销自己。纯熟的面试技巧可以展现应聘者成熟、专业的气质，以及在各种突发情况的应对反应。

（一）求职者应提前准备，做好“自我介绍”

面试是一种考查活动，即在特定场景中以面对面交谈与观察为主要手段，来测试和评价应试者的能力素质，它是“对应聘者能否胜任拟聘岗位的综合素质进行探寻与判断的关键阶段”。面试时一般要求应试者先用 3 分钟左右的时间作自我介绍。由于人际交往中存在着首因效应，所以自我介绍时的表现在很大程度上影响着考官的评价。

首先介绍：我是谁？主要介绍自己的个人履历和专业特长，包括姓名、年龄、籍贯等个人基本信息；教育背景以及与应聘职位密切相关的特长等。生动、形象、个性化地介绍自己的姓名，不仅能够引起面试官的注意，而且可以使面试的氛围变得轻松。

其次介绍：我做过什么？做过什么，代表着自己的经验和经历。主要介绍与应聘职位密切相关的实践经历，包括校内活动经历、相关的兼职和实习经历、社会实践等。要说清楚确切的时间、地点、担任的职务、工作内容等，这样让面试官觉得真实、可信。

最后介绍：我做成过什么？做成过什么，代表着自己的能力和水平。主要介绍与应聘职位所需能力相关的个人业绩，包括校内活动成果和校外实践成果。

介绍时可以这样分配时间：第一分钟主要介绍自己的姓名、年龄、学历、专业特长、实践经历等；第二分钟主要介绍个人业绩，应届毕业生可着重介绍相关的在校活动和社会实践的成果；第三分钟可谈谈对应聘职位的理想和对本行业的看法。通常情况下，每分钟 180 字到 200 字之间的语速是比较合适的。这样的语速可以让对方感到舒服，同时也能更加有效地传递信息，增加面试官的印象分。

（二）求职者应懂得如何运用肢体语言

面试中，合理的运用肢体语言，可以给面试官留下良好的印象。在面试中，求职者可以注意以下小细节：仔细聆听、面带微笑、手势恰当、声音响亮、抑扬顿挫、精神风貌乐观积极。这些丰富的肢体语言和恰当的语音语调，势必会使自己的面试锦上添花、事半功倍。

面试双方最好姿势一致，表示友好关系，有认同感。面试时，要表现得有教养，容易接近。另外，很多应聘者在应聘时很怕和面试官直视，这时可以在交流过程中采取看面试官的额头、眉毛部位，或是直视面试官后脑勺对应的后墙位置，这样既解决了眼神交流的拘谨感，同时也不会因为在交流时因为没有眼神交流而让对方感觉到不尊重。

（三）求职者要根据情况审时度势的“打破沉默”

面试中，有时面试官为了测评求职者的心理承受能力或是由于其他原因出现长时间不讲话，从而造成长时间的沉默，这时大家千万不要惊慌失措。当出现这种情况时，求职者可以利用这段时间，对前面所讲的话题加以必要的补充；或者也可以提一些自己对用人单位尚不理解的问题；还可以利用这部分时间介绍一些有关个人的详细情况。总之要学会主动打破僵局，如果很明显因为外因而导致面试环节的中断，应聘者一定要耐心等待。

（四）自然结束面试，无论面试过程表现如何求职者一定要表现得体

在面试即将结束的时候，有的求职者不知如何收场，等着面试官说结束，现场气氛会显得很尴尬。

面试官说：“行，今天面试就到这里吧！”这个时候求职者不妨站起来，对面试官表示感谢，同时适当向面试官表达“即使本次面试我没有被贵单位录取，我依然会感激贵单位给了我一次难得的学习和锻炼的机会。”然后礼貌地离开面试室。

【拓展阅读】

求职者在面试过程中应该“严守四条禁忌”

禁忌一：不懂装懂

自我介绍所提供的信息可能会成为考官追问的话题，所以对于那些自己没有认真研究过或者并不了解的问题不要轻易回答，以免弄巧成拙。由于时间限制，应试者或许难以把自己的闪光点以及与应聘职位的契合点说全，因此应试者可以设法引导考官追问，变被动为主动。

禁忌二：似是而非

在做自我介绍时尤其要注意：一是忌把岗位职责当作个人成绩，正确的做法是说明自己通过何种方式、动用何种资源完成工作并取得成绩。二是忌把团队成绩当作个人功劳，正确的做法是说明自己在团队组织及活动中扮演何种角色以及如何开展工作。三是忌介绍背景而不介绍自己，正确的做法是说明自己通过背景所获得的经验与能力。

禁忌三：毁前捧后

出于对应聘职位的重视，许多应试者会表现出对前单位贬低、对招聘单位吹捧的倾向。理性地说明自己对前单位的评价以及对招聘单位的期待，既不过度贬低前者，也不过分吹捧后者，才能做好二者的对接，从而恰当合理地讲述职业转换的动机。

禁忌四：自吹自擂

自我介绍不是自我标榜，不要把自己吹嘘得天花乱坠，考官不但不会轻易相信，还有可能认为应试者的自我认知能力及职业操守有问题。所以，应用事实和数据说话，秉持真实客观的原则。比如，介绍自己具有组织能力与领导能力，最好举出有关实例，而不只是泛泛而谈；介绍自己业务能力强，应该用数据来证明。

【课堂活动】

请尝试用一分钟介绍自己

例文：大家好，我是×××，是××大学服装设计专业的毕业生。我性格开朗，善于交流，具有团队协作精神；对新事物新知识接受快，富于创新精神，乐于挑战。

在学习上，系统掌握服装设计、服装结构工艺及服装经营管理理论知识和实践，受到过服装设计方法和成衣结构工艺方面的基本训练。在学校里我积极参加学校和班级组织的各种活动，并将同学关系处理融洽。

此外在大学期间的学习生活和社会经历，使我养成了冷静自信的性格和踏实严谨的工作作风。所以，我将在今后实践中虚心学习，不断钻研，积累工作经验，提高工作本事。我自信有本事胜任贵公司的工作，若被贵单位录用，我将会在自我的岗位上踏实工作，勤奋学习，并以良好的拼搏精神在这个团体中实现自我的价值。

五、笔试的技巧

笔试是一种常用的考核办法，它是用人单位采用书面形式对求职者所掌握的基本知识、专业知识、文化素养和心理健康等综合素质进行的考察和评估。笔试对应聘者来说是相对公平的一种测试方式，因而被越来越多的用人单位所采用。

（一）笔试的类型

1. 智商和心理测试

智商测试主要为一些著名跨国公司所采用，它们对毕业生所学专业一般没有特殊要求，但对毕业生的素质要求较高。在它们看来，有没有专业训练背景无关紧要，但毕业生是否具有不断接收新知识的能力是至关重要的。心理测试是用事先编制好的标准化量表或问卷，要求应试者完成，根据完成的数量和质量来判定其心理水平或个性差异的方法。

2. 专业能力考试

这种考试主要是为了检验求职者文化知识和相关的实际能力能否达到岗位要求。值得引起注意的是这种考试方式已被愈来愈多的“热门”单位所采用，如“三资”企业、公务员录用等。

3．综合能力测试

综合能力测试兼有智商测试的要求，但程度更高。比如，应试者要在规定的时间内对一组数据、一组资料进行分析，找出其合理的地方和存在的问题，并设计出解决问题的方案。这是对学生的阅读理解能力，发现问题、分析和解决问题的能力，知识面等素质的全方位测试，有时问答是用英语进行，相对来说难度更大一些。

4．论文笔试

论文笔试是检验求职者分析、综合、比较、归纳、推理等思维能力的方法，其形式采用论述题或自由应答型试题。论文笔试的最大长处，是考察求职者的思考能力，从而能够检查求职者思想认识的深刻程度。这种测试往往会导致种种不同的答案，易于发现人才，促进智力发展，远比简单的测验题更能判断一个人的水平。

5．国家公务员录用考试

公务员考试一般比较正规，主要考申论和行政能力测试，考试前需进行系统的复习，建议有能力的学生可以去试一试。

（二）笔试的技巧

（1）先易后难，先简后繁。笔试题型多，内容多，又要限时答好，所以就必须合理安排答题时间。保证自己会做的题目尽量不丢分，即使是不会做的题目积极努力得分，尽量不要空着。

（2）精心审题，字迹清楚。在具体答题时，必须认真审题，切实弄清题目要求，逐字逐句分析题意，按要求进行回答。书写时，力求做到字迹清楚，卷面整洁，格式、标点正确，不写错别字。

（3）积极思考，回忆联想。每一道题都是出卷老师精心选出来的，学生要思考为什么会出这个题，出这个题主要考察哪些知识点，在思考的同时，积极回想自己平时复习时的方法，以达到做细做精。

（4）掌握题型，答题精细。要了解各科考试的特点，熟悉每种题型的答题方法，防止出现不必要的差错。常用的题型有填充题、问答题、选择题、判断题、再生题、应用题、作文题等。要针对不同的题型，做不同的准备。

课后思考

1．一份完整的简历包含哪些部分？
2．笔试和面试之前，你应该从哪些方面做好充分的准备？
3．面试时自我介绍的技巧有哪些？
4．常见的笔试种类和技巧有哪些？

第十五章　涵养职业气质

【学习目标】

- 掌握职业礼仪的基本内涵
- 了解医学生学习职业礼仪的必要性，塑造适合自己的职业形象
- 掌握公务礼仪基础知识
- 掌握职场礼仪规范，提升职业素养

【开篇故事】

九九胜在哪？

经济危机刚过，招聘网站发布了一则招聘启事：某世界五百强企业招聘公关事业专员 1 名。300 人报名参加角逐，经过复杂繁琐的简历投递、面试、笔试等环节后，最终 4 人入围。

这 4 人在个人实力上不相上下，都具有重点大学硕士学位，学识过人，言谈举止优雅得体。在面试选拔结束后，人力资源部通知 4 人等待消息，最终决定将以电子邮件的形式传达。

三天后，有的人已按耐不住内心的焦急，通过电话咨询了该公司；有人则写邮件委婉地表达了心情，但是均没有得到对方的正面回复。半个月后，作为其中一员，九九收到了该公司人力资源部的回复邮件，上面写道：

“您笔试的答卷堪称完美，面试表现也落落大方，令我们十分赏识。但是非常抱歉，您的价值观与本公司的定位有所偏差，经公司董事会研究决定，不予录用。该决定实是割爱之举，不日我们为您寄还纸质版档案，您的所有个人资料我们将电子存档，如日后有合适岗位，您将享有直接面试的待遇。

为感谢您的信任，随档案寄去本公司新产品一份。祝您生活工作顺利！家庭幸福！”

九九觉得有些遗憾，但看到对方给予自己的赞赏和承诺倍觉感动，当时便花了 5 分钟向对方回复了一封简短的感谢邮件，用词谦逊，让人阅后如沐春风。半个月后，九九居然收到五百强企业人力资源部的电话，声音是熟悉的面试官郑经理。郑经理说，经过董事会讨论决定，将九九录取为招聘公关专员，实习期三个月。

九九的喜悦之情溢于言表，三个月后无意中听郑经理谈起此事才明白，“邮件考验”是那次招聘的“压轴考题”。原来，公司给另外 3 人也发送了一模一样的电子邮件，并寄去了赠品。只是，当初没有心急主动询问，并且回复了感谢邮件的，只有九九 1 人。九九的脱颖而出，是因为她的平和，还有多花了 5 分钟表达感谢。

资料来源于 网络

个人感悟：______________________________

____

第一节　塑造职业形象

【案例故事】

“离奇”的面试

小智说，他最近参加了一场“离奇”的面试。面试间里摆放了一张圆桌，桌子的对面分别摆放了一把靠背座椅和两张圆凳。小智进入房间后，径直走到了一把座椅的那边坐定。5分钟后面试官进来，却并没有在他的对面坐下而是愣了几秒。当时大家都没说话，小智紧张得感觉空气都凝结了。过了一会，面试官面无表情地发问，“请问，你坐在那里，是来面试我的吗？”小智当时就傻了眼。

面试的过程自然不怎么顺利，面试官说了一大堆冠冕堂皇的理由，就把小智打发走了。至今小智仍然困惑，我只知道饭桌上有主位和次位之分，面试座位的主次也那么讲究吗?

这个让人“摸不着头脑”的拒绝缘由，让许多在网上求职的大学生们议论纷纷。在此次事件上，将近40%的网友认为招聘单位是在求全责备。当然，60%的网友理解面试官的心思，认为座次确有讲究。而抛开此事，所有的受访者中仍然有近九成认为“职场礼仪重要且必要”。

礼形于外，德诚于中。职场礼仪是职场人体现个人修养、外在仪态和内在品格的表现形式，同时也是事业单位和大部分企业运营管理及员工培训的重要组成。医疗行业、教育行业、国企、外企和某些竞争力强的私企尤其重视员工在职场中的礼仪规范和表现。管理者们不仅重视专业能力等硬性指标，对内在涵养等软性条件也有极高的要求，他们不断挖掘员工个人魅力，将职场礼仪发展为单位塑造社会形象的“杀手锏”。职业形象是职场对人仪容仪表的基本要求，是作为职业人必不可少的功课，也是职业素养的外在形式。职业礼仪有助于增加内在学识涵养，实现个性特质的提升，是职业素养的内在体现。本章将围绕职业人的形象塑造和职业礼仪养成进行介绍。

资料来源于 网络

一、职场礼仪基本内涵

中国素有“礼仪之邦”的美誉，清朝思想家、教育家颜元曾说：“国尚礼则国昌，家尚礼则家大，身有礼则身修，心有礼则心泰。”懂礼尚仪绝不是可有可无的事，不仅体现了每个人的自身修为，还影响了家庭乃至整个社会的风气，最终决定着一个国家的荣辱兴衰。

（一）职场礼仪的内涵及作用

职场礼仪是人们在工作环境或在从事职业活动中所应遵循的礼仪规范，也就是工作礼仪。职场礼仪规范总的来说具有一定相同性和规律性，职场礼仪与生活中的礼仪具体分为两个领域：个人礼仪和公务礼仪。个人礼仪包括仪表形象礼仪和职业道德礼仪，公务礼仪的内涵则十分宽泛，包含沟通礼仪、餐桌礼仪、电话礼仪、会议礼仪、礼品礼仪等。

对个人而言，遵循良好的职场礼仪不但是个人魅力的体现，同时也是个人专业性的的象征；对于企、事业单位而言，规范的职场礼仪是单位文化软实力的集中展现；对业务对象而言，高质量的业务水平和良好的往来过程即是上乘的商务体验，对于提升工作效率和商务沟通的满意度有着决定性作用。

（二）医学职业礼仪教育的背景

医学职业礼仪是医务工作者在医疗救助和常规工作中所遵循的言行规范，主要内容是调和与病患之间的关系，为提升医疗救助效率塑造一种和谐的医患关系，营造良好的医务人文环境。

医学职业礼仪因从业者职业特殊性，辐射产生角色标准性、目的专一性以及利益一致性的特点。医务工作者在实践工作中逐步探索职业礼仪规范，从而使同行、患者和家属认可。实践工作的特性要求医务工作者要把尊重病患放在首位，本着对病患负责的态度，保护其生理和心理安全，遵循医疗卫生行为规范。

医学职业礼仪面对群体复杂复，医务工作者按接触频率和比例排序为病患及家属、同行、上级、医疗技术人员、后勤人员和与医疗卫生行业接触密切的群体等。

而医患关系又是作为社会和谐稳定的重要部分，从 20 世纪 90 年代起就成为学者和社会各界讨论的主题。中国医师协会于近年公布的《医患关系调查报告》中强调，约 75%的医师及相关工作者认为合法权益得到有效保护，超 80%认为当前执业诊疗环境不如意。近年来，我国在全国范围内因医患关系引发的医疗纠纷比例不断上升，年涨幅已 30%之多。因此，从医方的角度来看，加强医德医品教育，提升医务工作者的医学礼仪素养已变得迫在眉睫。

【课堂活动】

医学职业礼仪认知度调查

1. 近期你所去过的医院、诊所或相关医疗服务场所中，医生、护士、药师、医学技术人员有没有做过不符合职业礼仪规范的事情？（如态度恶劣、措辞不当等）

A. 几乎每次都是　　B. 偶尔遇到

C. 基本没有

2. 作为医学院学生，你对医学职业礼仪内容了解多少？

A. 学习过相关知识，了解一些

B. 从其他渠道看到过

C. 从未接触

3. 你觉得是否有必要开设职业礼仪相关课程或讲座？你更渴望了解其中哪部分知识？

A. 有必要设置相关课程，增强医学生医德医风教育，我希望给了解××方面知识，可由辅导员在主题班会上强调

B. 没必要，每个人的素养决定了他（她）在生活和工作中是否知礼懂礼

职业礼仪水平测试

以下题目是测试你的职业礼仪的水平，选出你认为合适的答案。

4. 医生在为病患诊疗结束后，应使用哪句用语？

A. “再见！欢迎再来!”　　B. “把门关上!”

C. “祝您早日康复!”

5. 向患者询问病情时，最好的交谈距离是?

A. 0.5 米　　B. 1 米　　C. 2 米

6. 在想患者询问病情时，应注视患者的哪一部位?

A. 眼睛与鼻子之间　　B. 鼻子与下巴之间

C. 额头与眼睛之间

D. 脖子

7. 与患者握手时间不应超过几秒?

A. 1 秒　　B. 3 秒　　C. 5 秒　　D. 10 秒

8. 医患沟通应尽量避免哪个方面?

A. 近期身体状况　　B. 病痛持续时间

C. 医学专业理论　　D. 诊疗结果和医嘱

正确答案：4-8 CAABC

二、职业形象的基本要求

【案例故事】

“家庭主妇”与“大学肄业生”

连续多年蝉联世界首富排行榜首位的商业巨头比尔·盖茨，大学肄业后与好友成功创办了知名软件公司微软。然而在创业初期，他与合作伙伴们也经历了许多困难。

1978 年初，比尔·盖茨为了争取一笔风险投资来到华尔街，这个项目的负责人是一位著名的风投专家。在他的办公室里，年轻的比尔行云流水地叙述了他的实施方案。当女秘书向投资人递上项目报告书时，投资人皱了一下眉头，上下打量了一番女秘书，顿了一顿接过了项目书。然而比尔与秘书并未在意。

推介会结束，投资人并没有投资意向，虽然他们的方案几近完美，但还是婉言拒绝了。离开前，困惑的比尔·盖茨在门口听到了投资人与自己秘书的谈话，“你看他们，头也不梳，衬衫还少了一粒扣子，邋里邋遢的，像不像失业的家庭主妇带着大学没读完的男孩。就这样还想让我相信他能为我带来千万利益，简直是奇想天开。”

现在你应该会说，“原来我的职业形象决定了我是个潜力股!”职场竞争如此激烈，方方面面都要获得胜利不容易，但是职业形象的塑造是掌握在自己手里的，也是获得职业成就的第一步。

不论你是想成为清新脱俗的职场新贵，还是成熟稳重的业务大牛，抑或雷厉风行的公关经理，找到适合自己的职业形象，就能提升自己在职场中的魅力，为事业增光添彩。试想，你是想成为同事口中默默无闻的“格子衬衫代言人”呢？还是人人瞩目的靓丽风景线?

资料来源于［美］伊登·科林斯沃斯．我最需要的职场礼仪书[M]．姜莱（译）．北京联合出版公司，2012

（一）职场对仪容仪表的要求

不论是职场新人还是老手，都会有种感觉，无论什么场合，身边无不被职场礼仪的“潜规则”充斥着。如果做的恰到好处，能为自己的职场形象加分，做的不得当或没有关注此事，则会留下许多“隐患”。例如，有些岗位如教师、业务员、事业单位行政人员对穿着服饰的要求没有做明确规定，但这并不意味着无需关注自己的仪容仪表。若一名教师穿着背心短裤人字拖，染着一头蓝色头发给学生上课，会让学生的关注点落在了教学以外的地方。

1. 职场着装规范

（1）服装。不论男性还是女性，不论职业种类，衣柜里常备 3 件厚薄适中、干净整洁的白衬衫是职场人的不二选择。白衬衫是干练、专业的象征。白衬衫可以搭配任何材质的衣服，天冷加一件开襟线衣，天热穿短袖白衬衫，任何场合都能驾驭，不会出现不得体的情况。

下半身的搭配，在颜色上应与上身形成对比。女性至少准备一条黑色或藏青色长筒西装裤和一件西装裙，长筒西装裤以至脚面为宜，裤型不宜过肥大或紧身，以可以轻松蹲下为标准。西装裙要短于膝盖，基本为一个竖拳的距离，视觉上会拉伸腿的长度。反之，裙摆过长，露出的小腿便短，有一种“小腿以上全是腰”的错觉。男性常备黑色、深灰和藏青三种颜色的长筒西裤，注意西裤脚的长度以搭到脚面形成一个褶皱为宜，过长显得邋遢，过短则局促滑稽。

（2）鞋袜。谈到仪容仪表，多数人把注意力放在衣着、发型和妆容上，忽略了鞋袜的重要性，而恰恰许多重要会议和仪式上，鞋袜搭配是否得体成为有心人的关注点。这里需要强调的是，男性在着正装时，必须搭配黑色的棉质袜子，袜口高于脚踝骨。因为，黑色是庄重的象征，棉质袜子会帮助排汗，减少异味，毕竟没有人愿意自己的合作对象是轻浮且“有味道”的。工作场合常备至少一双款式简单的黑色皮鞋也是十分必要的，皮鞋新旧没有关系，但要经常擦拭，保证没有浮灰堆积，且油亮干净。

2. 职场外形规范

（1）发型。“近看脚，远看头。”发型是让职业形象锦上添花的关注点，舒展整齐的发型让人精神饱满、容光焕发。早起 10 分钟，用心梳理一下自己的头发，让发型成为妥帖外表的一部分。

女性发型的打理会稍复杂些，不作统一要求，但也有规律可循。只要记着“柔顺服帖，长短随心，曲直随意”的原则即可。也就是说，如不是职业性质对发型有特殊要求，一般情况下，职场女性让头发柔顺不毛躁就是基本要求。在此基础上，根据个人脸型打造发型，无论长发、短发、卷发、直发，都有各自的妙处。

男性不可蓬头垢面进入办公室，保证每天洗一次头，及时清除油脂和头屑。如果是睡前洗头，一定要用吹风机将湿发吹干再入睡，否则第二天起床，很可能变成“金毛狮王”，无从下手打理。男性还要注意经常理发，保持至少半个月一次的频率，简单干净，让人始终保持神采奕奕。

（2）妆容。对妆容的要求，各行各业不尽相同。常规审美观念里，做到“简洁自然、气色红润、适当突出面部特征”最适宜。

（二）职场对仪态的要求

1. 言谈

言谈广义上是指个体在沟通交流时的表现，狭义上是指语音、语调、音量、语速等生理因素和思维、修养等人文因素。人们在与他人交流时，言谈是否得体，很大程度上体现了这个人的表象特质和内在逻辑。

发音不标准、吐字不清晰的人，应该多聆听广播员或节目主持人的发音，从而纠正自己的咬字吐字。语调过于丰富或平淡者，则应向适中的程度调整，趋于正常。音量也是影响沟通的一个要素，它会直接让人产生对方自信与否的印象，音量过大者让人觉得粗鲁、缺乏教养。反之，“蚊子哼”一样的音量显得说话没有底气，缺乏自信。当然，语速适中，则显得不疾不徐，有条理有准备。

（1）多读、多听、多看。只有进行一定量的知识储备，才能运用到与人交流的各方面，让自己的逻辑思维能力产生质的飞越。

（2）不断思考。在保证了多读、多听、多看的基础上，可以使用思维导图作为训练工具。思维导图像是一棵“树”，知识储备是枝丫之间的连接点，而逻辑形式则是“树枝”，二者联结，便形成了逻辑思维的基本结构。

（3）用合理的方式表达。如果还是不习惯通过语言表达，那么可以先尝试用文字代偿。提炼思想精髓，通过文字阐述主题思想可以让思维更加清晰化、具象化，从而更好地指导语言表达能力。因此思维、文字、语言，三者相互依存、彼此照应，只要做到以上要点，言谈自非凡。

2. 举止和表情

在商务活动中，语言表达必与肢体语言同时出现。相较于东方人，西方人更偏爱运用身势、手势和表情辅助表达。

（1）引导。引导又分为迎接、送往和指引。迎接客户时，应直立挺胸，一只手从体侧移至小腹前，另一只手优雅地划向所指方向，掌心向上、四指并拢，虎口微张，手腕与小臂平行，大臂与小臂之间的夹角保持在 100°～120°，当指向近处时轻抬大臂，指向远景时大臂与身躯夹角在 90° 为宜；送往与迎接类似，须将小臂抬至肩膀高度，五指微张，轻摇小臂和手腕。这两个场合下，主人应做到面部保持微笑，目光注视来客，辅以适当迎送话语，待对方结束动作后，方能恢复常态。指引常出现在为上级、来客和相关人士引路时，应始终与对方保持半米距离，立于其左前方，掌心向上指引方向，如果在行进中，则须要眼神在对方与指引方向之间徘徊，直至到达目的地。

【案例故事】

到底哪里出了错？

小雨上个月应聘到一家外企做行政助理。这天，经理的合作伙伴前来拜访，经理正准备去开会，交代小雨招待好他。小雨将对方引进休息室，端来一杯水。没想到，会面结束后，小雨被经理批评了一顿，但她自己并没有觉得失礼。

下班后小雨回到家，和同在企业工作的姐姐描述了事情的经过，姐姐道破了原因。原来小雨的问题出在手势上，她在引导合作伙伴坐下前，没有伸手指引，而是努了努嘴，嘟囔了句："坐吧。"便扬长而去。

资料来源于 网络

（2）递接。递接文件、茶杯和其他物品时，应双手呈上，上半身微倾，待确定对方接过后再放下双手。需要特别注意的是，在传递尖锐物品，如剪刀、裁纸刀时，应该讲锋利面朝向自己，刀柄交给对方。同时，接收对方递来的东西时，应起身或主动向前取拿。

（3）夸奖。夸奖是职业活动过程中必不可少的一部分，表现形式有竖大拇指或鼓掌，同时在言语上以鼓励。但是，竖大拇指的行为也不是在任何国家、任何场合下都适用。在意大利大拇指表示数字"1"，在希腊则表示"已足够"。因此，在没把握的情境下想要表达对对方的赞赏，只须微微点头，面部保持微笑即可。

【课堂活动】

阿博特·梅里比安于1971年通过研究得出关于第一印象的"55387"定律，即一个人给别人带来的第一印象因素占比，下列哪项说法正确（　）。

A. 外在形象占38%，语调、语气、肢体动作占55%，交谈内容占7%

B. 外在形象占55%，语调、语气、肢体动作占7%，交谈内容占38%

C. 外在形象占55%，语调、语气、肢体动作占38%， 交谈内容占7%

D. 外在形象占5%，语调、语气、肢体动作占53%， 交谈内容占87%

正确答案：C

三、公务礼仪的基本要求

（一）介绍礼仪

【案例故事】

忘了这步可不行

清澜外表出众，言谈大方得体，大学毕业后便受聘于一家外企做行政前台的工作。她热情开朗，不久就与同事们熟识，打成一片。这天午休时，清澜的闺蜜来找她，两人午饭后便在茶歇间休息聊天，经理经过时两人相聊甚欢，清澜并没有理会经理，也压根没想起介绍闺蜜，经理冲完咖啡，用余光看了她们一眼便离去。

一周后，人事部门通知清澜办理离职手续。事后，公司熟识的同事告诉她，经理在当周例会上说明了原因：经理认为，职场中忽略了最基本的介绍礼节，对于前台工作来说是大忌，打开交流之门的第一步都被遗忘，公司如何树立形象呢？

资料来源于 网络

介绍得得体，尺度把握合适，是拉进职场合作双方距离的有效手段，它能为后期顺畅、高效沟通打下坚实的基础。许多场合下，如能将介绍礼仪的分寸拿捏适度，可以有效为工作赢得更多先机，积攒人脉资源，让合作双方增进了解，创造机遇。

1．自我介绍

自我介绍是职场介绍最基础的形式，是超越“第一印象”存在的“超前印象”。做自我介绍时应根据沟通对象、所处环境和不同场合进行调整，千万不要千篇一律。

（1）公务性自我介绍。应简洁明了，直入主题，1～2 句话体现姓名、单位和职务，如“您好！我是许心，是××公司行政总经理。”

（2）礼仪性自我介绍。适合庆典、开业、演讲等正式场合，内容较“公务性”稍充实，不仅含有自己的基本信息，还要有面对群体的敬辞，并适当增加介绍目的，如“尊敬的各位领导，你们好！我是××公司的业务主管陈丰宇，我谨代表全体员工对各位的到来表示热烈地欢迎。”

（3）交流性自我介绍。相较于前两种介绍更平实，或是相识的双方希望进一步了解，这时介绍内容可详细深入些，如“你好，我叫张嘉，是孙小小的同事，我们大学时就在同所学校读书，后来工作后又进了同一家公司……”

切记，当有第三个人在场，而你与另一人是需要认识的两方，不可以抢在介绍人前自我介绍，这是不礼貌的行为。

2．介绍他人

分个体介绍和群体介绍两种情况，介绍他人时须遵循以下几个原则。

（1）端正的介绍姿态。个体介绍时，介绍人应站在被介绍两方的中间靠后位置，与两人保持一定距离，介绍时目光关注聆听介绍的一方，轻抬小臂，五指微分，指向被介绍的一方。这个过程须至少持续 8～10 秒，语速适中，不能让被介绍方觉得草草了事，自己未受到应有的尊重。

（2）正确的介绍次序。个体介绍时要牢记一个原则：“低向高，下向上，女向男，主向客”。即将辈分低幼者介绍给辈分长尊者，将工作中下属介绍给领导，将女性介绍给男性，将主人介绍给来客。

（3）征询介绍意见。在为他人做介绍前，应在合适的机会下征求双方意见。如有任意一方不愿被介绍（如身份特殊），介绍人要放弃正式介绍，改为其他形式。否则场面会十分尴尬，造成不必要的麻烦。

集体介绍时有单项与双向之分，单项是指被介绍双方中有一方是个人，另一方是一个集体，为了节省时间精力，只须向集体介绍个人即可。双向是较为复杂的情形，应由主持方按照职务高低进行介绍，再由来客方按同等规则介绍。

（二）沟通礼仪

【案例故事】

如此粗心的公关经理

某单位在为一个大型项目进行招标，经过激烈的竞标后，两家实力雄厚的公司入围，单位决定实地考察确定意向。

首先来到其中一家公司所在城市，火车到站后，考察团一行十余人在站台等了 2 个小时不见对方踪影。天色已晚，他们找了一家酒店住下。办理完入住，对方公关经理打来电话连声道歉，说记错了接车时间。考察团负责人决定第二日上午10点重新安排面谈。

次日晌午，考察团再次被“放了鸽子”，于是拨通公司董事长电话，气愤地说，“既然贵公司没有与我们合作的诚意，那我们也不便打扰，稍候我们就启程去另一家公司。”

原本胜利在望，如今咫尺天涯。

商务接待也是沟通礼仪的一种，如果该公司提前做好接待方案和预案，相信接下来的工作一定能顺利进行。公关经理漏掉了最应重视的细节，给对方留下了“这个公司不守时，不讲信用”的印象，断送了公司大好前程。

资料来源于 孙丽．人人都要懂得职场礼仪[M]．中国工信出版集团，2017

1．递接名片的礼仪

名片是最好的广而告之。职场新人们不要因为“无名无分”而省略了这个步骤，名片是商业伙伴记住自己的最好方式。在与工作对象交换名片时应注意以下几个方面。

（1）携带足量。准备一个便携名片盒装名片，保证名片不因通勤过程造成污损，量没有具体要求，以装满名片盒为宜。

（2）看准时机。交换名片时要提前告知对方，在征得其同意后，双方进行交换。时机选在见面短暂寒暄后最为自然。

（3）按规遵序。按照“低向高，女优先”的原则递送，后者再决定是否回赠。如果是群体会面，应按照座次逐一递送。递送是要起身（坐姿）或躬身（站姿），双手捏住两角，将阅读面朝向对方，口中说道“请惠存”。

（4）微笑接收。在接收别人递送的名片时，应该双手接收，为表示尊重，应保证阅读时间在10～20秒。如对方声名显赫，则应轻声诵读头衔称谓，让对方感受到自己的敬仰。

2．握手礼仪

在职业交往中，双方相见时一般以握手为主要方式，展现了交往双方对彼此的尊重和礼节，体现的是人的素养。从握手的方式、顺序可以初步判断一个人的风度和教养如何。因此掌握基本的握手礼仪，方能为人际交往开启一个好的开端。

（1）握手场合。以下情况，可以通过握手增进感情。与久未谋面的好友同事相见时，表示重逢的喜悦；正式商务场合，表达基本的礼节；与他人分别是，传达珍重之意；恭祝他人乔迁、新婚、生子时，表示祝贺；家中亲人过世，对来吊唁者，表示感谢；接受奖励、颁发荣誉时，表示感谢或祝贺等。

（2）握手顺序。在重要场合下，掌握基本的握手次序是十分必要的。一般分为以下几种情况。

①尊者伸手。一般情况下，不是所有人都有握手习惯。在和身份尊贵或辈分年长的人相处时，由尊者决定是否进行握手礼，如果对方没有伸手，则无需主动，不必觉得自己不懂礼数。一般须遵循以下原则：长辈与晚辈相处时，长辈主动伸手；男士和女士相处时，女士主动伸手；上司与下属相处时，上司主动伸手。

②一对多人。在与多人相处的情况下，一般遵循以上原则即可。遇到复杂的情况，按照

站位远近或座次顺序，顺时针逐一握手，握手时主动迎上前，面带微笑，口中说道："幸会。"

3．电话邮件礼仪

无论是业务人员还是行政人员，不论是办公电话还是私人电话，它作为提高沟通效率的通讯工具，在职场占有重要的一席之位。现代社会习惯了社交软件的运用，很多人仿佛丧失了接打电话的能力，甚至出现"铃声恐惧症"，听到了电话响却不想接电话是常态。接打电话的礼仪如下。

（1）心理建设放首位。接打电话前做好心理准备，想一遍自己要表达的内容，提炼重点，预想可能出现的多种情况及应对措施。

（2）"好记性"不如"烂笔头"。办公桌前常备便利贴和中性笔，电话铃一响，便下意识地拿起纸笔，以便快速记住重要信息。

（3）接听及时不抢话。电话铃响后三声内一定要接听电话，如果实在因特殊原因耽误了，须在接听后说明原因。此外，接听电话表达礼貌后，应将大部分陈述时间让给对方。

（4）语速适中音色美。要尽可能做到字正腔圆，咬字吐字清晰，语速自然会正常。此时，要做一个"中立人"，不让对方从声音辨别自己的性格特质。音色只须不疾不徐，保持平稳，自然悦耳动听。记住，声音是为内容服务的，过分夸张或虚弱，就会本末倒置。

电子邮件是比社交软件更具专业性的网络沟通选择，它会将自己的所有收发记录存在数据库里，不论时间多么久远都可以追溯，让商务沟通有迹可循，避免产生不必要的纠纷。收发电子邮件要记住，传送资料、正式发（回）函时一定要用电子邮件，而私人慰问则不必过分拘泥；撰写邮件时注意语气措辞，不能情绪化，不可口语化，代表的是单位整体形象。注意将发送（回复）对象分类，邮件一旦发送无法撤回，留意编辑的内容是否涉密，看清分组再发送邮件，不要造成不必要的损失或破坏感情。

4．座次安排礼仪

【案例故事】

细节决定成败

成成进入市人民医院办公室不久，工作态度很好，为人低调、做事靠谱，得到了领导的赏识。一次，他被安排去机场接机，对方是全国心脑血管专业的专家，前来会诊。成成把专家行李放入后备箱后，主动走到副驾驶，打开车门对方并未多言，而是笑了笑，拍拍他的肩膀坐了进去，成成也顺势坐到后排位置。

到了医院后，副院长在门口迎接。一开门，发现后排坐的居然成成，专家从副驾驶走了下来。副院长眉头一皱，和成成说明了原因。

资料来源于 网络

座次安排是沟通礼仪的不可或缺的一部分，也是做接待工作职场人的必学科目，这里为大家介绍两种情况下的座次礼仪规则：

（1）车座安排。

①有专职司机时。双排五座车，根据长幼尊卑依次是后排最右位、后排最左位、后排中

间位、副驾驶位；三排七座车，根据长幼尊卑依次是中排最右位、中排最左位、中排中位、后排最右位、后排最左位、后排中位、副驾驶位。

②无专职司机时。与上述情况不同，此时司机是主人，则前后次序颠倒，双排五座车的副驾驶位是尊座，后排则排序稍次。

（2）餐座礼仪。

①四人以下就餐。根据地位高低，依次在主人右手和左手就坐；两人吃饭时应面对面，方便交流。

②桌餐。常见于常务宴请或聚会，主位应正对大门，按地位尊卑，依次坐于主位右手和左手，并按规律排列下去。值得一提的是，如果把请客方与来宾间插排开来坐，更有助于主人招待客人，方便双方联络感情。

③多桌餐宴。如果是大型宴会招待，圆桌摆放应遵循“远高近低”的原则；如果有舞台，则主桌应离舞台最近，离出口最远。如果是婚宴场合，舞台制成梯形状，则舞台右手为第一主桌，左手为第二主桌。其余桌子的位次以距离主桌的近远为尊卑。

5．宴请礼仪

“餐桌文化”是商务活动中必不可少的一环。宴请关注的不仅是吃喝，席间体现了交际的技巧和方式。宴请与正式的会谈场合不同，宴席氛围轻松，容易增进双方感情、拉进距离，促进商务合作成功率。但是，对宴请礼仪一窍不通或不得技巧的人，不但有失个人风度，还可能对之前会谈取得的成果产生负面影响。宴请必知礼仪技巧如下。

（1）宴请礼仪基本要点。宴请全过程中，细节彰显了主人的心思。要根据被宴请方的企业文化、来宾性格、身份、地位、品味等决定宴请的餐式和规模。

①中餐宴请讲究多。中餐宴请的时间一般是中午或晚上，考虑从对方行程和客观实际出发，如果条件允许的话，给对方提供至少两个时间段供选择以表诚意。

在国内，中餐的选择余地大，可根据环境氛围、口味特点和交通情况为参考依据，此三个方面重要程度排序也是从高到低排列。

点餐也是一门学问。很多同学外出就餐从未点过餐，别人点什么就吃什么，其实点餐也是有技巧的。建议遵循“可量化、多样化、巧搭配”的原则，“可量化”就是注意菜品的荤素搭配，保证菜的数量至少和来宾数量一致，例如，来宾是 10 人，则除去凉菜，共点十个热菜；“多样化”指的是食材和口味要多样丰富，照顾到各种口味的人群，不可太肥腻，也不要太清淡，有香辣口味，也有酸甜口味，比例基本持平；“巧搭配”的意思是有干有稀，有炒菜、有烧菜、有汤品、有主食，让一桌美味完整有分量。

②西餐宴请有规则。西餐如同西方文化，讲究独立的个体性，因此西餐宴请时礼仪规则也须了解一二。西餐的用餐顺序为头盘、汤、副菜、主菜、蔬菜菜肴、甜品和咖啡，席者依顺序逐一用餐，不可催促，不可“囫囵吞枣”。如有任何需求，不可直呼服务人员，须放下餐具，目光寻找就近的服务员，直到对方注意到自己，自会前来。

餐具是西餐的灵魂，常见的种类为刀与叉。左手持叉，右手持刀，标准的西餐通常提供三幅餐具，使用时从内到外依次取用。用餐间隙如有休息意向，或与客人交谈重要事宜须集中精力时，应将刀叉“八”字状置于餐盘中央，切忌激动地挥舞刀叉，这是非常失礼的行为；用餐完成后，应将刀叉平行置于餐盘一侧，服务人员看到后，会默认已完成用餐，收拾餐具准备下一道菜。

（2）席间谈论学问深。宴请席间要做到以下几点。

①劝酒适度不可失礼。席间劝酒点到即可，不可强迫不适宜饮酒者过量饮用。过分劝酒会使气氛尴尬，破坏原有感情，甚至摧毁双方的合作意向，因此要把握好分寸。

②敬酒次序不可混乱。敬酒一般根据来宾的身份、地位、职位高低敬酒，同席间旁人都在敬酒时，不可独自吃菜，应找寻桌上空闲者，向其敬酒。另外，开席前记住对方称谓很重要，确保对方感到被尊重。

③谈话大方得体，不可交头接耳。一桌宴席参与者应是一个有机的整体，大家为了共同目的聚集于此，主人应寻找大家共同可参与的话题“高谈阔论”，不可三三两两聚集讨论，否则会让人产生不好的印象。

6．会议礼仪

【案例故事】

新官上任

新上任的业务部部长李大奇接到总部的通知，让其于周五下午4点赴总部参加项目推介会。周三上午，李大齐便召集了部门成员头脑风暴，对项目策划书提出意见，当场就有两位老员工对方案提出了中肯的建议。经讨论，大家一致同意修改策划书。当天晚上，李大齐便完成了策划书的打磨。周五参会时，李大齐侃侃而谈，对于董事会的提问对答如流，显然对项目准备充分。

会后，董事长表扬了李大齐，传达了董事会对他工作的认可。刚上任的“新官”顿时信心百倍。

资料来源于 孙丽．人人都要懂得职场礼仪[M]．中国工信出版集团，2017

开会是工作中提高效率的一种有效形式，不论会议规模大小，只要懂得会议礼节，做好前期准备，把握会议方向，掌握基础谈判技巧，则一定会使会议变得有价值，推动工作进度，达成初始目标。召开一次完美的会议并不是一件易事，需要提前了解一些会议礼节。

（1）做好会议准备。

①提前做好会议通知。一般有两种形式的通知，一种是书面通知，使用公文格式，在会议开始前若干天内公布议题和讨论内容。另一种是口头会邮件通知，通常用在临时召开的会议前数小时，电话和邮件能够快速通知到参会者。

②做好会议安排。给自己预留足够的时间，明确会议时需要用到的文件、茶水、PPT等项目，以防开会时手忙脚乱。召开会议时要把握会议方向和现场氛围，如会议偏离了主题须则将其拉回正确方向。过分活跃或死气沉沉的会议，须主动发言，提出一个观点，引发更多的讨论。

（2）注意会议细节。各类会议和谈判中，要注意细节的处理。

①言谈举止得当。谈吐透露着气质和修养，会议中对待别人的发言要仔细聆听，适当记录要点。低头玩手机、分神、从始至终奋笔疾书都不是合适的表现。自己发言时，应注意语

速和语调，不可大声喊叫、拍桌站立，这样会给人留下没有礼貌的印象。在没有把握阐述清楚自己观点的情况下，不随意发言占用会议时间。如遇分歧，则切忌“翻脸不认人”，开会时头脑风暴的一种有效形式，开会的目的也是为了更好地解决问题，而不是吵架。

②沉着处理应激事件。会议进行过程中，如果遇到不得不处理的事情应如何解决？比如突然来了电话该不该接？这时须要权衡该来电的重要性，如果就坐于上司或领导旁边的位子，可低调向领导请示。得到默认许可后，向与会人员投去致歉的目光；如果旁人都在全神贯注地讨论，则不必打断会议节奏，轻步走出会议室，待合适时机再进入。

③会后总结会议经验。会议结束后应及时整理会谈内容，梳理发言要点，提炼会议精华，整理出一份逻辑清晰的会议纪要。如有需要，还须撰写相关报告，让会议核心思想指导下一步实践工作。如涉及人事变动和其他重大决策的会议，须要及时向相关人员传达最终决议。

（3）会后赠礼要点。中国人重视“礼尚往来”，不论是合作伙伴还是单位同事，或者是家人朋友，为他们挑选一款合适的礼物，作为心意赠往，对于做人处事来说都锦上添花。一般的商务会议，礼物的赠予是必不可少的环节，用来增强对方对自己的好感度。虽说礼物是“赠”出，但也不尽是多、贵、重就好，恰到好处的赠礼方能强调情谊。

①选择合适的礼物。一场严肃的会议或激烈的谈判结束后，赠礼无疑是缓和气氛最为自然的方式。礼物的种类不应离开公务和业务范围，具有单位特色的文创用品是不错的选择，既不会过分贵重，有讨好行贿之嫌，又不至于分量太轻拿不出手。最重要的是，文创产品使用频率高，对于宣传单位和塑造形象有着潜移默化的作用。

②选择赠礼方式。分当面赠送、快递邮寄和他人转送三种。当面赠送是最直接的形式，可在对方到达会议场地等待之机赠送；或者在会议结束作为伴手礼赠送；快递邮寄适用于未到会参会者，邮寄的礼物中一般附有一张信笺，信笺上使用规范的语言说明赠礼缘由，署上赠礼者姓名。

③赠送外宾的礼节。不同国家对于赠礼的习俗不同，国际商务活动中，不同国家有不同规则。大多数国家的赠礼习俗中，礼物都不迎合个人趣味，但须与其身份和地位相符。赠礼是保持商业合作的一种手段，不送礼品则被认为不懂礼仪规范。当然也有特殊情况，比如法国人很少交换礼物，西班牙也没有送礼的习俗。

第二节　培养内在修养

【案例故事】

顺丰小哥的自白

一名顺丰小哥这样描述自己在公司供职的感受，进公司不久，我请求去货运中转场观摩学习。那里不仅有我们公司，同时分布着很多物流企业的中转场。每天清晨中转场里都是一派忙碌的景象，车水马龙。分拣员熟练地分拣发往全国各地的快件，箱装快件体积大，搬运非常辛苦。夏日的铁皮棚下温度超过45°，没有降温措施，分拣员们汗流浃背地操作，直到太阳落山。此时，分拣归纳好的货物都聚集在一起。

转眼快到午夜，所有快递公司的车辆都离开了，只有顺丰的员工还在劳作，他们的精神充沛，干劲不减。夜深了，他们依然在忙着往车上装货。当日晚上的快递，必须要在次日清晨7点左右到达全国各个网点。因此，只有日夜不停歇地工作，才能保证顺丰的货物运送速度最快。那天，我被震撼了，彻夜难眠。

那天我见识了中国最优质的物流业员工的效率，他们身处最基层的岗位，却兢兢业业、吃苦耐劳，这也正是顺丰务实又低调的企业文化的体现。顺丰在行业内外的口碑优秀，主要凭借"快"占据了物流业首席之位，然而很多人并未察觉，"顾客至上"也是顺丰一直以来信守的原则。顺丰关注员工职业素养的提升，员工时刻铭记 "为顾客提供满意服务"的宗旨。

平日，顺丰对快递从业人员的培训是系统性的。从入职到转正到晋升，各个时期都有不同的培训。企业为培训员工投入了大量的时间精力，聘请最优秀的师资开发各个岗位系统的培训教材。其中，辅以培训手册、书籍、音像制品、多媒体课件、测验试卷等。由负责各大区培训的专职培训主管，对全员普及培训内容。

顺丰还有一个战略非常成功，就是"储备干部人才梯队建设"。顺丰的管理人员中，70%以上的中基层人员是内部培养提拔的。完善、系统的人才培养制度和晋升制度，使得顺丰在短短几年时间里，在行业中迅速发展壮大。

资料来源于 网络

职业素养是个宏观的概念，通常认为专业是第一位的，但是除了专业，职业道德和敬业精神更是必不可少的。在职场中职业素养，就是个人素养或者道德品质。

一、职业素养与礼仪

（一）职业素养的基本内涵

职业素养是人类在社会常规活动中必须遵循的职业行为规范，是各行各业的内在要求，是职业个体在过程中展现出来的全面品质。大部分体现在职业的习惯、职业的行为、职业的兴趣、职业的个性等方面。职业素养包含职业常规状态、职业知识技能和职业行为习惯三大核心成分。

美国学者赖尔·M·司攀塞和赛尼·M·司攀塞博通过研究，将人类的个人素养划分为表象特征和隐形特征。表象特征包括基本知识和基本技能，占20%。而隐形特征包括自我形象、社会角色、个人特质以及动机意识，对人的外在行为和常规表现起着关键性的作用。

如果把一个职业人的知识才能看作海平面，"海平面"以上部分是其所拥有的从业资质、专业知识、通用技能等，这是职业人的显性素养。一般通过各种学历证书、职业或行业技能证书，或者专业考试来体现，便于了解与测量。"海平面"以下的部分，包括职业意识、职业道德、职业作风等，属于隐性素养，不容易测量。但是，一个人是否具有全面的职业素养，往往通过显性素养和隐性素养二者同时构成。

职业道德是社会道德体系的重要组成部分，是社会人必须遵守的基本行为规范。为顺应社会各行各业职业化的要求，使自己的言谈举止、仪容仪表、风度气质更加得体和赏心悦目。职业礼仪有助于增加内在学识涵养，实现个性特质的提升，对于涵养职业品德，养成良好的职业习惯非常必要。

（二）职业礼仪对职业素养的教育作用

在职业礼仪的实践中，通过提高对礼仪知识的认知、培养饱满的礼仪情感、锻炼意志和养成良好的礼仪习惯，更好的落实职业素养教育中“行”的涵义。对职业礼仪的认知程度高低决定了人们在执业活动中道德认识水平的高低。系统了解职业礼仪规范和道德规范，拥有正确的意识是人们良好行为的先导因素。职业礼仪之情感对培养职业人，在职业归属感和获得感有重要作用，使职业人抱有一种积极向上的职业态度，增加其职业认同感。职业礼仪之行为是日常礼仪教育落到实处的综合表现，并促使将礼仪规范变成一种良好的职业习惯，用来指导自己的行动。

职业礼仪教育对人格的完善体现在以下几方面：一是从行为举止等外在的形象上塑造良好的职业形象，商业交往的过程往往较短，在一定时间内给人留下极为深刻的第一印象，塑造知情知礼、气质优雅、风度潇洒的职场形象则显得十分重要。二是通过职业礼仪教育促使职业人正确地认知内在自我，将自己的个性发展与德性发展统一，通过行为、举止、表情、言谈、仪表和服饰等表现行为约束规范人们的职业道德修为。三是通过职业礼仪教育增强职业人在实践中养成重德尊礼的习惯，时刻保持自我发展和完善的积极性、主动性，实现职业人格的逐步完善。

二、职场礼仪问题分析

【案例故事】

“成功人士”都自律

畅销书作家梁凤仪，有一次受邀赴北京大学做文学报告会，因遇上上班高峰，在高架桥上堵车迟到一个半小时。到达场地后，主持人向参会学生解释迟到的原因，大家也予以理解。但是梁凤仪本人却进行了深刻的自我批评，她表示不应该将任何理由作为借口，为迟到辩解，是自己耽误了大家的时间。随后，她顺延了一个半小时的报告。道歉赢得了在场同学的掌声，从此，梁凤仪更受读者的爱戴。

企业家柳传志是业界闻名的自律性管理者，2007 年他应温州商界的邀请前去参加交流会，当日温州却遭罕见暴雨袭击，飞机不得不降落上海。柳传志为了准时到达温州，下了飞机，顾不上休息，连夜乘火车赶往温州。第二天一早，当温州的商家看到略显疲态的柳传志本人时，对他由心而生敬佩之情。

所谓的“成功人士”之所以能在各自领域取得成绩，得到他人的敬重，很大程度上与其知礼懂礼仪有着紧密联系。

资料来源于 网络

（一）职场礼仪常见问题

职场礼仪的培养是职业生涯教育中重要一环，教育的目的是为了提高职业人的综合素质。明白职场礼仪的一般规律和要求，让即将走入职场的大学生能够准确利用礼仪技能，辅助完成职业活动，不断完善自我。

1. 基本礼仪素养的缺失

在经历了实习适应和正式求职之后，大学毕业生多将关注点放在外在仪表上，注重着装和妆容是否匹配，忽视了职场中的公务礼仪表现。例如，很多大学生有“电话恐惧症”，铃声响起时总是措手不及，拿起电话第一句便是“喂，找谁？”又如，在某些正式的晚宴中，对餐具的使用不规范，将餐盘弄得吱吱作响，给人留下缺乏教养的印象。看上去无伤大雅的细枝末节，体现着一个人最基本的教养，大学生们在学习阶段应将这些规范着重关注。

2. 缺乏工作主动性

工作的积极性和主动性，直接投射出员工对待工作甚至是企业的态度。在单位里，不少大学生总是等着或者只知道完成布置给自己的任务，很少去主动观察或者询问同事、领导是否有自己力所能及的事情可以去做。在工作遇到问题或者困难时，只顾自己抱怨，缺乏主动解决困难的动力和向外寻求帮助的应变能力。

3. 眼高手低，好高骛远

有些大学毕业生在初次就业时，找到的并不是自己满意的工作，往往在工作岗位上，自以为自己学历高、有优势，对上级或者同事的指导、建议不屑一顾。当自己去做某项工作的时候，总是觉得很简单，但是结果却不能达到要求，无法尽善尽美。更有一些大学生不甘心在基层岗位就职，觉得自己大学毕业就应该担任要职或者达到一定的级别，对基层工作抱怨颇多，消极怠工。

4. 闲聊八卦多，踏实做事少

有一部分大学毕业生喜欢在办公室环境中，大声或者长时间接听私人电话。在与同事的接触和交往中，随意向同事打听他人工资待遇、业绩成果等个人隐私问题。不明就里地参与别人的八卦，却不知道作为新人，应该公私分明，谦虚谨慎，该问的问，不该问的不问，尽量避免触及“办公室政治”的敏感问题。

（二）职场礼仪应遵循的原则

1. 尊重原则

尊重他人，是职场礼仪的首要原则，只有尊重他人，才能赢得他人对自己的尊重。大学生初入职场，无论怎样，领导和同事都是自己从事该行业的前辈，尊重他们、虚心向他们学习是营造和谐人际关系的基础。

2. 遵守的原则

“不以规矩，不成方圆”，在学校有校规，在单位有单位的规章制度，行业里也有相应的行业规则。遵守规章制度和规则，是做好每项工作的必要条件，此外遵守约定和承诺也是个人诚信的体现。

3. 自律的原则

自律是可以克制自己的情绪而让自己行动的能力，自我管理是人生最重要的课程之一。在工作中，给自己设立恰当的目标，做好详细的规划，为之付出行动，并且坚持不懈，不轻言放弃。

4. 适度原则

在职场中从事任何事情，都需要适度拿捏分寸，掌握好尺度。无论是对待工作任务还是与人交往，既不能“蜻蜓点水”，也不能“过犹不及”。

5. 宽容原则

在工作中，只有做到与人为善，才能营造宽松、愉快的工作氛围。遇到问题，不妨换位思考一下，尽可能体会别人的难处，同时也给自己的工作留有余地。

三、医学专业礼仪教育对策

【案例故事】

被投诉的副主任

李春华参加工作30多年了，一直从事泌尿外科，虽然业务水平不是很突出，但也没造成过医疗技术事故。

只是，李春华一年被患者投诉多次，多数时候患者都是反映他服务态度不好。医院考虑到李春华再有几年就该退休了，平时乐于帮助同事，工作也算是敬业。去年任命他为泌尿外科副主任，也是给老同志一个心理安慰。

前不久，李春华又被一个老年男性患者投诉到医院纪委办公室了。投诉原因是不问清病症的情况下就为他开了，能服用一周的消炎药。病人追问，不但不予解释，还表现出了不耐烦，言语措辞带有攻击性，态度恶劣。

目前据统计，医务人员的服务不到位，服务时礼仪做得不好。医务人员没有或很少与患者心平气和地沟通，使得患者及家属无法理解和支持医疗活动，对医院及医务人员投诉、索赔、打官司甚至伤害医务人员。所以医患之间尤其需要沟通，医患沟通是双方对医学活动信任与理解的信息传递。从医务工作者角度来看，医疗服务礼仪做得不细致，医患沟通意识薄弱，沟通效果差，是医患关系不和谐的主要原因。

资料来源于 孙丽. 人人都要懂得职场礼仪[M]. 中国工信出版集团，2017

（一）全面开展医学生职业礼仪教育的意义

现代医学诊疗和服务模式对医者约束自己职业道德时提出了更深层次的要求，首要是人文关怀。关注患者的生存基本权利、尊重普世的价值观念，强调对人的思维、行为、情感的进一步观照与接纳，这便是医务人员从业时应具有的职业礼仪基本规范。对医学生开展专业职业礼仪的教育尤其迫在眉睫，其意义表现在三点。

1. 是医学生步入临床实践前的必要准备

随着祖国医疗卫生事业的进一步发展，医疗工作者在医疗服务过程中的行为弊端逐渐彰显，负面影响日益放大。当然，出现问题的原因是多方面的，但在提供服务者层面，即对于医疗工作者来说，职业礼仪素养的水平是问题形成的主要原因。与患者接触的过程中，医者所流露出的语言、动作、表情等，直接影响着患者的感受。

2．是行业适应医疗改革后模式转变的必然要求

随着医学技术的革新和不断发展，人类随之出现的各种新型疾患，防控与诊疗手段也在不断变化。“生物、心理、社会”的医疗关注模式，将深刻的内涵注入医疗卫生领域的各个方面。从现代医疗、预防、健康教育、药物治疗、心理治疗实践中，到医院、家庭、社会之间的多领域和维度的相融，将“关怀、敬重、领会和帮助”等理念作为维系医患关系的基本要求。因此，作为一名医学院校的学生，在具备专业的技术能力的同时，还需掌握心理干预学、社会沟通学等知识，从而使医者拥有良好的医患交往能力，具备高尚职业品质，对病患的处境有同理心。

3．是医德医风教育的主要途径

技术与德行对于医者来说同等重要，对医学生的职业礼仪教育，可以引导医学生成为医德高尚，为人敬仰的白衣天使。医德医风教育，使医学生切身体会到道义、理想、情感与操守的存在，并且主动自愿的到医学实践中去。例如，护理专业的学生通过学校的学习，和在医院实习、见习阶段的礼仪能力操练，无形中从内而外规范自己的言行，同时感染着身边的人，以规范的方式、亲近的姿态和高尚的情操来对待病患。

（二）医学生提升职业礼仪水平的途径

1．主动参与“第二课堂”职业礼仪教育

高校的职业礼仪教育形式多样，主要渗透在“第二课堂”的各类活动和实践中。校园礼仪文化氛围的形成，营造了良好的素质教育环境。医学院校“第二课堂”教育中的社团建设是一大亮点，大学生们要积极参与具有医学特色的医学社团，如“仲景社”“红十字社团”等，将古今中外名医的医学精神通过实践传承下去，或者利用课余时间参加礼仪知识讲座，观看“高雅艺术进校园”系列演出，陶冶情操提升素养，将书本教育结果入脑入心。

2．通过实习见习强化职业礼仪教育成果

医学生在完成理论知识的学习后，必然走向临床实践的阶段，这是医务工作者养成良好职业素养的形成期。医学生在临床实践阶段，应主动利用所学知识和所感体会，对临床过程中出现的典型案例进行深入剖析，亲身感悟职业礼仪的重要性，耳濡目染中接受内涵教育的理念。医学生要从点滴做起，在职业生涯的起点就将职业礼仪作为与职业技能并重的存在，在职业活动中，注重与病患的交流，通过言谈举止，获得病患及家属的信任。

礼仪教育不仅能改变人的行为举止等外在气质和姿态，塑造优质的形象，并且可以展现道德修养。职业礼仪教育的功能在于塑造职业个体全面的人格，使职业个体拥有良好的精神面貌和优雅的礼仪风度，使人不断在职业活动中自我提高、自我发展、自我完善。讲究职业礼仪，遵守职业礼仪规范，既可以体现一个人的魅力、风度和修养，同时也可以得到社会的认可和尊重。高校学生通过学习职业礼仪，可以在职业发展中逐渐形成高尚的道德品质，促进社会交往。

课后思考

1．说一说职场礼仪的作用。
2．如何通过改变职业形象从而涵养自己的职业气质？
3．公务礼仪有哪些类型？
4．谈一谈医学学生职业礼仪教育的意义。

第十六章　踏上职业之途

【学习目标】

- 了解职场“三商”的涵义
- 掌握经营职场“三商”的方法
- 掌握管理职场人际关系的技巧

【开篇故事】

小吴的选择

小吴曾经工作的单位是外资企业，由一位德国前外交高官创建，这位总裁风趣幽默又很有魅力。然而，这个公司的业务范围却并不广，工作一年不到，小吴的内心非常矛盾，她常在理智与情绪之间纠结。表面上看，这里的发展空间有限，实际工作起来，氛围很好，领导又十分开明。犹豫再三，小吴决定遵从自己的内心，留下来好好发展。果然，不久以后，公司上市了，成为了业内口碑和业务都很突出的企业。

习近平总书记生活经历和工作阅历丰富，成就了他的领导者作风，这是“三商”卓越的领导人的体现。他在多个场合中提到“道路决定命运”“落后就要挨打，发展才能自强”“空谈误国，实干兴邦”等，体现了对青年人德才兼备、“三商”并重的殷殷期待。对新一代青年人而言，践行“三商”会获得更大的生活、工作启迪，实现梦想。

资料来源于 孙丽. 人人都要懂得职场礼仪[M]. 中国工信出版集团，2017

个人感悟：____

____

第一节　适应职场工作环境

【案例故事】

适应环境的重要性

在学校学习期间，小张是个学霸、佼佼者，谁知工作以后，小张却在人际交往上遭遇障碍，处处碰壁。反之，高中毕业就走入社会的小马在处理人际关系上却非常在行。

小张在刚进入公司时，工作勤恳踏实，公司高层都很赏识他，可是因为人际交往的问题，没有人愿意和他在同一个项目组。半年的时间，他的业绩没有任何增长，领导逐渐开始冷落他，原本对自己抱有很高期望的小张，如今几乎没法正常工作了。

大学生从走出校园、步入社会时起，学生时代就已经划上了一个句号。大学生的角色也随之而终结，新的职业人的角色将逐渐取而代之。

资料来源于 网络

一、适应角色转变

社会角色是指个体人在进入工作环境以后，其工作特点、环境特点和角色定位而被归纳出的全套细致规范的标准，是社会对特定角色的固有观念。角色的存在具有多维性和转换性，它随着社会的变迁和人们的发展不断变化和成熟。

大学生在从学校向社会过渡的过程中，角色随之发生改变，过程可能自然流畅，也可能面临困难障碍。在自然流畅地过渡中，大学生尤其是应届毕业生对于自我认知、自我肯定、自我认同感将不断加强，对于其更快地适应职场角色、熟悉工作环境具有促进作用。如果在过渡中出现困难和障碍，则可能导致其出现消极情绪，增强挫败感，对社会和职业出现恐惧、抵触的心理，甚至出现应激反应。

也就是说，大学生对于学生角色向社会角色转变的处理成功与否，对于其适应社会、实现职业愿景具有直接影响。

（一）学生角色与职业角色的异同

学生角色是指拥有完整教育背景、丰富的知识素养、过硬的实践能力、全面的综合素养的一种社会角色。然而，学生角色的另一面则具有闭塞、被动和承担能力较弱的特性。

职业角色是指在特定的社会劳作氛围里，运用个体积累的知识能力、实操技能和多方面按储备，通过开展特定的职业活动，为社会创造物质和精神财富而获得相应报酬，实现自我价值和社会价值的社会角色。职业角色具有多面性、包容性主动性和承担责任性的特质。

学生角色和职业角色最大的区别在于它们的活动空间、活动范围和活动环境，进一步影响了身份、主要人际关系、权利关系、环境、要求和目的上的差别，如表 16-1 所示。

表 16-1　学生角色与职业角色在环境上的差别

环境因素	身份	主要人际关系	权利关系	环境	要求	目的
学校	大学生	同学、老师	权利为主	简单，学习为中心	依赖性强，可出错	接受和输入智能
职场	员工	同事、老板	责任为主	复杂，以工作为中心	强调独立思考，不出错	运用和输出智能

（二）大学生角色转换的方法

大学生从校园步入职场，从学生角色向职业角色转变，主要经历了由“身份盼许→ 身份认知 → 身份感受 → 身份矫正”的体会过程。所以说，大学生要完成转换的过程，必须不断尝试和纠正，选定自己适合的职业角色和发展路线。

1. 扮演职业角色，做好前期准备

在离校之际，大学生应结合在校期间学习的职业生涯发展规划知识，为自己的职业活动

进行规划和预想，对即将从事的工作有较深入的认知。保持独立思考的能力，培养积极认真的工作态度。对待工作和对待生活一样，要提高抗压能力，学会面对挫折、承受压力，同时培养排解情绪的能力。消除不利于职业发展的不良习惯，调整自己的生活作息，为职业活动做好准备。

2. 培养职业角色，持续心理建设

大学生对于角色的期盼，过多掺入理想成分，然而现实的职业角色与想象迥异。做好三个方面的认知了解最为重要，一是认识自我，客观了解自己的全貌，包括外表、思想、性格、行为等；二是认识他人，对周围密切接触的同事、上司、客户等，在日常工作中加深认知，充分了解不同人的不同习惯，尊重他人的处事原则，取长补短，相互学习；三是认识社会，掌握所处行业的发展方向，预判未来趋势，及时调整工作计划，持续不断地深入了解职业角色的内涵。

二、经营职场“三商”

职场三商是指情商、胆商、逆境商（简称逆商）。情商考察的能力是个体在社会交往中与人沟通的能力以及在不同场合下的应变能力，这是做出决断的前提；胆商则是在作出决定时的勇气和果决；逆商是指遇到困难、挫折和挑战时的承受力和自我调节能力，逆境商往往容易被忽略，但在现代职场情绪调节中拥有重要地位。

（一）情商

1. 职场情商的内涵

职场情场的高低决定了职业人的职场地位、沟通能力和办事效率。职场工作和交往中，沟通和交流成为“润滑剂”，情商发达的人，注意表达时的方式，和不同的人沟通，在不同的场合运用不同的话术，精准表达自己的想法，促进工作进行。

大学生在初入职场时，还未从单纯的校园环境中走出，加强情商修养，多与人接触是一门社会必修课程，它能更快地帮助大学生融入社会环境。情商在一定程度上转化为利润、收入和成长性。在很多世界五百强企业，高级管理者们已认同了这个结论。因此，职场中情商的作用不仅体现着一个人的做人之道，还可能对个体职业生涯的发展，对于其业务能力都有质的影响。对于公司来说，他们在对待情商高的员工，也将额外的注重对其的培养，因为这也体现了公司的整体面貌。

2. 改善情商水平的方法

职场人大对数的情商水平参次不齐，有的人甚至深知自己的“硬伤”，却苦于不知如何提升。提升职场情商方法如下。

（1）主动交流。作为团队中的一员，在提升自己情商的同时，要善于利用激励机制，激发团队每一个成员的潜在能力，在工作中不断创新，取得成效。

每个人的价值观排序不一样，思维方式也千差万别，不要急着向别人推送自己的观点。而是学会通过交流，了解大家的性格特质、思维习惯、处事风格等，在互惠互利、共同进步的前提下，提升团队默契，增强配合能力。因此要经常站在团队成员、客户、老板的角度思

考问题，理解他们的主张，通过各种沟通渠道，最终实现任务的达成，这是高情商的体现。

（2）守住底线。职场交往中，不要对别人不合理的要求一让再让，毫无原则的牺牲自己的利益，这样别人不会评价自己高风亮节，而是得寸进尺，越来越忽略自己的意见，甚至无视你的存在，所以要守住自己的原则底线。

（3）调整心态。首先，要做到不随意抱怨现状，抱怨不会使现状出现转机，改变不了任何事实，反而让人心生怨气，使情绪积郁，伤害身体。其次，不要随便指责他人，尤其不要在背地里讨论人，对他人评头论足，因为可能并不了解事情的真相。如果职责传到当事人耳中，将对他人造成中伤。最后，做到心平气和，不将负面情绪传染给他人。守住底线的基础上，平和地看待问题本身，不要将事情迁怒于个人。主动面对现实，事情通常会向好的方向发展，问题也将迎刃而解。

【课堂活动】

学习了职场情商的提高方法，以下活动，请你在横线上填写自己认为正确的调整方式。

此时，你应该这样做……

泄愤的你

当你非常讨厌虚伪的新同事时，肯定已经在心中把他骂的体无完肤，甚至想泄愤的话语要脱口而出。

此时，你应该：

1.（心态）以后要一起共事，不能搞得太难看

2.（语言）礼貌

3.（行动）尽量远离

心怀不满的你

当你想拥有的东西别人都有，唯独自己无法拥有时，就会产生这样的念头：为什么别人过得都比我好？我这么努力却没有应得的回报，为什么？

此时，你应该：

1.（心态）总会有的

2.（行动）做好自己的事

3.（其他）

多虑的你

因为你业绩突出，公司领导决定在下个月董事会上宣布提拔你为销售经理。你十分兴奋，心理却惴惴不安。总董事会召开前的一天下午，你看见副总经理走进董事长的办公室，二人一边讨论一边不时的望向自己。你开始想，是不是自己做错了什么，或是项目出现了漏洞，导致公司要撤回提拔的决定。如果自己不能如愿被提拔，那么工资待遇就不能上调，家里还有两个孩子，大的补习班等着交费，小的还在喝昂贵的进口奶粉，老人身体也不好，这可如何是好？等等，万一非但没有提拔，反而被降级了，那我那还有面子在公司混下去吗？可是现在辞职下家也没找好呀。

此时，你应该：

1.（心态）______

2.（行动）______

3.（其他）______

自私的你

你与别人一同创业开了一家摄影工作室，说好不接私活，所有单子都五五分成。这天，别人介绍的一个朋友找到你，请你帮忙拍摄一组室外写真，费用都给你，请你在公开报价的基础上给个友情折扣，你动心了。

此时，你应该:

1.（心态）______

2.（语言）______

3.（行动）______

多管闲事的你

小王发现了隔壁办公室的同事居然是公司大领导的亲妹妹，她神秘兮兮的将这个秘密告诉了你，并附送了些八卦信息，你听后抑制不住心情，恨不得和身边所有人都说出这件事。

此时，你应该:

1.（心态）______

2.（语言）______

3.（行动）______

（二）胆商

1. 职场胆商的内涵

胆商（DQ）正在成为职场人才素质评估的全新标杆。中欧国际工商学院执行院长刘吉认为，“胆商”是对人决策时的胆识与胆略的衡量，是明知有风险而愿意主动尝试和承担的勇气。要成为“第一个品尝螃蟹的人”，必须有一定的远见卓识；同时，不要逞一时之勇，而是将胆识与胸襟同时发挥作用。成功企业家往往具有高胆商，他们勇于开创新事业，探索新领域，做别人不敢涉足的事情，并且在其中找到规律，形成自己的特色。这种远见和大局观，实际上也体现了一个人的责任和担当。

2. 培养胆商的路径

（1）保持学习习惯，扩充视野。作为一名新时代的大学生，应不断提升自己的视野，扩充自己的知识储备，丰富各方面的素养，沉淀涵养。不能被琐碎的事务和繁杂的工作束缚了思想的自由，只有不断学习，才能发现事情的本质，总结事务的规律。这是对一个人判断能力、应变能力、处事能力的映照，实现自我管理上的自由。把自己培养成“十”字型全面人才，拥有把握全局的能力，由“专”变“通”再变“精”，这是一个不断进化的过程，需要青年人在实践中训练和感悟。

（2）实践锤炼意志，提升胆识。坚毅意志的养成不是一日之功，他在生活中的各个方面体现为多种形式，可以说无处不在，却容易被忽略。例如，近期要参加一场公务员考试，而目前从事的工作十分繁忙。只能利用碎片化的时间和晚饭后复习看书，一天的劳累后，回到家只想躺下休息。如果此时意志不坚定，原有的计划只能作罢。可以找到一个适合自己的学习方法，通过高效的学习方法激励自己不断前进；也可以从身体素质和精力水平入手，通过体育锻炼，激发身体的活力，消除疲劳。

（三）逆境商

1. 培养职场逆境商的作用

当代青年，尤其是大学生群体，从义务阶段到至今，多年成长在象牙塔中。像温室中的花朵，受到家长、老师、长辈的呵护，这决定了他们在遭遇困难、压力等逆境时，可能因为调节不当，无人倾诉而产生挫败感，甚至出现消极情绪和逆反心理，严重者还可能造成反社会人格，这是危险的信号。一旦因为调试不当出现差错，对于家庭来说是沉重的打击，对于社会也是潜在的隐患。

因此，逆境商教育收到高校的重视。逆境商不但能让人对自我认知更加全面，同时帮助人们正视生活中的逆境时刻，逐步消除自卑和反叛的心理。

2. 改善逆境商的方法

（1）预判心理期许。心理期许是伴随着实际工作产生的一种心理状态。心理期许高的人，对待工作的标准也会提高，他们会为了某个目标而不懈努力；而心理期许低的人，对个人和他人的要求也相应降低，那么他的工作效率和成果也将大打折扣。

如果一个人的实际能力长期低于心理期许的话，也就是常说的眼高手低，面对难以触及的目标望而生畏，此时易产生挫败感。因此，心理期许高于实际能力者，要平常心对待事情，降低自己的心理期许；对待心理期许低于实际能力者，要鼓励其增强自信。总之，心理期许和实践能力一定要呈对等关系，就像天平的两端，必须平衡重量，共同发展，才能消除逆境处境，已经身处逆境时的心理感受。

（2）构建心理防御机制。心理防御机制是在逆境到来时的一种自我保卫机制。常规会发生在处境进行中，目的是减缓和抵御逆境中的负面结果给人产生的不良感受。然而，心理防御机制如果使用过当，会产生另一极端的效应，比如麻木感受、逃避现实等，让人卷入无穷无尽的逆境之中。

构建成熟的心理防御机制可以通过补偿作用、认同作用、幽默等方式将痛苦减轻，获得心理平衡，也能够通过升华作用将痛苦转化为战胜逆境的动力。因此构建自己成熟的心理防御机制可以有效地提升逆商水平。

三、提升职场竞争力

（一）工作效率的解释

工作效率，一般指工作产出与投入的比例，做某项工作时，获得的成果与花费时间、精力、资金等的比值。

工作制度和流程、管理效率、个体效率、个体素质是影响工作效率的主要原因。工作制度和流程是完成工作任务的基本保障，成熟科学的工作制度和流程才能保障工作任务能够高效的实现，达到组织运行的最佳效率。管理效率是在技术水平发展的前提下对组织资源进行合理的配置和利用，是决定单位和组织完成目标任务的水平。个体效率是单位及组织竞争力的体现，个体效率的累加，就能形成组织效率。个体素质是组织整体效率的基本条件，想要保证单位组织的目标实现和效率的提升，需要个体素质与单位组织的目标契合方能实现。

【知识点链接】

组织效率由“0”至“1”是工作模式的形成和个人效率决定的；
由“1”到“10”是由组织中团队的能力决定的；
从“10”到“100”是由组织管理能力决定的。

（二）提升工作效率的方法

1.培养明确的职业目标

职业目标在职业生涯中具有重要地位，从日常工作的角度看，没有目标的人，表现于等待他人安排工作，被动接受，工作效率低，创新性差；长远看，缺乏为目标努力的干劲，没有斗志和上进心，职业生涯碌碌无为。因此，培养明确的工作目标是开启职业生涯、提升工作效率的基础。日常工作中，每日为自己树立 1-2 个小目标，在达成目标后，再树立新的目标。这种小目标实际上就是工作任务的“化身”，保持这种习惯，长久以往，工作效率得到提升，工作主动性增强，向同事与上级展现自己良好的职业修养。

2．树立为客户服务的理念

当代职场人普遍缺失“为客户服务”“从客户角度想问题”的理念，服务意识淡薄，认为只要将工作任务完成即可。缺少过程思考，注重细节的顾客会非常在意商业往来中的“被服务”体验，从而影响合作成效，影响企业的信誉。其实，做到“时刻为客户着想”并不难，多从客户的角度思考问题，将自己置身于对方的立场看待事情，作为体验者，反观全过程，便能逐渐培养为他人服务的意识，从而建立信任的双方关系，提升服务品质。

3．培养良好的沟通习惯

初入职场的应届生们，难于习惯社会工作的模式，其中很大的原因是沟通模式出现问题。在学校期间，学习生活氛围较单纯，接触对象单一，沟通模式简单。步入社会后，在工作岗位上埋头做事，不知与同事、领导和客户及时沟通想法，工作中以自己为中心，这样容易产生嫌隙和误会。因此，要注意在工作的不同阶段和不同场合与他人的沟通方式。例如，在接到上级布置的任务后，及时表达自己的想法，如有出入，应当及时沟通，确定工作方向；在与团队成员合作时，多进行头脑风暴，通过交换想法，让工作过程充满活力；在与客户往来时，多听取对方的想法，尽最大程度完成合作。

4．锻炼团队协作能力

因为团队成员之间出现矛盾，闹到不欢而散的结局，很多曾经名噪一时的成功企业都遇到过。因此，团队成员的选择十分重要，不可都是教育背景、成长环境、工作能力相似的人，这样会使团队陷入思维模式固化的瓶颈，最好是成员之间各有所长，每人扮演不同的角色，极大程度地挖掘团队的潜能。

5. 保持终身学习的习惯

在顺利完成学生向职业人转变后，必须快速培养自己的社会生存能力。不论自己所处的位置如何、环境如何，不断学习才能使自己适应社会节奏，否则在经历了大浪淘沙后，就会被社会所淘汰。当然学习的形式很多，通过工作加深社会经验是一种学习，假期参加培训班充电是一种学习，聆听讲座获取行业最新资讯是一种学习，互联网知识付费也是一种学习。只有不断学习，人才能不断进步，在知识储备到了一定程度后，量变会产生质变，机会来临的时候，才能更好地抓住它。保持学习习惯也是一种优秀的职业素养，体现了个体甚至组织的文化软实力。

当然，职业人还有很多种方式提升自己的素养，例如参加成人高考、自学考试进行深造，获得学历；或者参加各行各业的国家技能水平考试，例如注册会计师考试、建造师考试、医师资格考试、国家营养师考试等，使自己在专业上得到权威认可，丰富自己的人生阅历。

（三）培养职场竞争力

1. 继续教育拓宽发展道路

工作之后的学习因其场合、任务、时间、功能及手段等方面的特殊性，和义务教务与高等教育有着明显的区别。主要表现为学校教学向社会教育的转化、课堂教学向实际操作的转化、被动接受知识向主动获取知识的转化。职场人的继续教育方式有以下几种。

（1）高等教育自学考试。简称自学考试、自考。是对自学者进行的以学历考试为主的高等教育国家考试。考生主要有两种学习方式，一是在高等院校举办的助学点学习或进入本校进行全日制学习（学生采用这种学习方式称为应用型考生）。二是在社会举办的助学单位学习或自学（用这种学习方式的学生称为社会型考生）。自学考试采用学分累计的方式逐步完成学业，学习者完成专业考试计划规定的全部课程并取得合格成绩，完成毕业论文或其他教学时间任务，思想品德鉴定合格者准予毕业取得相应毕业证书，国家承认其学历。符合学位条件的自学考试本科毕业生，由有学位授予权的主考学校依照有关规定，授予学士学位。

【知识点链接】

自考的报考有以下四步流程。

第一步:（院校）每年 8 月初（在网上报考前）各大院校登出招生简章（具体以当年为准），包括专业招生人数（如：人大，会计 50 人）等。届时会公布在各地教育考试院的网站上。

第二步:（报考）8 月中旬开始报考志愿，9 月初现场进行确认，各区县确认点届时会公布。（随时关注此网站的报考信息发布）

第三步:（考试）每年 10 月的第二个周末参加全国统一考试，考取理想院校。

第四步:（成绩）每年成绩公布时间：考后 1 个月左右可查询（08 年为 10 月 31 日）

院校录取时间为：11 月中旬至 12 月底

院校入学通知：次年 2 月底至 3 月初左右。

（2）在职培训。在职培训是指为提高在职劳动者的技术技能水平，由用人单位直接或委托其他培训机构对劳动者实施的培训。在岗业余培训一般采用岗位培训、各种短期培训班、系列讲座、各类培训中心。离岗专门培训的具体形式，通常有各类职业中学和职工大学，或委托大专院校、科研机构进行代培等形式。

第二节　管理职场人际关系

一、职场人际关系概述

人际关系和自然形成的网络链条是职场的重要组成。不论地位如何、能力如何、职务如何，职业人离开了人际沟通，就离开了互动和交往，离开了合作与反馈，就相当于与鱼儿离开了水，为任务的完成设置“天然屏障”。因此，沟通与交流在助推工作过程的同时，是为组织创造价值，为个人实现自我价值。然而，职场人际关系的形成靠的不仅是个人魅力，也没有一个固定的模式，需要职业人自己精心维护、长久建立的。

（一）职场人际关系的分析

职场人际关系与其他种类的人际关系有相似点，当然，也具有特殊性。在职场交往中，自己与每个相处对象都有独树一帜的联系方式，具体特点如下。

1．无可取代性

与客户的交往必定是独一无二的，即使是同样的业务，不同的客户会提出自己的特殊要求，这时需要职业人对该企业或组织的文化、业务范围、理念等要素深度了解，提炼出客户需求的精华。

2．自我表述性

建立在信任基础上的个体交往，会比较轻松自在，往往容易流露心中所想。善于与对方分享情绪，有时是对对方的肯定，表达佩服、倾慕的感情。例如，“你好厉害”“这件事没人做得比你好”“这种思路我应该学习”等；有时是负面、具有攻击性的，揭露了愤慨的情绪，诸如，“你简直太不可理喻了”“我对你非常失望”等。

3．辅助依存性

不论是与上司、同事还是客户的关系中，双方的关系都是相互依存的，可以说，多种关系之间复杂的联系，形成了一种“命运共同体”。对于接触对象的喜怒哀乐，他们的想法、思维、言语、行动，无时无刻不在影响着彼此的行为和价值观。

（二）建立职场人际关系的意义

职场人际关系复杂而有趣味，当然，不能对遇到的每个对象之间的关系都花费足够的时间和精力维护，因此这也是该珍惜现存人际关系网的原因。

社交活动是创造利益，将价值最大化的有效手段。作为一名普通职场人，多数人可能根本没有考虑过社交活动价值问题，也没有考虑过自己的社交价值究竟有多大，尽管很多人都意识到人际关系的重要性，但是却没有想过更深的问题：认识的人是否有足够的价值，自己是否专注于借助他人的价值。

善于利用社交带来利益、获得成功的企业家不在少数。他们拥有丰富的学时和过人的胆识，通过社交可以架构丰富的人脉关系网，引入丰富的多方资源，为企业助力，促成复杂而棘手的商业活动。

1．社交成效更长远

【案例故事】

无效的职场社交

李强是一家企业的项目组长，他工作勤恳，平时也花一定的时间在社交活动上。例如，他每周六会和项目组的同事们一起打羽毛球，每周日和同事聚餐一次，老板和客户的应酬随叫随到，但往往在最后时刻被叫来开车送客户。他在这个公司已经工作快10个年头了，职位仅从普通员工上调到项目组组长，工资比入职时提升了2 000块。李强在每每应酬完拖着疲惫的身躯回到家后，他都会算一笔“账”。周而复始的工作就像死水一潭，频繁的社交没有起到任何实质性的作用。但是，盲目地跳槽更换工作，在行业内的口碑会受到影响，也是一种冒险的举动。毕竟，人到中年，没有哪家企业愿意接收一个十年工龄的基层职员，加上家里还有很多贷款要还，孩子上培训学校的钱也是一笔不小的开销。想到自己的处境，李强唉声叹气。

从这个故事里可以看出，李强多年来“坚持”的社交活动，并没有对他的职业生涯帮上太大的忙，看上去做的都是一些无用功。现实中，许多职场新人都在经历如他一样的过程，朋友圈人不少，仔细一看，没有几个是真正的“贵人”。

资料来源于 网络

职场人际关系的成效并不都具有即时性，也就是说因建立人际关系对工作业务产生的积极效应可能是长远的、具有潜伏性的，有时甚至长达数十年。人际关系的价值需要建立在能力和实力的基础上。人际资源的获得就是社交活动应该有的价值，就是参加社交活动应该起到的效果。

2．社交方式更通用

社交的能力在每个行业中都是共通的，并且在日常工作生活和学习中也可能得到运用。比如，房屋销售中介掌握了买卖二手房屋的窍门，学会了与买方和卖方的沟通，以后在其他销售岗位上也会如鱼得水。企业管理者协调好和上级和下属以及和客户的关系，维护企业的正常运营，是作为管理应当具有的基本能力。管理和协调能力同样适用于各种性质的企、事业单位。

能够懂得和不同的人进行交流，能够对交往的法则深刻理解和运用，这本身就是一种技巧和技能，而这种技能的掌握恰恰代表了一种最重要的价值。因为相比于每一次社交带来的价值和利益，掌握社交技能有助于人们应对各种社交情况，有助于人们解决各种社交问题，并拥有更好的人际关系。

3．社交影响更内化

社交活动更深层次的意义则需要深入社交个体的内在层面探寻，心灵的感受、思维的碰撞，由内而外展示出的面貌都包含于“内在”的范畴，对于社交深化同样很重要。社交对象是积极、开朗、乐观的人，与之交往的所有个体都会受其感染，具有向阳性，交往过程轻松和谐，交往氛围融洽，结果一般呈积极效果。同时，乐观的人本身也更加容易对生活工作产生满足感和快乐的情绪，更加具有人格魅力。反之，堕怠、消极、悲观人会为周边的人带来无穷尽的负能量，让人失去主观积极性，变得暴戾、易怒，社交过程毫无亮点，工作氛围紧张，结果消极。好的社交活动能为内心层面带来积极影响，让内心满足、充实，而这些特质反过来会给自己的社交铺平道路。

社交活动对于每个人和其职业的价值不尽相同，这取决于人们的技能水平提升、人际关系的完善和内心丰富的程度，因此社交的效果也有差异。职业人不要盲目追求社交的广度，进行大量无效无用的社交。而要注意社交的精度、深度，注意社交的质量，衡量社交对人产生有效影响。如此才会避免无效社交带来的空虚感和恐慌，利用好社交对工作带来的正向效应场。

二、职场社交重要法则

有丰富经验的职场人在长期的“实战”中得出一个道理，职场中的关系都不是一日两日形成的，需要长期的经营甚至呵护。

为了保证关系有更深的突破，在交流的时候一定要保持其自然和深度。交流自然是保证真诚的前提，是保证双方情感深入的基础；而深度指的是内容上的深度，平时有什么问题可以主动和对方进行交流，对方有什么疑难，则要积极提供帮助。

（一）沟通的法则

不管是什么性格的职业人，在社交时都有自己的一套方法，而成功的社交人士都有一个共通点，那就是采取按部就班、由表及里的方式开启社交之路，想要进行深入有内涵的社交，须遵循“沟通中的4P法则”。即：准备（preparation），展示（presence），推动（push）和练习（practice）。

1．准备（preparation）

准备是为目前所处或即将进入的工作环境和工作对象所进行的各方面准备。包括职业发展计划制订，适应新环境心理建设，企业文化背景和工作性质的了解。对所需要的文字、材料、影音等资料的收集等，甚至包含了工作过程中的沟通方式，沟通时的细节等。这里需要职业人提前做好以上准备，宁可“事无巨细”，不可“草草了事”，要对准备内容多加熟悉和联系。

准备也是所有社交活动顺利进行的基础，在基础社交中，它让交谈和行动显得更加活跃，过程更有自信。职业人在职业活动中应该提前对涉及事项做足充分的准备，不“打”无准备之“仗”，做好细致的分析。

2．展示（presence）

展示在社交过程中体现在态度上，最常体现在双方交谈的过程中，职业人应将注意力集中在交谈的重点话题上，可能涉及亟待解决的局面。为建立互相信任的牢固关系，社交双方应该珍视谈判过程中的信息，提炼共识结果，制订突发事件应急机制。这个过程中就需要人们不断地展示自己的想法、观点、意见、思路。目的是显示存在感，形成一种“我们已经达成一致”或者心心相惜的印象，这种展示在无形间将双方的疑虑和距离感消除，为下一步行动铺设道路。

展示包括介绍自己、倾听他人，双方进行实际的交谈、答疑。介绍自己是对自己优缺点的全面展示；倾听他人是对自己教养的展示；交谈、答疑是职业人对业务内容的展示。展示建立在充足的准备之上，才能体现实力。

3. 推动（push）

推动是人们在面对社交分歧、社交矛盾时的一种自我消化、自我调整的状态。每个人的受教育程度、性格特点、技能水平、价值观取向、地位权力都千差万别，在同一个事情上必然出现不同看法。差异如果不及时解决就会演化成分歧，分歧会极大地影响社交的状态，最终使人们有意避开各类社交活动。为了扭转这种局面，努力使自己适应社交环境，需要利用“推动”的意识，主观地推着自己走出长期的“舒适圈”。作为一名职场人，社交中应该懂得在合适的时机做出让步，平衡每一段关系。因此，推动的范畴涵盖了主动与社交对方制造话题并交谈，积极解决社交中的分歧，换位思考及妥协。

推动是一个自我排解的过程，它教人们更佳成熟理性地看待问题，因为在解决的时候，个人魅力和能力优势会得到体现。

4. 练习（practice）

练习是为了逐步完善自己的缺点，调整自己的状态，这是一个实操环节。它建立在准备、展示和推动三个步骤基础之上，可称作完整的社交沟通步骤，通过对这三个步骤的领悟和不断操作训练，才可掌握优秀的沟通技能。

第一步骤：准备。例如，医药公司的销售代表，在与客户谈判前，先要搞清楚客户的基本信息，包括对方身份、地位、喜好、工作习惯、目标、需求等，为此制作一个专套档案，整合好各方面的信息。在正式进行谈判前，要将自己介绍的要点记记录在工作本上，理清思路，组织好语言。

第二步骤：展示。开始谈判后，要巧妙地展示自己的特长，想对方展示本方的潜在价值，通过反复强调，巩固自己在社交过程中的存在感。比如择机表示喜爱某一项运动，而这运动恰好也是对方喜爱的，慢慢拓展话题，为开展业务增添一些“润滑剂”。

第三步骤：推动。当谈判双方聊得“情投意合”“相见恨晚”时，交流气氛必定非常融洽自然了。这时，对方客户已经从心里接受了这个医药代表，甚至有了了解业务的兴趣。医药代表应该瞅准时机，自然地引入业务话题，开始正式交谈。不用担心过程中的分歧，特别是涉及核心利益的分歧，一定要从大局考虑。在适当的环节作出让步，把握原则，不要让前期的铺垫工作都泡了汤。记住，最终的目的是完成一次成功的社交，完成业务的推广，对于过程中小差错不要太计较。

（二）专注的法则

在社交的过程中，保持专注力是非常重要又极容易被弱化的一个方面。保持专注力展现了在社交沟通的过程中，是否能够集中精力关注一件事，能否百分百投入所处的环境中。专注的人往往具有一些共通之处，比如目的明确，有条理地规划工作生活，执着于手头的每一件大事小事，在细节处体现得尤为显著。专注的人在倾听他人发言时，对对方提出的每个观点都认真思考，并作出反馈。这种专注无须刻意表现，会在自然中流露得淋漓尽致。这种状态让别人感受到尊重。

1．保持认真倾听的态度

许多失败的案例显示，沟通双方无法更进一步地交流下去，可能是从开始就没有耐下性子倾听对方表述。言行举止间表现得烦躁、不安，东张西望，心不在焉地把玩手机，眼神飘忽不定，对自己感兴趣的内容会突然表现得很关切。其他内容选择性忽视，这种情况会激起对方的不满，严重者会觉得在怠慢他，双方产生嫌隙。

在与人交谈时要直视对方的眼睛，身体姿态表现出前倾的动作，表示对对方的谈话内容很有兴趣。这时对方也会被自己的举动打开话匣子，畅所欲言。可以在适当的时机打断对方的发言，抛出自己的疑问，表现出对谈话内容进行了思考，后产生了疑问。即便对方的一番言论并没有产生价值，对于倾听者来说，这种表现体现了素养。

【案例故事】

七巧的魅力

张七巧是医疗器械公司的销售主管，去年，他被公司安排去澳洲负责当地的品牌销售业务。在一次全球展销博览会上，她遇见了行业泰斗哈恩先生，有幸聆听了他精彩的演讲。演讲结束后，七巧参加了晚宴，碰巧在晚宴上碰到了哈恩先生。思量再三，她选择在合适的时机走向了哈恩，谦逊地说道：“哈恩先生，您的演讲太精彩了，简直振聋发聩，尤其是您谈到澳洲市场的三次机遇时，非常精辟！”之后，她将哈恩演讲的全内容几乎一字不漏地复数了出来，并提出了自己的问题向哈恩求教。一旁的世界著名企业高管惊讶地看着她，然后主动邀请她畅谈了业务，半小时的热烈交谈后，七巧顺利拿下了该企业的大订单。

资料来源于 网络

2．关注交谈中的细节

细节决定成与败，把握交谈过程中的细微之处，是保持专注力的一个重要体现。为了更自如地展开社交活动，职业人应该尝试提升自己对交谈细节的把控，对细节进行深度探寻。比如面对不同对象，交谈的时间、地点都极为讲究。不要在不恰当的时间，不恰当的场合会见错误的人；对对方面部表情的变化要了然于胸，揣测这个变化的涵义。此外，要注意交谈时的语气，自己的语调是否恰到好处，是否有攻击性，对方的语气是否平和等。

如果人们能在交谈这种不露声色的社交行为中，注意细枝末节的处理，那么，就意味着对掌控社交活动的整体局面也就不在话下了。人们在职场工作中会更加敏锐，更加执着，将会更加从容地做好准备工作，会更加自信地面对任何人。如果忽略了细节的处理，所有的社交行为都会失去控制，陷入被动局面。

（三）热情的法则

热情是职业人在工作时应该展现的一种可贵的特质，热情可以表现在对社交的对象或者社交内容的兴趣上。恰如其分的热情可以使一个人形象得到巩固，显得活力四射，魅力无限，也会让他人愿意与其进行交往。受其感染，周围的人也会更加热爱生活、热爱工作、热爱身边的一切事物，用最好的状态面对生活。保持热情是一种积极的心理暗示。

三、建立职场人际关系

一个人的人脉关系可以分为两个层次，第一层次是“一度人脉”，主要指由自己拓展开来的朋友圈，人脉由自己直接接触、建立、产生和维系。第二层次为“二度人脉”，是由自己的朋友、同事、家人等关系间接介绍发展而来的，有是甚至关系更远。“二度人脉”的概念最初由腾讯提出，在纷繁复杂的当代职场环境下，二度人脉成为人际关系网的主要建立渠道。因为更多的职业人通过多层关系，进一步拓展了自己的圈子，接触到了尽可能多的人，为自己的职业发展搭建了桥梁。

二度人脉建立的网络虽然资源丰富，可是也有许多实际问题。例如，对于两层以外关系的称呼就十分复杂。中国是重视身份、辈分的礼仪之邦，直呼其名似乎不太妥当。于是，“妈妈的同事的女婿”“同学二舅的上司”“合作伙伴孩子的老师”等身份频频出现，扰乱了交往的秩序，可能涉及个人隐私问题。此外，二度人脉如同气球，很容易迅速扩张，毫无节制，而气球终有扩张的极限，到达极限后，人就无法控制它，要不“飘”走，要不“爆炸”。如果只关注扩张而忽视了强化每段关系的话，人脉也会像气球一样无法掌控。

（一）善于交流，制造话题

1. 尝试从不同的角度分析

交流时人际交往最基本的手段，在人的成长过程中，无时无刻不在积累与人交流的技巧，也无时无刻不在练习实践。

当社交双方对一个话题已然讨论透彻以后，可以试着再从其他的角度再次看待同样一件事。尝试设想常规思维以外的多种可能，经过思维的碰撞后，新的观点也许可以创造新的生产力。例如，清除灰尘的原理都是吹走，比如用手拂，用抹布擦，倘若转换思维，设想用吸的方式清除灰尘，是否可以得到同样的效果呢？相信这个过程中一定经过了热烈地讨论，最终，吸尘器和扫地机器人被发明了出来。

2. 善于将话题进行拓展

通常人们会将话题停留在“是什么”或者“做什么”上，此时的话题停留在某件事、某个行为上。如果想要将谈话深入下去，可以对话题进行拓展，拓展的模式为“为什么做”“何时有的想法”“如何去做”“合作伙伴是谁”“哪个地点最适合做”“做到什么程度”“当前进展如何”等。

通过话题拓展，双方之间的谈话就会通过“买文具”这件事拓展开来，对原因、具体的操作有更深的挖掘。这个时候，谈话双方就会有更多的话题，而且也能够针对相关话题传递和接受更多有价值的信息。

3. 扩展联想制造话题

扩展联想就是通过当前谈论的事情迅速联想到与之相关联的另一件事情上，甚至只是从前一件事的某个信息联想产生新的话题。比如，工作中，你与投资方谈论这次投资的项目，联想到投资市场目前的现状，再联想到产品在不同国家的销售状况，如此你们的话题就会无限拓展和深入。

除了以上几种方法之外，人们也可以主动制造话题，有时候当双方实在找不到合适的话题时，不要试图站在角落里一句话也不说，这样只会让气氛更加尴尬。这时不妨观察周围的环境，看看他人的言行举止，然后在合适的时机挑起话题。比如“你看他，自从家里出现变故，都很久没看到他那么开心了”“今年技术部新来的同事，可是名牌大学的博士生呢”“昨天那个客户，和半年前接待的王先生好像，连笑声都一样”。

（二）定位清晰，沟通高效

在沟通中，人们需要相互配合、相互协作，培养更多的默契，才能把沟通推向高效、和谐、平衡的状态。不过这种高效、和谐与平衡往往建立在明确而清晰的沟通定位上。这种定位不是身份的定位，而是个人在沟通中所扮演的角色，以及所承担的责任和义务。

比如多数人都不知道自己在沟通中应该做什么，应该怎么去做。由于定位不清楚或者定位错误，他们的沟通水平以及沟通效果也一直受到影响。合适的职场身份定位内容如下。

1. 做有担当的人

每个职场工作者都会遇到棘手的问题，但不要一味地埋怨和指责，更不要贬低他人的存在。有担当的人不会追踪别人的错误不放手，遇到问题先从自己身上找原因。作为团队负责人，始终有担当有勇气，用于正视自己的错误，并且及时改之，给团队成员做好表率。如果是他人出错，他会用巧妙的方式提醒对方，既不伤害其自尊，同时起到了提醒的作用。有担当的人在职场社交时是受到身边人的尊重的，这样做反而对提升整体工作效率起到关键作用。

2. 做有主见的人

有主见的人总是坚定的、自信的，这种人独立性很强，对他人没有依赖性。具有独立的意识思想，他们有自己的想法，勇于表达自己的见解，不谄媚逢迎，主动表达所思所想。这类人虽然会主动表达意见，但并不意味着专制、固执己见，在表述完自己的观点后，会耐心倾听他人的想法，取长补短，是一个具有默契和配合精神的人。比如在创意分享会上，每个人都需要做有主见的人，需要将自己的创意阐释给他人听，这样思维的互相碰撞，才能产生新颖的创意。

在团队中，有主见的人并不一定是地位高的人，任何一个成员都可以在恰当的时机、恰当的场合，用合适的方式表达主观意愿。这也是帮助自己树立信心的手段，千万不要做一名毫无存在感的“牺牲者”。不要认为自己无足轻重，不配有发言的权利，或者不想别人嘲笑自己，就干脆人云亦云，随波逐流。

3. 做愿意合作的人

热爱团队工作的人都是包容的、大度的，愿意与他人合作。就意味着对自己的定位十分清晰，对于自己的能力和所扮演的角色极具自知之明，了解自己的长处和劣势，会充分利用团队，发挥自己的优势，避开自己的劣势，取长补短。拥有强烈团队合作意识的人，遇事喜欢和他人商量，为他人提供各种合适恰当建议和安慰，很有分寸感。他们从不按照自己的主观意识行动，经常聆听和采纳他人的建议和意见。从沟通的本质上看，具有包容性的合作性人格，在团队中的沟通效率是极高的，尊重了沟通的基本规律。

与之相反的角色是“拯救者”，他们会给团队中所发生的事情以及所遭遇的问题，提供各种建议和意见，会按照自己的主观理解来处理相关事务，并且不欢迎也不接受他人的插手。从一开始，他们就将相关的事情作为自己的分内之事来做，但过于独裁的做法无疑会伤害其他人。作为一个团队，本身就需要共同面对、共同解决困难。如果变成了一言堂，变成了一个人的工作，那么相关的工作可能会越来越糟。

职场人应该明确自己的职场定位，沟通的过程是所有人一起参与的过程，是需要碰撞、讨论、反复修正的过程。一个出色的有责任感的沟通者，更加注重与他人的互动、配合，也更加懂得尊重他人的观点。他们会明确自己在沟通中、在团队中扮演的角色，明确自己的定位，明确各自的责任。当问题出现的时候，他们会努力找出责任人，但更加善于自我反省，他们不是那种逃避责任的人。

工作中还会产生一种特殊的人际关系，叫做职场友谊。它因为交往双方共同的目标和志趣，在趋同的价值观上，无可避免要进行的沟通与联系而产生。作为明确任务目标、潜在任务目标和非正式人际关系之间交互影响的生成物，职场友谊在职场人际关系中扮演着极其重要的角色。

（三）亲切慷慨，友善待人

作为职场工作者，拥有亲切、大方的态度，是建立好的人际关系的敲门砖。在职场工作中表现出亲切，是要与任何人的相处都和善、慷慨；对于别人的错误要包容，用平和的心态看待。亲切不是没有原则，而是体现了人的基本素养，真正的亲切以及随之而来的舒适感，与对别人的慷慨都是缘于内心善意自然的表露。

在与人沟通的过程中，不需要故作清高，也不需要用强势的态度，咄咄逼人的语气，或是颐指气使的口吻才能显示出人的权威性。相反，放低自己的姿态，用平易近人的态度与人沟通，多关心与自己共事的人，珍惜在一起工作的缘分，更能展现自己的人格魅力。

职业发展是一个长期的过程，需要个体在职业活动中不断建设和矫正自己的职业角色，和他人保持良好的沟通习惯。首先，要在职业活动中加深自己对身份的认可，通过各类实践反观自己是否适合这个角色，多观察他人行为、总结规律，从而指导自己的业务工作。其次，是要多为自己的现状制造困难和挫折，面对新问题、新挑战时不回避、不退缩，直面问题，找到病症，解决问题，找到事情的规律，采取相应的举措。最后，要做到“既来之，则安之”，对于自己从事的工作和所处的行业充满热情的态度，深入钻研行业知识，精通业务，通过不断学习，获取行业最前沿的资讯，更新自己的工作内容，激发自己的工作活力。职业人应该保持工作热情，不断钻研，用心领悟，有助于加深职业认知，成为人生赢家。

课后思考

1. 职场中建立良好人际关系的技巧有哪些？
2. 谈谈职场“三商”对于指导业务工作有何作用？
3. 职场社交对于职业活动有何重要意义？

参考文献

[1] 王劲松．大学生职业发展与导航[M]南开大学出版社，2017.

[2] 汪建成．创新导论[M]．北京：清华大学出版社，2020.

[3] 李友善．颠覆式创新— 移动互联网时代的生存法则[M]．北京：机械工业出版社，2015.

[4] 胡华成，黄剑锋．社群思维：互联网时代的新创业法则[M]．北京：电子工业出版社，2019.

[5] 高超．创业之路[M]．北京，希望出版社，2011.

[6] 李家华．创业基础[M]．北京：北京师范大学出版社，2013.

[7] 王培俊．职业规划与创业体验[M]．北京：高等教育出版社，2011.

[8] 李伟，王雪，范思振，田帅．创新创业教程（第二版）[M]．北京：清华大学出版社，2019.

[9] 张国庆，程洪莉，王欢，毛付俊． 创新创业路径揭秘[M]．北京：清华大学出版社，2019.

[10] 高超．大学生素质教育十八讲[M]．北京：人民出版社，2010.

[11] 张昊民，马君． 高校创业教育研究一全球视角与本土实践 [M]．北京：中国人民大学出版社，2012.

[12] 刘世忠，商业模式参谋：实战、策略、案例[M]．北京：电子工业出版社，2013.

[13] 孙丽．人人都要懂得职场礼仪[M]．北京：中国工信出版集团，2017.

[14] 杨彦平．社会适应心理学[M]．上海社会科学院出版社，2010 年 6 月.

[15] 范会勇．情绪智力的结构与功能[M]．北京：中央编译出版社，2014 年.

[16] 谌飞龙．创业营销[M]．北京：机械工业出版社，2017.

[17] 徐俊祥，徐焕然．创未来——大学生创业基础知能训练教程[M]．北京：现代教育出版社，2017.

[18] 赵金来，董明冉．大学生创新创业教育[M]．北京：首都师范大学出版社，2017.

[19] 颜弘．大学生创新创业教程[M]．哈尔滨：哈尔滨工程大学出版社，2019.

[20] 姜辉，金晓晖．大学生就业创业指导[M]．北京：化学工业出版社，2021.

[21] 许福生．职业素养与就业创业指导[M]．上海：上海教育出版社，2021.

[22] 黄静梅．择业、就业与创业[M]．北京：北京师范大学出版社，2021.